近代日本漢字資料叢書3

加藤虎之亮

周禮經注疏音義挍勘總説

解題 野間文史
解説 川邉雄大
町泉寿郎

研文出版

刊行の辞

研究代表者　町　泉寿郎

二松學舍大学私立大学戦略的研究基盤形成支援事業（略称ＳＲＦ）「近代日本の「知」の形成と漢学」の研究成果公開の一環として、ここに「近代日本漢学資料叢書」を発刊することとなった。

明治一〇年開校の漢学塾を起源とする二松學舍大学では、これまで日本漢学の研究と教育によって建学の精神の闡明化をはかってきた。平成一六〜二〇年度には二一世紀ＣＯＥプログラム「日本漢文学研究の世界的拠点の構築」を推進し、日本漢文資料のデータベース化、若手研究者の養成、国際的ネットワークの構築、漢文教育の振興を柱として活動を展開した。前近代日本において、書記言語としての漢文と、それを通して学ぶ知識（漢学）が極めて重要な意義を持っていたことに鑑み、漢文を通して日本の学術文化を通時的に捉え直そうとする研究プロジェクトであった。八つの研究班を組織し、その成果としては倉石武四郎氏の日本漢学に関する講義録や江戸明治期の漢学と漢詩文の書目等によって当該研究領域の輪郭を示すとともに、雅楽や漢方医学に関する資料集、朝鮮実学に関する論文集、古漢語語法と漢文訓読に関する概説書、三島中洲研究会の報告書、二松漢文と銘打った漢文テキスト等によって、多様な広がりを明示しようとした。

現在のＳＲＦはその後継事業であり、我々の一貫した研究姿勢は、「日本学としての漢文研究」である。今回の研究プロジェクトでは、西暦一八〇〇年頃から現在に至る近二〇〇年に対象を絞り、「学術研究班」「教学研究班」「近代文学研究班」「東アジア研究班」の四つの班を組織して研究を推進している。

一般に、漢学は一九世紀を通して洋学に席を譲って衰退したと考えられているが、実際には近代教育制度の整備とともに、学術面では中国学・東洋学に脱皮し、教学面では漢文が国語と並んで言語と道徳に関する教学として再編されて今日に至っており、更にこの学術教学体制が東アジア諸国にも影響を及ぼしてきた歴史がある。幕末開国以来、今日まで続くグローバル化の渦中にあって、日本の近代化は一定の成功をおさめたが、同時に何度もの挫折を経験した。近代日本の歩みと共に漢学もまた正負両面を持つが、今こそその両方を見据えた研究を東アジア各国の研究者と十分な連携をとりつつ進める必要がある。

我々は、漢学が再編された過程を、経時的、多角的に考察することにより、漢学から日本および東アジアの近代化の特色や問題点を探っていきたい。また、多角的で広範な視点に立つために、地域ごとの特性や個別の人物・書籍・事象に関する、具体的できめ細やかな視点を保持していきたいと考えている。

目下、「近代日本漢籍影印叢書」「近代日本漢学資料叢書」「講座近代日本と漢学」等を計画し、順次刊行していく予定である。我々のささやかな試みが上記の抱負を網羅することは到底不可能であるが、これらの刊行物が、一九〜二〇世紀の交に成立し今日に至る日本・中国等に関する人文系諸分野の学術のあり方を相対化する一助となること、また東洋と西洋の接触のあり方について材料を提供できること、そして何よりも日本漢学が魅力ある研究分野であることを一人でも多くの方に知ってもらうきっかけとなることを願って、刊行の辞とする。

平成二八年八月六日

目次

凡例

一　本書は加藤虎之亮『周禮經注疏音義挍勘總說』の影印とその解題、並びに「加藤虎之亮の事蹟」である。

二　『周禮經注疏音義挍勘總說』の影印の底本には、国立国会図書館関西館に所蔵される油印本二冊（請求記号：UT五一―文一五―一〇）を使用した。著者が広島文理科大学から文学博士の学位を取得した際の原本、または副本と考えられる。「昭和二十．八．二十八・移管／帝国」の受入印から、帝国図書館に納本された時期は昭和二十年八月であり、戦火の中を辛うじて残ったと推定される。

三　底本の書型は、縦二七．〇糎、横一九．七糎。影印にあたって、原本の六三％程度に縮小し、見開き一枚を一頁に収録した。

四　綴じ目と折り目に文字がかかって判読し難い第二丁（本書九頁）については、二松学舎大学加藤天淵文庫に所蔵する別本から該当する丁を末尾（二二三頁）に収録した。

周禮經注疏音義挍勘總說

加藤 虎之亮

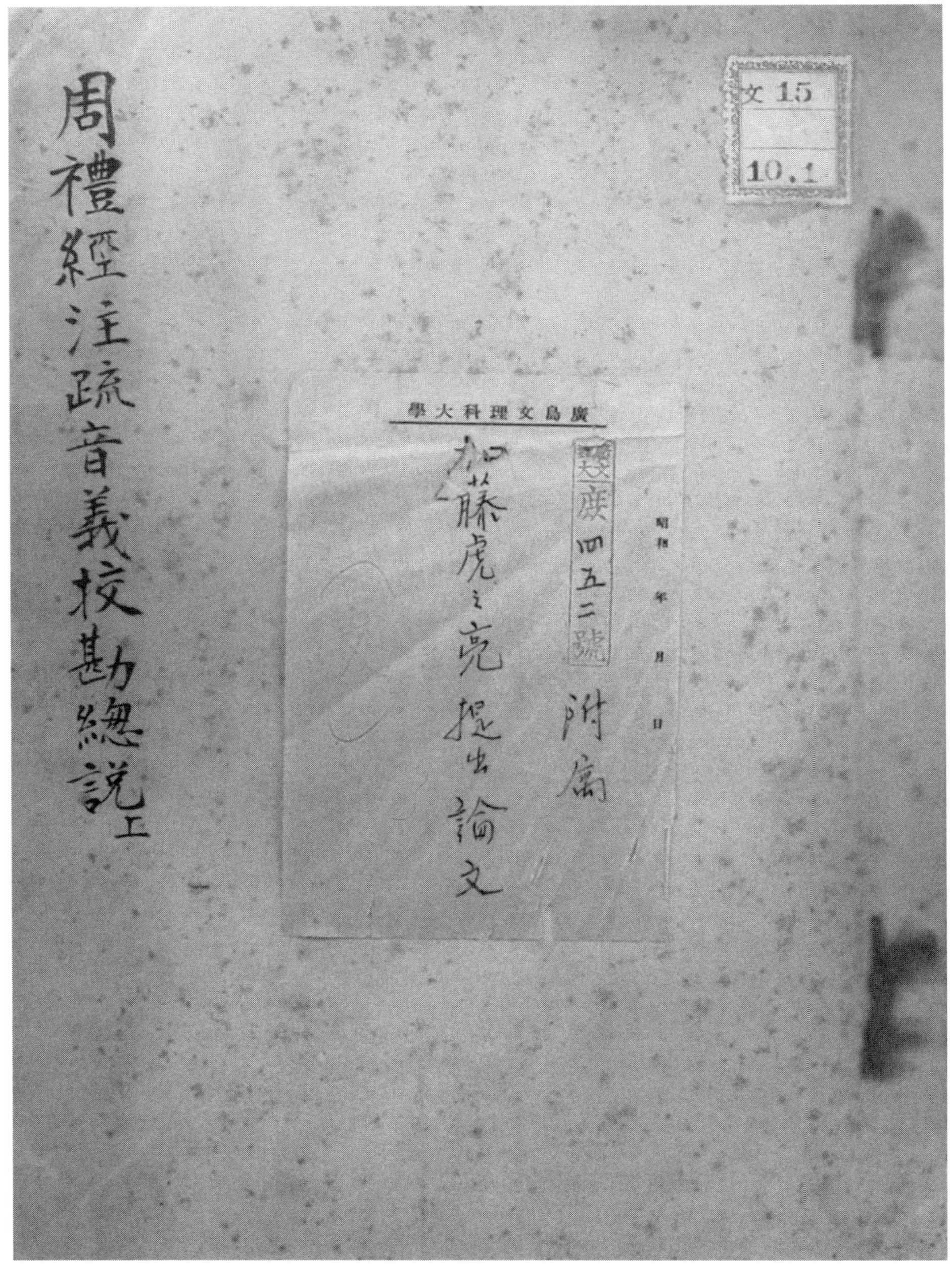
周禮經注疏音義校勘總説 上
文 15
10.1
廣島文理科大學
加藤虎之亮提出論文
昭和 年 月 日

国立国会
29.3.15
図書館
322737

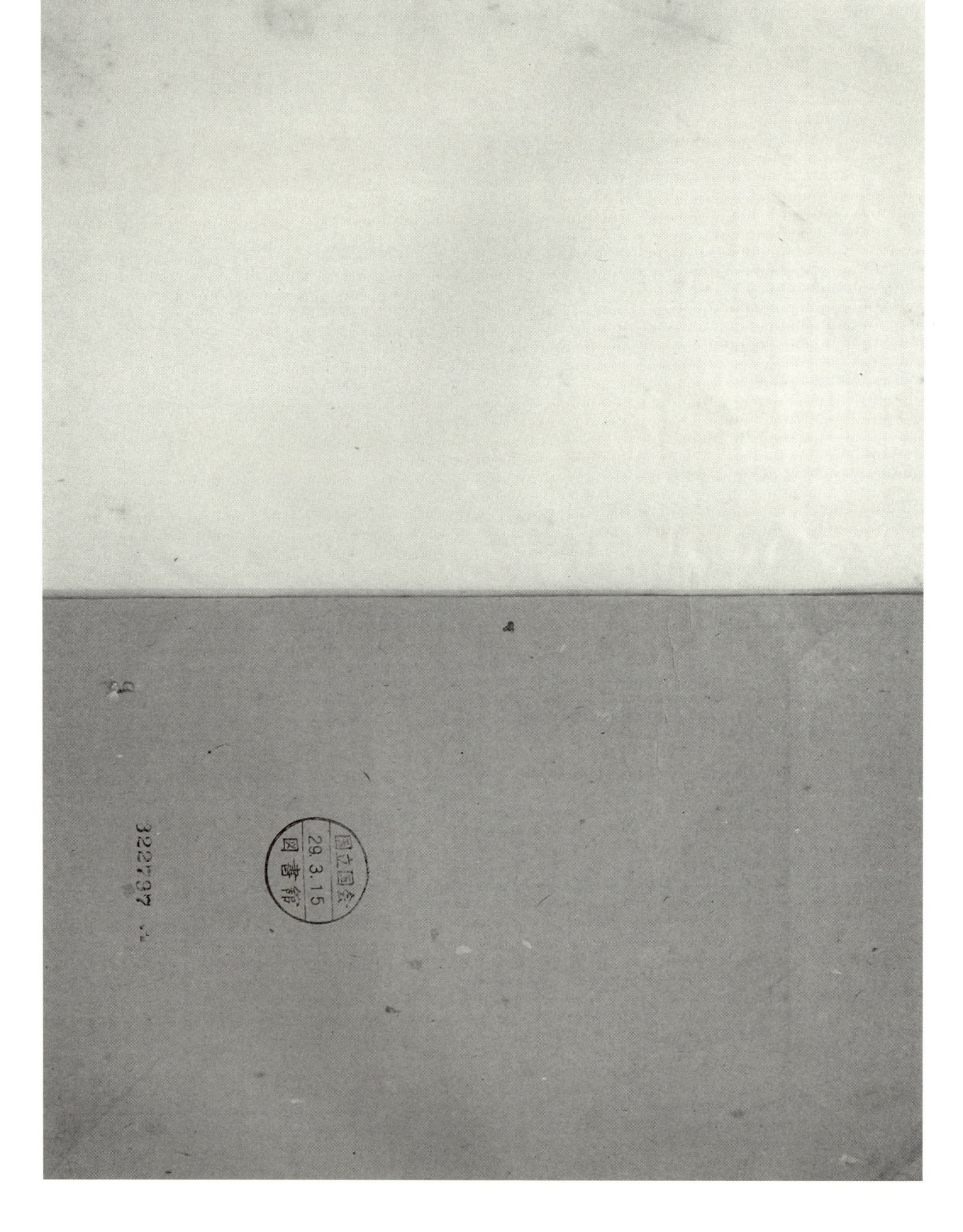

周禮經注疏音義校勘總説 目次

一

書名略稱

蜀石經(蜀石)	蜀大字本(蜀)	嘉靖本(嘉)	士禮居本(士)
余仁仲本(余)	建本(建)	岳珂本(岳)	重言本(重)
重言重意本(重意)	纂圖互注本(纂)	點校京本(京)	陳鳳梧序本(陳)
轉運司本(轉)	宋刊十行本(十)	內閣本(元)	正德本(正)
聞人詮本(人)	韓本附釋音注疏本(韓)	李元陽本(閩)	重校監本(監)
毛晉刻本(毛)	金蟠葛鼐訂本(金)	乾隆殿本(殿)	福禮堂本(福)
周禮訂義(訂)	何義門校宋本(何)	惠棟校宋本(惠)	十三經注疏正字(浦
北堂書鈔(書鈔)	羣書治要(治要)	白孔六帖(六帖)	冊府元龜(元龜)
太平御覽(御覽)	合鈔本太平御覽(合鈔)	畫一元龜(畫一)	

人名略稱

盧文弨(盧)	段玉裁(段)	阮元(阮)	黃丕烈(黃)
孫詒讓(孫)			

周禮經注疏音義校勘總說　　加藤虎之亮稿

甲　序說

一　校勘記撰述の由來

我が師星軒三宅先生は嚴に精讀書の二科を分立し、精讀に在りては必ず異本を對校す。予の始めて從學するや、尚書、論語、資治通鑑、太平廣記、清朝詩約選の對讀を課す。尚書は細川板の正義を底本とし、毛本、殿本を對校し、考文、阮校を參し、論語は根遜志本に據り、足利本を對讀し、又知不足齋本を參看し、通鑑は胡注を主とし、藤堂板を通讀し、注少微通鑑を對校す。太平廣記は許自昌本に據り、黄晟槧刊本を參す。詩約選は六朝に於ける諸刊集本を參せり。是に依りて尚書は考文阮校外は未校あるを認め、論語は足利本に鈔本あるを知り、且つ知不足齋本は偶然の誤謬あるのみならず、皇疏之有る詞を増して全文を改竄せるを見る。通鑑は藤堂板の考異本は桂漏の失あるを知る。後に百衲通鑑を得たるに、其異同少微本に符する所多し。若し夫れ廣記に至りては二本共に誤脱多く、更に廣く諸叢書、采輯の書を併せ考へて、始めて讀過するを得たり。是に於て校勘の、讀書に缺くべからざるを體驗せり。

清儒校勘の書、其の後學を益する、阮元の十三經注疏校勘記に若くはなし。然るに儒學に志す者、十三經注疏を藏せざるはなく、注疏を讀む者必ず校勘記を併せ看る。是れ儒學者一日も無かるべからざるの書なり。予大正十二年周禮の研究に志し、先づ注疏を精讀せんとし、原刊

★223頁参照

初印の毛本に據り、高麗重校監本初刻を對校し、學海堂收むる所の校勘記を并せ觀る。然るに阮氏の異同を按ずる、監本に於て多く相符せず。乃ち朱を執つて行間欄外に其補訂を加ふるに、毎紙湖然たり。是に於て筆を投じて嘆じて曰く、紕繆此の如くんば何ぞ據となすに足らん。周禮を讀む、先づ校勘記の補正より始めざるべからずと。是れ自ら揣らずして、此の事に從へる所以なり。（後年重修監本を得て、始めて阮氏の所謂監本は、此の惡本なるを知れり。）

二、校勘の必要

文書の世に行はるる、轉相書寫す。其間魯魚焉馬、與與陶陰の譌、衍文脫語、倒句錯簡の誤なき能はず。彫板法刷の術開くるに及びても、筆者刻工の失、植字點檢の謬、亦免れざる所に在り。其の時を距て處を異にすること、隨つて大なれば、譌謬隨つて多く、後生末學誤本に依りて眞意を把らんとすとも、郢書燕說に終らん。三豕河を渡るの非を看破せるは、子夏の聰明にして始めて能くするを得べく、常人の想到すべき所に非ず。顏氏家訓に曰く、

詩言、青青子衿。傳曰、青衿青領也。學子之服。見鄭風。按古者斜領下連於衿。故謂領爲衿。鄴下詩本、既無也字、羣儒因謬說云、青衿青領是衣兩處之名、皆以青爲飾。用釋青青二字。其失大矣。卷六書證

と。ただ一の也字を脫したるのみにて、羣儒を誤る此の如し。之をして正本と對校せしめば、豈此の如き謬說を立つるを敢てせんや。輶軒語に曰く、

魏邢子才云、誤書思之、恒是一適。若思而不得、則亦不勞讀書矣。此一時興到語、不可以訓。如子才之博學殊資、始有思而得之之理。若淺學讀誤書、不誤尚不能盡解、況既誤而能使知耶。學語

と。淺學の古書を讀む、誤りざるも尚ほ能く解すべからず、況や既に誤れるをや、而るを能く億知せられんやと、張文襄の言之を得たり。

上述の如く、校勘は何れの國、何れの書に在りても必要なる者なるが、殊に漢土の典籍に於て其の然るを見る。其故何ぞや、儒教の經典は二千數百年前に集大成せられし者なり。仲尼の後、七十子の徒四方に分散して、各其學得せし所を以て徒に授く。當時竹簡木札を用ゐて文字を記す。これを得る容易に非ず、故に極めて緊要なる事にあらざれば簡札に載せず、諷誦口授せしこと、豈に獨り伏生のみならんや。秦越聲音を異にし、齊楚語言を殊にす。其の轉相授受の際、方言訛音の闖入すべきは理の當然なり。而して其據とすべき簡策は秦火楚炬に阨せられ、書亦文を異にし、蝌斗篆隷相變革す。漢氏出でて經典を尊奉すと雖、經傳今古を異にし、訓詁門戸を專にす。是に於て孝武の世校勘の業起り、漢末に至りて大に具る。夫れ經籍は修齊治平の寶典にして、歷朝の尊崇する所たり。而も革命相繼ぎ、戰亂絶えず、典籍常に兵火の災を免るる能はず。五季宋初幾多の板本も、南渡の後には散逸して得難かりしこと、尤延之、岳倦翁の記によりて知るを得。（遂初堂書目、九經三傳沿革例）傳播の廣き板本にして、三百年の壽を保つを得ずとせば、傳鈔筆錄の世、簡編の湮滅せしこと怪むに足らず。況や蠻夷夏を猾り、戎狄制を稱し、語言を牽り聲音を變ずるをや。墳典の阨亦極まれりと謂ふべし。

二

本を對校し、音韻を是正し、治平の皇猷をして正に歸せしめんことを期す。是れ漢土に於て、典籍校勘の特に重んぜられし所以なるか。

三、校勘の歴史

校書の事何の世に昉まるを知らず。孔子は集大成の聖なり。夏殷の二禮、文獻の徴するに足らざるを嘆ずれば(論語爲政)其の徴すべき者は、餘力を遺さざりしを知るべし。其の詩書を敍し、禮樂を正せるもの、博捜旁羅の餘に成れる、亦以て類推するを得ん。

仲尼没して微言絶え、七十子喪して大義乖き、學は家を分ち、師は門を異にし、加之諸子の言紛然殽亂す。嬴政一たび出でて書を焚き儒を坑す。炎漢興りて獻書の路を開き、大に遺籍を收む。武帝藏書の策を建て寫書の官を置く。(漢書藝文志)然れども當時今古文を異にし、師儒訓詁に殊にす。故に孔安國の尚書を定むる、今文を以て古文を校し、參するに伏生の誦する所を以てす。(隋書經籍志)宣帝(甘露三年皇紀六一〇。)諸儒に詔し、五經の異同を石渠閣に講論せしめ、親ら臨決す。(漢書宣帝紀、儒林傳)成帝謁者をして、遺書を天下に求めしめ、劉向に詔して經傳諸子詩賦を校理せしむ。任宏は兵書を校し、尹咸は數術を校し、李柱國は方技を校し、一書已る毎に、向其篇目を條し、其指意を撮し、錄して之を奏す。別錄是れなり。其讎校の法一人書を讀めば、一人本を持して其謬誤を校すること、怨家相對して讎をなすが如し(漢志)是れ校勘の大規模に行はれたる者なり。會々向卒す。哀帝向の子歆をして父の業を終へしむ。是に於て七略成る。(同上)王莽の時揚雄大夫を以て書を天祿閣に校す。(漢書揚雄傳、大唐六典)

光武中興し、篤く文雅を好み、明帝章帝軌を繼ぎ、尤も經術を重んじ(隋志)東觀に於て校書郎中を置き、章帝班固を召し校書部に詣らしめ、蘭臺の令史に除し、遷して郎となし、秘書を典校せしむ。建初四年(七三九)諸王諸儒に詔し、白虎觀に會し、五經の異同を講議せしめ、帝親ら臨決し、白虎通德論を作る。(後漢書章帝紀、班固傳)安帝の時馬融校書郎中に拜し、東觀に在ること十年、典籍を窮覽す。(大唐六典)

三國鼎峙の際、向朗は長史を辭し、優游無事、心を典籍に潛むること三十年、年八十を踰えて猶ほ手づから書を校し、謬誤を刊定し、篇卷を積聚すること最も多し。(蜀志、向朗傳)兵馬倥偬の間、此の好學の士を野に見る、以て其一斑を窺ふに足らん。

魏晉より宋齊梁陳に亙り、博學の士往往他官を以て秘書を典校す。後魏始めて秘書省に校書郎を置き、北齊は十三人を置き、隋は增して四十人とせり。齊は秘書省に正書あり、正字の任に當る。北齊始めて正字四人を置き、隋之に因る。(大唐六典)

唐に至り秘書省に校書郎八人 正九品上 正字四人 正九品下 を置き、典籍を詳定して其文字を正さしめ、崇文館に校書郎二人 従九品 を置き、典籍を讎校せしむ。陸德明隋唐の際に在りて、廣く群籍を對校し、經典釋文三十卷を撰し、十二經(易、書、詩、三禮、三傳、孝經、論語、爾雅)二子(老、莊)の音義を正し、諸本の異同を列陳す。校勘の專書に非ずと雖、頼りて以て當時傳本の梗概を知るに足る。其の後學を惠する鮮少に非ず。ついで孔穎達等五經正義を撰し、又衆本を折中して定本を作り、以て唐代教科の用となす。太和開成(一四八七一一五。)の、經を石に上すや、校勘官をして同じく是非を商較し、其適中を取らしめ、(進新加九經字樣表)後唐の長興三年(一五九三)九經を印板するまた旁求校据較勘頗る努む。(冊府元龜)

宋は校書郎四人正字二人を置き、典籍を校讐し、訛謬を刊正することを掌らしめ、天禧(一六七一一八二)の初め檢討校勘の員を置き、(宋史職官志)歐陽永叔(范希文)並に館閣校勘となる。元祐三年(一七四八)禮部の長貳校讐の課を定め、月終に具奏せしむ。(同上)當時の學者亦校勘を重んじ、鄭漁仲の通志略、校讐の一目を立て、曰く、校書の任は專ならざるべからず、若し圖書の備はり、文物の興らんことを欲せば、校讐の官は豈其任を久しくせざらんやと斷じ、また六經正誤(毛居正)刊正九經三傳沿革例(岳珂)韓文考異(朱熹)の如く、正誤攷異の書、梓に上るを見る。

元明二代を經清に至りて考證學起るに及び校勘の學一時に勃興し、諸家爭うて善本を校刻し、攷異校譌の類を附載し、文字概ね依據すべく、論斷亦聽從するに足る。而して戴東原盧紹弓丁小雅顧千里諸家實に其翹楚たり。張文襄書目答問載する所の校勘家のみにても、三十一人に上れり。而して華學誠の校讐通義の如きは專ら校書につきて論じたる者亦以て校勘學の盛を見るべし。

四、引據書目

毛本に據りて重校監本を校了するや、經注本注疏本得るに隨いて校し、又内閣圖書寮靜嘉堂文庫足利學校遺跡圖書館に就て其藏本を校し、更に北平天津の秘籍を對校し、其他通禮の書十二經注疏、唐以前の注釋書、宋以前の類書隨筆字書、韻書十七史周禮に關する諸儒の考異校勘の書等無慮一百六十六種に及ぶ。而して此等に依りて異同を校せる者經文に於て三千九百六十二條、注文に於て一萬二百四十九條、疏文一萬七千三百五十六條、釋文三千三百八十四條、合計三萬四千九百五十一條とす。今引據書目を便宜上類別して列擧すること左の如し。

經文　唐石經　宋八經本　靖江王府本　(林道春跋本)　(仿秦刻九經本)
經注合刻本　蜀石經殘本　蜀大字本殘卷　嘉靖本所謂徐氏本
經注音義合刻本　建本　岳珂本殘卷　巾箱重言本　重言重意本殘卷　纂圖互注重言重意本　董本據黄氏所校　余仁仲本據阮氏所校　(以上宋刊)　京本點校附音重言重意互注本　仿宋岳珂本　陳鳳梧序本　金蟠葛鼒訂本(以上明刊)　韓本纂圖互注周禮(明代刊本)　士禮居刻本　福禮堂本　清芬閣本　成都仿岳本
音義本　通志堂經解本　盧文弨本附攷證　臧鏞堂本　明本排字九經直音
經注音義疏合刻本　轉運司本殘卷　不附音義所謂五十卷本　附釋音周禮注疏所謂十行本
同元刊本　同正德本　聞人詮本　韓本附釋音周禮注疏有嘉靖三十一年宣賜之印　李

元陽本閩本　萬暦重校監本　同後刻本（崇禎重修監本）　毛晉刻本汲古閣本（以上明刊）
乾隆殿本　阮刻附釋音周禮注疏本　何義門校宋本　黄蕘圃校宋本
元以前周禮注釋書　杜牧考工記解　周禮新義　鈔本周禮詳解　周禮訂義　虞齋考工記
解　周禮句解　周禮集説　周官集傳　三禮考注
通禮に關する書　三禮圖集注　禮書　樂書　儀禮經傳通解同續實詩堂刊本　同凌萬方
本　通典宋刊　同嘉靖刊本　同乾隆殿本　通志元刊　文獻通考元刊　同明内府本
十二經注疏除周禮
周禮注疏に引用せる書の現存せる者
宋以前の類書隨筆類　白虎通義　獨斷　風俗通義　金樓子　三輔黄圖　藝文類聚　北
堂書鈔　群書治要　初學記宋刊本　同嘉靖刊本　白孔六帖　蘇氏演義　酉陽雜俎
兼明書　事類賦　太平御覽慶元刊本　同嘉多村氏刊本　同今鈔本　冊府元龜　事物
紀原　書言故事　事文類聚　記纂淵海　山堂考索　古今合璧事類備要　黄氏日抄
容齋隨筆　玉海　六經天文編　漢制考　困學紀聞　古今考　晝一元龜宋刊不全本
字書韻書類　説文解字　廣雅音　玉篇顧氏零本　同通行本　一切經音義　匡謬正俗
廣韻　干祿字書　九經字樣　五經文字　集韻　類篇　禮部韻略
唐以前の注釋書　史記集解　世説新語注　水經注　論語義疏　大戴禮注　史記索隱
史記正義　漢書顔師古注　後漢書李賢注　三國志裴松之注　文選李善注　荀子楊倞

注
十七史
周禮校勘に關する諸儒の説　公是先生七經小傳　經義雜記　禮説　周禮疑義舉要　九
經古義　周官説補　讀書脞錄續編　周禮漢讀考　禮學卮言　拜經日記　經義述聞
讀書叢錄　周官故書攷　周禮學　周禮注疏小箋　經義叢鈔　羣經平議　周官析疑

五

乙 本論

一 周禮經注疏音義傳本の解說

(一) 經文

周禮の制作に就ては聚訟紛紛たれど、本論文の範圍外なるを以て、唯一說を舉ぐるに止む。經典釋文に曰く、

景帝時、河間獻王好古。得古禮獻之。或曰、河間獻王開獻書之路。時有李氏。上周官五篇。失事官一篇。乃購千金。不得。取考工記以補之。王莽時、劉歆爲國師。始建立周官經。以爲周禮。河南緱氏杜子春受業於歆。還家以教門徒。序錄

と。隋書經籍志の所說亦同じ。此に據れば、前漢末學官に建てられし事は疑なきなり。而して周禮經文の現存せる者は唐の開成石經を最古とす。經文の源流を說く、これより始むべきなり。然れども、唐石經につきて述べんとせば、先づ石經の來由を略說せざるべからず。

イ 漢石經 周禮を刻せず

漢滅學の後を承け、廣く篇卷を收め、石渠蘭臺充棟啻ならず。子政子駿錄略を作り、孟堅武仲祕書を校し、典籍大に備はる。黨錮起り、儒士廢流せらるるに及び、私に貨を行ひ蘭臺漆書の經字を改めて其私文に合する者ありしかば、靈帝諸儒に詔して五經を正定して石に刻し、太學の門外に樹て、天下をして則を取らしむ。是れ五經の石に上されし始なり。

案ずるに後漢書蔡邕傳には六經の文字とあり、隋志には七經を鐫刻して石碑に著す

とあり、又書體につきては、同書儒林傳に、古文篆隷三體となすとあり。洛陽伽藍記、北史劉芳傳、經典釋文等之に依り、唐宋の諸家亦其誤を承けたる者あれど、魏の一體たることは現存の殘石に徴して明かなり。張縯謂く、蔡邕三體を以て參驗し、碑に書するには定めて隷となすと。之を得たり。隋志亦一字石經と目けたり。又靈帝紀には、熹平四年(八三五)刻石のことを記すと見え、水經注には光和六年(八四三)石に刻し碑に建め、五經を太學講堂の前に立つ。熹平四年邕等七人奏して、六經の文字を正定せんことを求む。靈帝之を許す。邕乃ち自ら碑に書丹す。是に於て後儒晩學咸正を取る。碑始めて立つに及び、其の觀視し及び筆寫する者、車乘日に千餘輛、街陌に填塞すといへり。是れ熹平四年詔を受け、光和六年に成れる者、其間九年を費せるならん。楊用脩趙十函等光和を初刻とし、熹平を再刻とするは、時代を顚倒せる者にて、疎鹵甚しといふべし。因にいふ、漢魏石經の考證には、諸儒力を極めて、其論傳ふべき者頗る多しと雖、兩石經には周禮を收めざるを以て、大略を附說するに止む。

ロ　魏石經　附晉石經北魏石經

魏の正始中(九〇〇―八)古篆隷の三字石經を洛陽太學講堂の西に樹つ。石は長さ八尺、廣さ四尺、碑石四十八枚、廣さ三十丈なり。魏の初邯鄲淳孔壁の古文を傳へしが、石經の古文は淳の法を失ふ。(衛恆四體書勢晉書衛恆傳水經注)

案ずるに、江式傳に邯鄲淳三字石經を漢碑の西に建つ、其文蔚炳三體復た宣ぶ、之を說文に校するに、篆隷は大同にして、古字は少異とあるは誤なり。隋志に魏の正始中又一字石經を立つとあるは誤なること、孫星衍の魏三體石經遺字考によりて明かなり。

晉の裴頠、國子祭酒に轉じ、國學を修め、石に刻して五經を寫さんことを奏す。(晉書裴頠傳通典)其刻石の事は書の徴すべきなければ、實現せられざりしならん。

南齊書魏虜傳に、佛狸城西三里に於て、石に刻して五經及び其國記を寫すとあれど、其の誤なるべきは杭世駿之を辨ずること詳かなり。(石經考異卷上)

ハ　五經定本

漢魏石經成りて、五經の正文は定まりたれど、南北兵亂の際、河北、江左、學亦風尚を異にす。李唐一統を大にするに及び、主として五經正義を官撰し、其注釋を一是に歸し、また定本を作りて教科の一律を謀る。舊唐書儒學傳に、太宗は經籍の聖を去ること久遠にして、文字訛謬多きを以て、顏師古に詔し、五經を考定せしめて天下に頒ち、學者に命じて習はしむ。又儒學は門多く、章句繁雜なるを以て、孔穎達に詔し、諸儒と五經の義疏凡そ一百七十卷を撰定せしめ、名けて五經正義といひ、天下をして傳習せしむとあり。高宗紀に永徽四年(一三一三)孔穎達の五經正義を天下に頒ち、毎年の明經、此に依つて考試せしむとあり。又五經正義中に、定本某某に作るといふ者、皆之を證するに足る。當時弘文館以下諸學の課程を見るに、經

七

史書時務策の四科にして、經は大中小に分つ。禮記左氏傳を大經とし、詩周禮儀禮を中經とし、易書公羊傳穀梁傳を小經とし、大小各一、若しくは中經二に通ずるを二經に通ずといひ、大中小各一に通ずるを三經に通ずといひ、大經皆通じ、餘經各一に通ずるを五經に通ずといふ。孝經論語は皆兼ねて之に通ずるを要す。其の考試を見るに、帖經あり、經文千字の中、三字を貼蔽して之を讀ましむるなり。其科擧の法を見るに、秀才明經以下の諸科並に帖經あり。明經に在りては先づ之を帖し、然る後口試す。永隆二年(一三四一)の詔によれば、帖經はほぼ十に六以上を得て、然る後策を試むとあり。開元八年(一三八〇)李元瓘は上言して周禮儀禮公穀の四經を習ふ者は、十にて五を通ずれば、入第を許さんことを請へるに觀れば、經文の暗記は學士登龍門の第一歩たり。而して一字の謬落に關すれば、之が定本たる者、嚴に一是に歸せざるべからず。されば五經以外の書亦定本あるべきは、斷斷乎として明かなり。周禮の經文も、初唐に於て既に論定を經たるなるべし。惟史の徴すべきなきを憾むのみ。其の刊定を見たるは開成石經に始まる。

二　開成石經

李陽冰、李大夫に上りて古篆を論ずる書に曰く「願はくは石に刻して篆となし、備に六經を書し、明堂に立て、不刊の典となし、號して大唐石經と曰ひ、百代の後をして損益する所なからしめん」と。陽冰は寶應元年(一四二二)當塗の令となりたれば、肅代二朝に仕へたるならん。此論は當時未だ施行せられざりしかど、既に開成石刻の先聲をなせる者なり。

開成二年(一四九七)文宗は鄭覃の奏により、周墀崔球張次宗溫業等をして、九經の文字を校定せしめ、旋ち石に上さしむ。(舊唐書鄭覃傳)是れ周禮經文の石に刻せられし始めなり。文宗紀に據るに、「時に上、文を好む。覃經義を以て啓導し、稍く文章の士を折き、遂に奏して五經博士を置き、後漢の蔡伯喈の刊碑に依り、太學に列し、創めて石壁九經を立て、諸儒をして訛謬を校正せしむ。上又翰林勅字官唐玄度に令して、字體を復校せしめたれど、師法に本くが故に、石經立ちて後數十年、名儒は皆之を窺はず、以て蕪累甚しとなす」と斷ぜり。之に據れば、熹平石經の成れるや、士人をして瞻仰措かざらしめしに反し、此石壁九經百六十卷は通儒の齒する所とならざりしが如し。然れども斯の石一たび樹ちて、十二經文始めて定まり、以後の石經彫板皆範を取るに至れり。劉昫の評の當否は內容の條に於て詳論すべし。

案ずるに、石壁九經と稱すれど、實は易書詩三禮三傳孝經論語爾雅の十二經及び五經文字九經字樣を刻せるなり。明に至り孟子を刊し、十三經完具するに至れり。金石文字記に唐國子學石經周易二萬四千四百三十七字尚書二萬七千一百三十四字毛詩四萬八百四十八字周禮四萬九千九百一十六字儀禮五萬七千一百一十六字禮記九萬八千九百九十四字春秋左氏傳一十九萬八千九百四十五字公羊傳四萬四千七百四十八字穀梁傳四萬二千八十九字孝經二千□百□十三字論語一萬六千五百九字爾雅一萬七百九十一字五經文字九經字樣九經并孝經論語爾雅字樣等都計六十五萬二百五十二字今在西安府儒

八

學其末有年月一行題名十行曰開成二年丁巳歳月次于玄日惟丁亥文居暁用官衙下九人
陳玠、□□□□、段絳、柏暠、陳莊士、唐玄度、字師道、楊敬之、鄭覃、巻五

といひ、又曰く、「凡そ經中虎字及び虎に從ふの字は皆末筆を缺く、太祖の諱を避く。淵、𣶒の缺筆は高祖の諱、世民の缺筆は太宗の諱、亨は肅宗、豫は代宗、适は德宗、誦は順宗、純は憲宗、恆は穆宗、湛は敬宗の諱なり。高宗の諱治、中宗の諱顯、睿宗の諱旦、玄宗の諱隆基、文宗の諱涵は皆缺かず。禮の天子七廟に事ふるによるに、肅より敬に至る七宗にして、高祖太宗は祧せざる者、玄宗以上は祧廟なり、故に諱まず。文宗は今上なり、古は卒哭して乃めて諱む、生には諱まず」と。（郘鍾）又曰く、「宋の建隆三年（一六二二）劉從乂が修文宣王廟記に言ふ、天祐甲子歳（一五六四）太尉許國公居守たり、太學弁に石經を此に移すと。甲子は昭宗遷雒の年にして、許國公は韓建なり。元祐五年（一七五〇）黎持新移石經記に云く、舊と務本坊に在り、天祐中韓建新城を築きてより、石經野に委棄せらる。朱梁の時に至り、劉鄩長安に守たり。幕吏尹玉羽の請に從ひ、輦して城中に入れ、此地に置く、即ち唐の尚書省の西隅なり。今の龍圖呂公陜右に領漕たり、其の窪下に處るを以て、徙して府學の北墉に置き、亭を建つ」と。二説同じからず。左傳文宣の巻、字更に濫悪にして、成城の字皆末筆を缺き、穀梁の宣、昭、定、哀四公の巻、儀禮士昏禮皆然れば、朱梁の補刻たること知るべし。二記は移石を言いて補刻を言はざるは未だ嘗て徧く讀み博く考へざればなり。朱彝尊曰く、玉羽は京兆長安の人、孝行を以て闕門を杜ぢて隱居す、鄩辟して保大軍節度推官となす。後唐に仕へ、光祿少卿に至る。晉の高祖召せども、辭するに老を以てし、退いて秦中に歸る」と。荷當曰く、「補刻は當に玉羽に係るべし。此外更に其人なし」と。石墨鐫華に云く、「嘉靖乙卯（二二一五）地震より、石經倒損す。西安府學の生員、王堯惠等舊文を按し、其缺字を集め、別に小石に刻し、碑の傍に立て、以て摹補に便す。又唐書を按ずるに謂ふ、文宗の朝の石經、師法を遵崇し觀るに足らず、然れどもその用筆家人に出づと雖、歐、虞、褚、薛の法を離れず、恐らくは今人の及ぶ所に非ざらん。惟、王堯惠等の補字大に紕繆となす」と。

唐石經の拓本を見るに、每張六行、每行十字、巻首首行頭格より、周禮巻第一と篆文にて大書し、次行頂格より天官冢宰第一と題し、一格を超えて周禮と題し、次行五格を低して鄭氏注と題し、次行頂格より經文を書す。以下此に準ず。

唐石經の拓本は、缺泐の處頗る多く、且つ哀然たる數十巨冊に上るを以て、繙閲に便ならず。松崎慊堂縮刻石經を審定上木せり。其字畫一循奉し、殘闕剝落の處は、宋本の最古にして且つ確なる者に據りて補入し、圏を右旁に施して之を別ち、石經の誤脫疑なき者は、諸善本に從ひて改補し、疑はしくして決し難き者、及び後儒の考證確として易ふべからざるも、別本の據つて正すべき者なき者は、姑く原本に從ひて、圏を左旁に殺して其字と説とを巻末に收む。每半頁八行、每行十九字、其文字雅健にして全經を存し、且つ披閲に便なるを以て、學者に寶重せらる。

民國十五年、張宗昌亦景刊唐開成石經を皕忍堂に刊す。其行款及び文字の大小嚴に石經

九

に依拠す。缺泐補塡の字は、雙鉤を以て之を分つ。其氣韻遠く石經に及ばずと雖、文字の異同を識るには便益多し。

ホ　開封府石經

玉海に云く、「仁宗(宋)國子監に命じ易詩書周禮禮記春秋孝經(孔曰く、孟子を遂す)下に詳かなるを取り篆隷二體となし、石に兩楹に刻せしむ。」所謂開封府石經是れなり。至和元年(一七一四)八月、呈姪克繼國子監石經を書して上り、寫す所の石經論語を石に畢せんことを求む。帝宗室を雅勸せんと欲し、特に其請に從ひ、二年九月功畢りて上り、銀幣を賜ふ。同年十二月王洙は國子監石經を刊立してより已に十五年なるに、ただ孝經を刊し畢るのみ。尚書論語は書鐫未だ就らざれば、乞ふ、促して限を近くし工を畢へしめんことをと。之に從ふ。嘉祐三年(一七一八)五月大理丞楊南仲石經に勞ありとして出身を賜ひ、六年二月章友直石經に篆し畢れるを以て、將作監主簿に補試したれど、仕ふるを願はざれば、銀絹を賜ひしこと玉海に見ゆ。されば開封府石經は、至和二年より十五年前即ち慶曆元年より嘉祐六年に至る二十一年間に成りしなり。

唐石經が現存せるに、二百餘年後に出でたる開封石經が、片石だにも存せざるため、疑を懷く者或はあらん。然れども其功勞を賞せられたる人の散見するを以て、其の成りしを知るべし。周密の癸辛雜識に、汴學は即ち昔時の太學の舊址にして、九經の石板堆積山の如し、一行は篆字一行は眞字なりといへり。密は宋末元初の人、當時石板なほ山積せしを知る。然るに王延年の開封石經考には、金の劉彥宗宋を侵すの日、宗翰宗望に謂へらく、遼の太宗汴に入りし時、路車法服石經を載せて歸る、今則なりと。二帥之を納るるとあるに依り、徽欽二帝北狩の時、盡く金人に攜へ去らると斷じたり。汪祚は周密の言を信じ、石板の亡は元末に在るべしと推定せり。思ふに周が目驗せしにあれば王說は成立せず。然れども汪の如く元末ならんと推論するも頗る危險なり。而して石板は見るに由なけれども、其拓本の人間に存するは慶幸と謂はざるべからず。

丁儀卿曰く、「咸豐丁巳(二五一七)夏五月、余偶書肆に過り、墨搨石經殘破一束を見る。篆書一行正書一行、是れ篆隷二體石經なり。亟に購いて歸り、黏綴して四大冊となす。紙墨極めて舊、乃ち元以前の人の拓本汴石經の、僅に存するあるもの、洵に人間の奇秘、重んじて寶とすべし。暇日諸經を取つて覆對するに、小しく異同あり、考證に資するに足る。周易は二十八紙、尚書は四十二紙、毛詩は二十紙、春秋は二十四紙、禮記は二百十二紙、周禮は二十八紙、孟子は三十七紙、諸經を通じて計三百九十一張、每張八行每行十字約三萬三百字を存す。玉海、宋史共に孟子を汴石經に載せざれど、此拓本にて史籍の闕を補ふに足る。孟子を經に列して表章するは汴石經を始めとす。周禮の二十八紙とは、周禮卷第一天官冢宰第一、序官、內宰小宰、女祝、女史、夏采周禮卷第二、地官司徒第二、序官、周禮卷第三、大宗伯、小宗伯、大司樂、司几筵、守祧、巾車、典路、司右、司隷なり。」と。(北宋汴學二體石經記節錄)

瑪登府の北宋石經攷異、周禮殘碑に曰く、石經碑を按ずるに、凡そ六列、篆一行、眞一行、毎行十字、毎葉三十行、共に殘本九葉、惟第二葉三十二行、第九葉二十八行、共に眞篆二百六十九行。第一葉は周禮巻第一に起り、胥四人徒四十人に至りて止る。第二葉は淩人下士に起り、掌舍下士四人府二人に至りて止る。第三葉は九嬪に起り女御八人女に至りて止る。第四葉は凡不與祭祀則攝位に起り、辨廟祧之昭穆辨吉凶に至りて止る。第五葉は牲繫于牢に起り頒遣土に至りて止る。第六葉は享祼用虎彝に起り、莞席紛純に至りて止る。第七葉は其玉器に起りて凡諸侯之適子に至りて止る。第八葉は司隸而從之に起りて、凡工右有拜事於婦に至りて止る。第九葉は所共職喪令に起りて、六舞大合に至りて止る。二體具らざるあり、經文相屬せざるあれば、蓋し剝泐已に久しければなりと。丁氏に比すれば、四十五行を增せり。然れども其の文字の異同は極めて尠し。内容の條に具す。

へ　宋高宗御書石經

宋の高宗紹興十三年(一一四三)二月、御書の左氏春秋及び史記列傳を出し、館職に宣示し、六月御書周易を出し、九月輔臣に上諭するに、寫字を學ぶは經書を寫すに如かざるを以てす。既にして御書を以て知臨安府張澄に委して石に刊し、諸州學に頒たしむ。十四年正月、御書尚書を出し、十月御書毛詩を出し、十六年五月、又御書春秋左傳を出し、又論語孟子を書して皆石に刊し、太學の首善閣及び大成殿後の三禮堂の廊廡に立てしむ(玉海)

此石經に關する諸家の記述多けれども、周禮を載せざるを以て一併に略に從ふ。

ト　宋刊巾箱八經本

丙寅(昭和元年)季夏涉園の影印に係る者、易書詩禮記周禮孝經論語孟子の八經とす。毎半葉二十行、毎行二十七字、細黒口、左右雙闌、竪四寸五分乃至六分五厘、横三寸一二分、板心兩魚尾あり、上魚尾下に各經易書詩記禮孝論孟の略名を標し、下魚尾の直下葉數を示し、其下一線を畫して、下に刻工姓名忠、忠乃、翁、成、徳、進、方、蔡、至、子、叙、子、元、震、元、徳、公、才、晨等を記す。易二十二葉あり、中八葉は補刊に屬す。字體原刊に比して稍太く、鮮明なり。下魚尾の下に係刊換刊才板、係刊換于万板等と題し、間々これなきもあり。書は二十七葉、内補刻六葉、誌刊換于万板等を記し、詩は四十七葉、内補刊二十三葉、刊換元章板、元刊換于万板、係刊換元德板等と題し、禮記は九十三葉、内補刻六葉、並に刊工姓名なし。周禮は五十五葉、内補刻四葉、元刊換于万板等と記し、孝經は三葉、論語は十七葉、孟子は三十六葉、内補刻九葉、或は板心中央に換字を記し、或は下に係刊換于万板など記す。宋諱貞恒愼惇皆末筆を缺き、擴郭皆缺かざれば、寧宗以前の刻たるを知る。傅增湘の書後に云く、

宋巾箱本諸經正文。蓋九經三傳之僅存者耳。各家目錄多載之。其行格正與此同。所謂行密如檣。字細如髮者。然簡端加闌。上注字音。與此本異。且筆畫板滯。以視此本精麗方峭。眞如律學夫人矣。昔人指爲明靖江王府翻刻。殆非無見也。考景定建康志書籍門。載五經正文有四。曰監本。

二

曰建本。曰蜀本。曰婺本。歸安陸氏 刪南。得世行小帙。即斷爲婺州本。謂與婺本宋言重意尚書圖禮相似。今此本結體方峭。筆鋒犀銳。是閩工本也。決爲建本無疑。明靖江本。即據以覆本。而加上闕焉。故行格同。尺寸同。避諱之字。亦無不同。至秦氏刻九經。則改爲半葉十八行。而面目迥異矣。此巾箱本諸經正文。相傳沿握之大略。

と。以て此書の大體を知るべし。

天祿琳琅書目後編に、九經 四函十六冊 巾箱本不分巻、易書共に一冊、詩二冊、周禮二冊、禮記三冊、左傳六冊、孝經論語共に一冊、孟子一冊、音義皆上方に附す、脊を諱みて惇を諱まざれば、淳熙乾道間の刻ならんとあり。其行格は詳にし難けれども、或は八經本と類するものか。而して既に上方に音義を附すれば傅氏の所謂靖江王府翻刻本かも測り難し。諱字の異る所よりすれば、八經本と別行のものにて、宋時既に欄眉に音義を出せる者ありしと断ずるを當れりとすべし。

葉煥彬書林清話に巾箱本の始を説き、晋の葛洪が西京雜記二巻を巾箱中に在き、常に自ら隨ふ。南齊の衡陽王鈞手づから細書にて五經を寫して一巻となし、巾箱中に置きて遺忘に備ふ。諸王爭ひて之に效ひ巾箱五經となす。蓋し小夾にて隨行に便なる也なり。南宋の書坊始めて刻本の小なる者を巾箱本といへり。士子懷挾の用となすといへり。附記して參に資す。

テ　靖江本九經

靜嘉堂に藏す、板式行格八經本に同じ、但竪四寸四分五厘位にて少しく短く、上方に五分の欄を作り、之に字音を注せるを異とす。又板心に間〻字數を刻し、刊工名王良、唐詩、陸天足、劉朝、陸鑒、仼盤、徐數、馬龍(龍)、李約、袁電、唐誥、馬相、劉潮、劉宋章達、李坤、呂定之、陸華を毎葉に刻す、秘籍志には宋婺州本九經と題し、儀顧堂續跋を引き、婺州本なるべきを言へど、其後の目錄には明本と斷じたるは卓見なり(八經本に比して)文字にも異同あり(天官序官女史の奚十有六人を此本には八に作れる類)字體も頗る異れり。されば八經本を覆して欄眉に音釋を増したるに非ず、別に八經本と行格同じきもの、附音釋の宋本ありて、之に據れる者と思はる。此書は最近に靜嘉堂にて披閲せしため、全經に亘りて對校するの暇なし。之を他日に期す。

リ　仿秦刻九經本

錫山の秦鏷訂正せる者、序跋なし。見返の中央に九經と署し、右方に悉從宋本音釋、仍照秦板句讀と二行に署し、左下に觀成堂藏板と署せり。首巻周易の第一葉に總目を掲ぐ、四邊雙欄、界長四寸八分、横三寸二分五厘、半頁八行、版心魚尾界線等なく、頭格より九經綱目と書し、下方に一と書し、心邊齊と底部に書す。首行頭格より、九經綱目、第二行以下各一格を下して、周易書經詩經春秋左傳禮記周禮孝經と駢書し、左半頁に論語孟子と書す。周易序以下經文は、四邊雙欄、界長四寸七分、横三寸二分五厘、上界線より三分下りて雙線を施し、上欄を畫し、

一二

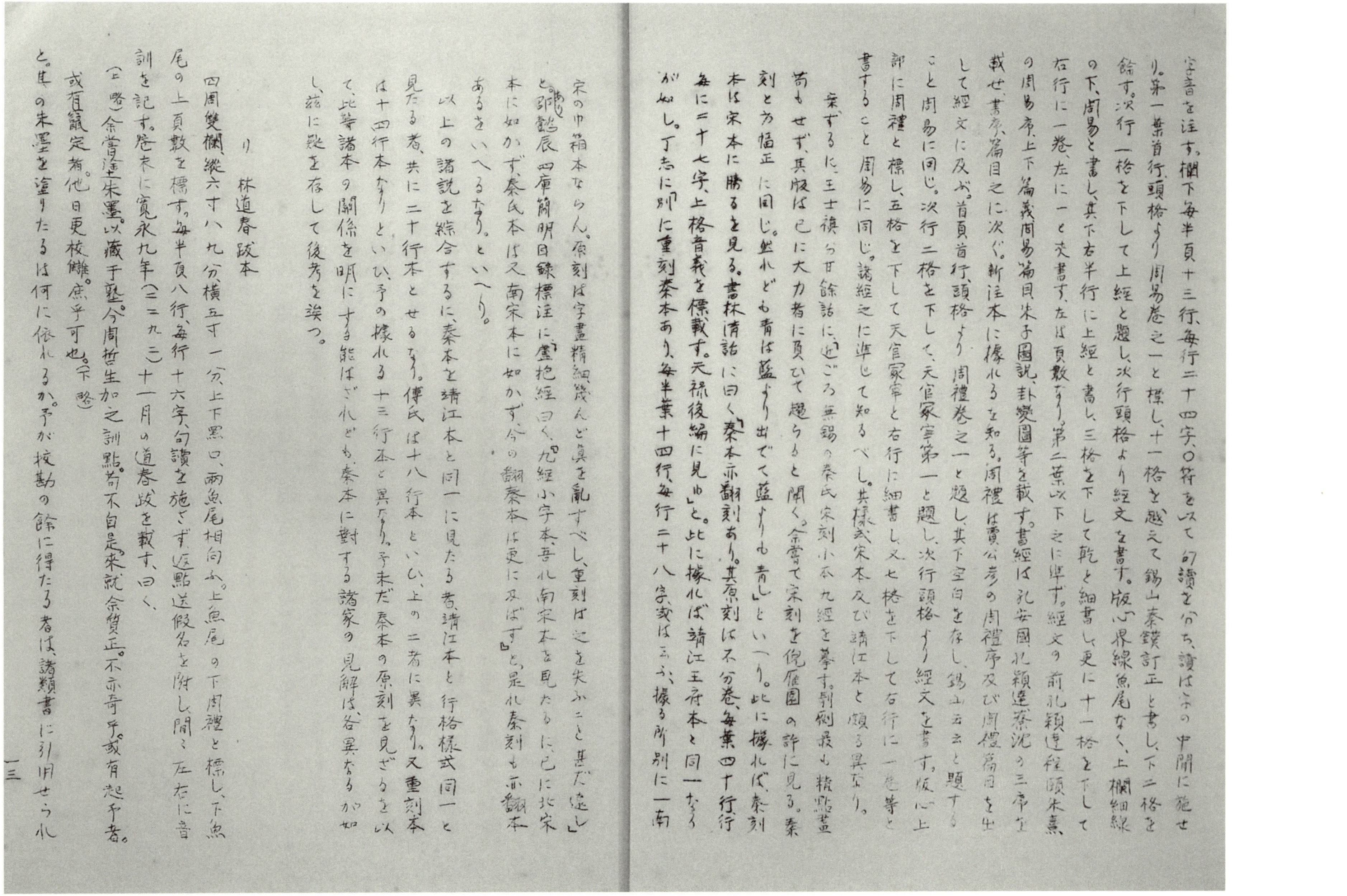
字音を注す、欄下毎半頁十三行、毎行二十四字、○符を以て句讀を分ち、讀は字の中間に施せり。第一葉首行、頭格より周易巻之一と標し、十一格を越えて錫山秦鏷訂正と書し、下二格を餘す。次行一格を下して上經と題し、次行頭格より經文を書す。版心界線魚尾なく、上欄細線の下、周易と書し、其下右半行に上經と書し、三格を下して乾と細書し、更に十一格を下して右行に一巻、左に一と夾書す、左は頁數なり。第二葉以下之に準ず。經文の前、孔穎達、程頤、朱熹、の周易序、上下篇義、周易篇目、朱子圖説、卦變圖等を載す。書經は孔安國、孔穎達、蔡沈の三序を載せ、書序、篇目之に次ぐ。新注本に據れるを知る。周禮は賈公彦の周禮序及び周禮篇目を出して經文に及ぶ。首頁首行、頭格より周禮巻之一と題し、其下空白を存し、錫山云云と題すること周易に同じ。次行二格を下して、天官冢宰第一と題し、次行頭格より經文を書す。版心上部に周禮と標し、五格を下して天官冢宰と右行に細書し、又七格を下して右行に一巻等と書すること周易に同じ。諸經之に準じて知るべし。其様式宋本及び靖江本と頗る異なり。

案ずるに、王士禛分甘餘話に、「近ごろ無錫の秦氏宋刻小本九經を摹す。刊刻最も精、點畫苟もせず、其版は已に大力者に負ひて趨らると聞く。余嘗て宋刻を倪雁園の許に見る。秦刻と方幅正に同じ。然れども青は藍より出でて藍よりも青し」といへり。此に據れば、秦刻本は宋本に勝るを見る。書林清話に曰く、「秦本亦翻刻あり。其原刻は不分巻、毎葉四十行、行毎に二十七字、上格音義を標載す。天祿後編に見ゆ」と。此に據れば靖江王府本と同一なるが如し。丁志に別に重刻秦本あり、毎半葉十四行、毎行二十八字或は云ふ、據る所別に一南宋の巾箱本ならん。原刻は字畫精細、殆んど眞を亂すべし、重刻は之を失ふこと甚だ遠し」と。邵懿辰四庫簡明目錄標注に、「盧抱經曰く、九經小字本、吾れ南宋本を見たるに、已に北宋本に如かず、秦氏本は又南宋本に如かず、今の翻秦本は更に及ばず」と、是れ秦刻も亦翻本あるをいへるなり。といへり。

以上の諸説を綜合するに、秦本を靖江本と同一に見たる者、靖江本と行格様式同一と見たる者、共に二十行本とせるなり。傅氏は十八行本といひ、上の二者に異なり。又重刻本は十四行本なりといひ、予の據れる十三行本と異なり。予未だ秦本の原刻を見ざるを以て、此等諸本の關係を明にする能はざれども、秦本に對する諸家の見解は各異なるが如し、茲に疑を存して後考を俟つ。

り　林道春跋本

四周雙欄、縱六寸八九分、横五寸一分、上下黒口、兩魚尾相向ふ。上魚尾の下周禮と標し、下魚尾の上頁數を標す。毎半頁八行、毎行十六字、句讀を施さず、返點送假名を附し、間々左右に音訓を記す。巻末に寛永九年（二二九二）十一月の道春跋を載す、曰く、

（上略）余嘗注朱墨。以藏于塾。今周哲生加之訓點。若不自是來就余質正。不亦奇乎。或有起予者。或有竄定者。他日更校讎。庶乎可也。（下略）

と。其の朱墨を塗りたるは何に依れるか。予が校勘の餘に得たる者は、諸類書に引用せられ

一三

たる者につき、校改したるが如し。其説内容の條に具す。

ヌ　乾隆石経

馮柳東石経補攷序に曰く、高宗純皇帝乾隆五十八年(二四五三)詔して十三経を太学に刊す。即ち長洲の蔣衡が書する所、勘定して石を立て、開成石経に依り、参するに各善本を以てし、訂正する所多し。彭芸楣考文提要十三巻を譔し、以て校正の自る所を證す。當時竣を告ぐるに急にして、未だ盡く改むるに及ばざりき。我が仁宗睿皇帝嘉慶八年(二四六三)御旨重修せんことを奏請す。是に於て復た廷臣に命じて磨改し、以て善を盡さんことを期す。故に前後の搨本同じからず と。江鄭堂、焦理堂、許積卿等皆乾隆五十六年命じて刊立せりといへば、八は六に作るを可とせん。積卿曰く、校勘の諸臣、欽定御纂本及び内府蔵する所の宋元の舊刻に據り、以て監本の譌を訂し石に刊すと。(石経考文提要跋)焦理堂曰く、阮芸臺術に語って曰く、唐石経は傳注溷淆し、文壁を壁に譌し、段を殷に譌し、誠に譏を免れず。蔣衡の若きは書法に工なれども、字體に疎なり。墉を以て墉に代へ、蓬を省きて蓬となす。斯の如き類、紕謬貫に多し。詔を奉じてより後、冬寒夏暍、退直の餘、開諸本を臚列し、經義を反覆し、審擇平允を得集ねて又博く通儒を訪ひ、務めて人々の善に從ひ、戴東原、劉端臨、金輔之、錢辛楣、王懐祖等の說を取り、校し畢りて石經館に付し、以て總裁の加勘を俟つと。(儀禮石經校勘記後序)彭氏の提要は乾隆の原刻により、馮氏の補攷は嘉慶の改定本による。此石經は北平に現存し、拓本亦世に出づ。田中慶太郎氏所蔵の拓本は極めて精美なり。予此本に依りて校訂せり。

(二)　経注合刻本

経典釈文によるに、周禮注者は、馬融、鄭玄、王肅、干寶の四家を擧げ、隋志には更に伊説及び崔靈恩(集注)を加ふ。漢魏六朝には、此等諸家の注行はれたれど、唐に至り賈公彦新注によりて跡を掃してより、鄭注獨り行はるゝに至る。當時鄭注の傳本は多種なりしならんも、官場に用ゐらるゝ書は大體一律に歸せしこと、五經の定本に於けるが如くなりしならん。賈疏に引ける鄭注は、往往現行の書と參差あれば、當時行はれし鄭注には、今本と頗る異なる者ありしを知るべし。漢初に在りては、經傳各自別行せしが、馬融の、周禮に注するや、曰く、學者の兩讀を省き、本文を具載すと。これ經注併錄の始にして、鄭玄以下の注家皆之に倣へり。而して周禮經注本の始めて上木せしは、乾祐の國子監本なりとす。

イ　乾祐國子監本

宋史田敏傳を案ずるに、後唐の天成(一五八六—八九)の初、敏詔を奉じて、馬鎬等と同じく九經を校す。敏は經學に篤けれども、好んで穿鑿をなし、校する所の九經、頗る獨見を以て自ら任じ、世頗る之を非とすとあり。「長興三年(一五九二)二月辛未、中書門下奏請すらく、石經の文字に依り九經を刻し、印板せんことをと。勅して國子監に令し、田敏以下博士儒徒を集め、西京の石經本より各業とする所の經句を抄寫し、子細に看讀せしめ、雕字を能くする匠人を召して、各部帙に從ひて印板せしめ、廣く天下に頒てり」。其書は石經と異なり、經注を萃錄せる者にして、實に經注合刻印本の鼻祖なり。「漢の乾祐元年(一六〇八)五月己酉朔、國子監奏す、周禮儀禮公羊穀梁の四經は未だ印板あらざれば、其學官を求めて考校雕造せしめんと。之に從ふ。周の廣順三年(一六一三)六月敏印板九經書五經文字九經字樣各二部一百三十冊を獻ず」。長興三年より實に二十二年を閲て始めて完成せるなり。(長興三年以下は後唐明宗紀、五代會要、舊五代史馮道傳、晁公武石經考異、冊府元龜、容齋隨筆等を括説す。)是れ周禮經注の印板は乾祐を以て首となすと斷ぜし所以なり。

案ずるに、天成に九經を校すといひ、長興に九經を刻せんと請ひ、廣順に九經の書を獻ずといひ、皆九經とのみ稱して、孝經論語爾雅に及ばず。是れ異むべきなり。竊に謂へらく、廣順の刻本既に五經文字九經字樣に及べり。而も孝經等三書に及ばざるは、理の解すべからざる所、唐制九經をば大中小の三部に分ち、通二經、通三經、通五經等の目あり。而して孝經論語は各科皆兼通を要す。(前揭五經定本の條參看)故に開成中石壁九經を刻すと稱して、孝經等の三經を包含す。これ孝經論語は經を修むる者の必ず兼通すべきの書、爾雅は其解各經に涉るを以て、九經等分目の中に算せず、科擧常用の語たる九經の中に此三書を併稱せしに非ざるか。王明清の揮麈錄によれば、後唐の明宗、李鍔に命じ、五經を國子監中に刊板せしめ、其五經刻本の後に長興二年と題すといへり。之に從へば、中書門下の奏請せる前年、既に勅命の五經印本成れるなり。是れ有り得べからざることに屬す。若し九經といへるは、既刊の五經を除ける四經を指すとせんか、語餘りに略にすぐ。且つ四經の印板せられたるは乾祐の上書によること、前揭の如くなれば、李鍔の命を受けたるは、田敏等と同じく、長興三年

一五

に在り。其經の一部が長興中に成れるものにて、二年の二は三若しくは四の誤にはあらざるか。且つ李鶚の刻せる郭注爾雅の覆宋大字本あり（古逸叢書に收む）。鶚鍔孰か誤にても、と同一人なるべく、これに據れば、李鍔は五經を印板すと稱すれど、其刻爾雅に及びしを知る。晁氏石經考異序に、蜀石經は孝經論語爾雅を第一に刻すといへり。又田敏嘗て湖南路に使し、荊渚に出で、印本經書を高從誨に遺れるに、從誨謝して曰く、祭酒遺る所の經書、僕惟能く孝經を識るのみと。（宋史田敏傳）五代史、宋史に據るに、敏の祭酒たりしは晉の天福四年（一五九九）以後にて、從誨の荊渚に在りしは、天福十二年以前の事なり。是れ天福中既に孝經の刻本ありしを證するに足る。論語刻本のこと、書の徴すべきものなけれども、孝經爾雅に比して、更に學者の尊崇を受けたるものなれば、其の刻して流傳を圖りたるべきは當然の事なり。且つ開成石經に據り陰文を陽文に變じて印行したるなれば、論語のみを除外するの謂なきことも亦明かなり。書錄解題によるに、開運丙午（一六〇六）刻の九經字樣あり、此等によりて斷ずるに、長興三年、田敏李鶚等命を受けて、九經板行に着手し、五經及び孝經論語爾雅九經字樣先づ成り、乾祐中周禮儀禮公羊穀梁四經の雕造に及び、五經文字も木に上り、廣順三年に至り、開成石經所收の書、全部開雕を見るに至れるならん。敢て臆見を附して大雅の是正を待つ。

五代亂離の際、晉漢周の三朝二十餘年に亘り、十二經外二書の刊行を見たるは、洵に驚異に値するの事に屬す。晉の天福中に銅版本の出でたるあり。斯く多年の苦心に成れる書も、散逸して迹を留めず、岳肅之の序引を以てしてなほ天福の銅版本を收むるに過ぎず。（九經三傳沿革例）尤延之の旁捜を以てして、なほ舊監本を得たるに留まる。（遂初堂書目）陳伯玉の精力を以てして、南城道傍賈者の故紙中より、古京本五代開運丙午刻の九經字樣一卷を得て、遂に家藏書籍の最古者となすに過ぎず（直齋書錄解題）、端平と五代と相距る僅に三百歳卯し此の如し。賴に李鶚本の爾雅ありて、以て其髣髴を認むるを得。此書は缺筆によりて推すに南宋の刻本なるべけれど、後唐蜀本の面目を存すること疑ふべからず。

口　蜀石經

孟蜀の相毋昭裔私貨を捐て、孝經論語爾雅周易尚書周禮毛詩儀禮禮記左傳の十經を石に成都の學宮に刻し、廣政七年（一六〇四）に始まり、廣順元年（一六一一）に成る。其筆者は張德釗等六人にして、石は千を以て數ふ。悉く開成石經の舊本に依りて書す。異る所は注を并錄せるに在り。皇祐（一七〇九－一三）中田況始めて公羊穀梁二傳を補刻し、宣和（一七七九－八五）中席升獻孟子を刻し、遂に十三經、經注合刻石經の完成を見るに至れり。胡宗愈爲に殿を作り石經を貯へたれど、明代には既に散亡し盡きたり。幸に宋拓本の世に存するあり、清の劉健之苦心の餘、周禮及び春秋三傳の殘本を輯めて、二套八本となし、以て好古者に惠せるを以て、其大體を知るを得。即ち周禮左傳は每張六行每行經文は十四字、注文は十九、二十、二十一字不等雙行にて經中に挾む。公穀は每張五行每行經文十五字注文雙行二十一字なり。宋代補

一六

補刻の二傳は、其行格に於て既に孟蜀の刻本と異るのみならず、其字體に於て頗る遜色あるを見る。左傳は世を廿に、民を㫒に、[木+枼]を[木+𠀍]に、洋を[氵+廿]に作り、唐諱蜀諱並ね避く。周禮は祥諱を避くれども、唐諱は然らず、世を世に、民を民に作る。其の諜を諜に作れるは、唐石經に據れる偶然の失にして、敢て避くるに意ありしにあらず。是れ左傳は唐に臣附せし際に刻せる者、周禮は背畔後に成れる者ならんと推斷せらるる所以なり。

趙清獻の成都記に、(曰く)石經の書丹は張德釗、楊鈞、張紹文、孫逢吉、朋吉、周德貞なり。石は凡て千もて數ふ、蓋し太和の舊本に依り、八年を歷て乃ち成ると。晁氏石經考異序に曰く、孝經論語爾雅は廣政甲辰の歲(七年、一六〇四)張德釗書し、周易は辛亥の歲(廣順元年、一六一一)楊鈞、孫逢吉書し、尚書は周德貞書し、周禮は孫朋吉書し、毛詩禮記儀禮は張紹文書す。左氏傳は何人の書なりを誌さず。而れども祥字其畫を闕けば、亦必ず蜀人の書する所ならん。然らば蜀人の石を立てしは、蓋し十經にして、其書者は獨り張釗のみに非ず。而して能く盡く太和本を用るたるは、固より已に嘉すべし。公武嘗て國子監摹する所の長興板本に對して之を讀むに、其差誤蓋し多し。世長興板本を以て便となし、國初遂に天下に頒布し、民間の寫本を收めて用ねず。然れども訛舛あり、參校して其謬を判知するに由なし。猶ほ謂へらく官既に刊定したれば、獨り改むるに難しと。是に由って石經を觀るに、固より脫錯す。而して監本も亦盡くは從ひ難し。乃ち學官に命じて、石本に讎校せしめ、敢て之を決するに臆を以てせず、始く兩存し、亦樂石に鐫り經後に附す、必ず能く考へて之を正す者あらんと。玉海に依れば、張㚟又注文の同異を校し、石經注文考異四十卷を爲るとあり。晁氏の鐫文、張氏の考異、今日に存せば、學人を裨益する、蓋し尠少ならざらん。而して其字體につきては、洪容齋が、精謹にして貞觀の遺風ありと評したる者、當を得たり。蜀帥尚書右丞胡公宗愈堂を殿の東南隅に作り、以て石經を貯ふ。范石湖の記に、凡そ二十一碑、石經堂中に在りといへば、南宋にも存せしこと明かなり。

母昭裔獨力にてかゝる大業を成せるには、由って來る所あり。其貧賤の時、文選初學記を交遊に借らんとせしに、難色ありしかば、發憤して曰く、異日若し富貴とならば、當に之を板刻し、以て學者に遺るべしと。後蜀に仕へて宰となり、曰く、今以て宿願を訓ゆべしと。因って工に命じて日夜雕板し、二書を印成し、後九經諸史を雕す。兩蜀の文學此に由りて大に興る。恐ち蜀、宋に歸するに及び、藝祖書を好み、命じて盡く蜀の文籍諸印本を取り、闕に歸らしむ。忽ち卷尾に母氏の姓名ありしかば、歐陽炯に問ひ、始めて母氏家錢を以て造れるを知り、甚だ之を悅び、命じて板を母氏に還さしむ。(揮麈餘話、焦竑筆乘等)

此に據れば、昭裔は文選初學記、九經等を印行し、更に石經を鐫刻せるなり。其の文籍に大功ある、得て沒すべからず。而して昭裔の蜀相となれるは、何年なるを詳にせず。五代史、後蜀世家に據れば、天成元年(一五八六)には、昭裔は孟知祥の掌書記たり。廣政十二年(漢建祐二年、一六〇九)知祥の子昶の相母昭裔、昶を切諫すとあり。通鑑は之を建祐元年十月の

一七

係に繫け、昭裔を左僕射兼門下侍郎同平章事といへり。兩書一年を差ふと雖、漢の隱帝の時、蜀相の位に居りしことは明かなり。吳任臣の十國春秋には、昭裔は河中龍門の人、博學にして才名あり、高祖（知祥）西川を鎮するとき、辟して掌書記となし、極に登るに及び擢んでて御史中丞となす。後主（昶）踐阼の明年、中書侍郎同平章事に拜し、又門下侍郎に改めらる。廣政三年鹽鐵に分判たり。久しくして次を以て左僕射に進む。時に昭裔上疏して諫む。後數年太子の太師を以て致仕す。性藏書を嗜み、酷だ古文を好み、經術に精し、常に雍都の舊本九經を按じ、之を石に成都の學宮に刻せしむ。又私財を出して學宮を營み黌舍を立て、且つ後主に請ひ九經を版印し、門人をして文選初學記白氏六帖を版に刻せしめ之を行ふ。後其子守素中朝に齎し至り、諸書遂に大に世に彰る。希す所爾雅音略三卷ありといへり。これ説いて詳なれども、相位に上りし年をいはず。廣政三年より久しうして次を以て左僕射に進むといへば、七八年を經過したるものならん。されば廣政十一二年に於ける五代史通鑑の記事と相符するを見る。即ち漢に在りては周禮四經雕造の參ありし時と前後せり。兵馬倥傯の間、河南西川の兩地、同時に九經開雕の事行はれ、更に石經鐫刻の擧ありしは、斯文の慶幸之に過ぐるなし。是れ天水右文の風氣を啓き、登運隆興の光聲をなせる者、其功偉なりと謂ふべし。

蜀石經殘本の今に存する者は繆荃孫曰く、

蜀石經周禮。卷九卷十兩卷一缺首。一缺尾。缺均無多。左傳卷十五裏二全卷。穀梁卷九六十九行。光緒丙子。在楊幼雲處見之。屬爲校異。因循未果。後歸張叔憲。李亦元。今歸吾友劉健之。海內孤本也。蜀石留于世者。有黄松石之毛詩。周南召南邶風。程芳林之左傳。昭二十年。六百餘言。趙晉齋之周禮。夏官三十六行。陳頌南臧。周禮考工記六千餘言。公羊五千餘言。今之三冊字數最多。（蜀石經殘本跋）

と。然れども劉健之輯本を検するに、周禮は卷第九秋官序官蜡氏の注より卷末まで三十七葉半、卷第十卷首より掌客の注與此同銅萊に至る五十二葉半、卷第十二玉人イ注辟男不言之者より匠人爲溝洫の牆厚に至る二十二葉とす。公羊傳は卷二桓公六年より十五年に至る十九葉、左氏傳は卷第十五襄公十年より十五年に至る五十三葉半、第二十昭公二年三葉、穀梁傳は第六文公元年半葉、第八成公元年三葉半、第九襄公十八十九年二葉廿六廿七年二葉に止まる。經注の他書との異同につきては内容の條に詳説すべし。

八　蜀大字本

靜嘉堂文庫、卷第九第十を藏す。左右雙邊、界長七寸七分五厘、幅五寸三分乃至五厘。卷第九の首頁、版心上欄より一寸五分にして一線を畫し、其下に魚尾あり。線上頁內の字數を標し、魚尾下に礼九と標す。上欄より五寸の處、頁數を記す。底に陰文友あり、刻工名とす。第二頁以下魚尾なく、唯一線を畫するのみ。其下周礼九と標す。刻工名氏を缺くもの、卷九に七頁、卷十に一頁あり。刻工名は、加程換、換、惠、張、单、袁、正、頁、細、楊、泉、南、田、丙、介、何、王、斤、孫、杉、子、林、古、梁、初、元、負、

一八

九、劉先、麗隆、雲瓜子言、老斤、大、恙呈、畐とす。首頁第一行、頭格より周禮巻第九と題し、第二行頭格より秋官司寇第五と題し、三格を越えて鄭氏注と署し、第三行頭格より經文を書し、經下直に注を書す。雙行とす。各半頁八行、毎行大字十六字、小字二十一字、釋音なし。巻末周禮巻第九と書す。巻十之に準ず。缺字闕かず、殷字殷に作り、或は殷殷に作る。讓は皆末筆を闕き、愼また末筆を闕けば、南宋の刻本と見ゆれど、蜀本の面目を傳へて餘りあり。其文字楷正典麗、眞に罕覯の秘籍とす。黄蕘圃の跋あり。阮文達の所謂大字本是れなり。尤延之が川大字本といひ、岳肅之が蜀學重刻大字本などいへるは、此類の書を指せるならんか。黄氏の手跋に曰く、

倚樹吟軒楊氏。余幼時讀書處也。其主人延名師課諸子。有伯子、才而夭。余就讀時。與仲氏偕時同筆硯。情意殊投合也。其家有殘宋蜀大字本周禮秋官二冊。蓋書友詭稱樣本、持十金去、以取全書。久而未至。亦遂置之。余稍長。喜講求古書。從偕時乞得登諸百宋一廛賦中。偕時亦不以余爲豪奪也。容歲偕時病歿、年纔五十有四。從此失一良友。甚可傷也。余今春耳目之力漸衰、偶有小恙。即畏風惡寒。久不至外堂。日於樓下西廂、靜坐養痾。檢點群書。偶及此書。因記巓事如此。人往風微。覩此贈物。益增傷感。而此殘鱗片甲。猶見蜀本規模。勝以後來諸宋刻。余所見。有纂圖互注本。有監校京本。有余氏萬卷本。有殘岳本（堂）。幸叨良友之贈物以人重。人又以物重也。甲戌閏二月一日。復翁黄丕烈識。時積雪盈庭。春寒透骨。腮外又飄飄未止也。奈何奈何。

又曰、余年來家事日增。精神日減。校書一事久廢。然由博反約。尚喜手校經籍。此周禮蜀本殘帙。向未校出。今炊新收殘岳本地春二官。手校於嘉靖本上。因復校此秋官　以償之。周禮善本。六官有半矣。豈不幸哉。乙亥冬孟二十有五日。復翁。

と。亦以て此書の來歴を知るべし。

二　宋監本

唐時已に萌芽を發せし雕板の術は、五代に至りて漸く勢を得、河洛成都、競ひて諸經を開雕せしは、既に述べたるが如し。趙宋之を承け、國子監を始め、諸路軍及び士人の書を上木する者激增せり。而して經注の書、多くは長興乾祐板本に依倣し、間々蜀石經に據れり。晁公武が

昔議者謂。太和石本。校寫非精。時人弗之許。而世以長興板本爲便。國初遂頒布天下。收向日民間寫本不用。然有訛舛。無由參校。判知其謬。猶以爲官既刊定。難於獨改。由是而觀。石經固脫錯。而監本亦難盡從。石經考異序

といへる、之を證すべし。全謝山が宋人稱引する所、皆蜀石經を以て證となし、並に唐の陝本石經に及ばずといひ、其故を繹ね、唐石經は注なきに、蜀石經は之あるを以て、其評に從はんとするを第一とし、南渡後は唐石經陝に阻てらるるを以て、江左に至らざるを二とせり。（鮚埼亭集）此の第二の理由は、宋初に中つべからざれど、蜀を平定せし際、太宗は蜀本を悉く京師に輸し來せることは、前揭の如くなれば、宋初の監本が石刻の原據となれる書を參照したることは疑ふべからず。景德二年（一〇〇五）眞宗國子監に幸し、庫書を閲し、邢昺に經版幾

一九

何かあると問ひしに、昺曰く、國初は四千に及ばざりしに、今は十餘萬あり、經傳正義皆具る。臣の少時は經の疏を具有せるもの、百に一二もなかりしに、今は板本大に備はり、士庶の家皆これありと。（宋史邢昺傳）太祖乾德元年（一六二三）より四十餘年にして、二十五倍に激增せるを見る。然れども當時國子監にて校定せる諸經の音疏は、文字訛謬多く、有志の士は刊正を乞ふこと頻なり。宋史を案ずるに、

判監李至上言。本監先校定諸經音疏、其間文字訛謬尚多。深慮未副仁君好古誨人之意也。蓋前所遣官、多專經之士。或通春秋者、未習禮記。或習周易者、不通尚書。至於旁引經史、皆非素所傳習。以是之故、未得周詳。伏見國子博士杜鎬・直講崔頤正・孫奭、皆苦心彊學、博貫九經、問義質疑、有所依據。望令重加刊正。冀除舛謬。從之。又有學究劉可名、言諸經版本多舛誤、眞宗命擇官詳正。因訪達經義者、至方參知政事。以頤正對。崔頤正傳

淳化五年、兼判國子監李至上言、五經書疏已板行。惟二傳・二禮・孝經・論語・爾雅七經疏未備。豈副仁君垂訓之意。今直講崔頤正・孫奭・崔偓佺、皆勵精彊學、博通經義。望令重加讎校、以備刊刻。從之。後又引吳淑・舒雅・杜鎬、檢正訛謬、至與李沆、總領而裁處之。李至傳

とある、以て一斑を見るべし。遂初堂書目に、舊監本尚書・禮記・左傳・論語・孟子・爾雅等を挙げ、周禮儀禮は杭本を挙げたれど、舊監本に周禮などの入らざる理なく、岳珂九經三傳沿革例に、監本、紹興監本、監本現行本など見ゆれば監本も時々刊行せられたること知るべし。

宋代刊行書の多き一例を示すため、尤岳二家の書目に見えたる者を挙げん。遂初堂書目には、成都石刻本、舊監本、京本、江西本、杭州本、高麗本、秘閣本、吉州本、舊杭本、嚴州本、越州本、湖北本、川本、川大字本、越本舊本、姚氏本、川小字本、池州本等見え、岳珂九經三傳沿革例には、監本、唐石刻本、晉天福銅版本、京師大字舊本、紹興初監本、監本現行本、蜀大字舊本、蜀學重刻大字本、中字本、中字有句讀附音本、潭州舊本、撫州舊本、建大字本、俞韶經家本、又中字凡四本、婺州舊本、興國于氏本、建余仁仲本、越中注疏舊本、建音釋注疏本、蜀注疏本等見ゆ。以て其盛を察すべきなり。

天祿琳琅書目後編に周禮一函六冊を收め、鄭康成注十二巻、後に陸德明音義一巻を附す。岳珂の所謂音釋自ら一書となすもの、眞に宋監本の舊なりといひ、明監本との異同二十條を挙げ、並に宋監本の誤らざるを證せり。此書今何處に在るを知らざれど、南宋の刻本なることは、所釋音本なるにて知るべし。

ホ　婺州本

明の嘉靖（二一八二―二二二六）中、徐氏三禮鄭注本を覆刻す。其書釋音を附載せず、通行の鄭注本と頗る異なり。其原本につきては、乾嘉の校勘諸家も知るに由なく、阮芸臺は

按此不附音義、而勝於宋槧余氏岳氏等本、當是依北宋所傳古本也。周禮注疏校勘記引據各本目錄

といひ、孫仲容も

明嘉靖放宋本。原出北宋槧。雖明刻、而在諸宋本之上。周禮正義略例十二凡

といへるに過ぎず。盧段黄の諸家、論断するなし。然るに武進の費念慈獨り之を断じて曰く、

北宋婺州本。止餘六巻。腊人下延兩條。尚未誤衍入注。前明嘉靖間三禮合刻本所從出章碩卿故物。今不知誰歸矣。迻本周禮識語

と。其の釋音を附せず又大異同の符合せる點等よりして、断案を下せるものなるべし。其の腊人下延語兩條とは、

(上略)玄謂公食大夫禮曰。庶羞皆有大。(案此據内之所擬祭者也又引)有司曰。主人亦一魚。加膴祭于其上。(此據主人擬祭者膴與大亦一也)内則曰(下略)

の括弧内の二所、合計二十五字は疏文の注中に混入せるもの、諸本皆誤れるに、此本のみは誤らざるなり。黄堯圃校本に、

周本校語云。宋本岳本皆誤多。江叔澐曰。曾見單注宋板。不衍。

案此非脱文。拠表五硯校岳本云。此廿五字乃疏文誤衍。北宋本無之。近見嘉靖本。亦無此二十五字。

とあり。江袁二家、北宋本又は單注宋板といふ。共に同一の書にて、岳氏九經三傳沿革例に婺州舊本といへる者ならん。是れ費氏の所説によりて立論せる者なり。然るに孫仲容の校する所によれば、此説を成立せしむべからざる條一二に止らざるなり。即ち

司市　謂物行苦者　婺州本苦。嘉靖本作沽。　遂大夫　未相錄。基之屬　婺本錄。其嘉本錄。其。

下一一　小師　今大予樂　婺本予。嘉本作子。　典同　甄燿。之甄　婺本燿。嘉本作濯。　校人　相上。作

乘馬　婺本土。嘉本作士。

の如きは嘉本並に婺本に異なり。此の如く異同區區にては、從つて出づる所と稱するを得ず。孫氏は自ら婺本を見ず、費氏の校する所に據れること、其書の凡例に見ゆ。而して費氏は自ら婺本と嘉本とを對校して、其の自出なるを断ず。上記の如き異同ありとせば、何でかかる断案を下さんや。費孫兩者の間必ず一誤あらん。姑く疑を存して考を竢つ。

(三) 音義本

陸德明經典釋文を撰す。自序に云く、

漢魏迄今。遺文可見。或專出己意。或祖述舊音。各師成心。製作如面。加以楚夏聲異。南北語殊。是非信其所聞。輕重因其所習。後學鑽仰。罕逢指要。余承乏上庠。循省舊音。苦其太簡。況微言久絕。大義愈乖。攻乎異端。競生穿鑿。遂因暇景。救其不逮。研精六籍。采摭九流。搜訪異同。校之蒼雅。輒撰集五典孝經論語及老莊爾雅等音。合爲三帙三十卷。號曰經典釋文 節錄

と。又其條例に云く、

先儒舊音。多不音注。然注既釋經。經由注顯。若讀注不曉。則經義難明。混而音之。尋討未易。今以墨書經本。朱字辯注。用相分別。使較然可求。舊音皆錄經文全句。徒煩翰墨。今則各標篇章於上。摘字爲音。慮有相亂。方復具錄。其音堪互用。義可並行。或字有多音。衆家別讀。苟有所取。靡不畢書。各題氏姓。以相甄識。義乖於經。亦不悉記。若兩本俱用。二理兼通。今並出之。以明同異。其涇渭相亂。朱紫可分。亦悉書之。隨加刊正。復有他經別本。詞反義乖。而又存之者。示博異聞耳。節錄

と。以て撰著の主旨を知るに足る。盧紹弓曰く、

此書闡經訓之菑畬。導後人以涂徑。洗專己守殘之陋。匯博學詳說之資。先儒之精蘊。賴以留。俗本譌文。賴以正。實天地間不可無之書也。重雕經典釋文緣起

と。語簡なれども、能く此書を評し盡せり。

イ 葉林宗本

音義本は明代には單行本なし。崇禎(二二八八—二三〇四)中、崑澤の葉林宗、文淵閣の祕籍の人間に出でたる者により、一部八百六十葉を影寫せしむ。是れ阮校等に所謂葉鈔本なり。馮班の跋に云く、

右經典釋文三十。原書文淵閣祕籍也。不知何自出於人間。崑澤葉林宗購書工影寫一部。凡八百六十葉。嗚呼經學盛於漢。至於宋而疾漢儒如讎。玄學盛於晉。至宋而詆爲異端。註疏僅存。譌缺淆亂。今之學者。至不能舉其首。遑其間句讀字。秖賴有是書。世無刻本。又將漸滅矣。此與注疏中所引。往往不同。讀者幸詳而寶之也。崇禎十年。歲次丁丑。寫畢。越十四年。上黨馮班識其後。據通志堂本

と。葉石君曰く、此書は從兄林宗、絳雲樓藏本を借りて影寫せるもの、書工は謝行甫なり。余幼時嘗て之がために校勘す。乙巳(康熙四年、二三二五)春仲、林宗死し、藏する所の宋元刻本、并に抄本未見の書、盡く不肖の子孫に散没せらる。惟、此書幸に存す。因つて之を留むと。所謂文淵閣祕籍は今何處に在るを知らず。此書清儒の尊崇する所となれば、文淵閣本の見るを得ざりしことを知るべし。而して葉氏抄謄の功、此書と共に不朽ならんとす。

ロ 通志堂本

崑山の徐乾學通志堂經解を輯するに方り葉鈔本に據りて上木せる者なり。爾雅音義の

二二

于末に、勘官張崇甫李守忠皇甫與姜融馮英、詳勘官薛崇義衛融董評勘官陳鄂姚恕呂餘慶呼居正趙普の官銜姓名、及び乾德三年（一六二五）五月開寶二年（一六二九）正月の年記あり。刊初の監本に據れるを知るべし。盧紹弓曰く、宋の雕本見るべからず。其の影鈔せる者は尚ほ湖く藏書家に備ふ。余借りて以て校對せるに、宋本の譌脱反って更に甚だし。徐氏挿して經解に入るるの時に當り、塵を掃ち葉を掃ひしものにて、誠に功なしとせず。然れども宋本是なるに、或は其意を得ずして、因って誤り改めたる者もありと。釋文緣起阮文達も亦或は是非互に易り瑜を棄て瑕を錄すといへり。（校勘記凡例）予も臧鏞堂本を補す是れ葉鈔本に依りて通志堂本を校改せし者なり。此に據りて盧阮二氏の言の異なるを知る。

八　盧抱經本　附攷證

釋文緣起に云く、此書の雕版海内に行はるるはたゞ通志堂經解中にあるのみ。宋の雕本は見るべからず。今日宋本を貴ぶは覆錄せば、必ず前時に逮ばずと謂へるためなり。然れども書の眞を失ふも亦毎に宋人に由る。宋人は毎に臆見を逞しうして舊文を改む。六經正誤の如きは、他の字を取りて之に易ふ。後人其説を信じ、遽に以て本書を改む。然れども此書注疏本に多くして、本書は幸に尚ほ恙なし。此書年來流傳漸く少く、學者盡く見る能はず。因つてたゞ手から校し、重雕をなす。たゞ遲暮の年なるを以て、精力周からざる有らんを慮り、刻成りてもなほ再三校し、日幾んど之が為に昏めども恤へざるなり。其文もと皆遵屬せり

今兵の離すべからざる者を審にして之を離し、以て觀者に便す。書中の是非及び今因革する所と嘗て師友に聞ける所をば別に攷證を作り、當卷の後に附し、以て本書に淆亂せしめずと。以て此書撰述の態度を見るべし。而して其文字雅正、引據的確、論斷明快、釋文中の白眉とす。皇朝にも覆刻本あり、精刻なるを以て學人に重んぜらる。

二　臧鏞堂本（校）

東方文化圖書館に藏す。通志堂の行間欄外に、朱（墨）を以て校改す。岳本、余仁仲本、宋本、群經音辨等をも雜へ引けり。予杉村勇造氏の盡力に藉り、副本を得たり。四跋あり。曰く、

癸丑（清乾隆五十八年二四五三）十一月十二日、臧庸堂爲巫山知縣段若膺先生。校葉林宗抄本。舊藏吳縣朱文游家。近歸同邑周漪塘。段先生往借是書。屬爲細校。又云。寫本名銜在毛詩末。甚是。蓋此書係南宋本棄刊。故尚書孝經等音義竄改最甚。全非陸氏之舊。而毛詩或本之北宋。有乾德開寶名銜。因仍之。如徐盧兩刻。皆移于卷終。似全書皆本北宋矣。余歎其論斷之精。遂識此以爲跋語。中間如周禮儀禮最精。餘亦多佳者。自信漏落者頗少矣。時寓金閶袁氏邦經閣。（朱筆）

甲寅（清乾隆五十九年）春日。假得先生是書。改正之處。凡出於先生者。往往與松崖惠氏相合。惠氏校改苦略。亦有可備決擇者。附于上方。　後學顧之逵記（墨筆）

丙午三月。坊人以此本釋文求售。而索直甚昂。余未之應也。乃未幾而竟爲有力者購去。方深惜

惜之。猶幸因裝訂之故、原書尚存賈人處。爰以番餅三枚賂賈人。囑其遅十日付去。乃得窮八晝夜之力。照錄一通。今録畢矣。快何如之。爰書數語。亦以見貧士讀書之難也。時道光二十六年（二五〇六）四月六日。元和管慶祺書於體經堂。墨筆
庚午（同治九年、二五三〇）春。向管君慶祺洵美處。假得批本釋文。是丙午年所手錄者。悉兵燹之餘。尚留是書。不禁忻幸。繙閲書中見有亡友馬君釗遠林校語兩條。尤為可寶。原本用通志堂刊本。照改塗乙。今一如其舊云。校始於是春。僅得其半。辛未入都。應禮部試。中輟一年。至壬申孟夏續校。乃蔵事焉。撫歳月而如流。慨良朋之徂謝。爰錄前輩諸先生跋語于前。為能讀有用之書者勸。時時省覽。獲益良多矣。是月十八日。呉江袁清槇子姪。跋於鎔經室。朱筆

と。段校によるに、南宋本の彙刊に係れる者を轉寫せしなり。而して周禮儀禮の如きは最も精なりとあれば、本校勘には有力なる資料たるなり。

ホ　明本排字九經直音

此書は前集後集の二冊に分ち、前集には孝經論語孟子毛詩尚書周易の六經、後集には禮記周禮春秋の三經を收む。前集扉に明本排字九經直音と二行に大書し、其中間に〇陸德明音義〇と標し、其上欄に熊氏博雅堂刊と横書し、後集の終に至正丁酉の四字を鐘形の腹部に容る方形を作り、其中に二行に書し、其下日新書堂の四字を▢に包みて二行に書し、其下鼎の腹部に綉梓二字を横書せる三木記あり。元の順宗至正十七年（二〇一七）の繍雕に係る。經文の音を注する、反切を用ゐずして直音を用ゐる。左右雙邊、上下細線黒口あり、魚尾の下に前集は直音前、又は音前と標し、後集は直音后又は音后と標し、下に頁數を標す。毎半葉十五行、巻首頭格より二行に亙り、明本排字九經直音と題し、下に前集二字を陰文にて題し、次の二行に亙り大字二格を低して孝經と題し、次行頭格より（序）（陰文）行（圏）三復上圏下覆の如く標出文字を單行大書し、音釋を雙行小書し、篇を換ふる毎に陰文を以て標し、跳行せず。一經を終ふれば、更に二行に亙りて、論語と題すること、孝經の標題の如くす。前集六經を終へて、巻末に明本排字九經直音（前集）と二行に亙りて題すること、巻首に同じ。後集之に準ず。但上掲三木記の後に、明本排字九經直音終（後集）と題す。周禮は八頁半に收む。撰人の氏名を知る能はず。四庫全書總目に「貞宗を標するに宋を稱せず、又其文を御製と稱するを以て、宋人の著となす。明本といへるは、宋時の刊版は多く其地の首字を擧ぐるを以て、明州の刊する所たらん、即ち今の寧波府なり」といへり。總目據る所の書は、末に歳次丁亥梅隠書堂新刊と題す。これ至元二十四年（一九四七）にて、元初の刊本ならんと斷ぜり。其の引く所によるに、其内容此書と異同あるが如くなれども、本書は其後刻本なること疑なけん。總目の評に、釋文載する所は唐以前の音なるに、此書は兼ねて宋儒胡瑗司馬光二程朱子を採る。陸氏の書に於て尤も相續ぐに足る。宋人の經書音釋中に在りて、最も妥善となす。九經の前後次を失するが如きは、當に坊刻の誤なるべく、旣に大旨に關するなければ固より深論を庸ゐるなしとあるは、當れりと謂ふべし。宋志に許奕の九經直音九巻を出せり、此と相類するか。本書後集巻

末に、左の識語あり。

寄藏文庫宋元刻書跋。長昭夙從事斯文。經十餘年。國籍漸多。意方今藏書家。不乏於世。而其所儲。大抵屬數近刻書。至宋元槧蓋或罕有焉。長昭獨積年慕求。乃今至累數十種。此非獨在我之為艱。而即在西土。亦或不易。則長昭之苦心可知矣。然而物聚必散。是理數也。其能保無散於百年之後乎。孰若舉而獻之於廟學。獲藉聖德以永其傳。則長昭之素願也。爰以宋元槧三十種為獻。是其一也。文化五年二月。下總守市橋長昭謹誌。

静嘉堂文庫亦此本を藏す。後印本に屬す。卷首の内題、及び卷尾の木記なし。

（四）經注音義合刻本

イ　董本

黄蕘圃の重雕嘉靖本校宋周禮札記序に曰く、

近於同郡故藏書家。見有紹興間集古堂雕本（董氏）。後為松堂蔣氏收得。遂假歸校勘。多所取正。因思刻以傳世。奈字體細小。兼多破體。取為家塾課本。有所未宜。

と。又黄氏校宋周禮卷四に、

徳興董學士宅集古堂本。紹興十五年孟春中休日刊。

の識語あり。即ち紹興十五年（一八〇五）集古堂董氏の刊本なり。其字體細小にして破體多しといへるに見れば、精刻に非ざりしを知るべし。黄氏又其の最も佳なる者は、天官上踏人の注なり。餘は訛舛多しと断じたるによりて、其の内容の一端を窺ふを得ん。又三十七卷尾に、此卷は董本缺けたるに因り、抄本を以て補改すと識せるに見れば、蔣氏の藏本は全本に非ざりしを知るなり。其の板式等は知るに由なし。

ロ　建本

天津の李氏盛鐸の藏する所、四周雙邊、半版十行、毎行大字十九字、小字二十三字、界縦六寸七分、横四寸四分、版心雙魚尾、上下相向ひ、下魚尾の上、頁數を記す。經文には句讀を施し、鄭注音義は雙行小字なり。注中玄の字及び主要なる字は○に裹み、音義の標出文字は陰文とす。

巻首首行頭格より周禮巻第一と題し、次行は二格を低して唐國子博士兼太子中允贈齊州刺史呉縣と題し、第三行二格を低し開國男陸〔徳明〕一格を空しうし徳明二字を小書し、又一格を越えて釋文附と大書す。第四行頭格より天官冢宰第一と題し、七格を越えて鄭氏註と署す。第五行二格を低う（釋文）三字陰文本或作冢宰上非除巻放此の十三字を雙行に小書す。第六行頭格より經文惟王建國を大書し、其下注を雙行小書し注尾直に承くるに音義を以てし、標出の字唯陰文を以て別つのみ。其字畫端正、刷印鮮明、宋版中に在りても罕覯に屬す。此書諸家の書目收めざる所、殊に珍とすべし。李氏の書門外不出たるは世の知る所、杉村氏の除旋により、對勘するを得たり。巻頭に左の記あり。

光緒壬辰閏六月。武進費念慈跋讀校於士禮居黄氏本上。同時所見單注本。一爲繆炎之前輩藏巾箱本。有重言無重意。一爲傳是樓藏纂圖互注本。敷印絶精。一爲宗室伯羲前輩所得。一爲北宋婺州本。止餘六巻。脂人下豇語兩條。尚未誤行入注。前明嘉靖三禮合刻本所從出。章碩卿收物。今不知誰屬矣。與此而四。此本失序跋。無刻書年月。避宋諱極謹。皆加墨圍。以行款攷之。當是南宋建本。毘亭師於辛卯夏得于京師。命題數字。回弁近日所見。章連及之。癸巳四月十一日。念慈記。〔印〕

八　余仁仲本

黄蕘圃校宋本に盧文弨曰く、恵士奇其子棟と余氏萬巻堂校本を以て經注音義を校すといひ、周禮札記序に、向に聞く、萬巻堂余氏單注本ありと、余が友顧抱沖の家に在りといへり。黄校によるに、顧本は不全本なりしが如し。天祿琳琅書目載する所は、二函十二冊なれば完本なりしなるべし。阮氏校勘記に曰く、

恵棟云。盧見曾嘗得宋槧余仁仲周禮經注。校閲一過。書共十二巻。巻一之末。記肆阡貳伯伍拾陸字。注捌阡伍伯肆拾參字。音義參阡陸拾壹字。余氏刊于萬巻堂。巻二。記經參阡陸伯捌拾字。注壹萬參伯伍拾壹字。音義參阡貳伯參拾貳字。仁仲比校。記巻三。記經伍阡伍拾伍字。注捌阡肆伯貳拾捌字。音義壹阡玖伯卅壹字。余仁仲刊于家塾。巻四。記經肆阡柒伯貳拾柒字。注壹萬貳伯肆拾貳字。音義貳阡柒伯五拾捌字。巻五。記經肆阡柒伯柒拾陸字。注壹萬貳阡參伯捌拾參字。音義參阡肆拾壹字。巻六。記經肆阡伍伯伍拾伍字。注壹萬捌阡參拾伍字。音義肆阡壹伯捌拾伍字。余氏刊于萬巻堂。巻七。記經參阡陸伯壹拾貳字。注柒阡肆伯參拾捌字。音義貳阡貳伯捌拾陸字。巻八。記經參阡伍伯貳拾伍字。注柒阡肆伯玖拾字。音義貳阡伍伯伍拾字。余氏刊於萬巻堂。巻九。巻十。巻十一。字數闕。巻十二。記經參阡伍伯柒拾字。注柒阡參拾□字。音義□阡參拾壹字。余仁仲刊于家塾。

と。其様式は知るに由なし。四庫簡明目錄標注に、

黄丕烈云。曾見宋余仁仲刊本。十行十七字。小二十二字。

とあり。纔に行格を知るを得。而して余仁仲の刻する所、別に公羊穀梁あり。公羊は楊州の汪氏緒本あり。穀梁は古逸叢書に收む。後者に據るに、毎半板十一行、毎行十八九字、左右雙邊。

二六

五寸九分、横四寸弱、板心兩魚尾あり。上魚尾の下、穀梁と巻數を標し、下魚尾の下頁數を標し、下に一線を畫す。上下細線黒口、注は雙行二十七字。毎章音義を附し、毎巻末經傳注及び音義の字數あり。又仁仲比校訖、又は余仁仲刊于家塾と記す。十二巻の末に、國學進士余仁仲校正、國學進士劉子庚同校、國學進士陳幾同校、國學進士張甫同校、奉議郎簽書武安軍節度判官廳公事陳應行參校。癸丑仲秋重校訖と記す。又巻首何休の序末に、

公羊穀梁二書、書肆苦無善本。謹以家藏監本、及江浙諸處官本參校、頗加釐正。惟是陸氏釋音、字或與正文字不同。如此序釀嘲陸氏釀作讓。隱元年嫡子作適。歸含作哈。召公作邵。桓四年曰蒐作獀。若此者衆、皆不敢以臆見更定。姑兩存之。以俟知者。紹熙辛亥孟冬朔日。建安余仁仲敬書。

と記す。又春秋穀梁傳序末及び十二巻尾に余氏萬巻堂藏書記の木記あり。頗る盧氏所藏の周禮鄭注に類するが如し。而して穀梁傳の刊行紹熙辛亥（二年、一八五一）に在れば、此書の開雕も其前後に在りしならん。

二　岳珂本

岳珂字は肅之、倦翁と號す、岳忠武の孫、寧宗の朝嘉興軍府に在り、惠政あり。嘉定（一八六八—一八八四）中。籀天辯誣集、天定錄を上り、九經三傳沿革例等を著す。又五經二禮を刊す。宋版の最佳なる者として寶重せらる。北平に周禮地官春官の不全本あり。黄堯圃等推稱の巻に係る。巻第三の終に、亞形内に相臺岳氏刻梓荊谿家塾の篆文木記あり。五經の例によれば、仰記字體大小參差不等あり。嘉靖中覆刻本二種あり。其板式之と同じかるべく、其項に詳記すべきを以て、今略に從ふ。

ホ　點校京本

黄堯圃曰く、余見る所に纂圖互注本あり、點校京本あり、余氏萬巻堂本あり、殘毋本あり（と）。（前掲）此書今何處に藏せらるるを知らず。當時刊刻地名の首字を取りて呼ぶ風ありしこと、明本の條に說きたるが如くなれば、京本は京師刊行の書たること知るべし。其の樣式は詳ならざれども、下に出せる明刊の京本點校附音重言重意互注本の祖たるべく、明刊の項に於て詳說すべきを以て、遠祖の面目は雲仍によりて推察することとせん。

ヘ　巾箱重言本

南宋麻沙本にして、四周雙邊間々左右雙邊（天官地官に多し）縱三寸乃至五厘、横右頁二寸、左頁二寸五厘、板心兩魚尾相向ふ、上下細線黒口、上魚尾下し幾又は礼幾と標し、間々缺く。下魚尾上に頁數を標し、上欄下間々頁内字數を標し、鳥絲外官名を標す。半頁九行、大字十七字、間々十五六字、小字十八字、首一行（足利圖書館本は）缺損、餘巻を以て推すに、當に周禮巻第一の五字ありしなるべし。次行頭格より二字缺損、當に天官の二字ありしかるべし。其下角字第一と題す。其下

二七

各二格を超えて、周禮鄭氏注と題す。(周禮鄭氏注を次行に移せる巻もあり)次行頭格より本文に及び、注は經下に雙行小書す。注尾直に釋文を音し、標出の字唯〔 〕に包むのみ。間々陰文なるもあり。標出の文字極めて少し。其下重言の二字を陰文にて單行に書し、二重の括弧に裹む。其文は雙行なり。重言二官以下に至るときは、○を以て界す。巻末數行を超えて周禮巻第一と題す。重言のみにて重意互注に及ばず。足利圖書館には完本を藏す。予の據れる者なり。北平の京師圖書館に不完本を藏し(繆荃孫の藏本か)大高殿圖書館に楊守敬の鈔本を藏す。此書は繆楊二氏推稱措かざる者(日本訪書志)其内容につきては下に詳說すべし。足利本の末に左の手跋あり。

宋槧附音重言周禮十二巻。其巻數與隋書經籍志及唐開成石經、宋岳珂刻本同。唐書藝文志云鄭玄注十三巻誤非。馬融所注。又為十二巻。後末王肅、干寶、伊説之注、傳玄、陳邵之論評、皆仿此巻數。並見隋志唐志。說注十巻。干寶注十三巻。經典釋文序録。想並非。如今行注疏本。永懷堂注本。妄意分析。終令舊時之面目。不可復見矣。是本褒之今行諸本。訛謬皆當從而改正。余恐日久為敗朽。作筐以護之。文化丙子七月七日。湯島狩谷望之。

萬壽山正宗寺。在常州久慈郡增井村。夢窗弟子。月山所開基也。其寺所藏。有古本數種。如左傳正義單本。其一也。此周禮。意是本係正宗寺所藏。後轉致之野庠者也。予所見。昌平黌有宋板周禮。御庫有元板周禮。狩谷氏有岳珂本。狩谷氏將作周禮考文。予借之庠主。以便對校之。聊登記其本所自來云。文化丙子秋九月。御書物奉行近藤守重識 □ 印

ト　重言重意本

靜嘉堂藏本に係る。不全本にして巻第七より第九に至る三巻とす。左右雙欄。長さ四寸七分乃至五寸幅二寸九分乃至五厘。半頁十二行、每行二十三字、大小字共に同じ。極細線黑口、兩魚尾あり。上部に或は字數を記す。上魚尾の下周し七の三字を標す。周禮七の略なり。間々周九など禮字を省略せるもあり。下魚尾の下、頁數を記す。左上部に耳あり、夏官上など記す。夏官下は右半頁にて終れるを以て、其頁のみは右上部に標せり。首行は頭格より周禮巻第七と題し、次行頭格より夏官司馬第四と題し、六格を越えて周禮の二字、三格を越えて鄭氏註と題す。次行頭格より經文を書し、其下直に注を書し雙行小字なり。注尾音義を承接し、標出の文字はただ白字とし、以て音義なることを識らしむ。重言重意互注等の標題は白文單行とし、其文は雙行とし、引く所の官名は白文とす。巻末は本文と行を距てて周禮巻第幾と書す。此類の書、南宋末に多く見えたり。是ㇾ士人帖括の用に供せんが為めなり。

チ　纂圖互注周禮

靜嘉堂藏本に係る。左右雙邊界長五寸七分五厘乃至六寸、幅三寸八九分、上下黑口細線兩魚尾あり。上魚尾の下、礼一等巻數を記し、下魚尾の上、頁數を記す。每半頁十二行、大字二十一字、小字二十五字、耳あり。天官上一己一、一己二、一己四、天官上　一巻五、天官上、二八

巻十三、等と記す。

首巻には、王國經緯涂軌圖　朝位従朝祿圖　等二十六葉を附し、上部に圖を出して、下部に解説をなし、或は右半頁に圖を出し、左半頁に解説をなし、或は圖中解説を插むなど、一定せず。圖説の後に周禮篇目を出し、巻數を陰文にて書し、其下天官冢宰上などの如く官名を記し、次行に各官名を列擧す。第二冊首行頭格より、纂圖互注周禮巻第一と題し、次行頭格より天官冢宰第一と題し、其下直に陸德明音義四十七字を雙行小書し、其下小字の一格を空しうして周禮と題し、又一格を超えて鄭氏注と題す。次行頭格より經文を書し、注は雙行小書し、注下○を界して直に音義を標出す。重言重意は雙行とし、長楕圓の中に陰文にて書し、或は陽文に括弧（）を施せるもあり。互注は單行白書にて標出し、解説は雙行とす。巻尾は纂圖互註周禮巻第幾と書す。陸剛甫曰く、案ずるに此れ南宋の麻沙本なりと。（皕宋樓藏書志巻六）貴念慈曰く、傳是樓の藏する纂圖本互注本は槧印絕精なりと。（前掲、建本の條参看）此麻沙本と別本なるを知る。靜嘉堂文纂圖互注禮記を藏す、刊刻精絕、內容遙に通行本に勝る。傳是樓藏本亦此類ならんか。

リ　京本點校附音重言重意互注本

四周雙邊界長七寸五厘乃至三分五厘、幅四寸九分五厘上下黑口大線、其間に兩魚尾あり。上魚尾の下、天官上礼一（地官以下此に準ず）と書し、下魚尾の下頁數を記す。毎半頁十一行、毎行大字十九或は二十字、小字二十字、巻頭に王畿邦國星土、封域、井邑、圭璋繅藉、弁服、袞冕、玉冕、后服等の纂圖十葉を附す。第一巻首頁第一行頭格より京本點校附音重言重意互註周禮巻第一と題し、第二行は頭格より天官冢宰第一と題し、第三行は一格を下して○陸曰本或作冢宰上非餘巻放此と雙行小書し、二格を空しうして周禮と題し、又二格を空しうして鄭氏注と題し、第四行より經文を書し、下に注を雙行に書し、注尾○を界して音義を出す、亦雙行なり。其下に重言、重意、互註を標す。各重格内に陰文を以て單行に書し、其文は夾行とす。地官以下第三行に音義なきものは第三行の周禮及び鄭氏注を第二行地官司徒第二等の下に題せり。間と板缺けて空白となれる處あり。是れ黄跋及び天祿琳琅書目に見ゆる宋刊京本の末裔に屬する者ならん。在燕の杉村氏先年隆福寺街にて予が爲に之を獲たり。書肆は固く執って元板なりと主張したれど、予は明刻なるべきを指摘せり。則ち明刻なりと雖、正德を下ることはなかるべし。明の書多く京本の二字を題す、大抵書林の誇稱する所なることは古文舊書考にも論ずる所なれども、此書は然らざるべし。經籍訪古志に京本點校附音重言重意互注禮記を載す、其長寬の寸法は大小異なれども、其行款等は全く同一にして、其標題も相符すれば、宋刻の覆刻なるべきは疑を容れざるなり。

※重言、重意、互注、纂圖の説明を此に載すべきことを遺したり、下の三十四頁に出せり。

ヌ　嘉靖本　所謂徐氏本

四周雙邊界長六寸四分、幅四寸四分弱、白口、白魚尾、魚尾の下周禮一二等と標す、下一線下

二九

畫し、其上に頁數を記す。毎半葉八行、行毎に十七字、大小字同じ、耳なし。首頁第一行、頭格より周禮巻第一と題し、次行頭格より天官冢宰第一と題し、二格を越えて周禮と題し、又二格を越えて鄭氏注と題す。第三行頭格より本文を出し、注は雙行にて音義を附せず。巻末一行を距て、周禮巻第幾と題し、次行中央より經注の字數を雙行小書す。

此書は三禮合刻せるものにて、共に序跋なく、又刊行年月を記さず。世に徐氏本と稱すれど、其の據る所を詳にせず。葉煥彬東呉徐氏嘉靖間仿宋刻儀禮注十七巻を標して曰く、德輝按ずるに、徐刻の三禮は罕に見る。黄丕烈士禮居仿刻の周禮注も亦其一なり。蓋し三禮皆宋本に據り、武英殿重雕の岳氏五經の一なる禮記と、行字相同じ。但岳本は釋音あり、徐本は釋音なきを異なりとなす。吾れ明刻の儀禮を藏す。此と同じ。周禮は釋音あり禮記と同じ。蓋し岳本を翻したるなりと。是れ流傳の説なり。邵懿辰の四庫簡明目錄標注に曰く、宋伯韓明の嘉靖中の仿宋刊三禮單注本あり、周禮十二巻儀禮十七巻禮記二十巻なり。黄丕烈刊する所の周禮鄭注は、即ち嘉靖中の本を翻すと。是れ徐氏本たるなり。然るに何紹基の説として曰く、張孝達師云ふ、明の仿岳本三禮は嘉靖間徐氏刻す。今は多くは見ずと。是れ岳珂本を仿して徐氏本となせる者、何の據る所あるを知らざれど、誤と斷じて可なるに似たり。又平津館同に、翻宋本周禮鄭注十二巻あり、毎頁十六行、毎行十七字。又一部十二巻あり、毎頁十八行、毎行十七字、兼ねて陸德明の音義を載す、句讀俱に小圈ありと。錢警石、明の仿宋岳氏刊本あり、即ち平津館後本と同じきに似たりと。標注の書前後撞着、岳本は十六行なるに十八行本と同じくせんとす。武斷亦甚し。思ふに此本刊刻の年月名氏の徵すべきもののなきを以て、聚訟紛紛容易に決せられざる所以ならんか。

ル　仿宋岳珂本

正嘉の間仰刻せる者なり。五經本禮記鄭注には、毎冊相臺岳氏刻梓荊谿家塾、相臺岳氏刻梓家塾、相臺岳氏重刻家塾等の木記あれど、此書には一も有ることなし。但し字體行格全く相同じく、且つ宋刊岳本の殘葉と全然同一なるを以て、仿岳本たること疑ひなし。四邊雙欄界長六寸五分乃至七分、寬四寸二分強、版心兩魚尾あり、上下相向ふ。上魚尾の下、礼一等巻數を標し、下魚尾の上頁數を標し、底に刻工范子圭、三、天祐、陳玉、拱、史恭、伯恭、忠守、中、允忠、何、金、永言、永葉、方、眷、王圭、刊、凌善、顧子明、呉章等の名氏を刻し、間々缺けるもあり。（案ずるに仿岳禮記には、刻工名氏全く見えず。是れ乾隆覆刻の際一併に刪去せるにあらざるか。）左上部に耳あり。天官上（考工記下に至る）等と標す。毎半頁八行、毎行十七字、注音義は雙行なれど格數大字に同じ。注は直に經下に置き、注尾○を界とし、音義を出し、標出の字は括弧（〔〕）に包み識り易からしむ。經注疏証に○を以て句讀を施し、讀は兩字の中間、句は右下に施す。巻頭目錄を附する外、序跋刊行年月等を記さず。文字正楷端嚴人をして自ら襟を正さしむ。其氣韻遙に乾隆仿岳禮記の上に在り。而して嘉靖六年（二一八七）陳鳳梧の序ある周禮鄭注本は、此書に據れること明證あれば、（下の鄭注の内容の條に具す。）此仿岳本は嘉靖五年前か、正德の末期に上

三。

木せしものと斷ぜざるべからず。

予先年上海某書肆の書目を見るに、英友芝舊藏の徐本三禮を載す。乃ち取りて之を觀るに、儀禮禮記は徐本なれど、周禮は岳本なり。予は當時徐本周禮は既に對校の後なりければ、速かざるの客を西南より得て欣喜し直に之を購へり。此書傳本極めて尠く、徐本に比して更に獲難しと称せらる。

別に明の汪道昆刻の岳珂本あり、下の成都仿岳本の條に詳なり。

ヲ　陳鳳梧序本

四周單邊、版心魚尾あり。其下周禮卷幾と標し、下部に一線を畫し、其上に頁數を標す。界長六寸五分五厘、寬四寸三分五厘、每半葉十行、每行二十字、注は經下に双書し、注尾○を界して音義を注し、標出の字は陰文を以てし識別し易からしむ。第一行頭格より周禮卷第一と題し、二格を超えて漢鄭玄註と題し、又一格を超えて後學陳鳳梧編次と題す。次行頭格より天官冢宰第一と題し、其下鄭目錄云云の六十字を雙行小書し、第三行に亙り第四行本文に入る。餘卷之に準ず。卷頭嘉靖丁亥夏五月吉旦後學廬陵靜齋陳鳳梧の重刻周禮序を載せ、次ぐに周禮篇目を以てす。此書自序にも見ゆる如く、六官の屬をば類を以て相從はしめ、考工記をば後に附し、六官の屬をして參差錯落せしめたるは深く其武斷を忌むと雖、註は康成の舊を存す、古を忘れざるなりと言へるが如く、亦對讎の一助となすに足れるを以て之を取

ワ　金蟠葛鼒訂本

永懷堂十三經古註本とす。左右雙邊、界長六寸二分五厘、寬三寸九分、每半頁九行、每行二十五字、板心魚尾あり。上欄の下、周禮と標し、魚尾の下卷一と標し、其下冢宰治官之屬地官司徒、以下準之と小書し、其下四格を超えて頁數を記し、底に永懷堂と標す。卷頭賈公彥の周禮序、及び序周禮廢興を載せ、次に周禮目錄を收む。第一頁首行、頭格より周禮卷一と題し、次行十三格を低くして漢大司農北海鄭　玄註と題し、次行十二格を低くして、皇明　後學東吳金蟠訂（卷二は皇明　後學東吳葛　鼒訂と題す。卷により異なり）と題し、次行二格を低くして、天官冢宰第一と題し、次行頭格より經文を書し、次行一格を低くして注を雙行に小書す。注尾○を界とし、音義を出す。全卷經注別行なり。經文の句讀は○符を用ゐ、注は、符を用ゐる。谷識名は包むに□を以てす。

凡例に據るに曰く、

余於十三經尋章切句。一遵漢魏本來。豈伊閒山。而微言嗣爥。不可謂非述者作也。卽章有前後錯簡。句有參差別見。取以互剖拘攣。當益資夫開悟。

諸經音義釋文莫備於唐德明陸氏矣。既有全註。補音宜也。留釋似贅。顧音之複沓漫淹者不能概列。列則蕪。而音中之釋旁援曉暢者不可棄。芟芟則漏。是故音取詳而復不汎。釋雖刪而留參解。　三一

或曰。註與疏合行。唐宋於今。未之或改也。獨尊註可乎。夫經學今盛極矣。而不能家諱戶設者。疏之瀰滓故也。蓋有苦於辦。辦者苦於讀。讀者苦於竟。竟者苦於習。習者苦於傳。盍繞夫註之

要約也。
經猶日月之經乎天、無時或息、有時或晦、故經有疑、聖則闕之。晦也非息也。註亦有然、傳遞運腐。近今兩雍較訂、靡所加晰。況其下哉。存其闕者、乃無闕也。是以禮註間留遺跡。

是れ其の編著の大義に關する者のみを節錄す。以て此書の大體を槩すべきなり。

此書注疏本の如く襃然たらず、槃簡中を得たるを以て學者に便とせられ、嘉慶丁卯(十二年、二四六七)姑蘇の五柳居によりて覆刻せられ、同治中(二五二一―三四)杭州に於ても覆刻を見たり。其の周禮鄭注は寛延二年(二四〇九)我國にも翻刻せられ、其の傳を廣めたり。而して和刻に二種あり。其巻末を見るに、一は寛延二年己巳正月、皇都書肆大和屋伊兵衛(外二人)江都書肆前川六左衛門と署す。一は寛延二年己巳(己巳誤倒)正月、江都書林前川六左衛門、皇都書林植村藤右衛門(外四人)を署す。其の内容を對校するに往往異同あり、前者を優れりとす。後者は前者を翻彫せし者にて、一見同板の如くなれども、詳に檢すれば筆勢自ら異なり。所所の異同補塡の跡なし。改刻たること疑なし。其の巻二十七の首四葉は補刻に係り、筆蹟全く異なり。

カ 韓本纂圖互註周禮

金宗直の跋によるに、成化十四年(二一三八)活刷に附したるものなり。予三部を藏すれども、當時の物なるを明かにし難し。活字の樣式を以て判ずれば、其一本は嘉靖(二一八二―二二六)若くは其前の刊なることを知る。他の二本は(整板)にて更に後刻に屬す。藤塚鄰氏の言によれば、此書もと三板ありといふ。予の藏する古板本によれば、靜嘉堂にも此板本を藏す。四邊雙欄竪七寸横四寸七分、板心兩魚尾あり。上下相向ふ。上魚尾の下に天官上一(冬官下十二に至る)等と標し、下魚尾の上に頁數を標す。每半頁九行、每行十五字、注は雙行にて經下に注し、注尾○を界して重言重意互注等を陰文を以て出す。後刻本は竪六寸六七分、横四寸七八分、行格相同じ。纂圖等宋本に同じ。宋本の訛脫に於ては是正せる所多し。是れ靜嘉堂藏南宋麻沙本に據りたりとせば、其の訂誤の條頗る多きを以て、必ずや他に善本を參校せざれば能くし難きことなり。竊に謂へらく是れ賈氏の所謂傳是樓本に據れるに非ざるかと。而して校勘の資料としては、此書は遙に麻沙本の上に在り。

ヨ 士禮居本

嘉靖本を重雕せるもの、行欵は悉く之に遵ひ、幅式は稍狹くす。董本・岳本・蜀大字本・小字本・互注本・校余氏本を校して、經注訛舛の字を正し、校語一巻を附して之を明かにす。文字端正、刻板鮮麗、鄭注本の白眉となす。左右雙邊、縱五寸七分乃至五厘、横三寸七分、每半頁八行、每行十七字、板心に魚尾あり、其下に周禮一二等巻數を標し、下に頁數を標す。

重雕嘉靖本校宋周禮札記序は本書作製の概略を知るを得るを以て、之を括說すること左の如し。

鄭氏之學、惟三禮爲最精。三禮之注、惟鄭氏爲最善。向來三禮鄭注本合刻者、以十六行十七字本爲佳。相傳爲嘉靖本是也。向聞萬卷堂余氏有單注本、在余友顧抱沖家、未及借校。近於同郡故藏書家、見有紹興間集古堂董氏雕本。後爲壽松堂蔣氏收得、遂假歸校勘、多所取正。因思刻以傳世。奈字體細小、兼多破體、取爲家塾課本、有所未宜。舊藏嘉靖本、字大説目、頗宜老眼。末有經注字數。其出宋本無疑。倣此開雕、行欵悉遵。而幅式稍狹、於經注譌舛之字、悉據宋刻正之。董本爲主。此外參以家藏之岳本、蜀大字本、又借諸家之小字本、互注本、校余氏本、集腋成裘、以期美備。至於嘉靖本之獨勝於各本者、其佳處不敢以他本易之。存其舊也。此刻係校宋本、非覆宋本。故改字特多。然必注明以何本改定、非妄作也。若字之可疑者仍之、而於校語中標出、守闕疑之義也。

タ　福禮堂本

乾隆丁未(五十二年二四四七)五月、福禮堂藏板とある外、刊刻に就ての序跋なけれども、嘉善の周氏、乾隆殿本(後に見ゆ)より經注音義を鈔出せるものなり。卷頭に賈公彥の二序及び漢鄭康成目錄並に周禮目錄を載す。是れ殿本に依據せるなり。其板式は左右雙邊界長六寸五分、寛四寸六分、毎半頁十二行、毎行二十五字、板心魚尾あり。上欄下周禮天官(地官以下準之)と標し、魚尾の下、序官大宰等官名を小書し、下に頁數を大書し、底に福禮堂と小書す。第一行頭格より周禮と題し、次行三格を下して漢鄭康成注と題し、三格を超えて唐陸德明音義と題す。次行二格を下して天官冢宰第一と題し、次行頭格より經文を書し、次行一格を下して注を書す。單行なれども經文より小なり。注尾直に音義を附す雙行小字なり。句讀は全卷を通じて〇符を施し、讀は兩字の中間に附して句と別つ。文字も俗ならず課讀の善本たるを失はず。但し殿本より一歩も出でざるを以て、校勘の材としては取るに足らず。

レ　清芬閣本　附山東書局本

嘉慶十一年(二四六六)十二月、順德の張青選、福禮堂本の、初學の誦習に便なるを喜び、重ねて校勘を加へ、清芬閣にて覆刻せる者なり。卷頭に青選の短跋を載す。其の板式等一に福禮堂本に同じ。

山東書局本は、同治十一年(二五三三)の開雕に係る。卷頭に同治十一年山東書局開雕、尚志堂藏板の木記あり。又同治六年六月十一日、各府州縣の學に書籍の刊刻を命ぜる上諭及び校刊官紳の職名を載す。四周單邊、縱六寸六七分、横四寸七分、毎半葉九行、毎行十七字なり。卷末に張青選の跋を載せたり。其の清芬閣本に據れること明かなり。字畫鮮明、課讀の善本たり。此外書局本頗る多けれども、校勘の資を供するに足る者なければ一併略に從ふ。

ソ　成都仿岳本

三三

孫仲容周禮正義を撰するに方り、據る所の明の汪道昆の校岳本は阮黄の校せる岳本と小異あり。(周禮正義略例十二凡)道昆は嘉靖二十六年(一五四七)の進士なれば、刻書の事は是後と見ざるべからず。前揭の仿岳本に比して少くとも二十餘年下りしものならん。予久しく其の書を見んと欲して未だ得ず。然るに光緒十年(一八八四)成都の葉章輝の刻せる仿岳本は汪道昆本に據れること明かなり。其の跋に曰く、

光緒癸未秋日。酉陽王君光棣。得明人翻刻相臺岳本周禮示余。余惟宋人經本。無逾岳刻佳者。近海內古注經本。惟川黔翻岳本五經。湖北崇文局刻周禮。用鄭注。坿陸釋文。雖云法殿本。亦岳氏例也。其文字多有異同。讐校亦未盡精審。且道遠難得。余因假得王君此書。付工寫刻。岳本亦有至俗之字。幷其句絶着圈。皆勘去之。字不可妄改者存之。攷工記二卷中有八葉。十一卷十七。十八。二十三。二十四。十二卷。十三。十四。十五。二十。爲明人汪道昆所補。增省注字。删改釋文。幷多空白。余先得舊本釋文。準以岳例。用注疏本補之。起接通合。無一字出入。故特記之。俾講校勘者。有所攷據焉。光緒十年夏五月丙子。成都葉章輝題。

と。乃ち知る、汪本は攷工記に於て八葉の補刻あるを。此の八葉に就き予の藏する所の翻岳本と對校するに甚しき相違あるを見る。其の餘に於ては甚しき異同なし。四周雙邊、上下黑口、界長六寸三分、寬四寸三分、行款竝に明刊岳本に同じ。

ツ　孔氏敦本堂本

左右雙邊、縱四寸四分乃至六分、横四寸一二分、板心上下黑口、魚尾下周禮卷幾と標し、下に頁數を標す。毎半葉十行、毎行大字二十字、小字三十字。首行頭格より周禮卷第一と題し、下に闕里孔氏敦本堂家塾校本と題し、次行頭格より天官冢宰第一と題し、下に音義を雙行小書し界するに○を以てす。下各一格を越えて周禮鄭氏注と題す。次行頭格より陸德明音義と題す。二れ別に提行せるに非ず、前行鄭氏注の下一格を空しうすれば底に及べばなり。次行頭格より經文を書し、其下注を雙行小書し、○を界して音義を出す。毎行頭格より書す。卷首に鄭氏目錄を附載す。賈公彥の二序、及び撰者の序跋等竝に載せず。又出板年月を記さず。經文のみ句讀を施せり。

※重言重意互註纂圖について。　上の二十九頁右、京本點校附音重言重意互注本の下に附加すべき者なり。

重言本以下は宋代に於て士人帖括の爲めに作られたるものにして、多く麻沙鎭の刊行に係る。重言とは同經内に於ける同一の語句を各其經下に標して參看暗記に資したる者なり。重意とは同一語句にあらざれども、意義の同一なる者を各其下に出せる者なり。互注とは他經より同一語意の者を取り來りて注するなり。纂圖とは經中に出で來る名物制度の説明に資すべき圖を、卷首に蒐集し、各解説を試みたる者なり。思ふに重言本始めて出づるや、科擧の應試に便なるを以て、擧子に歡迎せられ、尋いで重言重意本出で、

更に互注を加へ、纂圖に及びしものならん。而して攜帶に便せんがため、多くは巾箱本なり。其の經子に涉りて種目頗る多く、刊刻も極めて多樣なり。書林清話に列擧せる經子の書目二十一種に及べり。(卷六宋刻纂圖互注經子)以て其の一斑を知るを得ん。

(五) 經注疏音義合刻本

イ 單疏本

六朝に至り周禮の義疏を作りし者多かりしならんも隋志にみゆるものには、沈重の周官禮義疏四十卷、撰人名を見さゞる周官禮義疏十九卷、十卷、九卷の三本あるのみ。唐に至りて賈公彥の疏出でしより、從前の諸疏光を失ふに至れり。公彥は洺州永年の人、永徽中(一三一〇—一五)太學博士に至る。鄭注によりて疏を作る。注はもと十二卷なりしが、賈疏は文繁なりしため、析ちて五十卷となす。唐代にも傳鈔の單疏本行はれしならんも、今見るに由なし。宋代に至りては、單疏の刻本も出でたり。宋史邢昺傳に、

咸平二年、昺受詔、與杜鎬、舒雅、孫奭、李慕清、崔偓佺等、校定周禮儀禮公羊穀梁春秋傳孝經論語爾雅義疏。(卷四百三十一)

とあり。玉海に、

咸平六年八月、敕雕印周禮正義頒行。景德元年(一六六四)七月癸未朔、賜諸王宗室近臣新印周禮疏。(卷三十九)

とあり。是れ咸平二年(一六五九)校定に着手し、周禮は六年雕印を命じ、其の翌景德元年(一六六四)成り、諸王以下に賜ひしものなり。又十行本左氏傳の卷首等に、景德二年中書門下の牒を載せ、六籍の疏釋流傳既に久しく、譌舛遂に多きを以て、命じて校讎刊正し、雕印頒行せしむとあり。又日本國見在書目錄に、周禮疏五十卷、唐賈公彥撰を收め、直齋書錄解題に、周禮疏五

十巻、唐賈公彦撰、とあれば當時單疏本の流行せしこと知らる。下に掲ぐる浙東轉運司本の標題に周禮疏とあるは、單疏本の舊名を襲へること疑なし。又其首に載せたる賈公彦子義序も、其書體様式、明かに單疏の諸本と相類し、轉運司本と相似ず。是れ南宋の始に周禮單疏の流布せしことを證するに足る。而して經注疏合刻は、何時に起りしかを詳にせず。段茂堂曰く、凡そ疏と經注とは、もと各單行なりしに、北宋の季に之を合す。維ふに時に釋文猶ほ未だ經注疏に合せざるなり。而るに南宋の季之を合すと。(十三經注疏併釋文校勘記序[illegible])然れども之に從ひ(下に見ゆ)阮芸臺は、注疏合刻を南北宋の間に在り(下に見ゆ)と斷じたり。然れども予は其起原を南宋に求めんと欲する者なり。其の論下に具す。

ロ　浙東轉運司本　或云茶鹽司本。附注疏合刻年代考

左右雙邊、界長六寸七分乃至七寸、幅五寸二分強、耳なし。版心單魚尾あり。其上に頁内收むる所の大小字數を標し、魚尾下に周禮疏と標す。巻數なり。中央より一寸五六分下りて葉數を標し、下に刻工の名刋仁、仁、陳、姚鍾、国、方中、吳升、徐花、八、陳邦卿、平寔、張綸、梁文、文、李洋、李石、杷、巽、洪新、朱明等を署す。模糊辨じ難きもの往往あり。補刻には間々刻工名を脱し、又大小字の數をあげざるものあり。又兩魚尾なる頁もあり。補刻の時代により、參差不同なり。每半板八行、每行大字十六字乃至二十字、小字二十二字乃至二十五字、賈序は十二行二十字なり。首巻首行頭格より周禮疏巻第一と題し、次行頭格より天官冢宰第一と題し、其下天官冢宰鄭目録云以下を雙行小書し、一官之事也の下、一格を空うし、釋曰鄭云以下を書し、疏尾直ちに鄭氏注と單行大書し、其下疏を注することと上に同じ。終りて經文惟王建國を頭格より書し、其下釋曰自此以下云云と經文を總釋せる疏文を注し、疏尾に注の一字を單行大書し、下に注を雙行小書し、注尾一格を空うし釋曰の二字を冠して、注を釋せる疏文を雙行小書し、終りて下の經文に承接す。而して總釋なき者は、經下直に疏文を載す。此の賈序を十二行の中字にて書し、題名を周禮疏とし、總釋の疏を注の前に出せるは、共に單疏の式を存せるものにして、十行本以下の注疏本と大に異る所とす。餘巻は首行頭格より周禮疏巻第幾と題し、次行中字にて二格を低して、唐朝散大夫行大學博士弘文館學士臣賈公彦等撰と題し、次行頭格より經文を出し、改巻の巻は第三行天官冢宰下(餘官之に準ず)と題し第四行經文を書す。而して注疏の文字、大小同一にして辨別し難し。其字體端正にして墨色鮮明、宋板の上乘なる者なり。足利圖書館に藏する周易尚書と同板なり。故宮善本書影に云く、

周禮疏五十巻。漢鄭玄注。唐賈公彦疏。宋兩浙東路茶鹽司所刊。注疏之一。合疏於注。蓋自此始紹興所刻。祇周易尚書周禮三經。紹熙間。三山黃唐。提擧是路常平茶鹽公事。復取毛詩禮記。如式編刊。以廣未備。世遂通目。爲黃唐本。岳珂九經三傳沿革例。所擧之越中注疏舊本。亦即此也。分巻與今本不同。尚仍單疏之舊。標題周禮疏。賈公彦序。不作大字。猶是單疏之式。由宋迄明。遞有修補。疑明初版。入南廱。元西湖書院。有周禮注疏。書版殆即此本。無收藏印記。原藏[illegible]宮。

と。此に據れば、此書は紹興(一七九一ー一一八二三)中に刊行せられたることとなる。是れ何に

三六

よりて断定したるか。予は先年故宮博物館に於て此書を観たれども、序跋等の年代を徴すべき者なかりき。但し黄唐本禮記注疏の跋文に、

六經疏義自京監蜀本皆省正文及注、又篇章散亂覽者病焉本司舊刊易書周禮正經注疏萃見一書便於披繹它經獨闕紹熙辛亥仲冬唐備員司庾遂取毛詩禮記疏義如前三經編彙精加讎正用鋟諸木庶廣前人之所未備乃若春秋一經顧力未暇姑以貽同志云壬子秋八月三山黃唐謹識

とあり。乃ち知る、毛詩禮記の疏義は、紹熙壬子(三年、一八五二)に刊行せられ、易書周禮は其前に上木せられしを。然れども其開雕の年月を知るに由なし。唐石經、長興監本等の例に見るに、斯種の事業の開始せらるゝや、一氣呵成に遂行するを常とす。蜀石經も宋代の續刻を除けば、短日月に成れり。(共に前掲)茶鹽司の刊板も其文によりて察するに、其間多くの年所を經ざるに似たり。紹熙三年は紹興を距ること三十年乃至六十二年なり。數部の書の雕刻に數十年を費すは、實情に遠き憾あり。且つ其書高宗の諱構までは嚴密に缺筆し、孝宗の諱慎は注疏中二三字の缺筆あるのみにて、餘は盡く缺かず。其の缺筆の部は後世の補刻ならんといふ。(河又正司氏注疏分合の問題、東洋文化第百七號、紹興(九年)刊本毛詩正義に據るに、其の缺筆欽宗に止まり、高宗に及ばず。島田氏曰く、所謂卒哭則諱。生不諱也。(古文舊書考巻三)と。是によりて、断ずれば構を缺けるは高宗崩後にあるを知る。徐鴻寶氏の調査によれば、尚書正義及び禮記正義に見ゆる刻工の中、兩書に關係せる者四十人の多きに居るといふ。(河又氏引)兩書開雕の年明相距る遠からざるを證する者なり。古より一世を三十年とす。世に立ちて活動するは三十年に過ぎざるなり。而かも三十餘年に亙りて、同一の雕板に從事せる者、四十人に上るとは、解し難き事なり。故に此二書は、數年若くは十數年の間に開雕せられたりと見るを妥當とせん。而して周禮注疏の刻工名は、殆んど尚書正義と同一なり(河又氏所引)といへば、此等の書は相前後して上木せしものならん。而して禮記の刊行は紹熙三年(一八五二)なること、黃唐の跋文にて明かなれば、周禮の梓行は、孝宗の淳熙中(一八三四—四九)たるべく、紹興に遡るを得ざるなり。(河又氏は紹興末年説なり)

此書北平故宮博物院に藏す。天津の李氏盛鐸亦不全本を藏す。予昭和三年三月故宮博物院に於て之を觀、多年の渇望を醫せり。其後對校せんとし、百方すれども望を達するを得ず深く遺憾とせり。此書今は南方に輸し去らる。影印となりて世に出づる、蓋し遠きに非ざるべし。六年七月予重ねて燕に遊び巻四十七、八の零本を琉璃廠に獲たり。九經三傳沿革例に、越中注疏舊本とあるは此書を指せるなるべしとは、已に述べたるが如し。(宋監本の條)此外建音釋注疏本所謂十行本ならん)蜀注疏本等見ゆれど、開雕の年月を詳にせず。

注疏合刻は何時に昉まりしか、諸説紛然、或は曰く、北宋末と。或は曰く、紹興初と。或は曰く、淳熙前後と。然れども正確なる年月を斷定せる者なし。予は金の天徳三年(紹興二十一年、一八一一)の刻本を以て、之が祖となさんとす。其辯左に具す。

北宋末とせる者は、阮芸臺の

三七

蓋注疏合刻起於南北宋之間。而易書周禮先刻。當在北宋之末也。十三經注疏尚書校勘記引據各本目録

といひ、段茂堂の

凡疏與經注本各單行也。而北宋之季合之。雖時釋文猶未合於經注疏也。而南宋之季合之。十三經注疏併釋文校勘記序

といひ、瞿子雍の

自北宋末合刻注疏。單注本流傳遂少。鐵琴銅劍樓藏書目録卷第二

といへる、是れなり。葉煥彬亦之に同じ。紹興初となす者は陳鱣の浙東轉運司本周易注疏に於て、

中避敦恒貞桓等字。而不避愼字。間有避愼字者。審係修板。疑即沿革例所謂紹興初監本。其刷印則在乾道淳熙間也。鐵琴銅劍樓宋元書影

といへる是れなり。淳熙前後となす者は細川利和の

以宋諱缺筆。刻工名識考之。其刻蓋在淳熙前後。影宋本尚書正義例言

といへる是れなり。楊惺吾の見之に近し。轉運司本は沿革例に所謂越中注疏舊本なれば紹興初監本にあらざることは明かなり。陳説の誤は辯を須たず。其の餘の兩説は前掲黄唐の跋文より出でたること明けし。而して其の乖異を生じたるは、山井君彝七經孟子考文左傳一に此跋を引用せる時、紹熙を紹興と誤記せるによる。阮氏は紹興の誤記によりて、北宋末と斷じたり。阮瞿二家の據る所も之に同じからん。楊惺吾の日本訪書志には、足利本尚書注疏の跋文に、紹熙とあるを引き、山阮二家の誤を批つ、洵に當れり。然るに葉氏は書林清話に於て、森立之の經籍訪古志に紹興とあるを援き、阮に黨して、楊を駁す。然れども訪古志はもと紹熙に作り、一本興に誤れるは、活版本にも明記せり。其の誤本を據として原書を檢せず、誤らざるを誤とす、信を取る所以にあらず。番禺の潘氏覆刻の禮記正義の黄唐跋も明に紹熙に作れば、興の誤なること顯然たり。然らば北宋末説は自然消滅せざるべからず。

然らば注疏合刻は、其の起原を淳熙頃と定むべきかといふに然らず。諸家唯轉運司本を注疏萃刻の祖とし、其の年代の探究に汲々たれど、予は更に之を他の方面に求めんとす。金門詔の補三史藝文志に、

孔穎達禮記疏。鄭賈周禮註疏。天德三年國子監印定禮記用孔穎達疏。周禮用鄭玄注賈公彦疏。下略　右金

とあり。天德三年は紹興二十一年(一八一一)に當るを以て、紹熙三年に先つこと實に四十一年なれば、轉運司本の出づる前、金に於ては既に注疏萃刻の事ありしなり。當時醜虜と擯けられし金人が、刻書の一新紀元ともいふべき經注疏合刻を創意するは、如何かと疑はれ、或は既に宋人に於て試みられたる蹤を踏襲せしにあらざるかとも思はるれど、之を證すべき文獻の出でざる限り、先鞭の功は之を金人に讓らざるべからず。當時金は既に中原を領有し、漢族文化を咀嚼せしを以て異しむべきにもあらず。但し岳氏沿革例に蜀注疏本あり、

三八

越中注疏舊本建音釋注疏本の後にあれば恐らくは轉運司本より後出の書と思はるれど、其の書早く逸して知るに由なし。此書の刊行が天德以前に在るの確證出づるに非ざれば、他に天德に先つの注疏本あるを得ず。故に予は姑く天德の周禮鄭注賈疏本を以て、經注疏合刻の鼻祖と斷ぜんとす。予の寡聞なる、未だ前輩の之に言及せる者あるを聞かず。敢て卑見を陳して、大雅の教正を仰ぐ。

八　附釋音周禮注疏十行本

轉運司本出でて經注疏の合刻を見たるが、附釋音周禮注疏出づるに及び、更に音義を附載す。毎半板十行なるを以て、十行本と稱せらる。卷を分つこと四十二(五十卷本と異なり)、後世の注疏本は皆之に據る。其書左右雙邊、左上に耳あり、三百六十官の職名を標す。竪六寸二分乃至四分、横四寸一分強。注疏音義は雙行、毎行大字十七字、小字二十三字。板心兩魚尾あり、上魚尾の上に大小字數を標し、其下に礼允一など刻す。周禮注疏卷第一の略なること知るべし。下魚尾の下に頁數を標し、其下に刻工名あり、鮮明ならずと雖、内閣本の刻工名と一致するものの如し。(下の内閣本參看)序跋なし。刊行年月を詳にせず。文求堂書肆田中氏不全本(卷一より卷九まで)缺を藏す。往往漫漶讀むに堪へざる頁あり。又補刻あり。補刻は板心上下黒口、大小字數及び刻工名を削り、耳をおす。界長六寸強、幅四寸一分強なり。其書體等によりて斷ずるに、元を下ることなかるべく、宋槧元修と稱するも武斷に非ざらん。毎卷第一行頭格より附釋音周禮注疏卷第幾と題し、次行五格を低して鄭氏註、其下三格を越えて賈公彦疏と題す。次行頭格より經文を書し、經下直に注を附す。雙行なり。注下○を界して音義を出し、其下疏字を單行大書し、(　)符を以て之を裹み其下經注の起訖を標出し、○を以て界し釋曰の二字を冠して疏に及ぶ。

九經三傳沿革例に建音釋注疏本を載す。此書を指せるに似たり。阮氏既に之を言ふ。(尚書注疏校勘記引據各本目錄)若し然らずとするも、音釋を注疏に合刻せるは、岳肅之以前に在ること明かなり。肅之は寧宗の朝に仕へたれば、宋の滅亡より五六十年前に在り。段茂堂が注疏音義合刻を南宋の季と斷じたるは、(上揭)當を失へり。

十行本毛詩正義序の末に、劉氏文府(方形内に二行に書す)叔剛(鐘形内に横書)桂軒(鼎形内に横書)一經堂(方形内に横書)の四木記あり。足利圖書館本左氏傳注疏同じ。孫記によるに禮記注疏も劉氏の刊刻なり。されば少くとも右三經は劉叔剛の刊刻に係る。其傳記未詳なるを以て刊行の年代を確知する能はず。而して公羊穀梁は共に監本附音の四字を冠すれば、監本にも既に附釋音本ありて、其ま、採用せられたりと見ゆ。劉氏と監本と何れが先出か、注疏音義萃錄の權輿は、此二書の中に求めざるべからず。而して經注に音義を合刻せるは南宋に始まり、余仁仲本など其字數までも明記せり(上揭)余本穀梁傳が紹熙二年(一八五二)の上木なれば、周禮もこれと前後せしならん。然らば浙東注疏萃刻と殆ど同時なり。此二書を合せるものが、經注疏音義合刻本なり。而して紹熙より岳氏の出仕せる嘉定までは幾何

三九

も時を距てず、紹熙二年より嘉定の末年即ち十七年まで三十三年なり。一八五一―一八四)此間に在りて附釋音本は刊行せられたるなり。而して其行格は余仁仲本に據れる者と思はる。上掲の如く余本は半頁十行大字十七字、小字二十二字なり。十行本は十行大字十七字、小字二十三字なり。小字に於て僅に一字を差ふのみ。若し標注二十二字は二十三字の誤記にてもあれば全く同一の者とせざるべからず。然らずとも大體に於て余本に據りたるべきは明かなり。長澤規矩也氏は、足利本毛詩左傳が共に刊工名なきを以て、宋刊十行本は刊行名なし、其の二れあるは元刊なりと斷ぜり。根據ある推論なり。然れども劉氏が十三經全部を刊行したるか否かは疑問に屬し、監本等を採入したるを見れば、諸校本の中には、或は刻工名の存したる者もありしならん。而して田中本周禮は其部に屬すべき者かも計り難し。又長澤氏の調査によれば、内閣本にある刊工王英玉は、元の泰定頃の人なりといへば、内閣本は元刻にして、これと同一の刻工名なりと見らるゝ、田中本も元刻とせざるべからず。此點は後來の研究に待たざるべからず。

ニ 内閣本

此書板式皆前述の附釋音周禮注疏に同じ、但竪六寸三分乃至六分、横四寸一分強、界長概して二分大横は大差なし。筆勢を精査するに、微に異る所あり。殊に小字著しく肉痩す。是れ細心嚴密に臨寫せる者にして、原本を直に飜覆上木せしにはあらざらん。毎紙刊行名、和甫、壽甫、文仲、子明、子明刊、國祐、德成、仲高、義卿、義卿、乃義高、君善、智夫、古月、應祥、德遠、安卿、德元、伯壽、表、以清、秀甫、山德、山榮、王榮、天易、英玉、王英玉、住郎、住君錫等を署す。字字鮮明、初印に近きものなるべし。唯巻第一より第七に至る七巻を缺き、更に餘の三十五巻を通じて落頁八、補鈔二十八葉、及び若干の蛀傷あるは、白玉の微瑕なり。往往原本の誤を正す、其字體より見て元板と思はる。各冊裱紙には元板周禮注疏と簽せり、森志には南宋槧本と斷じたれど然らざらん。殊に長澤氏の言の如く、王英玉が元人とすれば其の元刊なることは論を待たざるなり。現存十行本の最上なる者なり。

ホ 正德本

宋槧元修十行本を漸次補修して、明の正德(二一六六―八一)に至りて、補刻刊行せる者、靜嘉堂文庫に藏する者是れなり。松澤老泉經籍答問に佐伯毛利侯御家藏とあるも同一ならんと思はる。其書宋槧の原板極めて鮮し、其の正德の補刻に屬する者、文字拙劣、譌誤百出讀むに堪へず。甚しきは二頁にして五十四の譌字を出せり。元修本の漫漶せる頁とを對比するに、其譌を致せる大に諒とすべき者なきにあらずと雖、其の不體の新字を作れるが如きは、文字ある者の業とは認め難し。南廱志に曰く、本監藏する所の諸梓は、多く舊國子學よりして來るや明けし。自後四方より多く書板を送入し、洪武(二〇二八―五八)、永樂(二〇六三―八四)の時修補したれど、板既に叢亂し、毎に刷印匠に竊み去られ、成化(二一二五―四七)の初

四〇

に至っては、二萬餘篇を亡へり。時に贓犯の贖金を以て修補の費に充て、文獻通考の補完せらるゝ者幾んど二千葉、弘治（二一四八―六五）の初、始めて庫樓を作りて之を貯ふとあれば經籍考下篇梓刻本末（經籍及び梓刻に對して留意せざりしを知るべし。同書に經類の板面について記して曰く、周易註疏一十三巻好板一百四十二面壞者十九面遺失二百二十四面有餘、儀禮註疏五十巻舊板壞失、止殘板五面と。以て其一斑を窺ふに足る。而して其の修補をなすに當りても、意を用ゐず。葉煥彬曰く、

明兩監書板。尤有不可爲訓者。如南監諸史。本合宋監及元各路儒學板湊合而成。年久漫漶。則罰諸生補修。以至草率不堪。並脫葉相連。亦不知其誤。北監即據南本重刊。繆種流傳。深可怪歎。吾不知當時祭酒司業諸人。亦何尸位素餐。至於此也。或謂當時監款支絀。不得不借此項收入略事補苴。且於節用之中。而見課士之嚴肅。其立法未爲不善。雖然南監板片。皆有舊本可仿。使其如式影寫。雖補板亦自可貴。乃一任其板式淩雜字體。時方時圓。兼之刻成。不復細勘。致令訛繆百出。然則監本即不燬於江甯藩庫之火。其書雖至今流傳。亦等於書帕坊行。不足貴重矣。書林清話七、明南監罰款修板之繆

と。正德本の譌繆百出せるも、怪むに足らざるなり。經學の淵藪たる十三經注疏をして萬曆監本の出づるまで、七八十年間長夜たらしめたる者祭酒司業其人を得ざりしによるなり。

へ　聞人詮本

此書は聞人詮校正、應槓刊行に係る者、假に聞人詮本と呼ぶ。四周雙欄界長六寸五分乃至七分幅四寸八分五厘、板心上部に魚尾あり、其下周禮巻幾と標し、下部に一線を畫し、其上頁數を標す。底に刻工名を記すれど、間〻缺けるあり。每半頁九行、每行十八字、巻首賈氏の二序あり。其板心は周禮序と標す。本文の首行、頭格より周禮註疏巻第一と題し、次行二格を低し、小字にて朝散大夫行太學博士弘文館學士臣賈公彥奉と題し、次行二格を低し、勑撰と題し、次行二格を低し、國子博士兼太子中允贈齊州刺史吳縣開國男臣陸德明釋文と題し、次行提督直隸學政監察御史餘姚聞人詮校正と題し、行底に抬る。次行直隸常州府知府遂昌應槓刊行と題し、行底に抬る。次行頭格より天官冢宰第一と標し、下音義を雙行に注し、界するに○を以てす。其下疏字を單行大書し、□に包み、其下鄭目錄を二行に注し、○を界し、釋曰の二字を冠して疏を載せ、末尾に至る。次行八格を低して周禮と題し、又三格を越えて鄭氏註と題す。次行頭格より經文を書し、其下注を雙行に書し、○を界して音義を出し、疏を界して疏を出すこと上に同じ。此書は正德本に據り、誤も其まま傳へたる處多けれども、往往正せる所あり。別に參照せる書ありしならん。全巻精刻にして書體端楷、筆勢遒勁、嘉靖板中の上乘なるものなり。流布本極めて尠し。予は先年北平にて之を獲たり。

校正者聞人詮、字は邦正、北江と號し、陽明の姑表弟なり。贄を執りて弟子と稱す。嘉靖五年（二一八六）の進士、寶應縣に知たり。御史に擢でられ、山海關を巡視し、十一年南直隸學政に視學たり。十八年河南道御史に改めらる。年六十四にして卒す。（陽明弟子傳纂を節錄す。明儒學

四一

案餘姚縣志華銓に作る)直隷學政たりしは十一年より十八年までなれば其間に刊行せしことを知る。聞人詮は五經、二禮舊唐書を刻し、皆精刻と稱せらる。

案ずるに書林餘話に舊唐書を刻するの聞人詮、尚ほ三禮注疏を刻す、余滄肆に於て儀禮注疏を得たり。毎卷首云云(上揭題字に同じ)と題す。蓋し當時常州の刻本ならん。舊唐書世に善本と稱せらるゝ第二の刻本なきが故に、藏書家に珍貴せらるゝと雖、實は訛奪甚だし。先祖石君公嘗て舊鈔宋本を以て校せしに、逐葉異同少からず。此例を以て三禮注疏を推せば、亦未だ必ずしも南北兩監本に過ぐる處あらざらん(卷下)と推斷せり。斯の如き推論は往往正鵠を失ふことあり。煥彬の篤學を以てして、而も架中の儀禮を校せずして、此の如きの説をなす。其當否は姑く措き、學者の校勘を怱諸に附するの一斑を觀るべし。此書の價値につきては、章を改めて論ずべきを以て、今略に从ふ。

ト　韓本附釋音周禮註疏本

朝鮮古活版本にして、左右雙邊、竪七寸一分乃至三分、横四寸八九分、上下黑口、板心兩魚尾あり、上魚尾の下、周禮註疏幾を標し、下魚尾の上、頁數を標す。毎半頁九行、毎行十七字、首行頭格より附釋音周禮註疏卷第一と題し、次行一格を低して、朝散大夫行太學博士弘文館學士臣賈と題し、次行一格を低して公彥等奉と題し、次行一格を低して勑撰と題し、次行一格を低して、國子博士兼太子中允贈齊州刺史吳縣と題し、次行一格を低して開國男臣陸德明釋文と題し、次行頭格より天官冢宰第一と書し、其下音義を雙行に注し、○を冠して界とす。其下疏字を陰文にて單行大書し(一)に包み雙行にて疏を注し、其末○を界し釋曰の二字を冠して、更に疏を出すこと十行本に同じ。疏末二格を越えて周禮と題し、又二格を越えて鄭氏註と題す。次行頭格より經文を書し、其下注を雙行小書し、其下釋文疏に承接すること十行本に同じ。

此書聞人詮本を底本とし、更に他の書を參照して訂誤せり。卷頭に嘉靖三十一年三月日内賜司憲府持平任輔臣周禮註疏一件命除謝恩右承旨臣洪華押あり。宣賜之記と記せる方二寸六分の朱印を鈐せり。思ふに上木早早韓王より賜はりたるものなるべし。紙質强靭刷印鮮明、其内容に於ても、正德本聞人詮本に優るものなり。此書絕無僅有に屬す、先年北平に出づるや、人人先睹を快とす。予田中氏を介して之を獲んとす、傅氏增湘に先んぜらる。乃ち重價を償うて纔に割愛せしむるを得たり。

チ　李元陽本閩本

正德本十三經注疏を底本とし、之に修正を加へたるを李元陽本となす。序跋及び刊行の年月を記さざれども、嘉靖(一五二二—一五六六)間の刻本なることは明かなり。四周單邊、白口、竪六寸五分乃至七分、横四寸二分、板心魚尾なし、周疏一或は周疏卷一など卷數を標し、又頁數を標し、底に葉順、刋など刻工名を刻す。毎半頁九行、毎行二十一字、首卷首行頭格より周禮註疏巻第一と題し、次行九格を低くして漢鄭氏注と題し、又四格を越えて陸德明釋文と題し、行に及ぶ。次行は第二行の鄭氏註と駢べて、賈公彦疏と題す。次行一格を低くして、天官冢宰第一と書し、其下音義を雙行に注し、○を以て之を界す。音義の下、疏の一字を陰文にて平行大書し、其下天官冢宰鄭目錄云云を雙行小書し、其下○を界して釋曰鄭云と疏文を書し、左頁第四行に及ぶ。次行一格を低くして周禮と大書し、四格を越えて鄭氏注と大書し、下に疏を書し、第七行に及ぶ。第八行頭格より經文を大書し、其下註字を陰文にて大書し（）に包み、注は單行なれども、經文に比して小字なり。注下音義疏を注すること上に同じ。凡そ冢職、の首行は必ず頭格よりし、次行より必ず一格を低くす。巻第二以下陸德明釋文の五字を削り、賈公彦の上に唐字を加ふ。春秋左傳注疏及び公羊傳註疏には、明御史李元陽提學僉事江以達校刊と題したる巻凡そ二十あり、以て其の校刊者と年月の概略を知る[illegible]を得。その注を單行とし、本文の次行以下を一格下せる、毎頁の行數、毎行の字數等は後出の監本毛本の據る所となれり。

此書の刊行は何年なりしか。そは李元陽が御史にして、江以達が提學僉事たりし時ならざるべからず。二人の傳を案ずるに、李元陽は字は仁甫、中溪と號し、太和の人、嘉靖五年（一五二六）の進士なり、江陰知縣を授けられ、循良の績ありしかば、召されて御史となり、事に遇ひて敢言し、閩中を巡按し、文學を禮し、耆逸を薦擧し、嘗に承天に亀し、遂に荊州府に知たり、堤を築き江を捍ぎ民皆之を德とす、尋いで罷め歸り、家居四十年にして終はる。年九十なり。雲南通志稿）其の傳に亀したるは、嘉靖十八年二月の事なれば、閩中に在りたるは、其前ならざるべからず。江以達は、字は子順、書溪の人、李と同年の進士たり。初め刑部主事を授けられ、閩試を典り、閩の督學副使に遷る。會ゝ章聖の梓宮、南の方顯陵に祔す。三司出でて迎へしに、達は居守して門禁を關防せしかば、楚藩に構せられ、逮へられ詔獄に繫がれ、廷杖籍を削らる。（乾隆廣信府志）章聖祔陵は嘉靖十八年閏七月の事にして、當時楚の督學副使たり。閩の督學僉事は更に其前なれば、遲くも嘉靖十四五年ならざるべからず。李江共に嘉靖五年の進士にして、御史督學僉事に進むには、數年にては登り得ざらん。而して十八年には共に閩に居らざれば、十年より十八年の間なるべく、江は其前に楚に轉じたれば、詮ずる所、嘉靖十三・四・五年の交に刊行せられたるものなるべし。閩に於て刻せられたれば閩本と稱せらる。

聞人氏燕に於て五經二禮注疏を開雕せる時に方り李氏閩に於て十三經注疏を刊行す。南北對峙、各其長を發揮す。實に刻書界の偉觀たり。思ふに嘉靖年間は、刻書の盛に行はれたる時にして、皆精刻を以て稱せらる。周禮注疏に就て論ずるも、前揭の徐氏本、仿岳本、汪道昆本、陳鳳梧本、聞人本、及び此本の如きあり。更に周禮集說（陳友仁著）周禮集註（何喬新著）の如きを數へば指屈するに勝へざらん。其の故何ぞや。古文舊書考に曰く、明の嘉萬の際古學復興し、古書の上梓せらるる者日に益多し。岳倦翁の左氏傳の如き、嘉靖に四刻あり、萬曆に三刻あり、其餘岳刻の周易、世綵の韓文の如き精美ならざるはなしと。然れども其原

四三

因を單に古學復興のみに歸するは、說いて詳ならざるの憾あり。書林清話に、日知錄、居易錄を引き、明時官吏使を奉じ出差し、京に回れば必ず一書を刻し、一書一帕を以て相餽贈す、世に書帕本と謂ふ。又明時官より侍錢を出して書を刻せしむることあり。二ル宋の王琪が蘇州に守たりし時、庫錢を假りて杜集の善本を印行し、毎部千錢に賣り、大に好事を稱ひし故事に緣りしものなりとあり。是れ士人の間に刻書の風盛なりし一因たらずんばあらず。而して第二の原因は、當時刻書工價の廉なりしことなり。書林清話また祭澄の雞窗叢話を引きて曰く、前明は書皆私刻すべし、刻工極めて廉なり。前輩何東海云く、一部の古注十三經の費僅に百餘金なり、故に刻稿者紛紛たり。嘗て聞く、王遵巖唐荊川相謂いて曰く、數十年讀書の人能く一榜に中れば、必ず一部の刻稿あり。屠沽小兒身衣飽煖、歿する時必ず一篇の墓誌あり。此等の板籍幸に久しからずして即ち滅す、もし盡く存せしめば、大地を以て架子となすとも亦貯へ得ずと。明時刻字工價の攷ふべき者は、陸志、丁志に明の嘉靖甲寅（三十三年、二二一四）刻の豫章の羅先生文集あり、目錄の後に、刻板八十三片、上下二帙一百六十一葉、繡梓工貲二十四兩の木記あり。一版兩葉を以て平均計算すれば、毎葉工貲一錢五分有奇なるべく、其價廉甚し。崇禎（二二八八—二三〇四）の末年、江南の刻工尚ほ此の如しと。徐康の前塵夢影錄に云く、毛氏廣く刻工を招き、十三經十七史を以て主となす。當時一百字を刻する僅に二十文なりしに、光緒元年（二五三五）には寫刻を並せて毎百字工貲五六十文、中葉以後は漸く增して八九十文に至る。宣統の初には已に增して百三十文に至ると。以て明時刻書の廉なりしを察すべし。

り　萬曆重校監本

此書は閩本に據り、更に十行本を參照して其の闕誤を補訂せるものにて萬曆十四年（二二四六）より二十一年までに、勅を奉じて刊行したる者なり。之を擔當せる者は經によりて異なり。又一經の中にても分擔せしめられたるもあり。國子監祭酒にては、黃鳳翔、李長春、田一儁、劉元震、曾長節、范謙、韓世能、盛訥の八人、司業にては、楊起元、盛訥、王祖嫡、周應賓、劉應秋、余孟麟、蕭良有の七人なり。乃ち知る八祭酒七司業が更擔當し、七年の歲月を閱て成れる者なるを。其書左右雙邊、界長七寸五六分、横約四寸七分、板心上部に魚尾あり、其上萬曆某年刊と標し、魚尾下に周禮註疏卷幾を標し、魚尾に對して下には一線を畫し、其上に頁數を標す。行格全く閩本に據れり。卷頭賈の二序を載せ、正義序の板心には魚尾下に周禮正義序と標し、序周禮廢興には周禮序と標せり。本文の首行は頭格より周禮註疏卷第一と題し、二格を越えて漢鄭氏註、又二格を越え唐賈公彥疏と題す。次行頭格より皇明朝列大夫國子監祭酒臣曾長節と題し、次行は二格を低して承德郎右春坊右中允管司業事臣劉應秋等奉と題し、次行頭格より勅重校刊と題し、次行一格を低して天官冢宰第一と大書する以下閩本に同じ。但疏字疏に作り陽文にして□に包み字體稍小なると、鄭氏注の注を註に作り、經文下の註字註の如く陽文にて○に包むを異なりとす。正德本は漫漶の處を實闕し、往往全紙に及ぶ。

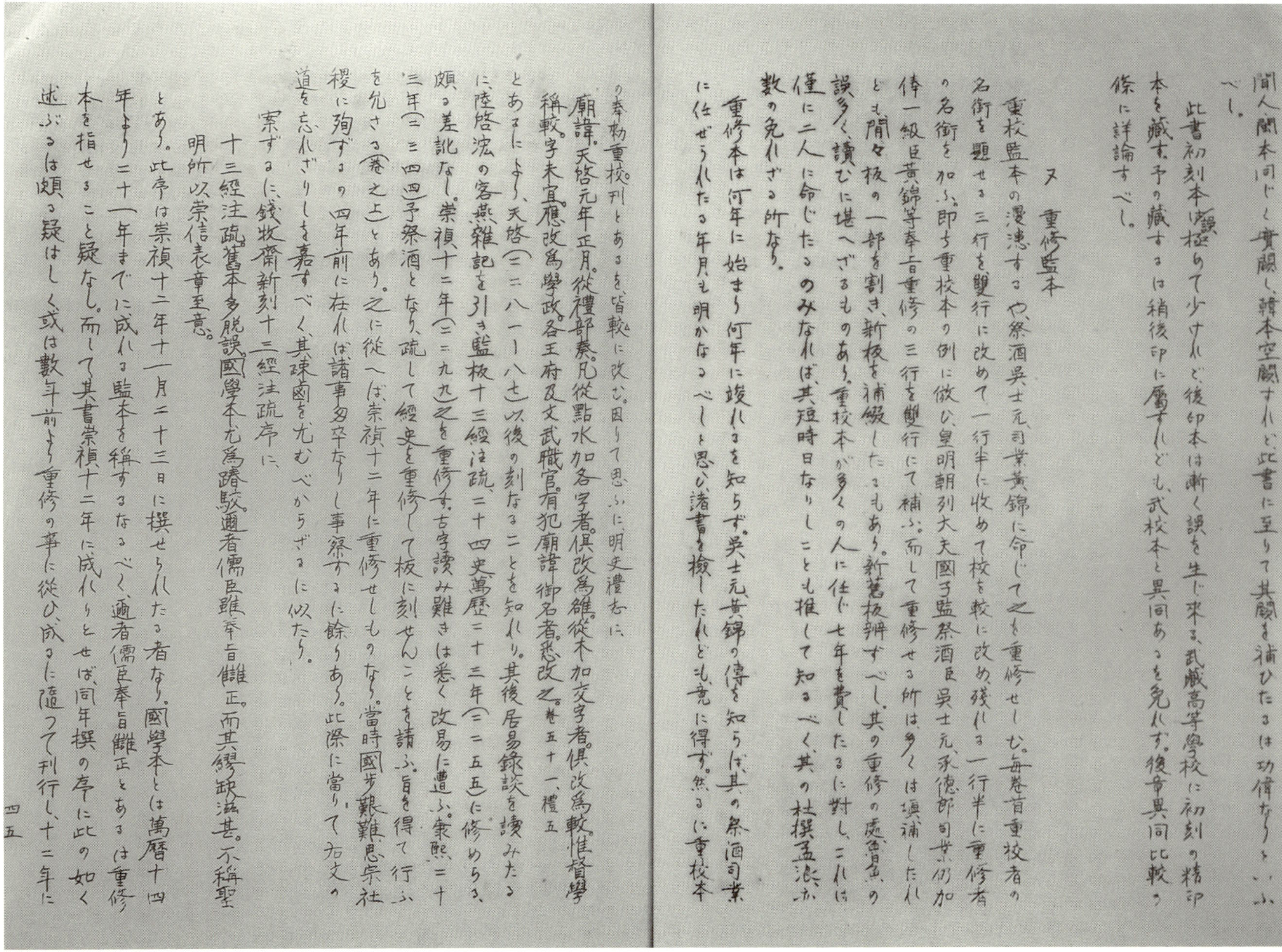
聞人閩本同じく實闕し、韓本空闕すれど此書に至りて其闕を補ひたるは功偉なりといふべし。

此書初刻本は誤極めて少けれど、後印本は漸く誤を生じ來る、武藏高等學校に初刻の精印本を藏す。予の藏するは稍後印に屬すれども、武校本と異同あるを免れず。後章異同比較の條に詳論すべし。

ヌ　重修監本

重校監本の漫漶するや、祭酒吳士元、司業黄錦に命じて之を重修せしむ。毎巻首重校者の名銜を題せる三行を雙行に改めて一行半に收めて校を較に改め、殘れる一行半に重修者の名銜を加ふ。即ち重校本の例に倣ひ、皇明朝列大夫國子監祭酒臣吳士元、承德郎司業仍加俸一級臣黄錦等奉旨重修の三行を雙行にて補ふ。而して重修せる所は多くは塡補したれども間々板の一部を割き、新板を補綴したるもあり。新舊板辨ずべし。其の重修の處魯魚の誤多く、讀むに堪へざるものあり。重校本が多くの人に任じ七年を費したるに對し、これは僅に二人に命じたるのみなれば、其短時日なりしことも推して知るべく、其の杜撰孟浪亦數の免れざる所なり。

重修本は何年に始まり何年に竣れるを知らず。吳士元、黄錦の傳を知らば、其の祭酒司業に任ぜられたる年月も明かなるべしと思ひ、諸書を檢したれども竟に得ず。然るに重校本の奉勅重校刊とあるを、皆較に改む。因りて思ふに、明史禮志に、

廟諱。天啓元年正月。從禮部奏。凡從點水加各字者。俱改爲雒。從木加交字者。俱改爲較。惟督學稱較。字未宜。應改爲學政。各王府及文武職官。有犯廟諱御名者。悉改之。（巻五十一、禮五）

とあるによりて、天啓（一六二一―一六二七）以後の刻なることを知れり。其後居易錄談を讀みたるに陸隴其の客燕雜記を引き監板十三經注疏、二十一史萬歷二十三年（一五九五）に修めらる、頗る差訛なし。崇禎十二年（一六三九）之を重修す。古字讀み難きは悉く改易に遭ふ。康熙二十三年（一六八四）予祭酒となり、疏して經史を重修して板に刻せんことを請ふ。旨を得て行ふを允さる（巻之上）とあり。之に從へば崇禎十二年に重修せしものなり。當時國步艱難、思宗社稷に殉ずるの四年前に在れば諸事匆卒なりし事察するに餘りあり。此際に當りて右文の道を忘れざりしを嘉すべく、其疎鹵を尤むべからざるに似たり。

案ずるに、錢牧齋新刻十三經注疏序に、

十三經注疏。舊本多脫誤。國學本尤爲踳駁。邇者儒臣奉旨讎正。而其繆訛滋甚。不稱聖明所以崇信表章至意。

とあり。此序は崇禎十二年十一月二十三日に撰せられたる者なり。國學本とは萬曆十四年より二十一年までに成れる監本を稱するなるべく、邇者儒臣奉旨讎正とあるは重修本を指せること疑なし。而して其書崇禎十二年に成れりとせば、同年撰の序に此の如く述ぶるは頗る疑はしく、或は數年前より重修の事に從ひ、成るに隨って刊行し、十二年に

四五

訛って完成せりとせば、撰文の前に於て重修本を見られざるにもあらざれど、甚だ疑はしき事に屬す。而して監本に準據せる毛本が主として重校本に據り、重修本に據りたる形迹なきは、校勘の結果明かなり。

ル　重校脩監本

前掲陸路沄經史の重修を上疏したる二年後、十三經注疏重修の事あり。古城貞吉氏毛詩尚書を藏し、近藤潤治郎氏周禮を藏す。これに據るに、周禮注疏は版心の萬曆二十一年刊を刪去し、毎巻第一葉のみ、康熙二十五年重脩と標し、餘頁は空白とす。間間刪し及ばざる所あり。即ち巻第四の第五頁より第十頁に至る六葉の如きは萬曆の舊年紀を存す。而して巻第一の首に題せる、重較重修者の官銜氏名三行を改刻して、

康熙二十五年國子監祭酒臣常錫布祭酒加一級臣翁叔元司業臣宋古渾
司業加一級臣達虎司業臣彭定求學正臣王默典籍臣程大畢奉
旨重校脩

とす。巻第三は此三行を空白とし、巻第二巻第四は重較重修者の官銜氏名を存置せり。是れ亦未だ刪り及ばざるものなり。而して本文は重修本の板をそのまま用ゐ、一字を改刻せず。されば重脩の名、其の實を得ざるものなり。毛詩注疏を檢するに、巻第十ナ之一巻首

皇明朝列大夫國子監祭酒臣黄鳳翔
承　直　郎　司　業臣楊起元等奉
勅重校刊

の三行を存置せるを見る。之に據れば、毛詩は重修本に據らずして、重校本に據りたるが如くに見ゆ。されど崇禎の重修本は萬曆重校板を用ゐたるなれば、康熙の板本が重校の古板に據ることは、理の許さざる所なり。乃ち重修本を檢するに、此巻のみは重校本をそのまま用ゐ、餘巻の如く、重修者の署名を見ず。乃ち知る、毛詩も亦重修本を刊せることを。尚書は重修本を用ゐたること一目瞭然たり。而して此書は後來乾隆殿本を刻する先河をなせる者にて、殿本考證に常に監本を引けるは、此書を指せる者なり。阮芸臺の刻本も亦此書に據れるが如し。其説下の内容を論ずる條に具す。

ヲ　毛晉刻本汲古閣本

此書は萬曆監本によりて刻したる十三經注疏の一なり。魯魚の誤頗る多く、為めに非議を免れざる書なれども、亦此書獨特の長所あり。(内容の條に具す。)其の流布の廣きは閩監本の遠く及ばざる所なり。周易疏の巻頭に、錢謙益張園翮の二序を冠す。錢序は崇禎十二年に撰せる者なれば、それ以後の出板に係ること明かなり。周禮疏の末巻に皇明崇禎改元歳在著雝執徐古虞毛氏繡鐫の陰文長方の木刻記あれば、周禮は元年に開雕せりと見ゆ。其書左右雙邊、板心上頭より周禮疏の三字を標し、二格を越えて一線を畫し、又四格を越えて巻之

四六

綫を標し、其下頁數を右側に小書し、座に汲古閣三字を標す。行格閣監本に同じ。首行頭格より周禮註疏卷第一と題し、次行唐賈公彦疏と跗題す。次行九格を低して漢鄭　氏註と題し、次行一格を低して天官冢宰第一と書し、其下音義疏を出す。皆閩本の式に同じ。但注疏の字陰文包むに▢を以てし、疏末次行二格を低して鄭氏註と題するを異れりとするのみ。各經の卷尾に繡雕の干支を刻す。崇禎元年に周禮、爾雅、二年孝經、三年毛詩、四年周易、五年尚書、六年孟子、七年公羊、八年穀梁、九年儀禮、十年論語、十一年左傳、十二年禮記、即ち前後十二年を以て全部完成せるなり。

此書一般讀書子の歡迎する所となり、幾多の覆刻本を出せり。然れども書賈、利を射んための刊行なれば善本を取りて校讎する等の事なく譌脱紕繆随つて刻すれば随つて多し。されば覆刻本は一併に之を節よう。以下に附す。予の藏本は原刊初印にて筐蓋に前田松雲公の墨記

此本為秀才為孝男也

元禄六、年五月三日

あり。崇禎十二年を距ること五十四年にあり。

ワ　乾隆殿本

清高宗、弘晝等に命じて十二經注疏を武英殿に校刊せしめ、乾隆十一年(二四〇六)十二月成りて呈出し、十二年二月朔御製重刻十三經序を冠して刊行せるものなり。其書左右雙邊、匡郭内縱七寸三分、横四寸七分、版心上欄下右行に乾隆四年校刊と標し、其下魚尾あり、魚尾下縫心に周禮注疏卷幾と標し、直下右行に六官名を標し、下に一線を畫し、其上頁數を標す。毎半葉十行、毎行二十一字、首行頭格より、周禮注疏卷一と題し、次行二格を低して漢鄭氏注唐陸徳明音義　賈公彦疏と題し、次行一格を低して天官冢宰第一と題し、其下音義の二字を陰文にて單行大書し、▢に包み、其下音義を雙行小字にて注す。次行經文を大書し、下に注字を陰文にて單行大書し、注文は單行中字とす。注の下音義を出すこと上と同じ、音義の下疏字を陰文大書し釋曰二字を冠して疏文を雙行小字にて注す。注文の釋は注の字を陰文にて小書し、下に釋曰二字を書す。經注疏毎行頭格よりす。全篇句讀を施し、○符を用ゐ、讀は兩字の間に施し、以て句と分つ。毎卷尾考證を附し、校改の由る所を明にす。周禮卷首に賈氏二序、周禮注疏原目並に各考證を冠せしめ、更に周禮注疏目錄を載す。其の主とする所明暢に在るを以て、疏文の經傳を引用する所、擅に改竄をなし、次序を顛倒し、痛く注疏の面目を損す。信を取る所以にあらず。然れども其の校改の處、文理概ね妥當なるを覺ゆ。其の得失は下章に於て詳論すべし。同治十年(二五三一)廣東にて覆刻したれど毎紙譌謬なきはなく、殆んど讀むに堪へず。原刻は刷印の際、誤を發見すれば隨時改竄せりと見え、嚴密に數本を對讎すれば往往異同あるを認む。

四七

カ　重栞宋本周禮註疏附校勘記本

嘉慶二十年（二四七五）南昌府學に於て阮芸臺の開雕せる者にして、正徳本に據り、更に閩監毛本を参酌して改訂せり。其様式一に正徳本に同じ。毎巻末附するに阮氏撰盧宣旬摘錄の注疏校勘記を以てす。其異同の文字は圏を附し、識別に便ならしむ。筆誤刀譌免れ難く此書のみの誤謬往往あり。葉煥彬曰く、

文達收藏既富。門客亦多。所刻諸經。當無遺恨。然是年文達調撫河南。交替之際。不能親自校勘。公子福撰雷塘盦弟子記云。此書尚未刻校完竣。即奉命移撫河南。校書之人。不能細心。其中錯
↑字甚多。有監本毛本不錯。而今反錯者。校勘記去取。亦不盡善。故大人不以此刻本爲善也。（書林清話九）

と。以て當時の状を知るに足る。されど此一部の書を具ふれば、諸本の同異掌に示すが如くなるを以て、學者の歓迎する所となり、道光の重校を始め覆刻の書多し。然れども烏焉の誤隨つて多く或は全く圏を削れるもあり。此等は皆校勘の價値なく一丼に省略せり。

予の校勘記は文選樓刻本を底本とせり。是れ十行本の末脩に屬し且つ傳本多きを以て學者に便ならんことを思ひてなり。

ヨ　湖南本

同治十年（二五三一）夏、湖南省城尊經閣の校栞に係る。其の書たる、毛本の舊板をば阮氏校勘記に據りて訂誤せる者、補塡の跡歴然たり。而も別に附するに校勘記の全本を以てす。課讀の書としては或は數に具ふべきも、校勘の用としては更に價値なき者なり。

タ　孫氏正義本附

瑞安の孫仲容撰する所、新疏に屬すと雖、經文鄭注賈疏音義は諸本を校したるを以て校勘の材となすに足る。但し疏文は意を以て改竄せる所多く、一一は據り難し。其書光緒乙巳（三十一年、二五六五）に鑄成せる鉛版本にして、毎半葉十二行、毎行大字三十二字、小字三十七字、注疏音義は皆雙行、檣髮蠅頭、省覽に艱む。民國二十年、苗湖精舍補校印行す。所謂楚學社本なり。毎半葉十一行、毎行二十四字、注疏音義並に單行、字字鮮明、原版に比して雲泥の差あり。其謬を訂せる所往往あれども、誤を新にせる者少からず。兩書并觀して始めて可なり。

レ　十三經注疏正字附

阮氏校勘記凡例に曰く、

近日校經之書。莫詳於嘉善浦鏜十三經注疏正字。及日本西條掌書記山井鼎。東都講官物觀
↑所撰七經孟子考文補遺。二書多詳備可觀。但浦鏜雖研覈孜孜。惜未見古來善本。又以近時
↑文體讀唐代義疏。往往疑所不當疑。又援俗刻他書。肆意竄改。不知他書不必盡同義疏所引。
↑而他書之俗刻。尤非唐代所傳之本也。

↑と。予未だ注疏正字を見ざれども、校勘記引く所に據るに、過半は殿本の校改を採れる者

四八

なり、予乃ち謂へらく阮校殿本を援かずして正字を引く、必ずや殿本正字に據れるにて、正字、殿本に據れるに非ざらんと。後、浦鏜の傳を閲して、其の然らざることを知れり。嘉善縣志に曰く、

浦鏜字金堂、號秋稼。廩貢生。祖父俱潜徳不耀。鏜少承家學。弱冠即從事十三經正字一書。屢購古善本校正疑訛。得八十一卷。早喪父。事母孝。母卒。家雖貧、喪葬如禮。壬午入都。將應京兆試不币月。以暴疾亡。著有清遲閣集。小學紺珠補。文選音義雙聲疊韻録。及文賦箋。待梓。
(巻二十四、人物志六節録)

と。案ずるに壬午は乾隆二十七年(二四二二)に當れば、殿本印行より十餘年の後に在り。されば鏜は殿本を見ざるの理なし。而して正字は當時未だ脱稿せざるの書、校勘官の引用する所とならざりしことも推して知るべし。乃ち正字の、殿本に據れるは明かなることなり。思ふに阮氏の校勘記は、當然殿本をも引用すべかりしを、其の校改せるもの甚しきを以て、之を援引するには、勢ひ其の得失を論ぜざるべからず。勅撰の書に對して可否を斷ずるは諱むべきの事に屬す。故に一并に之を取らず、浦鏜の書を假りて、間接に殿本を褒貶せりと見るべきに似たり。上掲の以近時文體以下の難は、尤も能く殿本の竅に中れるを覺ゆ。茲に怪訝に堪へざることあり。それは十三經注疏正字を以て沈廷芳の作とせること是れなり。國朝耆獻類徵によるに、

沈廷芳、浙江仁和人。乾隆元年、由監生舉博學鴻詞試。(中略)年七十一卒。著有理學淵源十卷。十三經注疏正字八十卷。(下略)　右國子館本傳

(上略)辛卯至京。値七十壽。逾年即卒。平生究心經術。嘗以監本及毛本十三經注疏多譌脱。著十三經正字八十卷。校勘極爲精覈。洵有功於治經者。　右鶴徵後録杭世駿撰
(巻百七十七、彊臣二十九)

とあり。辛卯は乾隆三十六年(二四三一)なれば、其翌即ち三十七年に歿したるなり。これ浦鏜の書と一巻少きのみにて、其名稱は相同じ。欽定四庫全書總目には、

十三經註疏正字八十一巻。浙江巡撫採進本　國朝沈廷芳撰。(中略)是編校正十三經註疏。以監本重修監本陸氏閩本毛氏汲古閣本參互考證。而音義釋文則以徐氏通志堂本爲準。(中略)考諸經正義。宋端拱。咸平景徳。遞有校正。而版本久湮。明以來公私刊版。亦有據宋本刊正者。而所校往往不同。廷芳此書。毎條標其本句。而疏其譌誤於下。其據某本改者。並顯出之。有未定者。則以疑存之。或有據某人説者。亦綴附焉。於形聲六體。尤所究詳(中略)至於參稽衆本。考驗六書。訂刊版之舛譌。祛經生之疑似。註疏有功於聖經。此書更有功於註疏。(下略)　(巻三十三)

とあり。是れ巻數も符合す。其の同一書たるは明かなり。而して其書の内容に渉りてこれを詳叙すれど、浦鏜につきては一語も言及せず。唯碑傳集に汪中の廷芳行狀を載す。其中に、

其十三經注疏正字八十巻。則嘉善浦鏜同校。(巻八十四)

とあり。これによって僅に兩者の關係を知るのみ。嘉善と仁和とは共に浙江に在り。相距ること甚だしくは遠からずと雖、浦は郷に在り、沈は乾隆初年より仕官し、山東河南等に赴任す。其の致仕して歸養せし乾隆二十七年は浦が京師にて客死せし年なり。されば生前は同校の機なかりしこと明かなり。而して浦の傳に梓を待つとあるによれば、沈の歸郷後其託 四九

を受け之を續成せるものならん。沈は其の行實によりて考ふるに、人の美を掠むるの士にあらざるが如し。而して阮氏が浦の撰とせるは浦の力多きに居るを以て其の實に取り、後錄提要等が沈の作とせるは潤色の名に因れるにあらざるか。而も浦につきて一語も及ばざるは、粗漏の譏を免るる能はず。汪は沈の門人なり。其の實狀を知る。故に嘉善浦鏜同校の六字を加ふ。是れ其の實を得たり。盧紹弓曰く、

仁和沈椒園廷芳、嘉善浦聲之鏜、作十三經註疏正字。（羣書拾補經周易注疏）

と。簡明目錄標注に云く、

盧云、嘉善浦鏜原編、仁和沈椒園先生復加審定、其子南雷禮部世煒上之四庫館。

と。これによりて一部の正字長夜を脱して旭光を仰ぐを得たり。

案ずるに、正字は乾隆殿本に資ること甚だ多く、且つ禮書、經傳通解等他書に引ける者を據とせること多きは、阮校に引ける條に於ても明かなり。然るに提要は唯監本重修監本閩本毛本を以て參互考證すといへり。是れ失當の解說なり。若し上の四書を互證せるのみならば甚しき價値を認むる能はざるなり。

ソ　何義門校宋本附

此書北平東方文化研究所圖書館の藏本に係る。何義門が內府の轉運司本を以て、毛本を校せし者を門人金鳳翔字は梧庭が借り得て校せる者なり。巻末に、

康熙丙戌、得見內府宋板元脩本、粗校一過。義門 師識

康熙辛卯二月廿四日。鳳翔假得師本校

の識語あり、以て證すべし。但校する所の文字往往闌外に宋作某と注すれば、校改の文字必ずしも轉運司本のみにはあらざりしが如し。故に其異同を以て全部轉運司本と見るは少しく安んぜざる所あれども、今分別し難し。

ツ　黃堯圃校宋本附

此書亦東方文化圖書館の藏本に係る。兩書杉村氏の斡旋により副本を得たり。全巻朱墨綠の三筆を以て精校せり。經注は董本・葉本・余仁仲本・宋小字本・嘉靖本・及び段茂堂意改本によりて校し、疏は盧紹弓が惠校本并に武英殿新刻本、明の北雍本によりて校正せしものにて、巻二十に止まる。巻首上欄に朱筆を以て

惠半農先生、名士奇、暨子松厓先生、名棟、於經史皆有評校。此以宋本校正疏。以余氏萬巻堂校本、校經注音義。弨今所校、凡依惠本改定者、不一一標識。惟惠本所未經改、而新本及管見有增減更易之處、乃著之。

と識し、首行の題下に、

抱經盧文弨以吳門惠氏校本、并武英殿新刻本、明北雍本校正。

の識語あり。巻四の尾に、

五〇

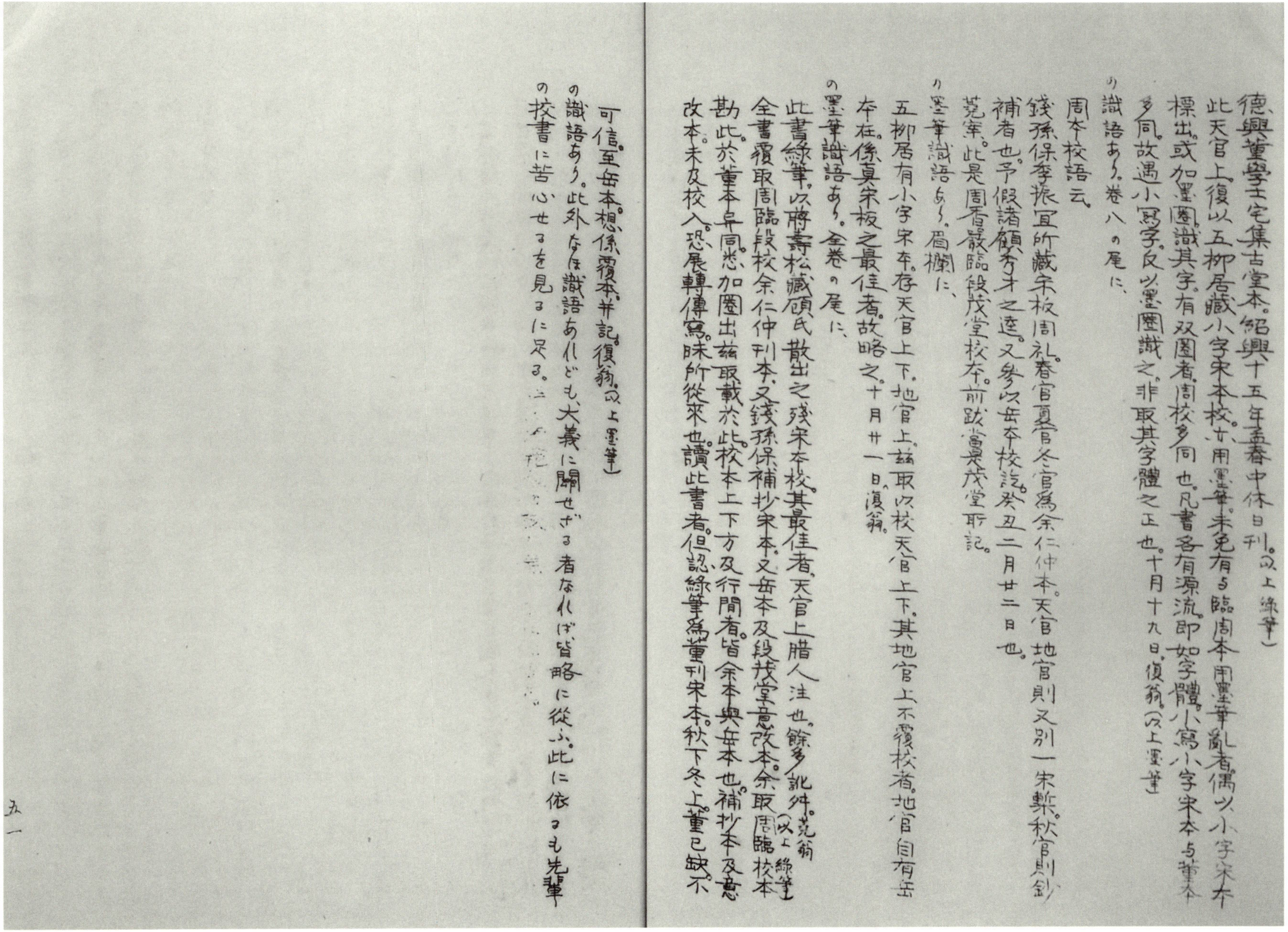
德興董學士宅集古堂本。紹興十五年孟春中休日刊。（以上綠筆）
此天官上復以五柳居藏小字宋本校。亦用墨筆。未免有与臨周本用墨筆亂者。偶以小字宋本標出。或加墨圈識其字。有双圈者。周校多同也。凡書各有源流。即如字體。小寫小字宋本与董本多同。故遇小寫字。良以墨圈識之。非取其字體之正也。十月十九日。復翁。（以上墨筆）
の識語あり。巻八の尾に、
周本校語云
錢孫保李振宜所藏宋板周礼。春官夏官冬官爲余仁仲本。天官地官則又別一宋槧。秋官則鈔補者也。予假諸顧秀才之逵。又參以岳本校訖。癸丑二月廿二日也。
蕘夫。此是周香嚴臨段茂堂校本。前跋當是茂堂所記。
の墨筆識語あり。眉欄に、
五柳居有小字宋本。存天官上下。地官上。茲取以校天官上下。其地官上不覆校者。地官自有岳本在。係眞宋板之最佳者。故略之。十月廿一日。復翁。
の墨筆識語あり。全巻の尾に、
此書綠筆以蔣壽松藏顧氏散出之殘宋本校。其最佳者。天官上腊人注也。餘多訛舛。蕘翁（以上綠筆）
全書覆取周臨段校余仁仲刊本。又錢孫保補抄宋本。又岳本及段茂堂意改本。余取周臨校本勘此。於董本异同悉加圈出。茲取載於此。校本上下方及行間者。皆余本與岳本也。補抄本及意改本未及校入。恐展轉傳寫。昧所從來也。讀此書者。但認綠筆爲董刊宋本。秋下冬上。董已缺不可信。至岳本。想係覆本。并記。復翁。（以上墨筆）
の識語あり。此外なほ識語あれども、大義に關せざる者なれば皆略に從ふ。此に依るも先輩の校書に苦心せるを見るに足る。
五一

二、上掲各本の異同優劣及び源流考

(一) 經文

イ 唐石經

開成石經立ちて、周禮の經文始めて後昆に垂れたれど、當時名儒は蕪累甚だしとなし、之を窺はざること數十年なりしこと、舊唐書文宗紀（上揭）に見ゆ。顧亭林も亦「詳に其書を校して、始めて經中の繆戾一に非ず、舊史の言誣ならざることを知る」と斷じ、乃ち其謬を指摘して曰く、

女史。誤女使△　大宰郊。句誤郛△句　内饔豕。盲視誤施△盲視　典枲布緦。誤布緣△　牛人犒。牛誤槁△牛　司市市司帥賈師而從賈。誤胥△　肆長戒令。誤戒禁△　鞮鞻氏府一。人誤八。人　㲋人用。誤瓢齎誤明瓢齎　司几筵莞筵。誤莞席△　大司樂大磬。誤大磬△　三侑。誤三宥△　大師奏鼓。棘誤鼜。棘　大祝禜。誤禜△　司常象。其號象。誤相△　凡以神仕者仕。誤士。　小子史二。人誤一▲人　大司馬旗居。卒間居。誤車△　考工記妢胡之笴。誤笴△　矢人則俛。誤勉△

共與今文不同而兩通者　醫師死瘍者死上多一有。字　野廬氏有相翔者誅之誅上多一則。字　邦之大師大上多一有。字　庭氏以救日之弓與救月之矢射之射上多一夜。字

と。（金石文字記巻之五）予架中の拓本を檢するに、女史　鞮鞻氏八人　大磬　大祝禜　小史一人の五處は泐して據るを得ず。豕。盲視は豕。に作り、豕の左體を存す。用。瓢齎は月。に作り、用の右體なること隱隱辨ずべし。　象。其號は象。に作り、象の殘闕なること疑なし。

五二

神仕　は上に作り左體磨改せるに似たり。此の四者は石經皆誤らず。顧氏何に據つて此の如き妄断をなすか。且つ邪句犄牛或桀の如きは、石經を以て正しとなるを諸家の一致する所、顧氏の精博を以てして此の如きの説をなす殆んど解し難き事に屬す。馮登府は唐石經誤字辨を作り、一一之を駁し、以て石經の誤に非ざることを回護せり（石經補攷巻五）然れども平心に之を觀るに、石經と雖瑕瑜雜糅の譏を辭する能はず。今實に就きて之を證せん。

い　字體

文宗紀に翰林勒字官唐玄度に令して、字體を復校せしめたれど、師法に乖くといひ、石墨鐫華に、其用筆衆人に出づと雖、歐虞褚薛の法を離れず、恐らくは今人の及ぶ所に非ざらんと評し、（共に上揭）二評乖戻するが如くなれども、一は唐代諸大家の中に在りて、其尤を選ぶべきを主張し、一は後世を準として立論す。其標とする所によりて異なるなり。而して書の巧拙を論ずるは、今主とする所にあらず。其の字體によつて見るに、説文と異なる者頗る多し。且つ衆人の筆に成るを以て、字體區區たるを免れず。其字體の正しきものを示せば、

遨邀同　御　緜　染　敘　糾　致　敍或敘　啟　專从專字同　飧　俎　爨　蕭从肅字同
庶　成从成字同　毦　總　塵　關　旹　麋　皙　葬　穡　亂　癈廢疾之字　羑　毋
單从單字同　徇　聽　纛　匿　巡　藝　毀　用从用字同甫備郎脯等同　㩁　儥　磨从磨
別字　槱　憂　黄从黄字同　衰　㮚从粟字同　㨨　謚　鐫　竿　錫　錫二字各別　害　隙

沓　稾　段　秏

の如きは、諸本多く俗字譌體を免れざるに、石經は能く其師法を守へたり。其省略俗譌なる者を擧ぐれば

蜀　宮　善从善字同　享　舍　櫌　皆从皆字同　𪓐　會从會字同、廿　卅　鄙或鄙　賓从賓字同　瑤从䍃字同　敎从殸字同　蕃从番字同　疏　節　服或作服正　兩　蒹　敷从㪅字同　直从直字同　鬼从鬼字同　歲　徵　者从者字同　縣　禹从禹字同　内　柬从柬字同　黹或黹正　彖从彖字同　圖　求　爾（爾）　陰　隸　往　暴　緺或緺　黑从黑字同　熏从熏字同
乘　宜　卿　怨从夗字同　慈　寬　稽　指　犯或犯並譌　過　空或作空正　阮　黝　漆
椊　夲　遊　市　扈　鉞多作𨥁不誤　送　卯　家人从家字不誤　衆　辰从辰字同　憂　亦
穆　贊从贊字同　鍾　樂器　觭从奇字同　晳　偰　侔　侯　㣈　毀　孯　刃从刃字同　旋
虵　亀多作亀不誤　㡆　稗

の如き是れなり。顏魯公の干祿字書寺に比するに、俗譌少しと雖猶此の譏謗を免れず。

廟諱は嚴に守り、

虎　瘳　踚　𧿰　淵　𡞸　廿　諫　巨　亨　隊　誦　紀　恒　泄

等皆缺筆せり。但諱字擇人に於ては缺かず、偶然の失か、後世の補筆か、判別し難し。

ろ　新古字混用

漢儒の經を解する、經文は古字を用ゐ、注は新字を用ゐる習なるに、周禮の經文往往新字を用ゐ、其體例を紊せる者あり。殊に考工記に於ては其用例他の五官と符せず。是れ古本

五三

の旨に仍り、校改せざりしためならん。今其例を擧げんに
古字敍に作るべきを、新字序に作れる者。(以下之に準ず)
掌四時祭祀之序事。小宗伯　以歲時序其祭祀。肆師　命外内命婦序哭。同上　皆掌其陳序。
司服　大喪序哭者 内宗　涖其禁令序其事 職喪　乃分樂而序之 大司樂　掌其序事。樂師
序其樂事 仝上　及序哭亦如之 同上　以序出入舞者 大胥　正歲年以序事 大史　以詔救政訪序。
事 保章氏　縣壺以序聚欜 挈壺氏　則厚薄序也 函人
于を於に作れる者。
有好令於卿大夫 内小臣　帥女宮而致於有司 寺人　令無節者不行於天下 大司徒　各帥其鄉
之衆寡而致於朝 鄉大夫　於是時也奔者不禁 媒氏　各於其地之敍 司市　斂市之不售貨之
滯於民用者 泉府　凡貨不出於關者 司關　凡通達於天下者 掌節　兆五帝於四郊 小宗伯
凡諸侯之適子誓於天子 典命　凡王后有撵事於婦人 世婦　凡死於兵者 冢人　凡諸侯諸
臣葬於基者 同上　於地上之圜丘奏之 大司樂　凡受馬於有司者 馬質　則帥國子而致於
大學 諸子　則奉書以使於四方 虎賁氏　則辭於三公及孤卿 大僕　入束矢於朝 大司寇　未
麗於灋而害於州里者 同上　有復於上 同上　立於肺石 同上　聽其辭以告於上 同上　獻民數
於王 小司寇　各於其遂肆之三日 遂士　凡四方之有治於士者造焉 訝士　凡報仇讎者書
於士 朝士　自生齒以上皆書於版 司民　凡大約劑書於宗彝 司約　凡罪之麗於灋者 掌戮
凡害於國稼者 薙氏　掌以夫遂取明火於日 以鑒取明水於月 司烜氏　凡誓執鞭以趨於前 條狼氏

與馳騁於國中者 脩閭氏　禁嘂呼歎嗚於國中者 行歌哭於國中之道者 銜枚氏　居於其國行，
夫　凡都家之治於國者 朝大夫
孫、考工記に於て云く、於前經五篇。並用古字作于。此記上下篇並作於。疑註記字例不同。鄭賈各
仍其舊。非傳寫之誤也。と。故に考工記の異同は一併に省略せり。
虣を暴に作れる者。
暴内陵外則壇之 大司馬　禁暴氏 秋官叙官本官同　上愿糾暴 大司寇　誅戮暴客者 司民
辠を罪に作れる者
罪隷百有廿人 秋官叙官本官　凡萬民之有罪過 大司寇　凡王之同族有罪 小司寇　辨其
死刑之罪 方士　入于罪隷 司厲
撵を拜に作れるもの。
皆三辭拜受 司儀　三揖登拜受拜送 同上　奉逆拜辱 同上　三揖三辭拜受車送三還再拜。
同上　此下作拜。者極多今皆从略
灋を法に作れるもの。
以荒辯之法治之 士師
眡を視に作れるもの。
殷覜曰視。大宗伯
䭫を稽に作れるもの。

五四

諸再拜稽首 司儀

は　提行の當否

九嬪 天官　別に提行すべきに誤つて上文に承接す。後誤を悟り上経の褻器以從進車を磨改して経尾一格を空うし、以て九嬪と分離せり。縮刻石經（宋時に之を縮刻と呼ぶ）は改めて提行せり。

遂師下大夫四人 地官　別に提行す。　下の　遂大夫　縣正　鄙師　酇長　里宰　鄰長　皆各自提行す。八経・嘉・士本同じ。

諸本皆上文に連ねて提行せず。阮云く、淳卿先至閭胥之式。則遂人至鄰長、亦當合爲一條。と。銭大昕孫詒讓亦同説なり。

土均 地官序官　提行す。諸本多く同じ。但閩監毛本提行せず。誤つて上の委人職に連ぬ。

詛祝 同上　提行す。諸本多く同じ。但閩監毛本誤つて提行せず

小祝中士八人 春官序官　岳・嘉・士本別に提行す。諸本上文に連ねて跳行せず。案ずるに、唐石経は小祝提行すれど、上文大祝行底に及ぶを以て、別に提行せるか否かを判ずる能はず。但し大祝は一行十一字にて、他の行より一字を増せり。是れ小祝を提行せんがために計会せるもの、如し。下の小史之に同じ。

小行人下大夫四人 秋官序官　唐蜀石経八経蜀岳士岳韓版纂本皆跳行別節。下の司儀行夫同じ。元纂互重閩人韓陳閩監毛秦殿福本は小行人、司儀、行夫の三官をば、大行人に連ねて一節とす。重意本は小行人同行一格を空うし更に○を加ふ。司儀以下跳行す。案ずるに、嚴阮二氏は提行すべきを主張し、銭大昕孫詒讓は共に跳行せず。竊に謂らく、司儀の下府史胥徒を擧ぐ、これ大行人よりの四官一節たるべきを證するものなり。銭孫の見従ふべし。

家士亦如之 同上　唐蜀石經八經蜀岳嘉士何本韓版纂本別に跳行す。纂建京閩人韓陳閩監毛秦殿福本都士に連ねて一節とす。孫云く、唐石經跳行、別に一經となす。宋蜀本建附釋音本岳本嘉靖本同じ。今注疏本の注に從ひ亦都家を并釋すれば鄭本は分ちて兩經とせざること明けしと。

輪人爲蓋 考工記　石經諸本皆提行す。韓版纂本提行せず。阮云く、釋文更に輪人の字を出さず。蓋し上に合せて一節となすと。案ずるに石經是なり。

攻金之工 同上　建本別に提行す。石經上行十一字、此行九字、以て別に提行するを示す。諸本皆上輈人に連ぬ。陳殿本は上文行末に及ぶ未審別に提行せるや否や。阮云く、唐石經此れより已下及梁氏爲削皆跳行すと。黄嚴彭等皆跳行を是とす。從ふべし。

瓬其著而淺函人　十行閩人韓阮本別に提行す。　石經諸本上文に連ねて一節となす。當に（據りて正すべし。）

梓人爲侯　石經諸本皆提行す。釋文更めて梓人の字を出さず。蓋し上に合せて一節とな

五五

す。案ずるに石經是なり。

に　磨改正誤

經文は石に上してより、誤あるを認め、隨時磨改せるが如し。原文の判然せざる者多けれども、其の明かなる者に就て對比するに、改めたる者可なり。周禮に於ては、大改竄は行はれざるなり。今磨改の痕迹の明かなる者を左に掲ぐ。

置其輔大宰原刻輔作傅。　凡禮事贊小宰宰夫原刻禮作祀。　執褻器以從遣車內豎原刻與下九嬪文連接。乃排擠此七字。空一格。以與九嬪文離。縮刻另提行。　央象。央宗原刻宗作象。　以麻。草之物典枲原刻麻作麻。　大喪帥邦役。治其政教小司徒役。似磨改。未審原刻作何字。　以行赦。宥司諫原刻赦作赦。案説文赦或作赦。　守邦國者用玉節掌節用字磨改。未審原刻作何字。　諸臣之所昨也司尊彝初刻昨作胙。下二所昨也。不司几筵二昨席同。　其柏席用萑黼純司几筵初刻萑作藿。下巾車䟦車萑蔽亦同。　及以樂徹內宗樂磨改。未知初刻作何字。　凡以神仕者神仕似初刻作仕。　諸侯之繅斿九就弁師原刻作諸侯之繅九就。　周知其利害職方氏周字磨改。未審原刻作何字。　其川滎洛同上川初刻作水。後磨改作川。　雍氏秋官原刻雍誤雍。　夏日至而夷之薙氏初刻夷作莢。磨改去艸冠。　則凡水蟲無聲蟈氏初刻則下有死字。　其悖逆暴亂小行人初刻悖作悖。　掌記方廣客之牢禮掌客初刻牢作勞。後磨改作牢。　以及歸同上以。字磨改。未審初刻作何字。　皆有飧饔餼同上飧左體似磨改。　四尺也考工記尺磨改未審初刻作何字　雖有深泥輪人初刻有作其。後磨改　半沈必均同上初刻以作已　去一以爲鼓。博磬氏鼓磨改未審初刻作何字　以旁鳴者梓人旁字係磨改　厚脣弇口同上厚。字係磨改　則必纘爾如委矣同上初刻作纘下同　半矩謂之宣車人初刻矩作短　馬膠赤白又初刻亦作黑。

ほ　諸本との同異

附言

石經については、顧炎武金石文字記、嚴可均唐石經校文、彭元瑞石經考文提要、馮登府石經補攷、盧文弨釋文攷證、段玉裁漢讀考説文註、黄丕烈校宋周禮札記、阮元校勘記、孫詒讓周禮正義等を多く引用せり。今顧嚴彭馮盧段黄阮孫の略稱を用ゐて、煩冗を避けたり。

石經正しくして、後出の書誤を傳へたるもの少しとせず。左に掲げるもの是れなり。

三日邦。甸之賦大宰　閩、監、毛、金、林本及孟子疏引邦誤郊。　顧は邦を誤と斷じたれど、嚴馮彭等皆邦を正しとす。(愚案を附せざるものは、先儒の斷に從へるものなり。以下之に準ず)

六日斂弛之聯事同上　十行、閩、韓、閩、監、毛、秦、金、殿、福本弛作強。　案ずるに、段、彭、嚴、阮等皆弛に作るものを可とす。

有。疕瘍者醫師　訂本有有。字　御覧再引一有一無　諸本並無有。字　案ずるに、顧氏は兩通と斷ぜり。彭云く、案下獸醫之有病者有瘍者亦疊有。字と。諸儒石經を正とす。

則已不愉。大司徒 八經轉余建岳京訂嘉士閩人陳毛秦殿福本同、釋文亦本同、十行元正韓閩監本
書鈔六帖御覽玉海玉篇愉作偷。 案ずるに、偷は愉の俗體にて、説文に見えず。
則帥而致。之州長 余纂重京本通考致誤置。
封人掌設。王之社。壝 封人 十行元正閩人韓本設。誤詔。疏中釋經不誤 小宗伯疏、引封人云社
稷。之壝、御覽作王之社稷。壝、晉書、宋書禮志引作封人、掌設社壝、無稷字、 案ずるに、鄭注に不
言稷者、稷社之細也、とあれば稷字あるは誤なり。
畢事共其槁牛 牛人 十行、元、正、余、首、纂重京、士、陳本同、紹、八經、建、岳、訂、嘉、閩人韓閩監毛秦殿福林
本嘉靖刊初學記槁。作犒。 段云く、鄭司農曰、槀讀爲犒師之犒、又曰、槀當爲犒、蓋漢時盛行犒
字、故大鄭以今字易古字、此漢人釋經之法也、(説文槀字注)又曰、唐石經、經文作槁、是也、釋文及
各本經文作犒、非也、宋本注作槁師、亦非也、經用古字、注用今字。(漢讀考) 案ずるに、顧氏槁を
誤とせるは非なり。黄阮嚴馮孫諸家皆槁。を正とす。
邦國朞。 質人 諸本同、釋文國基。如字、本或作朞、同、 段、釋文に從ひ云く、士虞禮注曰、古文朞皆
作基と。 阮亦釋文に從ふ。 又云く、近人以朞年字別於期會、直是俗字、經典如此分別者非
也。と。 孫云く、説文稘下、引唐書曰、稘三百有六旬、此邦國朞之正字、當作稘、經典通段期爲之、
基期雖聲類相通、而訓義各別、儻經果作基、則鄭不宜無釋矣、釋文基當本作期、朝士邦國朞、釋
文作期、是其證也、今本作基、乃傳寫之誤、と。
掌其戒禁。 肆長 八經轉余十行元建岳京訂嘉士閩人韓陳毛殿福本同、閩監本禁。作令。 顧云く、

令。誤禁。と。 顧説非なり。嚴云く、按此文并後數見皆作禁、明此亦爲禁、衆本不誤、と。 (6)
凡國事。之財用取具焉 泉府 轉建訂嘉士毛秦殿福林本同、十行、元正八經岳京閩人韓陳閩本
無事字、監本國。事誤例、 案ずるに有るもの是なり。
以豬。畜水 稻人 八經轉建訂嘉士何本玉海同、禮書豬或作瀦、余岳京韓陳閩監毛秦殿福本作
瀦、十行元正閩人本譌瀦、 嚴云く、新附有瀦字、按鄭注、偃豬者防豬、天官宮人注、匽豬、襄廿五
年左傳、規偃豬、皆作加シ者非、と。
以涉揚。芟作田 諸本同、但閩監毛本揚作楊、注中同、 案ずるに、諸家並に石經に從ひ揚を
誤とす。
凡服耜。 諸本同、但監毛本耜譌梠、 嚴云く梠作耜、絲變作梠不體、と。
簭。人 八經建岳訂嘉士陳秦何本通解同轉余十行纂閩人韓閩監毛殿福本簭。作筮、 案ずる
に、説文簭に作り、筮なし。 五經文字に簭見周禮とあり、阮云く下從口、從石訛、と。
以禽作六摯。大宗伯 諸本同、尚書儀禮爾雅各疏禮書廣韻書鈔文選注御覽合鈔本摯作贄、釋文
本或作贄、 孫云く、贄。即摯之俗と。
掌其禁令。 典祀 建岳京訂嘉士陳監毛秦殿福林本同、八經余十行元正纂重閩人韓閩本禁。作政。
阮云く、按釋曰、掌其禁令者謂遮列不謂有人、未入城中、故云禁令、則賈本亦爲禁令、此作政誤
と。
而苛。罰之 世婦 諸本同、釋文宋刊通典通志苛作呵、 盧云く、案天官閽人、陸氏正文作苛、云本又
五七

作呵。呵今字、此當亦同前作苛、今亦作呵、殊無定見、と。孫云く、案呵即訶之俗、經例皆作苛、陸
本誤、と。
王大食三宥。大司樂　諸本同、閩監毛秦殿福林本釋文宥。作侑。案ずるに侑に作るは誤なり
說膳夫の以樂侑食の條に見す。
大札大凶大烖大臣死。同上　諸本同、元龜凶烖互易、大司徒疏引、大凶上有大荒、群書治要引大
烖下有大荒、孫云く、疑唐時別本有此二字、據注、以凶年釋大凶、膳夫大司徒注、並釋大荒爲
凶年、則凶荒是一、經不宜更有大荒二字、別本非也、と。
凡。祭祀奏縵樂。磬師　諸本同、余閩監毛殿福本凡。誤及。
凡辯灋者攷焉。大史　訂孫本同、諸本辯。作辨。下辯事者同。案ずるに、縮刻辯字左圈を施す、辯
なり。下の辯事同じ。孫云く、經典辯訟字通作辨、宋以來版本並作辨。誤、と。
掌都祭祀之禮。都宗人　諸本同。元正閩人閩監毛秦殿福本祭誤宗。嚴云く、按下文凡都祭祀。
蒙此都祭祀也。又家宗人掌家祭祀之禮。彼不云家宗祀。明此亦非宗字矣。と。
遂以猶田如蒐之灋。大司馬　訂陳本同。諸本及通典禮書通解通考皆蒐下衍田。阮云く、按中夏云
遂以苗田。如蒐之灋。無下田。則此爲衍文無疑。と。錢大昕嚴孫諸家皆同じ。
司甲闕。司甲　諸本同。正閩人韓閩監本脫闕字。
從授兵甲之儀。司弓矢　諸本同。十行元正閩人韓閩監毛本甲誤至。錢阮嚴彭等皆石經に左祖
す。

掌馭王路以祀。大馭　十行正京閩人韓監本事文類下、聚合璧事類王誤玉。
掌。馭貳事。馭夫　十行正閩人閩監本掌誤當。韓本作嘗。
其浸盧維。職方氏　八經韓余纂建宣重意京訂嘉士岳陳何秦殿林本釋文周書漢書通考藝文
類聚玉海困學紀聞同。十行元正閩人韓閩監毛本盧作廬。漢書通考維作濰。案ずるに段阮
彭孫諸家皆盧を正とす。馮氏云く、困學紀聞引此作盧維。知宋時本未誤。作廬者閩監毛本
也。漢書亦作盧。蓋古通假字。と。然れども十行本既に廬に誤る。馮氏校を失す。又漢志（
和刻及王先謙本）盧に作り、廬に誤らず。恐らくは亦失校ならん。
王巡守則樹王舍。土方氏　十行元正閩人韓閩金本舍誤宮。
徒十有六人　犬人　十行元閩人韓閩監毛殿福本脫有。
徒十有二人　司烜氏　元正閩人韓閩本二誤六。
及其禮儀。司盟　諸本同。建殿福本儀作義。釋文義音儀。阮云く、今本竟改作儀非。○按漢
時多用義爲儀。見先鄭注。と。孫云く、宋二鄭校定經本、從儀不從義。例詳肆師注。と。案ずる
に、肆師二禮儀並に儀に作り、故書に從って義に作らず。此經亦當に儀に從ふを可とすべ
し。
有相翔者則誅之。野廬氏　蜀石經蜀訂岳本同。六帖則字或無。八經十行元纂建宣京茹士閩
人韓陳閩監毛秦殿福本無則字。顧云く、有則兩通、と。嚴馮彭孫諸家皆石経に從ふ。
邦之有大師。同上　蜀石經訂本同。諸本脫有字。嚴云く、監本毛本脫有。と。阮云く、有。字不必補と

(7)

五八

則。凡水蟲無聲 壺涿氏 石經初刻則下有死字。後磨改削死字。初學記則下有活字。阮本疏誤蟲。段云く、各本無死。初學記活字當疑。然唐本則下多一字。亦可互證也と。孫云く、宋有者非也と。

與救月之矢夜射之 庭氏 蜀石經八經蜀慕建岳重京訂嘉士陳何林本通解初學記藝文類聚六帖事類賦同。十行元閩人韓閩監毛秦殿福本無夜字。阮云く、無者誤也。錢鈔本矢下有射。當據以補正と。案ずるに阮有射といへるは、夜の筆誤ならん。

則詔相諸侯之禮 大行人 蜀石經八經蜀建岳京訂嘉士陳毛秦福林本釋文同。十行元閩人韓閩監殿阮本無詔字。 彭云く、案鄭康成注。詔相左右。故当之也と。 嚴阮二氏詔を補ふべしと断ず。

則令槁襘之 小行人 諸本釋文大戴禮毛居正所據並同。 京本槁誤槁。沿要漢讀考作槁。正本襘誤儈。韓本誤襘。 孫云く、葉鈔釋文作槁。案槁即槁之俗と。

凡此五物者 同上 諸本同。十行元正閩人韓閩監殿本脫五。

車秉有五籔 掌客 蜀石經八經蜀建岳京訂嘉士陳毛秦殿福林本同。阮云、錢鈔本同。十行元閩人韓閩監本秉誤乘。阮云く、葉鈔釋文作五籔と。從ふべからず。

則使人導之 掌訝 訂本同。諸本釋文導作道。 孫云く、導正字。道段字と。

欲其幎爾而下迆也 輪人 諸本同。八經本幎譌愼。顧野王玉篇誤愼迆設地。 段云く、自唐石經以下。各本皆作下迆。賈氏作不迆。故疏曰。不迆者謂輻上至轂。兩兩相當正不旁迆。故曰不迆也。文理甚明。今各本疏文皆作下迆。其語絶無文理。則非賈氏之底本矣。此由宋本以疏合經注者。改疏之不字。合經之下字。所仍之經。非賈氏之經本也。然則經本有二。下者是與。不者是與。曰下者是也(經韵樓集與諸同志書論校書之難)と。阮氏校勘記此文を括引し、不迆に作るを是とすと断ぜり。文意全く相反し、大に後學を誤る。

大而短則摯 同上 石經摯上半缺。下體存摯。似作摯。諸本作摯。轉福本杜解作摯。 毛居正云く、作摯誤。摯从執从手。音臬。執古執字。非从操執之執也。从執有音摯。注摯讀爲槷。謂輻危槷也。槷也。槷从執从木。亦音臬(六經正誤)と。殿本考證及び阮校勘記之に同じ。孫云く、案摯先鄭破爲槷。依宋本則爲聲之誤。依石經則爲形之誤。二字並通。無由決定。今姑從石經。と。 今孫説に從ふ。

轂不折 同上 諸本同。 方苞云く、顧陳埻曰。析當作坼。轂不應有折也と。 阮云く、惠校本折一作坼非と。今折に從ふ。

軓前十尺 輈人 余蔡京訂嘉士毛殿福本同。建重岳閩人韓陳監韓版慕本軓。譌軌。何林本誤軋。釋文軓劉音犯。孫云く、軓賈疏本蓋誤作軌と。

輈注則利準利準則久 同上 諸本同。惠士奇段玉裁は依注則利準二字衍といひ、江永戴震は利準の字を刪らず。二鄭の説と異なり。

杼上終葵首 玉人 諸本同。八經本杼誤杼。慕本葵譌癸。韓版不譌。 案ずるに說文に云く、大圭長三尺。杼上終葵首。と。 段云く、杼今周禮作杼。玉藻注同。杼是也と。阮云く、說文从手。

五九

乃(从)木之誤耳。讀書杼从木，直呂切。杼从手，神與切。字有定音。釋文於此曰，直呂反，則其字必從木
也。と。
髂氏。 蜀石經初學記廣韻作髂人。 案ずるに唐時別本ありしが如し。
參分其長而殺其一矢人 蜀石經八經轉余十行元泰建重京訂嘉士岳閩人韓陳何本林解通
考合璽事類玉海同。閩監毛殿福本殺作椴。 釋文椴本又作殺。 錢大昕云く、案殺說文正字
从木閃。無意(儀)蓋即籀文殺字之譌。冂譌爲門。又誤爲人。非別有椴字也。周禮多古文。後人不通六
書。任意更改。全失製字之恉。と。 嚴云く、按考工記屢見椴字。獨矢人殺矢。豈殺、鴻殺、皆作殺。
此不當歧出。と。 阮云く、閩監毛本蓋據釋文本所改。按古經當用椴字。今本多易爲殺矣。と。
則必𩔗爾如委矣梓人 諸本同。建本𩔗作頹。下同。監本下作頹。唐蜀石經初刻作頹。後磨改。
林本譌頹。 嚴云く、說文有𩔗無頹。と。阮云く、𩔗者正。頹者俗字。と。 孫云く、頹。即𩔗之譌。と
廟門容大扃七个匠人 蜀石經十行元訂士毛泰殿福本釋文禮書扃同。八經纂建重京岳閩人
韓陳閩監本林解通考漢制考作鼏。通解錯見。禮書通考个作箇。 案ずるに、說文扃外閉之關
也と。段注に云く、鼎關字正作鼏。禮古文段扃爲之。と。說文に又云く、鼏以木橫貫鼎耳而擧之。
从鼎冂聲。周禮廟門容大鼏七箇。と。段云く、此以郊冂之冂爲聲。讀如扃。鼏鼎葢也。从鼎冂聲。
此以一下垂之冂爲聲。讀如幎。莫狄切。と。
右五十條は石經が後來の書に勝れる者なり、而して石經に採れる者誤にして、後出の書之
を是正せるあり。又其謬を沿襲せるあり。 或は後賢研精の餘經文の誤脱を訂補せる

あり。之を一括して示すこと左の如し。
掌次府四人史二人天官敍官 諸本同。王引之云く、天官掌次。府四人。春官鬱人府二人、史一人。司
尊彝府四人。史二人。司几筵。府二人。史一人。司服。府二人。史一人。磬師。府四人。史二人。典庸器。府
四人。史二人。皆府多於史。而賈氏曰。有天府一官。府多於史。則其餘皆否。若如今本掌次等官。皆
府多於史。賈氏獨擧天府一官。竊疑。掌次等官。府四人。史二人。府二人。史一人。人數皆上下互譌。
唐石經已如是。と。
四曰家削之賦大宰 諸本同。 釋文削本亦作稍。又作郥。 案ずるに、說文郥に作る。段注に云
く、削は郥の誤と。
贊王幣爵之事小宰 嘉、岳、閩人、韓、陳、閩、監、毛、殿、福本同。 八經、轉、余、纂、建、京、訂、秦、林本、通解、禮書
王作玉。 案ずるに、岳珂九經三傳沿革例に、諸本王皆作玉。惟越注疏及建大字本作王。とい
ひ、王を正しとし、彭氏之に從ひたれど(彭氏唐石經王に作るとせるは誤なり)其の誤なることは、段黃阮
孫の諸氏によつて駁正せられたり。
飲食賓賜之飱牽宰夫 包愼言云く、注と疏とによるに、鄭本は賓賜之の三字なかりしが如
しと。孫氏之に贊して曰く、賈本も亦無かりしが如し。然れども古書の徵すべきなきを
以て、刪定せられずと。
以樂侑食膳夫 孫氏大司樂の王大食三宥に依り、侑は宥の誤ならんと斷ぜり。顧氏は侑を
正とし、大司樂の宥を誤とし、孫氏と說相反せり。 馮氏は宥侑今古文といひ、石經を誤ら

六〇

ずとす。然れども古今文を並用するは體を失へり。一併に古文甯を用ゐるを可とす。
凡王祭祀賓客食 同上　王引之云く、賓客食の三字。文不成義。食上益脱饔字と。外饔春官世
婦内宗旅人小臣等の用例を引きて之を證す。其説從ふべきに似たり。
天官冢宰下第二　孔継汾云く、儀禮之士喪特牲饋食及禮記之曲禮檀弓雑記各有上下篇
並漢時嵩師所傳。周禮則毎卷爲一篇。不殊上下。故鄭自叙云。凡著三禮七十二篇也。（虎案儀礼
十七篇礼記四十九篇周禮六篇）石經十二卷之數。乃後人所分。不知始於何時。隋志已然。と。然らば
第二を附するは大謬なり。以下の五官皆之に準ず。
仲。秋獻良裘 司裘　毛詩疏、通典、初學記、書鈔、類聚、六帖、事類賦、合璧事類並作仲。御覧或作仲。經
注疏諸本釋文禮書並仲作中。案ずるに、仲に作るは誤なり。凡そ經の四仲字、並に中を正
しとす。石經誤る。
大祭祀后祼獻則贊 贊瑤爵亦如之 内宰　阮云く、亦如之者、謂亦贊也。正下文所謂皆贊也、若瑤
上復有贊字、則不可通。唐石經非と。殿本考證、嚴孫諸家皆同説なり。
掌布絲縷紵之麻草之物 典枲　六帖絲。作絲。縮刻及諸本絲並作總。案ずるに、馮氏は三禮圖
に緦總古二字通とあるに依り、石經を回護したれど、服し難し。顧嚴二氏、總を正しとせる
に從ふ。
緣。衣 内司服　訂岳八經京元建閩人陳閩士監毛秦殿福本緣同。毛詩疏宋板通典玉篇零本玉
篇三禮圖御覧緣作褖。通典通志初學記合璧事類作褖。釋文緣或作褖。漢讀考は詩の正義
に此條衣與内司服緣衣字同とあるに依り、緣褖は皆緣字の誤にて、其誤は唐石經より始
まると断じ、阮孫二氏之に贊せり。
地官司徒第三　諸本作第二。此誤、縮刻改第二。案ずるに、石經は十二巻の數に從ふを以て、
此の如き誤をなす。春官以下之に準ず。説天官冢宰下第二の條に具す。
鼓人　元建岳京訂士閩人韓陳閩監毛秦殿福本同。八經纂重嘉本作鼓人。案ずるに説文に
云く、鼓郭也。春分之音。从壴从屮又。と。又云く、鼓撃鼓也。从攴壴。壴亦聲。と。乃ち鼓は樂器名
にして、名詞、鼓は動詞なり。毛居正の六經正誤大司馬に於て之を詳論せり。段は經典釋文、五經
文字、九經字様、開成石經に此例なしと断じたり。實に據るに段説是なり。
稾人　訂嘉閩人韓監毛秦殿福本通志堂釋文稾同。轉元正纂建岳重京士閩本作稾。八經陳
本業鈔釋文玉海作槁。縮刻改稾。阮云く、稾字爲假借。故司農讀作枯槁也。小行人注云。
故書槁爲稾。鄭司農云。稾當爲槁。與此正合。唐石經序官作稾人者非也。槁人職及牛人共其槁
牛。小行人則令槁禬之。字皆從木者是也。本或作稾。槁稾一字。と段孫諸家同説なり。
其植物宜皁物 大司徒　八經十行元建岳京訂嘉士閩人韓陳閩監毛秦林本同。正殿福本一幼經
音義作皁。六帖作皂。或作羽。群經音辨作早音阜。云。早今文作皁。阮云く、皁者草之俗字。説文
草者草斗櫟實也。自人用草爲艸木字。乃別製皁。爲草斗字。業作早。樂釋文合。周禮用假借也。と。
案ずるに岳本作早。といひ、孫も亦、宋岳珂本亦早。といへり。是れ失校なり。宋本並に明刊巤
岳本（予の蔵本及び四部叢刊本）共に皁に作る。但し注中皁物を早物に作り、釋文に早音阜と出せ

り。孫氏は自ら宋岳本を検せずして阮氏の失校を承けたるか。将又其の據れる汪道昆仿岳本に早に作れるか。恐らくは沿襲の誤ならん。(汪本に依れる成都仿岳本亦早に作れり。)

以教稼穡樹藝 同上　纂訂陳本書鈔禮書玉海同。十行元建岳士閒人韓閩監毛秦殿福本藝作蓺。京本作埶。八經本譌埶。段云く、唐人樹埶字作蓺。六埶字作藝。說見經典釋文。然埶藝字皆不見於說文。周時六藝字蓋亦作埶。儒者之於禮樂射御書數。猶農者之樹埶也、と。

共其水槀 討人　韓十行元正纂建重京閒人韓陳本集鈔釋文禮書通解同。八經岳訂嘉士閩監毛秦殿福本釋文作稾。礼記注。礼書。六帖作藁。事類賦作藁。孫云く、唐石經誤稾。集鈔釋文同、と。

凡殺人而義者不同國令勿讎 調人　諸本同。六帖而作有。賈疏引亦作有。疑賈本或作有。江永云く、誤衍不同國三字、と。孫云く、案此疑當作同國令勿讎。雖同國。亦不得讎也。經蓋涉上文而誤衍不字、と。案ずるに孫說是なり。

市司胥師賈師而從 司市　諸本胥師二字作帥。嚴云く、衍胥字。上師當作帥。金石文字記云。帥誤作胥。按從云。不帥胥師者。胥師不知物賈。於事緩。故不從也。則經當無胥。然如顧說。改胥爲帥。而胥下尚存師字。作市司帥師賈師而從。仍誤。と。

掌斂市紋布總布 廛人　諸本同。釋文紋本或作次。載師疏引作次。元龜譌欽。段云く、作次者是也と。阮云く、經當作紋。注當作次。と。孫云く、釋文或本是也。載師注引亦作次布。此作紋者。疑涉下總布誤增糸。と。王念孫云く、市下有之字。而今本脫之。自唐石經已然。質人、泉府、文同一例。皆有之字。載師注疏及序官疏。三引此。皆有之字。と。案ずるに市之次布に作るを可とす

斂而入于膳府 同上　諸本同。洪頤煊云く、膳夫不得稱膳府。當是泉府之譌(讀書叢錄)と。

以徵財征 遂師　諸本同。孫云く、大宰九賦章注引此職。作以徵其財征。疑此挩其字と。

以作役事則聽其治訟 訂本同。諸本並無以字。嚴云く、監本毛本脫以と。孫云く、案疏述經無以字。以文義校之。亦不當有。と。

夏以水殄草而芟荑之 余建岳訂嘉士陳閩監毛殿福本釋文同。八經韓十行元正纂重京閒人韓秦本六帖・一切經音義・漢制考荑作夷。阮云く、秋官薙氏經注皆作夷。漢制考引同。と。黄孫二氏亦夷に從ふ。

仲冬斬陽木仲夏斬陰木 山虞　諸本並同。孫云く、仲當作中。凡經注四中字。例皆作中。輪人注約此經。亦作中。可證。石經及各本並誤。と。

以禬禮哀圍敗 大宗伯　諸本同。賈疏に云く、若馬融以爲國敗。正本多爲圍敗。謂其國見圍入。而國被禍敗。喪失財物。則同盟之國。會合財貨。歸之以更其所喪也。と。洪頤煊云く、案小行人若國師役。則令槁禬之。字當作國敗。鄭注不釋圍字。亦當作國敗。と。包慎言云く、圍可包於寇亂中。此當從馬融作國爲當。と。孫云く、依賈說。蓋唐時鄭注本亦有作國敗者。大行人疏。及蜀石經小行人注。引此經。並作國敗。可證也。と。

其柏席用萑黼純 司几筵　諸本同。孫云く、萑席正字當作萑。說文云。萑艸多皃。雈小爵也。並非此萑席之義。又云。萑亂也。薍萑之未秀者。薍菿也。八月薍爲萑。葭爲葦。菿萑之初生。鄭云。

六二

隹如葦而細者。萑當爲雈と。　案ずるに、下の巾車の駹車雚蔽亦同じ。
掌外祀之兆守與祀　諸本同。　案ずるに、賈疏經を述ぶる、及び敍官の疏に、外祭祀に作る、
賈據る所の本當に祭字ありしなるべし。
大咸大磬。大司樂　石經磬字泐。諸本作磬。禮記注、通典、明内府刊通考、後漢書注、唐說、六帖、御
覧、元龜、合璧事類、作韶、禮書、秀宗、誤磬。　段云く、經典舜樂字皆作韶、惟此作磬。考說文、韶或作
䪰或作䫨。籀文作磬。是則周禮爲古文假借字也。と。　案ずるに、金石文字記、殿本考證、並に石
經訛作大磬となす。　石經泐して辨じ難し、何によつて断ずるかを知らず、嚴氏云く、莫
辨と。　實を得たり。
令奏鼛㮋大師　八經本鼛作鼓。諸本作鼓。　馮云く、案樂師來鼛、鄭司農注云、鼛當爲鼓。許有鼛
釋文鼛本作鼓。三字通と。　案ずるに、鼛當に鼓に作るべし。縮刻鼓に作り左傍圖を施さず。
原刻鼓に作るに疑はし。當に圖を補ふべし。
祴夏鐘師　訂韓本釋文初學記、通解同、諸本祴作祴。毛詩儀禮禮記左傳各疏作陔。　案ずるに、
衣に從ふは大謬なり。下並に同じ。縮刻祴に改め此一字のみ左圖を施し、下は皆略せり。
凡數從政者御史　石經諸本同、釋文作數凡。　盧云く、案注云、鄭司農讀掌贊書數、則數字在上
明矣。釋文不誤。と。　洪頤煊、孔繼汾の說同じ。
凡以神士者神仕　訂本士。作士。諸本作仕。男巫序官疏、毛詩左傳疏引作士。合璧事類誤位。
顧は士を誤とし、阮は士を正とせり。　嚴云く、按士形是初刻蓋寫樣時作仕。較正者既覺

共非。抹去人旁。鐫工遂依樣偏刻耳。序官有此文。經注及疏並是士。字。序官男巫疏。亦引作士。　〆
不誤。と。錢大昕云く、作仕誤。石刻先誤後改。と。　馮云く、案序官、凡以神士者無數。賈曰、此神士。
還是上序巫中有學問者。抽入神士。據此則當作士。石經正可訂今本之譌。と。　殿本考證に云
く、石經人旁刓缺。豈本作士。而後人或添人旁。既又去之與。と。阮云く、石經仕作士。然士字獨小。
蓋本作仕。後磨改作士。序官作士。沈彤云、當作仕。賈疏於他職、皆引作神仕。孫志祖云。案旋人
云。凡四方之舞仕者屬焉。則當作仕。序官作士者誤也。と。孫云く、序官作士。誤也。と。　案ずるに
本考證の說は當らず、士は小にして右半體なること明かなればなり。初め仕に作り後
磨改せること疑なきが如し。沈形は賈疏他職に於て引いて神仕に作るといへど男巫の
引の如き士に作れり。沈說亦當らず。今姑く士を正しとす。
史一人小史　石經史一缺。諸本作史。一。監秦本一誤二。　顧云く、一誤作二。と。然れども石經辨
ずるに由なし。彭馮二氏一を正しと断ぜり。
下士皁一人鞮鞻　諸本同。　十行正字本皁作早。　殿本考證に云く、下士無員數。疑有脫文。以立
政與虎賁綴衣並列推之。未必即以皁爲下士也。と。　嚴云く、丁氏溶曰、度人下士閑二人。與此
下士皁一人同。皁即下士也。無脫文。按丁說是と。　孫云く、案皁、皁之譌と。
周知邦國都家縣鄙之數司士　諸本皆同。　王應電云く、邦國句。之數二字衍文。と。王引之云く
司士但稽羣臣之數。非如大司徒辨邦國都鄙之數也。邦國都家縣鄙之下。不當有數字。當以
周知邦國都家縣鄙之卿大夫士庶子之數。作一句。讀謂卿大夫士庶子之在邦國都家縣鄙者
六三

也。唐石經始誤衍。とて文例より小司徒に取り、説明詳細を極む。朱大韶の説亦同じ。
作六軍之事。同上　諸本事作士。縮刻改士。　嚴云く、各本事作士。經兩擧經文、作士。詩勿士行枚
毛傳士事。說文士事也。既以事爲誼、或可假事爲士矣。當考。と。
諸侯之繅斿九就弁師　三禮圖侯作公。通考侯公錯見。通考斿作旒。禮書斿旒錯見。案ずるに、
石經原刻斿字なし。唐改して斿を增す。阮云く、賈疏引經云。諸公之繅九就。無斿字。與石經原
刻合。此猶上言王繅十有二就。繅下不當有斿也。と。
祭軓乃飲大馭　石經缺。八經余十行元建重訂嘉士岳何殿福本釋文毛詩禮記疏軓同。閩人
韓陳閩監毛林本軓作軌。京本作軏。秦本作軌。禮書作軌。樂書作軹。彭云く、監本作軌。案
此沿唐石經之誤。五經文字云。軓車前式也。見周禮。と。阮云く、車前式。乃車軾前之誤。と。案
ずるに軓に作る是なり。
其川滎洛職方氏　建訂嘉閩人韓監毛殿福本漢書、嘉靖刊初學記、合璧事類、滎同。秦本、後漢書注。
或作熒。藝文類聚作熒。　余十行元正慕重重意京士岳陳閩本釋文、職方解、玉海、作熒。八經本
熒。　訂本釋文、後漢書注、藝文類聚、嘉靖刊初學記、六帖、御覽、合璧事類、洛同。諸本職方解漢書。
作雒。　案ずるに、熒滎洛雒の辨、聚訟紛紛。今錢段孫諸家の説に從ひ熒雒を正とす。
以聽國司馬撢人　黃氏日抄聽下有於。　王引之云く、家大人曰。聽國司馬、本作聽於國司馬。猶
論語言聽於冢宰也。唐石經脱於字。而各本皆沿其誤。序官兩引此文。皆作聽於國司馬。又序官
云。家司馬各使其臣以正於公司馬。文義亦與此同。と。王説從ふべし。　黃氏日抄の引、於字あ

るに見れば宋時の傳本、石經に異なれる者ありしを知るべし。
其守王宮。與其厲禁者如蠻隷之事。　諸本皆同。　王應電云く、上司隷職、止言掌四翟之隷。守王
宮及野舍之厲禁。未及於罪隷也。以文勢推之、不應末言蠻隷。而先言如蠻隷之事。十四字疑閩
隷脱簡。而誤見於此(周禮傳)と。孫云く、王引之、吳廷華、姜兆錫、方苞、江永、浦鏜、阮元、莊有可、蔣載
康説並同。と。王引之云く、王宮下脱者字。與其下脱守字。夷隷貉隷皆云。其守王宮者與其守厲
禁者。如蠻隷之事。不應閩隷獨無此文。當補者字守字。と。
掌役。畜養鳥而阜蕃教擾之閩隷　諸本同。六帖阜蕃誤倒。脱擾。　王引之云く、蠻隷役於校人。夷
隷役於牧人。貉隷役於服不氏。不應閩隷無所役之官。畜上蓋脱掌字。周禮新義、謂役於掌畜。是
也。掌畜掌養鳥。而阜蕃教擾之。と。孫氏之を是なりとす。
養牛馬。與鳥言夷隷　諸本同。　王云く、養馬乃蠻隷之事。不得屬之夷隷。夷隷馬字。蓋衍文也。
夷隷不養鳥。則不得與鳥言。養鳥乃閩隷之事。貉隷養獸而與獸言。則閩隷養鳥、亦當與鳥言。
與鳥言三字。當在閩隷阜蕃教擾之下。承掌字連讀無疑。と。孫云く、案王説是也。又養牛下、當依
王説、補牛助爲牽徬五字。と。
而養獸而教擾之貉隷　諸本同。　王云く、上而字衍。と。孫云く、以上三職、文例校之、王説是也と。
誓邦之大史曰殺誓小史條狼氏　諸本同、書鈔大誤太。　方苞云く、乃劉歆所增竄。と。王引之云
く、案二史字、皆當爲事。古文事字之誤也。說文事從史之省聲。古文事、古文之叓。脱去上半。
則爲史矣。誓士凡邦之大事。聚衆庶則讀其誓禁。是邦之大事、有誓之明證。準此以推、則下句之

爲小事可知矣。大事重則以重刑威之。小事輕則以輕刑懼之。故誓邦之大事曰殺、誓小事曰墨
也、と。
凡國之大喪 秋官 殿本考證に云く、凡國之大喪五節。黃氏度謂、是小行人之錯簡。と。方苞の
說同じ。
次事上士 同上 諸本同。監本上。誤土。 王引之云く、案周禮序官、凡言上士者、皆對中士下士言
之、無合三等之士言之者。上。葢衍文也。若有上字。則與直言士者不同。鄭以訓釋其義。今鄭不爲
上字作解、則所見本無此字也。注內次事使上士。上字亦後人依誤本經文加之。と。孫氏之を是
なりとす。
王巡守殷國 掌客 諸本同。阮云く、沈彤云、當作同。字之誤也。と。
釧四十有二 同上 諸本同。閩人本釧。誤釧。 孔廣林云く、古三。三積畫、疑四。爲三之譌。と。王云く、
今本因上下文豆四十壺四十而誤、四乃三之誤也。と。俞樾の說同じ。
車秉有五藪 同上 蜀石經八經蜀建岳京訂嘉士陳毛秦殿福林本同。阮云。錢鈔本同。十行元閩
人韓閩監本秉。誤乘。 阮云く、葉鈔釋文作五藪。と從ふべからず。
鸜鵒不踰濟 考工記總敍 諸本左傳疏同。釋文鸜。本又作鸜。公羊疏作鸜。 一切經音義事文類聚
作鴝。 李富孫云く、案說文云、鴝鵒也。鴝鵒也。古者鴝鵒不踰泲。玫工記釋文。本作鸜。云。
徐劉音權。玉篇鸜同鴝。鸜鵒亦鴝鵒也。衆經音義。鴝又作鸜。同。山海經。公羊傳。並作鸜。是鴝正字
鸜別體字。鸜本蘿之或體。此又借从鸜省。故皆讀權。と段阮孫及び陳壽祺等の考證皆同じ、
妢胡之笴 同上 石經笴字泐。僅存下體筆勢似从句。書鈔誤笱。 諸本作笴。孫云く、石經作
笱。與矢人不合。唐刻例不違。鄭何得破笴爲笱。此經與儀禮凡笴字。皆不作笱。足明其非。五經文
字笱字注。亦止云見爾雅。不云見考工記。足證陸德明。張參所見經本。不作笱。と。
摶埴之工二 同上 八經正岳訂閩人陳殿福本釋文杜解同。十行元建京閩毛秦本。事文類聚。
摶作搏。 余蕭嘉士韓監本作搏。 戴震云く、摶釋文有團博二音。團音當手旁專。博音手旁尃。
絕然二字。譌溷莫辨。鄭注摶之言拍。取音聲相邇爲訓。柏古音滂各反。柏摶也。手摶其上也、又
云摶博也。四指廣博。亦侶擊之也。據此定從博音。と。
軹崇三尺有三寸也 考工記 諸本並同。顧野王玉篇脫也。 戴震云く、軹當作軒。音笄。轂末之軹。
故書本作軒。讀如簪笄之笄。轂末出輪外。侶笄出髮外也。軒字見大馭注。杜子春改爲軹。軒軹軏
軏四字。經傳中往往譌溷と。程瑤田云軹本當爲軏。詩毛傳云長轂之軏。軏在轂置輻處之外明
矣。軹在轂末。故書作軒。少儀抑風字又作軌。與長轂之軏。地既相近。字形又相似。是以致譌。と。
望其轂欲其眼也 輪人 諸本同顧氏玉篇脫上其。 孔廣林云く、眼說文作䁍。云。轂齊等也。周
禮曰。望其轂。欲其䁍。葢艮古作皀。䁍字磨滅大半。止餘右畔曰及比之半。遂譌眼。耳當依說文爲
正(周官肊測)と。 戴震惠士奇段阮等同じ。
桯長倍之四尺者二 諸本同。 孫云く、此經文例與上下不合。桯長八尺。較之部長。實不止一倍。
儻如舊說、桯止是一長八尺之直杠。則經冡上文、云桯長四之足矣。而乃云桯長倍之。四尺者二。
以徑直之度。而爲迂曲之文。果何義乎。と。 王引之は桯長四之。二尺者四の誤ならんといひ
(經義述聞)辯證頗るカめむ。其說從ふべし。
六五

輿人爲車。　諸本同。　王宗涑云く、車當爲輿。涉下車廣而誤也。說文車輿輪之總名也。輿人單爲
小車牝服、不得云爲車。且輪人爲輪。輈人爲輈。車人爲車。記文上下皆不易字。則此車字是轉寫
之誤明甚。(考工記攷辨)と。

去一以爲軹。圍輿人　諸本同。　方苞云く、軹疑當作轂。剝蝕而誤軹也、と。王宗涑云く、軹當作輢。
輢較之植者横者也。人所對之軨曰輒。人所倚之軨曰輢。書作軹聲近而誤也。と。

馬不契需。輈人　諸本同。　段玉裁、朱駿聲(說文通訓定聲)云く、需者耎之誤字と。

終歲御衣衽不敝　同上　建訂士聞人韓閩監毛秦殿福本釋文同。八經十行京本衽譌衽。重本
作衽。岳陳本譌衽。六帖御作馭。共下有而。　孫云く、前經例、馭車字作馭。此作御、疑亦經記字例
之異と。

䵷蚳。四符　同上　余纂重京訂嘉士岳陳何林本。書鈔。初學記。禮書蚳同。八經建聞人韓閩監毛秦
殿福本韓版纂本蚳作蚔。縮刻改蛇。左傳疏蚳作旐。御覽蚳旐錯見。案ずるに、蚳は俗字。
王引之云く、經文作䵷四斿、今作䵷蛇者、涉注文而誤也。上文龍旂、鳥旟、熊旗、上一字皆所畫
之物。下一字皆旗名。此不當有異。若作䵷蛇、則旗名不著。所謂四斿者、不知何旗矣。龜蛇爲旐。
而稱䵷旐旐者、猶熊虎爲旗、而稱旗、約擧其一耳。上注交龍爲旂、釋旂字也。鳥隼爲旟、釋旟字
也。熊虎爲旗、釋旗字也。此注龜蛇爲旐、釋旐字也。以注考經、其爲䵷旐明甚。續漢書、左傳正義
太平御覽、引此文亦皆作䵷旐。唐石經始誤爲䵷蛇、と。　王宗涑亦同じ。從ふべし。
于上之攡謂之隧。匠人　諸本同。通考三禮圖、攡譌樆。樂書、事文類聚譌靡。　俞樾云く、按注以夫
隧釋隧字、非也。隧當讀如匠人廣二尺深二尺之遂。下文爲遂、六分其厚以其一爲之深、而圍之
字正作遂。可證也。釋文於匠人出隧字曰、隧音遂。本又作遂。葢隧即遂之俗字。一個之中正俗錯
見、傳寫異耳。と。

爲隧。六分　同上　通考同。　諸本隧、作遂。戴震云く、遂當作隧と。盧文弨云く、通考遂作隧。與上合。
と。阮云く、遂是古字。說文無隧字。隧乃後世俗字耳と。案ずるに、戴盧俞の諸家、石經遂に作
るとせるに似たり。今石經を檢するに、偏旁缺けたれど右體を存す。之を以て推すに、隧に
作れるに似たり。縮刻隧に作れるは是に近し。一箇の中正俗錯見すといへるは、恐らくは
失校ならん。經の兩隧字、當に正字遂に改むべし。

引而信之欲其直也　鮑人　諸本同。　孔廣林云く、此八字當在前欲其無迆也下。信之而直以下
五十七字、當在此工末。と。　王引之云く、此先列其目。後乃一一申言之也。不應引而信之二
句、不見於前。而見於後。葢本在進而握之、欲其柔而滑也下。寫者錯亂耳。と。孫氏は王說を是と
す。

厚三寸　韗人　諸本同。　江永云く、厚三寸。疑其太厚。恐有誤字。と。　方苞の說同じ。
天子執冒四寸　玉人　陳閩秦本冒譌冐。林本譌冐。三國志。御覽作瑁。古今考。冒下有圭。禮書或有
圭。案ずるに、說文瑁下に云く、周禮曰、天子執瑁四寸。と。　吳廷擢云く、按瑁者合符之具。其
物則名瑁。其義則爲冒。二字通。(說文引經考)と。　孫云く、冒正字作瑁。冒即瑁之借字。と。

大璋亦如之諸侯以聘女　諸本同。蜀石經以闕。　王正與之云く、陳用之曰、以文攷之、六六當繼天子以

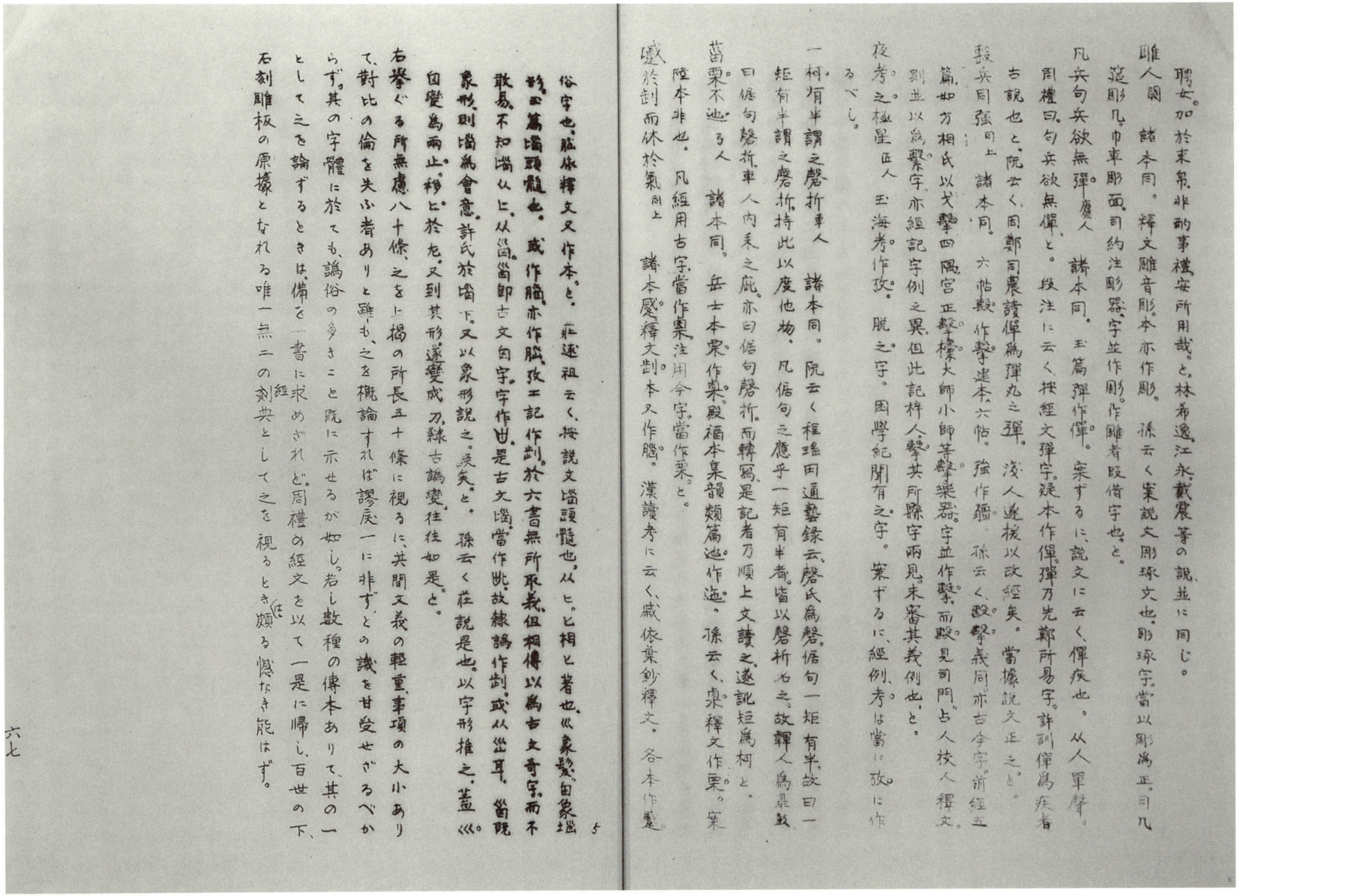

聘女。加於末帛。非酌事禮。安所用哉。と。林希逸、江永、戴震等の說、並に同じ。

雕人闕 諸本同。 釋文雕音彫。本亦作彫。 孫云く、案說文彫琢文也。彫琢字當以彫爲正。司几筵彫几。巾車彫面。司約注彫器。字並作彫。作雕者叚借字也。と。

凡兵句兵欲無彈 廬人 諸本同。 玉篇彈作僤。 案ずるに、說文に云く、僤疾也。从人單聲。周禮曰。句兵欲無僤と。段注に云く、按經文彈字。疑本作僤。彈乃先鄭所易字。許訓僤爲疾者古說也と。阮云く、周鄭司農讀僤爲彈丸之彈。淺人遂據以改經矣。當據說文正之と。

殳兵同強 同上 諸本同。 六帖殳作擊。建本、六帖。強作疆。 孫云く、殳擊義同。亦古今字。前經五篇。如方相氏以戈擊四隅。宮正擊欜。大師小師等擊樂器。字並作擊。而殳見司門。占人枚人釋文。

劉並以爲擊字。亦經記字例之異。但此記梓人。擊共所縣字兩見。未審其義例也。と。

夜考之極星 匠人 玉海考作攷。 脫之字。 困學紀聞有之字。 案ずるに、經例、考は當に攷に作るべし。

一柯有半謂之磬折 車人 諸本同。 阮云く、程瑤田通藝錄云、磬氏爲磬。倨句一矩有半。故曰一矩有半謂之磬折。持此以度他物。凡倨句之應乎一矩有半者。皆以磬折名之。故輈人爲鼎鼓曰倨句磬折。車人内耒之庛。亦曰倨句磬折。而轉寫是記者乃順上文讀之。遂訛矩爲柯と。

菑栗不迆 弓人 諸本同。 岳士本栗作桌。殿福本集韻類篇迆作迤。 孫云く、桌釋文作栗。案陸本非也。 凡經用古字。當作桌。注用今字。當作栗。と。

蹙於剴而休於氣 同上 諸本蹙。釋文剴。本又作䐬。 漢讀考に云く、蹙。依葉鈔釋文。 各本作蹙。

俗字也。脫休釋文又作本。と。 莊述祖云く、按說文㠯頭髓也。从匕。匕相匕著也。巛象髮。囟象㠯形。玉篇㠯頭髓也。 或作腦。亦作䐉。攷工記作剴。於六書無所取義。但相傳以爲古文奇字。而不敢易。不知㠯从匕。从㠯。㠯即古文囟字。字作凶。是古文㠯。當作凶。故隸譌作剴。或从凶耳。 㠯既象形。則㠯爲會意。許氏於㠯下。又以象形說之。誤矣。と。 孫云く、莊說是也。以字形推之。蓋巛囟變爲兩止。移匕於旁。又到其形。遂變成刀。隸古譌變。往往如是。と。

右擧ぐる所無慮八十條、之を上揭の所長五十條に視るに、其間文義の輕重、事項の大小ありて、對比の倫を失ふ者ありと雖も、之を概論すれば謬戾一に非ずとの識を甘受せざるべからず。其の字體に於ても、譌俗の多きこと既に示せるが如し。若し數種の傳本ありて、其の一として之を論ずるときは、備を一書に求めざれども、周禮の經文を以て一是に歸し、百世の下、石刻雕板の原據となれる唯一無二の刻經典として之を視るとき、頗る憾なき能はず。

六七

ロ　蜀石經

蜀石經周禮の今に存する者、經文にありては巻第九、秋官序官雍氏より、巻第十掌客の皆膳特牛に至るまで、及び巻第十二考工記玉人、天子執冒より、匠人爲溝洫の竇其崇三尺牆厚に至るまでとす。巻首は首行頭格より周禮巻第十と題し、次行頭格より秋官司寇と題し、下二格を超えて周禮と題し、又二格を超えて鄭氏注と題し、次行頭格より經文を書す。餘官も此に準ぜしなるべし。其字開成石經に準據し、大に其筆意を得たり。間唐石の誤を訂したる所あれど、亦新に誤れるもあり。即ち

二十三十　唐石經作廿卅　夭。　唐石經庭氏作夭。其他皆作夭。縮刻改作夭　沃橋　唐石經作沃橋　服報　竝从𠬝。唐石經餘官或从𠬝誤从艮　族　唐石經誤𢒞。縮刻改族。施左圓
摇　唐石經作摇。此一作摇。下作摇　荒辯之濿　唐石經濿誤法　踝　作踝。者一唐石經作
踝。世民淵號　唐石經作廿巳渋號。竝廟諱　比　唐石經作比。縮刻改比。與說文合

の如きは唐石を正せる者なり。其の新に誤れる者は、

致　竝不誤。但小司寇誤致。者一　胏　竝不誤。但朝士謁胏。者一　要　唐石經缺。縮刻作要。
此誤　隷　竝作隷。但作隷。者一不體　鑒　唐石經作鑒。　㝠氏　唐石經作㝠。此誤从宀
穴　唐石經作穴。此不體　壹　竝作壹。但作壹。者一不體　𪏭　唐石經作𪏭　纞　唐石經
作纞。此纞纞纞錯見　傳　唐石經作傳。此誤　殺　多作殺。唐石經作殺。者一此更多　害
憲　害。害。憲憲錯見唐石經亦同　翏翊　竝孟蜀廟諱
なり。右二十項、共に字體に關する者なり。其の文の異同に就ては、

席亦同　鬱篆作鬱齊獻酌　司几筵掌五几五席之名物辨篆作辦下同　其用　王位設黼依
篆作扆下同　左右篆作屮ヨ玉篆作王几　蒲筵繢篆作繪純　凡王后有拜篆作𢷾事于婦
人

周禮遺字

太宰三曰郊甸之賦、眞作邦甸　見本朝石經提要
と。之に依れば字體の異同其大部を占め、唐石經の譌脫を正すに足るべきものにあらざるなり。

二　八經本　宋刊小字本

大體に於て唐石經に據りたる者と認めらる。然れども字體に於ては俗譌錯出を免れず。今其主要なる者を擧ぐれば、

冢　卿　旅　宮　瘍　籩　舍　幕艸冠皆作𠂉　會　嬪从賓擯字準此　世世字　緜
眂　染　采石經采　教　冒　聽　鄙　祭　達　穀　養　蕃　疏朋成石經同　縣　闕
喪　芻　秣　致　擊　陳　敘　壞　盜　經　圖　襚从衣字準此　徵　飧　俎　黑
變　旂　角　斂　梁　龜　甘甘　黍　膺　癰　漱　楬石經
般从殳字及役穀發皆同
楬　溥　庶　徙　涼　醴　黄　鱐　㮚　煉从柬者準此　岀　鼓　枕　皆石經皆　鳥
从烏字準此　流　蓺正　羨　犯　厥逆　朔等準此　緣　丕又作互石經互　商石經啇　朴
朴正　勸　緻　恵　殭又作彊　卯卯正　錫錫無別　鎛石經鎛　衍衍正　六乙杖　晉　渠

掌。凡庶蠱之事翦氏　唐石經無掌字案上掌字當刪之事無者足。
大行人廟中將幣。三享　唐石經幣作幣此誤。下二將幣並不誤。
掌客𠀤四十有四　唐石經四十作卌此二誤四。
考工記磬人　唐石經作磬氏此誤。

の四條あり。皆此書の誤に係る。而して注文の異同に至りては、諸本に類例を見ざる者あり注文の條に詳說すべし。

八　開封府石經

予未だ其拓本を見ず。丁儉卿周禮二十八紙を得たりといひ、詳に其官名を分注せり。(上過)而して其異同を注する、唯

幎人今作冪。小宗伯告絜。今作潔當从絜爲正。

の二條に過ぎず。馮氏北宋石經攷異に云く、

中州金石志(虎案當作記)謂篆書敘字藏字祧字詔字不能攷正。其文爲凡汶今案守祧廟祧之祧。司服藏焉之藏。詔王后之禮之詔。與經文無異。惟敘字當在大宰。三碑已佚案祧詔說文所無。藏古祇作臧。叉(虎案當作敘)當作敍。石經固未攷正。其間有與今本不同者釋文如左。

以佐篆作左王均邦國　(虎案䞟)文从略下仿此　徒篆作辻百有二十人　冪篆作幎人　大賓客則
攝而載祼　眞作果　大賓客涖篆作隸　筵几　大朝覲佐篆作左儐　侯禳篆作穰　禁外內命
男女之喪篆作縗不中灋者　其再獻用兩山尊皆有罍篆作櫑　諸臣之所昨篆作酢也　下昨〃

埜善正　近又作近　督石經同誤　吊石經弔　雜　蛇又作虵　郤石經郄　彊石經疆
還空　趣趨正　負　頡石經頡　犮石經犮　㩴石經攫　胄石經胄　牢石經牢　餝
石經防　樸石經樸　隕石經隕　檠石經檠　䅲　兔兔正　刃　段又作段石經竝段　毀
石經鍛　鼻石經鼻　萬萬正　扃石經扃　鼠　善　巷巷譌

の如し。而して

閒　專　菰　淩　眚　豬諸本作瀦　夷石經誤荑　簇諸本誤簇　械石經誤械　毆石經誤毆　旗石經誤旗　暴　辟石經誤譬　荅

の如きは、或は石經の誤を正し、或は諸本の譌を正すに足る者なり。文の異同に就き、其の正しき者を擧ぐれば、

斂弛之聯事　弛、同石經。十行本以下誤弛。
贊玉幣爵之事　玉、石經誤王。諸本調匜。
槁人序官槁、石經誤稾。訂義本以下承之。十行本以下作稾。同槁。本官石經作稾。不誤。
民不愉　愉同石經。十行本以下作偷。俗體。
癈疾　癈同石經。諸本誤廢。此本卷十二。十五共誤廢。
共其水稾　稾、石經誤槀。
辨其能　辨同石經。正本以下誤辦。
以豬畜水　豬同石經。者相似
辨其叙事　辨石經誤辯。

司甲闕　闕同石經。正本以下脫。
從授兵甲之儀　甲同石經。十行本以下誤卫。
掌馭玉路以祀　玉同石經。十行本以下誤王。
祭軓乃飲　大馭　石經軓。十行本以下同。京聞人韓陳閩監毛林本軓誤軌。秦本誤軌。
掌馭貳車　掌同石經。十行本以下誤嘗。
東南曰揚州　石經以下楊誤揚。
其浸盧維　盧維同石經。十行本以下盧誤廬。
王巡守則樹王舍　舍同石經。十行本以下誤宮。
徒十有六人　有同石經。十行本以下脫。
徒十有二人　二同石經。元本以下誤六。
與救月之矢夜射之　夜同石經。十行本以下脫。
則詔相諸侯之禮　詔同石經。十行本以下脫。
凡此五物者　五同石經。十行本以下脫。
夫角之本うく　本石經作夲。聞人韓本誤末。
鬻膠欲孰　鬻同石經。十行本以下誤鬻。

右二十四條、石經の誤を訂せる者五條、其他は悉實に石經に準據せり。其の石經の誤を傳へ、若くは自ら誤れる者、亦頗る多し。即ち

七〇

令。斬冰凌人令誤今。 凡齊事鬻盬。盬人盬誤鹽。 乃均土。地小司徒 土誤士。 所治之。國 郷大
夫之石經同。宋本無。當據刪。 共其槁。牛 牛人 槁誤犒 祭祀之容 保氏 祀誤祀。 奠賈 司市 奠
誤英。 凡國事之財用 泉府 脫事。 帥而以至 稍人 以賓闕 斬季材。山虞 材誤林。 凡饗食共其
食。米。舍人 食米誤粮。 司几筵 春官序官 几誤凡。 十有二人 冢人 二誤三。 共其玉器 典瑞 玉
誤王。 掌其禁。令 典祀 禁誤政。 令奏鐘鼓 鎛師 令誤今。 司干 司干 干誤于。 諦之 遂人 辨誤
辯。 求永貞 大祝 永誤永。 凡辨灋者攷焉 大史 攷誤弦。 共其幣車 巾車 幣同石經。敝之段借。
十行本以下作幣。 又其外方。五百里 大司馬 脫方。 晝三巡之 掌固 晝誤畫。 與大史數射 中
射人 大誤太。 毆烏鳶 射鳥氏 毆誤歐。石經誤毆。方相氏毆疫同誤。占夢毆疫不誤。 縣士 秋官
序官 士誤土。 而登之于天府 大司寇 天誤夭。 辨其獄訟 郷士 辨誤辯。 聽于朝 縣士 于誤干。
凡相犬 犬人 犬似誤大。 橋誣犯禁者 禁暴氏 橋誤橋。弓人橋幹同。 掌除骴 蜡氏 骴誤骨比。
次事郷。象胥 郷誤郷。 摶埴之工 考工記 摶誤搏。 凡揉牙外不廉 同上 凡誤几。 軓前十尺 輈
人 軓誤軌。下不至軓七寸同。 則不耗 㮚氏 耗作秏 俗體 卷而摶之 鮑人 摶誤搏 杼上終葵
首 玉人 杼誤抒。 器中䐶 瓬人 䐶誤䐶 摶身而鴻 梓人 摶誤搏 必深其爪 同上 爪誤瓜。 惟
若寧侯 同上 惟誤推。 經涂九軌 匠人 軌誤軌。
の五十餘條是れなり。凡そ諸本を通考するに、其の取るべき書にても、一一疵瑕を擧ぐれば、
概ね瑕瑜を掩はざるを常とす。此の書亦其の類たるを免れざるなり。

ホ 仿宋刻九經本

唐石經以下、諸本に對し字體の異なれる者を列記し、然る後文の異同に及ばん。其の正楷
なる者は、
民 邦 郷 宮 亨 絲 服 緑 祿 園(从袁者準此) 縣 兩 監 納 贈 懷
徹 内 黑 蕆 角 苽 恆 庶 疏 棘(从朿者準此) 歲 敎 淳(从享者準此) 植
羞 犯 阸 閒 毀 囍 靡 審(从番者準此) 簪 將 篪 幽 騎(从奇者準此)
橐 蛇 毆 敺 変 危 段 鍛同 圜
の類是れなり。其の譌俗なる者は
瘍 染 擾 晨(从辰字準此) 節 陳 具 要 羣 廉 犨 脊(瘠同) 爨 蕭(从肅
者準此) 深 竈 鴈 鷹 黍 體 斷 冢 家 總 齎 憲 蠶 潛 禱 擾 廛 卅
(卅正) 興 青 慈 寛 孝 爾 纛 匱 寡 帔(从犮者準此) 蠶 備 鷸 廻(廻正)
賖 勃 竊 穀 穆 眡 歷(歷正) 鷸(鷸正) 號(號正) 掺 攢(攢正) 大簇(簇正)
䙝(䙝正) 餚 遂 執 禛 雈(雈正) 彫 芟 卻(卻正) 壺 登 寘 答 粵 劒 熱。
輪 褱 帴(帴正) 冐 旗 癸(癸正) 鼠
の類是れなり。其の文の異同に於て、此書の失とすべきは、
天官序官 典枲。枲誤泉。 大宰 前期十日。日誤目。 宰夫 大喪小喪。小誤不。 小宰
以比居 比誤凡 同上 贊王牲事 王誤玉。下贊王命同 同上 與職喪 職誤取。 庖
同上 受其含。襚含誤舍。

七一

人共王。之膳王作工。似殘缺。 食醫犬宜粱。粱誤梁△ 籩人饋食之籩。籩饋誤饋△ 同上 菱芡栗脯
脯誤浦。下不誤 醢人。饋蕡菹麋。麋誤麋△ 同上 茆菹麋臡。麋誤麋△ 鹽人凡齊事鬻盬。盬誤鹽
玉府 衽席牀笫。笫誤第△ 世婦凡內羞之物。凡誤几△ 鼓人史二人。二誤四。 序官槀人史誤
槀。 鄉師老幼貴賤癈疾。癈誤廢。下族師遂人竝誤。 同上 出田法。灋誤法△ 牛人 共其槁牛。槁
誤犒。 遂人以彊予任甿。彊誤疆△ 草人彊㯺用蕡。彊誤疆△ 敘官大史。大誤太△ 車僕 下士四。
人。四空闕 小宗伯喪祭之禮。祭誤葬△ 司尊彝用兩大尊。大誤犬△ 典瑞以恤凶荒。恤誤卹
世婦凡王后有撡事於婦人。凡誤几。 大司樂王大食三宥。宥誤侑△ 小師簫管弦歌。弦作絃△
鎛師鎛。鎛師鎛誤鏄 菙氏遂龡其焌契。遂龡誤遂歙 大史舍筭。筭誤算△ 馮相氏辨其敘事。敘
誤序△ 巾車以應雞人。人誤入△ 都宗人掌都祭祀之禮。祭誤宗△ 小子史一人。一誤二△ 敘官
大僕。大誤太△ 敘官槀人。槀誤槀△ 大司馬賦事而賞罰。賦誤眡△ 挈壺氏以令軍井。井誤并 職方氏其川涇汭
大僕以待達窮者與遽令。令誤今△ 大馭馭下祝。祝誤祀。旦祭軓。乃飲。軓誤軌△ 司烜氏取明火於日。日誤
維與。誤與 掌客徒二十人。二缺上畫。誤一△ 朝士面三槐。面誤而△
目。 是氏爲媒而掎之。掎誤椅△ 銜枚氏歎嗚於國中者。嗚誤鳴△ 輈人五分其軫間。間誤問△
同人 唯轅直。唯作惟△ 築氏經長尺博寸。博誤博。下倨句外博。及博爲棧。同誤。 梟氏則不秏。秏
誤耗△ 梓人以設其比。比誤北△ 弓人角欲青白而豐末。末誤未。下豐末同誤。 同上 非弓之利
利誤和△
の六十四條是れなり。又

小宰贊王幣爵之事。王作玉△ 膳夫羞用百二十品、百下有有字。 天官冢宰下周禮卷第二、此
五字刪去 疾醫漱上氣疾、漱作嗽△ 敘官胥師、另提行 同上遂師、不提行 同上
遂大夫、另提行 大司徒民不偷。偷作愉△ 封人共其水槀。槀作稾△ 司隸辨其能。辨作辦△ 司
救歸於圜土。於作于△ 泉府凡國之財用、國下有事字 角人於山澤之農。於作于△ 槀人
人槀作稿△ 敘官女巫、不提行 典祀掌其政令。政作禁△ 占夢遂令始難歐疫。歐作毆△ 大祝
令鐘鼓右。鐘作鍾△ 男巫無方無筭。筭作算△ 巾車共其幣車。幣作弊。弊敝之段借。 司勳惟加
田、惟作唯。司士惟賜無常同。 節服氏王之太常。太作大△ 敘官太僕。太作大。 司弓矢恒矢痺矢、
痺作庳△ 同上 從授兵至之儀。至作甲△ 大馭掌馭王路以祀。王作玉△ 馭夫賞。馭貳車賞作掌△
職方氏揚州。揚作楊△ 同上 其利金錫。錫作鍚△ 同上 其浸盧維。盧作廬△ 犬人徒十六人、十
下有有字 司烜氏徒十有六人、六作二△ 敘官小行人不提行 同上 家士、不提行 大司寇
遠。 脪氏遠作違△ 士師荒辯之法。法作灋△ 鄉士辯其獄訟。辯作辨△ 遂士肆之三日。肆作肆△
大行人則相諸侯之禮、則下有詔△ 小行人凡此物者、此下有五△ 掌客車秉有五藪。秉作秉△
同上 致饔大牢。饔作饗△ 考工記摶埴之工二、摶作搏△ 下摶埴之工同。 鮑人卷而摶之。摶作搏△
弓人鬻膠欲孰。鬻作鬻 (上の諸例△符を正とす、前項は△を誤とす。)
の四十六條は之を得たりとす。而して其の正誤共に本書獨特として表出するに足るべき
者あるなし。八經本と相關聯せざるものとす。而して兩書の間甚しき軒輊をなす能はず。此
書の取るべきは却て上欄の釋音にあらんか。

七二

へ　林道春、跋本

此書の筆者は小學に關する素養を缺けるためか、譌謬百出し、貳燕茅朔覲を貳蒸茅𣃼覲に作るの類、目の觸るる所然らざるなし。此の如き異體文字を一一校正するは、其の煩に堪へざるのみならず、其の必要を認めざるものなり。故に今標出する者は、他書に於て認めらるる程度の者に止む。

斂誤歛　灋誤法　示誤祇　脩誤修偹　槃誤盤　冷誤冷　掌誤堂　旨誤肯　攷誤玫
豐誤豊　飭誤餝　羨誤羡　鞼作韨　碁誤碁　壹誤一　簇誤簇　虡誤簴簾　萑誤萑
嫫誤嫫　洮誤桃　卻誤郤　賈誤價　攷作考　堪誤堪　沭誤沐　闉誤闕　穴誤宂　烓誤煙
覵誤覵　畚誤畚　刃誤刄　刺誤刺　圖誤冒　旗誤旌　蟲誤虫　穨誤頽　抗誤抗
染誤染　涂誤涂　軌誤軌　環誤璟　埶誤勢　孰作熟　疏作疎　牀作床

其の文の異同を校するに、諸本の正しき者と合する者三十三、而して此書のみの正と認むべき者一もなし。其の誤れる者は百八十七、兩通なる者二。而して此書のみの誤に屬する者頗る多し。殊に各官に於ける敍官の官屬を全部刪去し、各卷首に目錄を揭げて之に代用し、稾人職を脫落し、小司馬職の注を載せたるが如きは、誤の大なる者なり。而して其異同の周禮各種の專本に合せずして、初學記、北堂書鈔、藝文類聚、白孔六帖、太平御覽、玉海等の類書、及び禮書、文獻通考等と一致せる者あり。宮伯　頒其衣裳。玉府　共食玉。又

肆師　祼築鬻は共に禮書と合し、九嬪　薦徹豆籩。司關　與門關之征は初學記と合し、內司服　褕狄
大宗伯　以烝冬享先王は共に北堂書鈔、藝文類聚の二書と合し、大司樂　孤竹之管は藝文類聚
と合し、又肆師　祼築鬻。中秋有司勵墾之は白孔六帖と合し、司服　享射則鷩冕は太平御覽と合
し女御　序於卿大夫之衣は文獻通考と合し、遺人　以待羈旅は玉海と合せるが如し。嘗て之を
眞軒夫子に聽く、道春の博識なるは、類書を愛讀せるに因る。其の事文類聚を獲るや、其師藤
原惺窩一覽せんとせしに、愛みて終に借さざりきと。されば周禮の讀本を手定するに當り、
平日愛誦せる類書に據りて經文を校定するは、あり得べきの事なり。敢て臆見を附して博
雅の明教を待つ。

上述の如く、文の異同は全卷を通じて二百二十條に上る。之を一一記述せんは煩冗に堪
へず。即ち卷一より卷二十五に至るまでを錄し餘の十七卷は略に從ふ。其の正しき者は、
小宰　斂弛之聯事、弛作弛。　司上　贊玉幣爵之事、王作玉。　縢大　蓋用百。二十品、百下有有字
疾醫　欶上氣疾、嗽作欶。　籩人　蔆芡栗脯蔆作蔆。　遺人　以待羈旅、羈作羈。　司隸　辨其能、辨作
辨。　泉府　凡國之財用、國下有事字　小宗伯　掌四時祭祀之序事、序作敘。　內宗　序哭者同　肆
師　及果築鬻、果作祼、下果將同　典祀　掌其政令、政作禁。（○符を正とす）
の十二條なり。其の誤れる者は、
天官　治官之屬、此以下至夏采敍官、一併刪去。而卷首揭各官目錄、地官以下準此。　大宰　邦國
之賦、邦誤郊。　小宰　六曰廉辨、辨誤辯。　宮正　辨外內、外內倒　宮伯　若邦有大事、邦改國。　同

七三

上頒其衣裘。裘作裘。 内饔 凡燕飲食亦如之。食誤酒。 甸師 掌帥其屬。帥誤師。下帥其徒同誤。
獸人 皮毛筋角。角作骨。 籩人 菱芡㮚脯。此四字不疊。 醢人 饋青菹㮚。㮚誤栗。 鹽人 凡齊
事鬻鹽。鹽誤塩。 玉府 共食玉。玉誤王。 外府 皆受焉。焉誤之。 内宰 使治外内命婦。内下衍之
字。 小臣 右出入。右下同衍之。 九嬪 薦徹豆籩。豆籩倒。内宗佐傳豆籩同倒。 女御 掌御敍于
王之燕寢。御敍倒。 同上 弔于卿大夫之喪。于誤於。 典婦功 以授嬪婦。授誤受。下凡授嬪婦功
同。 内司服 褕狄。褕作揄。 大司徒 以儀辨等。儀下衍禮。 同上 封疆方百里。百上衍五。 同上
以鄉三物教萬民。民誤物。 同上 孝友睦婣任恤。恤誤卹。 小司徒 掌建邦之教灋。邦改國。灋正
讀邦灋同。 鄉師 老幼貴賤癈疾。癈誤廢。下族師遂人並誤。 鄉大夫 登于天府。脱于。 鼓人 鼓
鬼享。享誤饗。 牛人 共其犒牛。犒誤槁。 同上 以載公任器。公下衍之。 同上 共其牛牲之互。牲
誤牷。 閭師 任工以飭材事。工作功。 縣師 徵野之賦貢。此下誤衍旅師職全文鄭長下複出。 司
司救 三讓而罰。脱罰。 同上 凡歲時有天患民病。脱時。 司市 以次敍分地而經市。敍誤序。 同
上 凡會同師役。師誤帥。 質人 同其度量。度量誤倒。角人度量同。 廛人 有滯者。滯下衍也。 司
門 養死政之老與其孤。脱其。 司關 無關門之征。關門作門關。 掌節 以英蕩輔之。蕩作湯。 遂
人 以彊予任甿。彊誤疆。 遂師 辨其施舍。辨誤辦。 鄙師 察其媺惡。媺誤微。 委人 斂薪芻。芻誤
蒭。 稍人 凡其余聚。余作餘。恐據注改。 草人 彊檃用蕡。彊誤疆。 囿人 掌囿游之獸禁。游作遊。
舍人 筥米芻禾。筥誤莒。 司稼 掌均萬民之食而賙其急。脱之字。急誤給。 饎人 饗食亦如之。
此下脱稾人職全文。案目錄饎人下載川衡胥。孟浪甚矣。 大宗伯 以祠春享先王。祠誤祀。 同
上 以烝冬享先王。烝誤蒸。 小宗伯 與其用等。用等倒。 同上 掌衣服車旗。旗誤器。 同上 饁獸
于郊。于誤於。 肆師 及果築鬻。鬻誤鬻。下築鬻同誤。 同上 凡師甸用牲于社宗。甸作田。 鬯人
禜門用瓢齎。齎誤齍。 司服 饗射則鷩冕。饗作享。内宗饗食同。 典祀 徵役于司隸。于誤於。 大祝
號于邦國同。 守祧 守祧。祧黝堊之。守祧誤有司。 冢人 爲丘封之度。丘封誤倒。 同上 凡諸侯及
諸臣。脱凡。 大司樂 乃分樂而序之。分誤合。 同上 孫竹之管。孫誤孤。 同上 尸出入。尸誤屍。
同上 王大食三宥。宥誤侑。 樂師 以鍾鼓爲節。鍾誤鐘。下奏鍾鼓及磬師編鍾同。 小師 簫管弦。
歌弦作絃。 眡瞭 擊頌磬。磬誤罄。 大卜 三夢之占。夢誤𦾔。 占夢 始難
歐疫。歐譌毆。歐當作敺。 大祝 以肆鬯渳尸。渳誤濔。小祝贊渳誤濔。 龜人 曰靈屬。屬誤蜀。

の八十六條及び兩通の者二條とす。是れ童蒙課讀の書として纔に其の訓點の親切なるを取るべく、經文の異同に至りては、一顧の値なき者と斷ずるも、恐らくは過貶にあらざらん。

ト　乾隆石經

石經校勘官彭芸楣の著せる石經考文提要に據るに、乾隆石經は明監本を底本とし、唐石經北宋石經、宋本九經、宋纂圖互注本、宋附釋音本、宋余仁仲本、周禮訂義、周禮句解、周禮集説、三禮攷注、欽定三禮義疏、武英殿本を對校して經文を審定し、以て石に上せたる者なり。阮芸臺云く、諸本を臚列し、經義を反覆し、審擇平を得、博く通儒を訪ひ、務めて人の善に從ふと(上掲七〇)其の晩出の刻にして、諸本の粹を拔ける者なれば、善美を盡すべき筈なるに、事實は必ずし

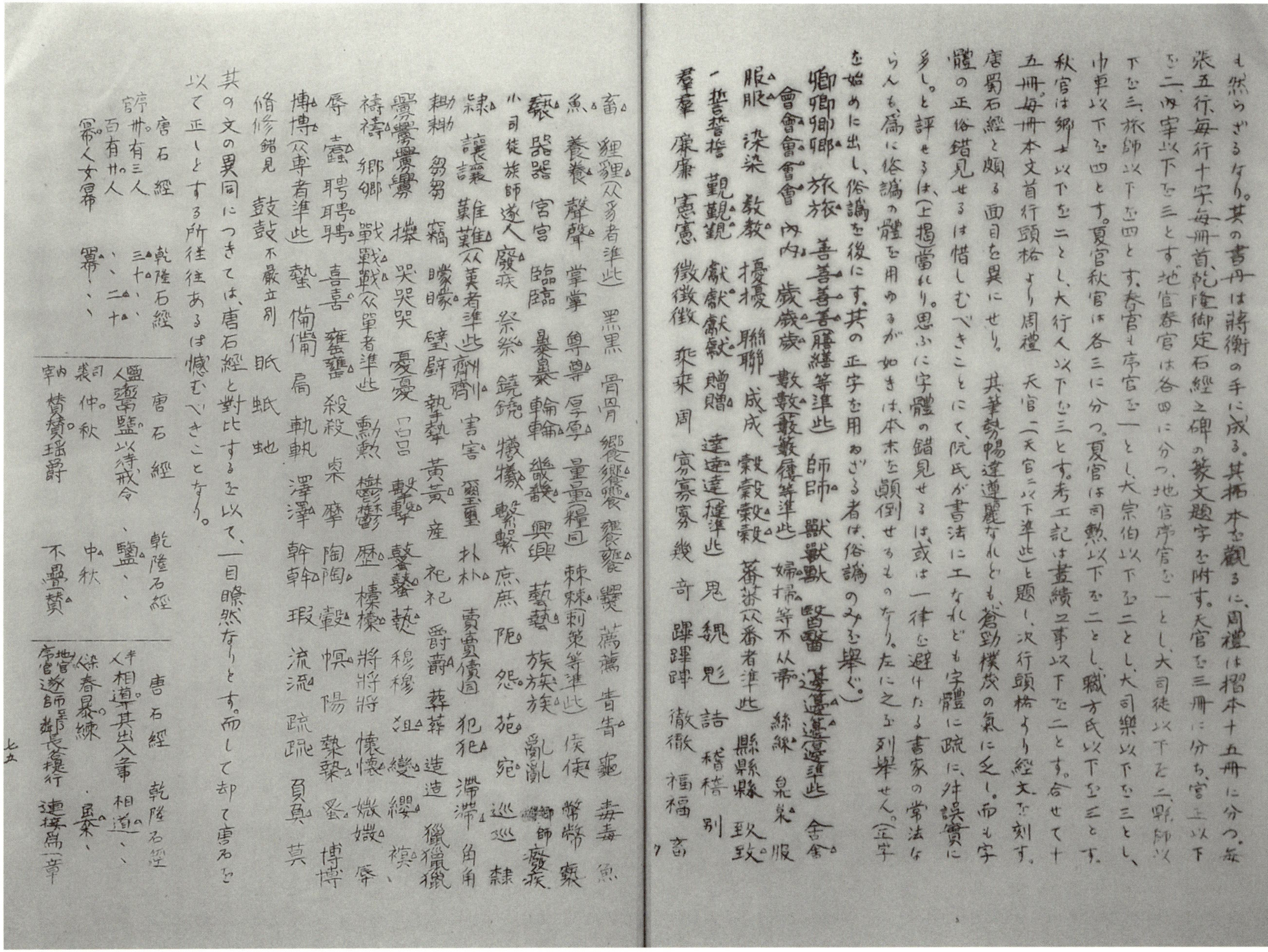

も然らざるなり。其の書丹は蔣衡の手に成る。其栝本を觀るに、周禮は摺本十五冊に分つ。每張五行、每行十字、每冊首、乾隆御定石經之碑の篆文題字を附す。天官を三冊に分ち、宮正以下を二、內宰以下を三とす。地官春官は各四に分つ。地官序官を一とし、大司徒以下を二、鄉師以下を三、旅師以下を四とす。春官も序官を一とし、大宗伯以下を二とし、大司樂以下を三とし、巾車以下を四とす。夏官秋官は各三に分つ。夏官は司勳以下を二とし、職方氏以下を三とす。秋官は鄉士以下を二とし、大行人以下を三とす。考工記は畫繢之事以下を二とす。合せて十五冊。每冊本文首行頭格より周禮 天官二（天官二以下準此）と題し、次行頭格より經文を刻す。

唐蜀石經と頗る面目を異にせり。其筆勢暢達遒麗なれども、蒼勁樸茂の氣に乏し。而も字體の正俗錯見せるは惜しむべきことにて、阮氏が書法に工なれども字體に疏に、舛誤實に多し。と評せるは、（上掲）當れり。思ふに字體の錯見せるは或は一律を避けたる書家の常法ならんも、爲に俗譌の體を用ゆるが如きは本末を顚倒せるものなり。左に之を列擧せん。（正字を始めに出し、俗譌を後にす。其の正字を用ゐざる者は、俗譌のみを擧ぐ。）

卿卿卿卿　旅旅　善善善善（膳繕等準此）　師師　獸獸　醫醫　遷遷遷遷（準此）　僉僉
會會會會　內內　歲歲歲　數數數數（籔等準此）　婦婦（等不从帚）　絲絲　泉泉　服
服服　染染　教教　擾擾　聯聯　成成　穀穀穀（穀等準此）　蕃蕃（从番者準此）　縣縣縣　致致
一　簪簪　觀觀　獻獻獻　贈贈　達達達（撻準此）　鬼　魏　髮　詰　稽稽　別
羣羣　廉廉　憲憲　徵徵徵　來來　周　寡寡寡　幾　奇　蹕蹕蹕　徹徹　福福　富

畜　貍貍（从豸者準此）　黑黑　骨骨　饗饗饗　饔饔　變　薦薦　告告　黿　毒毒　魚
魚　養養　聲聲　掌掌　尊尊　厚厚　量量（糧同）　棘棘　刺策等準此　侯侯　幣幣　藥
褻　器器　宮宮　臨臨　橐橐　輪輪　纖纖　興興　藝藝　族族族　亂亂　鄉師　廢廢
小司徒 族師 遂人　廢疾　祭祭　鏡鏡　犧犧　繫繫　庶庶　阨　怨　苑　宛　巡巡　隸
隸　讓讓　難難（从堇者準此）　劑劑　害害　璽璽　朴朴　賣賣　價　囿　犯犯　滯滯　角角
勑勑　匆匆　竊　曚曚　壁辟　執執　黃黃　產　祀祀　爵爵　葬葬　造造　獵獵
釁釁釁　操　哭哭哭　憂憂　口呂　擊擊　馨馨　熱　穆穆　俎　纓纓　禖
禱禱　鄉鄉　戰戰戰（从單者準此）　勳勳　鬱鬱　歷　榛榛　將將將　懷懷　熾熾　辟
辟　蠶　聘聘聘　喜喜　龔龔　殺殺　桌　犀　陶陶　轂　慎　陽　桀桀　愛　博博
博博（从尃者準此）　蟄　備備　扁　軌軌　澤澤　幹幹　瑕　流流　疏疏　負負　莫
脩修 錯見　鼓鼓 不嚴立別　眡　眂　蚳　虵

其の文の異同につきては、唐石經と對比するを以て、一目瞭然なりとす。而して却て唐石を以て正しとする所往々あるは憾むべきことなり。

唐石經	乾隆石經
寺序 卅有三人	三十、、
百有卅人	、二十
冪人女冪	冪、、

唐石經	乾隆石經
鹽人 鹽以待戒令	、鹽、、
司裘 仲秋	中秋
內宰 贊瑤爵	不疊贊

唐石經	乾隆石經
牛人 相導其出入事	相道、、
保氏 春暴練	、暴、
地官序官 遂師 鄰長 捷行	連捷爲一章

七五

唐石經	乾隆石經
地官序官 每里下士二人	一人
大司徒 宜藂物	叢物
小司徒 癈疾	癈、族師遂人
卿大夫 所治之國	無之字
封人 共其水槀	稾
牛人 共其犒牛	犒
司市 市司胥師賈師	帥
掌節 以英蕩輔之	蕩
遂師 以作役事	無以字
庀其委積	庀
草人 瀆騂用黃	騂
稻人 以豬畜水	瀦
芟萊之	夷
人 于山澤	於
饎人	饎
槀	稾

唐石經	乾隆石經
春官序官 府四人胥十有二人徒百有二十人	無此十四字
女巫	不提行
肆師 告絜	潔
司几筵 加莞席紛純	筵
典命 誓於天子	于
其士壹命	一
其大夫壹命	一
占夢 始難毆疫	毆
甸祝 禂牲禂馬	牲
男巫 無方無筭	算
大史 凡辯法者	辨
辯事者	辨
舍筭	算
馮相氏 辯其敘事	辨
辯四時之叙	辨

唐石經	乾隆石經
巾車 莅蔽	莅
家宗人 凡以神仕者	仕
夏官序官 廿有五人爲兩	二十五人
虎賁氏胥八人	八十人
槀人	稾
大司馬 正於公司馬	于
鄉家載物	遂
如蒐之灋	蒐田之
則以災爨	爨
射人 大夫執鴈	無執
服不氏 毆烏鳶	歐 此
羅氏 則作羅襦	襦
司士 卿大夫西面	卿
弁師 諸侯之繅九就	繅下有斿
司弓矢 恆矢庳矢	痺
校人 及葬埋	貍

唐石經	乾隆石經
職方氏 其川涇洛	雒
秋官序官 禁暴氏	暴
小行人至行夫	不提行
家士	
大司寇 上愿糾暴	暴
朝士 邦國期	朞
懸千門閭	縣
司民 皆書於版	于 司約二書於 掌戮司厲並同
野廬氏 邦之有大事	無有
脩閭氏 馳騁於國中	于 朝大夫治於同

唐石經	乾隆石經
庶氏 嘉草攻之	艸
庭氏 庭則之	無庭
條狼氏 從拜辱	从
掌客 從人筆之	道
考工記序 妢胡之笴	笴
匡梳	梳
馳不隊	隊
輈人 且無橈也	橈
鳧氏 遠聞爲遂	遂
畫繢 畫繢諸曰	畫
矢人 前弱則俛	俛

唐石經	乾隆石經
廬人 遠聞則於	無則
匠人 灸諸牆	灸
匠人 環涂七軌	軌
匠人 田首倍之	曰
車人 三尺有三寸	
弓人 達辟	辟
梃臂	挺臂
居濕	溼
調之參均	之下有不
執以斧	執
角有潛	角十三

チ　注本及び注疏本所載の經文

以上專經本についての異同を檢したるが、諸注本及び注疏本に載せたる經文にも各異同あり。此等も一一對校したれど、之を擧ぐるは其煩に堪へず。故に其顯著なる異同を表示し、各本の得失並に系統の一端を知らんとす。阮元本は正德本に據れる所多く、禮堂本は殿本を踏襲し、陳本は注文の位次を變更せるを以て略に從ふ。異同を出せる者に○を施せ

七六

ろと正しと丸を施せるを誤とす。○△を施さざるは両通とす

天官序官 瘍。醫
大宰 邦。甸之賦
乃施灋于官府
贊玉几玉爵
春官序官 司几筵
小宰 斂弛之聯事
贊玉。幣爵
膳夫 羞用百有二十品
獸人 筋角入于玉府
醫師 凡邦之有疾病者
食醫 犬宜粱
疾醫 嗽上氣疾
醢人 麋臡
鹽人 凡齊事鬻鹽
掌次 祀五帝

石 蜀 監 八 嘉 土 余 建 岳 纂 重 轉 京 訂 十 元 正 閩 韓 閩 監 毛 殿 秦 金 林

玉。
凡。 弛。 凡。
漱 粱 骨
監 槃 祀。 鹽 槃 鹽 槃 鹽 槃
泆
瘍。
法。 鄭。
㳿

9

大府 貨賄之入出。
外府 凡祭祀賓客
地官序官 閭胥
稍人中士四人
場人下士二人
〃〃 槀人
(本官) 槀人
大司徒 宜早物
則民不愉。
四曰阜蕃。
小司徒 老幼廢疾
鄉師 貴賤廢疾
(族師) 廢疾可任者
(遂人) 辨其老幼廢疾
小司徒 其鄉之衆寡
鄉大夫 於其所治。國。

石 蜀 監 八 嘉 土 余 建 岳 纂 重 轉 京 訂 十 元 正 閩 韓 閩 監 毛 殿 秦 金 林

鹽
祝。
宋十 明士 / 明 閩 / 宋 閩
皁。 槁。 槀。
槀。 槁 槁。 槁。 槀。 槁。 槁。
愉 愉
藩。
廢 廢 廢 廢
卿。
十七之。
七十七之蓄。

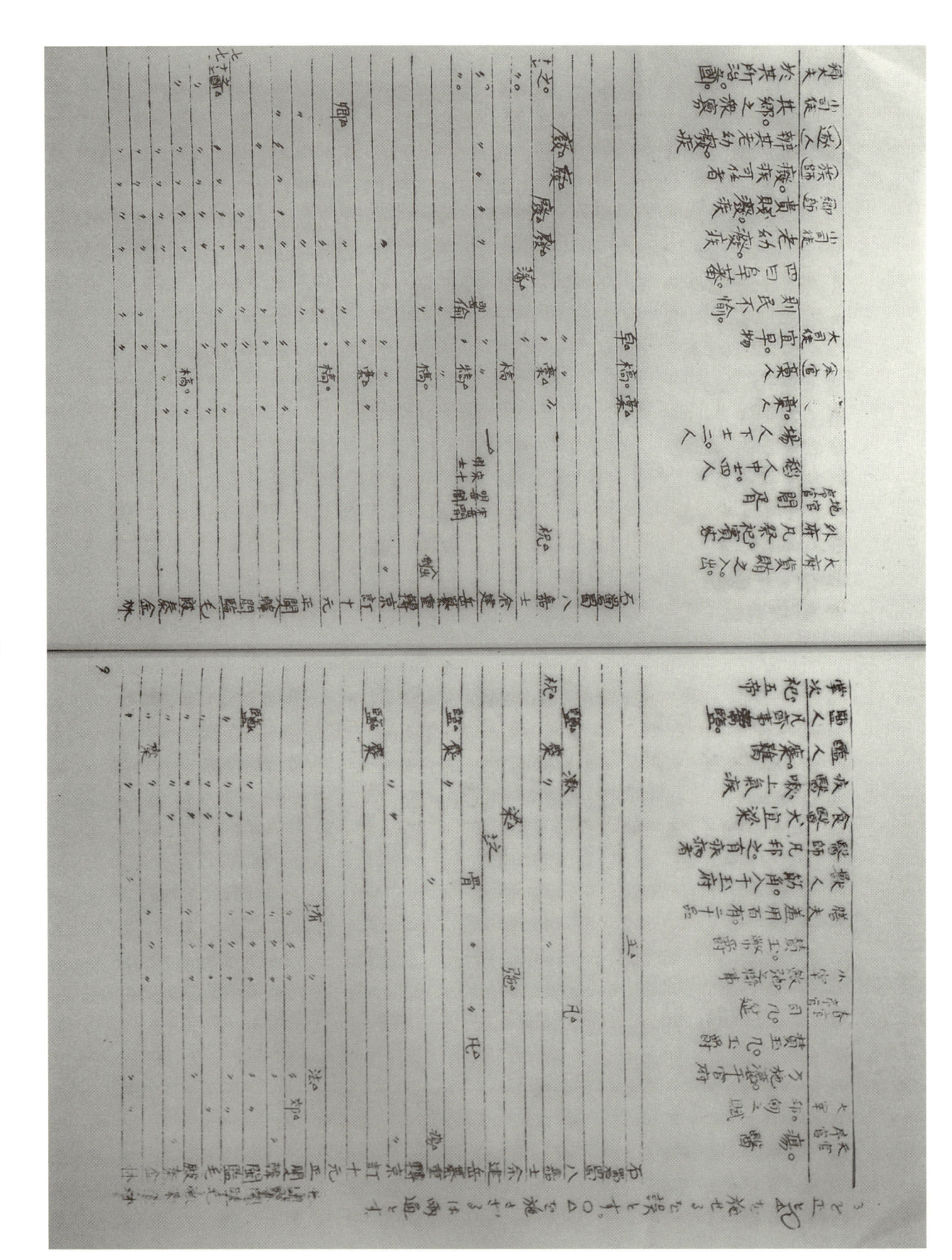

州長 則帥而致。
黨正 毋過家一人 以其餘爲羨。 救禮之象
媺師 喪紀。昏冠 掌其戒禁。
比長 若徙。國中
封人 設土之社壝 共其水槀。
舞師 無師。 則不興舞
牛人 共其槁牛 共其牛牲之互。
(掌蓋) 掌斂互物
載師 甸。稍縣都
司諫 辨。其能

石 蜀 蜀 蜀 八 嘉 士 余 建 岳 纂 重 轉 京 訂 十 元 正 閩 韓 閩 監 毛 殿 秦 金 林

10

司救 可任於。國事者 而誅讓之 三讓而罰。 歸于。圜土
司市 以商賈阜貨。 而行布。 各於。其地之敘
泉府 貨之滯於。民用者 凡國事。之財用
司關 有外。內。之送令
(稾人) 掌共外內朝
遂人 以彊。予任甿 辨。其野之土
(遂大夫) 辨。其可任者
遂人 萬。夫有川
鄙師 察其媺惡

石 蜀 蜀 蜀 八 嘉 士 余 建 岳 纂 重 轉 京 訂 十 元 正 閩 韓 閩 監 毛 殿 秦 金 林

七八

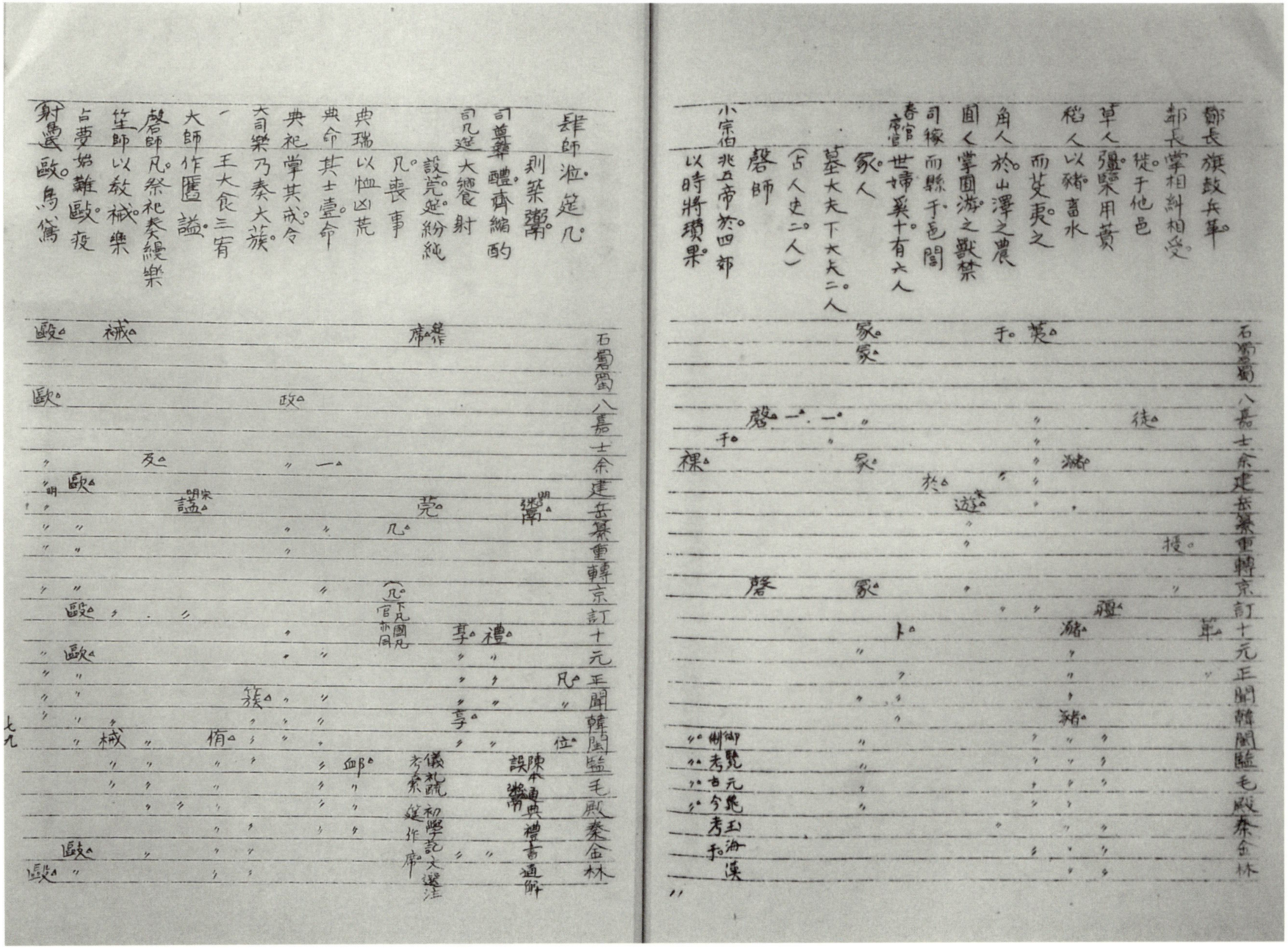

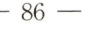

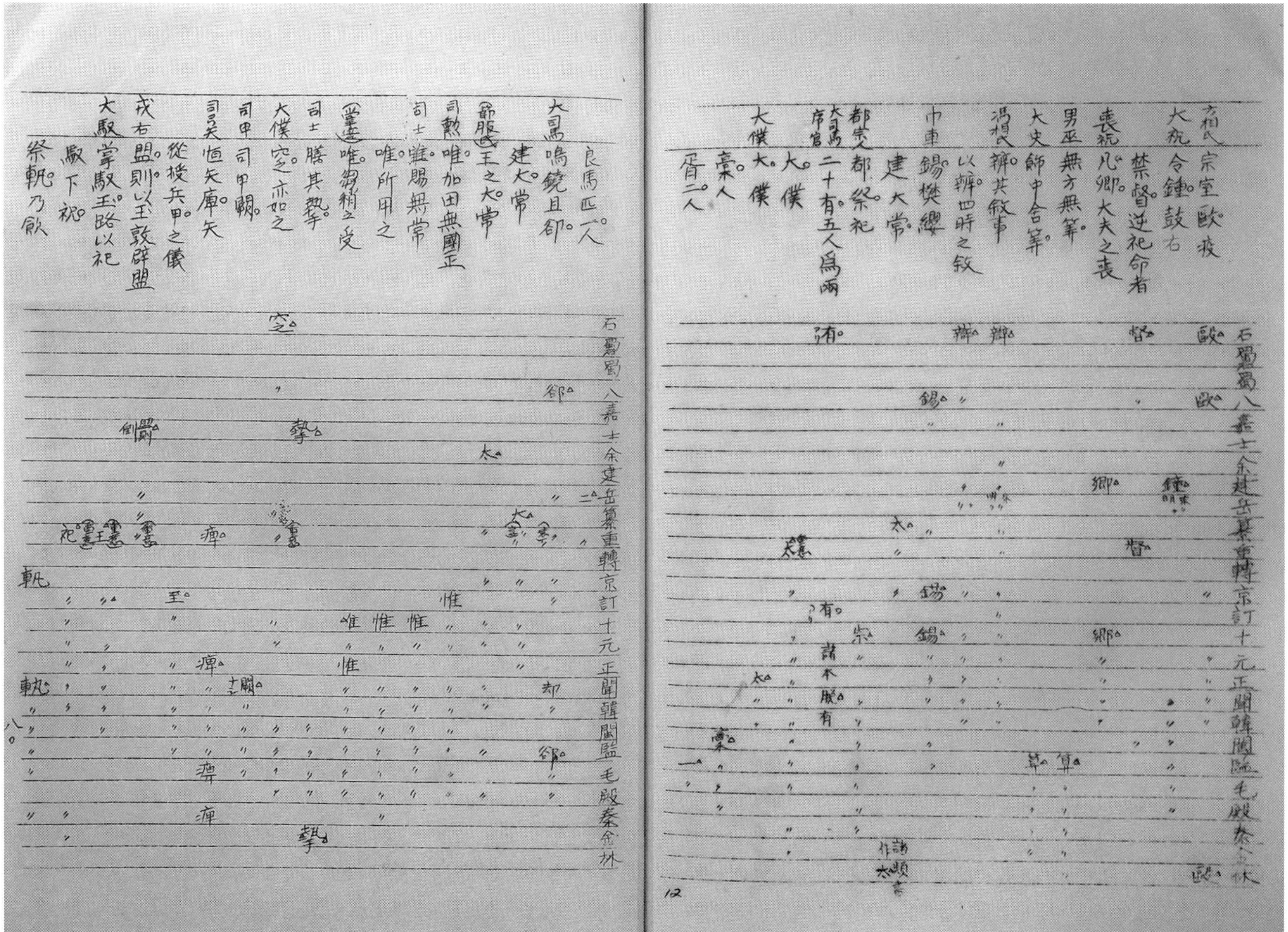

方相氏　宗室歐疫
大祝　令鐘鼓右
喪祝　禁督逆祀命者
凡卿大夫之喪
男巫　無方無筭
大史　飾中舍筭
馮相氏　辨其敘事
以辨四時之敘
巾車　錫樊纓
建大常
都宗人　都祭祀
大司馬 序官　二十有五人爲兩
大僕　大僕
大僕　大僕
稾人
胥二人
石 蜀 蜀 八 嘉 士 余 建 岳 纂 重 轉 京 訂 十 元 正 閩 韓 閩監 毛 殿 秦 金 林
12
大司馬　良馬匹一人
鳴鐃且卻
建大常
節服氏　王之大常
司勳　唯加田無國正
司士　雖賜無常
唯所用之
量人　唯芻稍之受
司士　膳其摯
大僕　空亦如之
司甲　司甲闕
司弓矢　恒矢庫矢
從授兵甲之儀
戎右　盟則以玉敦辟盟
大馭　掌馭玉路以祀
馭下祝
祭軌乃飲
石 蜀 蜀 八 嘉 士 余 建 岳 纂 重 轉 京 訂 十 元 正 閩 韓 閩監 毛 殿 秦 金 林

馭夫	掌馭貳車。
校人	驚。馬一物
	夏祭先牧。
	頒馬攻特。
廋人	廋。人
職方氏	金錫。竹箭
	其浸沂沭。
	其浸盧。維
方氏	則樹王舍。
秋官序官	犬人徒十有。六人
	掌囚府六。人
	司隸下士十。有二人
	司烜氏徒十有二。人
	掌客徒二。十人
大司寇	入鈞。金
	未麗於灋

石 蜀石 蜀 八 嘉 士 余 建 岳 纂 重 轉 京 訂 十 元 正 閩 韓 閩 監 毛 殿 奏 金 林

錫。 于。 十。 十。 沭。 廋。 鏤 鈞 盧 三。 六。 沛。 特。 攻。 嘗。 駕。 庾。 嘗。

13

士師	其。下罪三日坐
	達。窮民
	書而縣。于門閭
	毋使罪麗于民
	四曰。犯邦令
	荒辯(1)之灋(2)
鄉士	辨其獄訟
遂士	肆。之三日
職金	辨其物之媺。惡
野盧氏	有相翔者則。誅之
	邦之有。大師
蜡氏	則令埋而置楬。焉
雍氏	春令爲阱擭。
庭氏	與救月之矢夜。射之
銜枚氏	禁嘂(1)呼歎鳴(2)於國中者
大行人	則詔。相諸侯之禮

石 蜀石 蜀 八 嘉 士 余 建 岳 纂 重 轉 京 訂 十 元 正 閩 韓 閩 監 毛 殿 奏 金 林

懸。 法(2) 循。 辯。 則。 擭 于(2) 毋。 鳴(1) 遠。 嬍。 夜 詔。 者 辨(1) 肆。 楬。 下其。 獲。 鳴(1) 楬

八一

小行人 凡此五。物者每國
司儀 賓。拜。進荅。拜
再拜授。幣
行夫 嬀惡而無禮者
掌客 車秉有五籔
致饗大牢
醯醢八十甕。
掌訝 待事于客
考工記 或審曲面埶。
不得地氣也
攻金之工六
築。冶。
車有六等。之數
輪人 望其輻。
則轂雖敝不藃
揉。輻必齊

石 蜀石 蜀 八 嘉 士 余 建 岳 纂 重 轉 京 訂 十 元 正 閩 韓 閩 監 毛 殿 案 金 林

答。 揉。 敲。 幅。 埶。 受× 畫 之。 饔 秉 無 五。 治。政。 器。 甕

(弓人) 行山者欲。侔。
疏數必侔。
則是摶。以行石也
參分弓長而揉。其一
則吐。水疾而霤遠
輿人 以其隧。之半
圜者中規
輈人 輈。前十尺
大車之轅摯。
軒摯之任
輈欲弧而無折
鳧氏 爲之舞脩。
去二分以爲舞廣
㮚氏 改煎金錫則不耗。
鮑人 卷而摶。之
卷而摶。之而不迆

石 蜀石 蜀 八 嘉 士 余 建 岳 纂 重 轉 京 訂 十 元 正 閩 韓 閩 監 毛 殿 案 金 林

侔。 摶。 耗。 軌。 吐。 揉。 摯。 軓。 圜。 侔。 隊。 摯。 侜。 三。 摶。 (陳同) 摶。 侔。 無 軏 軌 圓。

八二

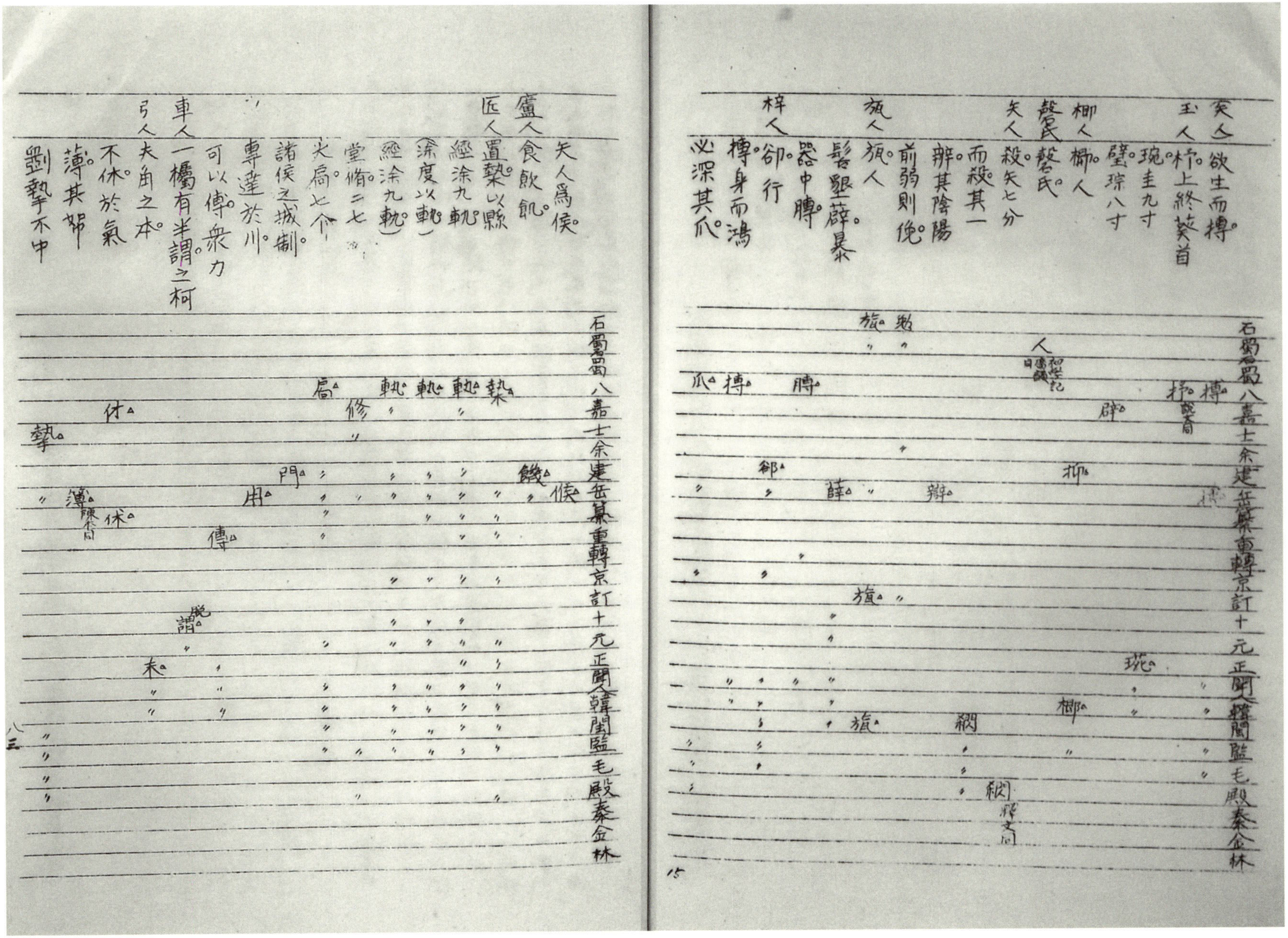

是謂逆橈。譬。如終紲
橋。幹欲孰而高其柎。
維。幹強之謂之。参均
凡。為弓
其次有灂。而疏

	橈	譬	橋	柎	維	之	凡	灂
石		辟				絲之		行首次下
蜀								
蜀								
八			橋					
嘉	橈	〃					凡	
十		〃						
余		辟						
建		〃						
岳		〃		柎				
纂								
重					雖			
轉								
京					〃			
訂						〃		〃
十								
元								
正								
閩			〃					
韓			〃					
閩			〃					
監								
毛		〃						
殿		秋之同						
秦								
金								
林								

右の表によりて考察するに、宋刊若くは覆仿宋の鄭注は、大要二種に分つを得。一は嘉靖本、余仁仲本、建本、岳珂本(董本の異同は黄蕘圃の示す所極めて少く論断を下すには材料足らざるを以て姑く闕如す)にして、共に精刻の善本と稱すべく其の異同區々にして、各本の間に連繫ありたりと認むるを得ず。一は重言本、重言重意本、纂圖互注重言重意本、點校京本にして、共に擧子帖括の用に供せる者、便益を主としたるを以て俗字略體譌誤紕繆一一指摘するに堪へず。楊守敬は日本訪書志巻一に於て重言本を品隲し、其文字往往與岳本及明刊徐氏本合。注疏本皆不及也。と断じたり。然れども其の瑜のみを擧げて其の瑕を問はざる者、一隅の論たるを免れず。而して四本の異同多く相似たり。即ち他の諸書皆石經に同じきに、

此四本のみ異なる者十七條あり。而して必ずしも四書皆同一の異同あるにあらず。其の二書若くは三書が互に共通の異同を有するなり。是れ明に四本の間に連絡あるを示せる者にして、恐らくは先づ重言本出でて擧子の歡迎を受け、之を底本として更に重意を加へ、三轉して纂圖互注を施したるならん。而して現存の書は、これ等諸版本の一なるべければ、此等の書が直ちに右進出の次序をなすものと断ずべからず。京本を除ける三書は皆巾箱にして、麻沙鎮の刊本なるは、低廉多賣を主とせるためなり。京本は大本なれども等しく俗書たるを免れざるなり。

嘉靖本外三本は其の異同區區なり。余本は未見の書、阮校に據りて之を表出したれど、阮校に於ては取捨を嚴にし、明かなる誤脱は一一擧げざるを以て、予が正誤嚴密に兩存せると異なり。其の譌謬の餘の三書に比して少きは(誤脱僅に十のみ)當然の事なり。されば此書の得失優劣は姑く之を闕く。其の紕繆を數ふるに、嘉靖本建本は共に三十、岳本は四十九なり。其の文義の大小多く相似たれば岳本を劣れりとせざるべからず。而して嘉靖本の誤は天地官に多く、岳本の誤は秋冬官に多し。清儒の二書を比論する、各祖を左右にす。黄蕘圃は、

向來三禮鄭注合刻者。以十六行十七字本爲佳。相傳嘉靖本是也。重雕嘉靖本校宋周禮札記序

といひ、阮芸臺は

按此不附音義。而勝於宋槧余氏岳氏等本。當是依北宋所傳古本也。周禮注疏校勘記引據各本目録

と断じ、孫詒讓は

八四

注本以明嘉靖於宋本爲最精。此本原出北宋槧、雖明刻而在諸宋本之上。（周禮正義略例）
と稱揚せり。然るに葉煥彬は四部叢刊を難ずるに當り、
如明徐氏仿宋刻本三禮。明人繙宋岳珂九經中三禮。徐刻周禮。不如岳本之精。岳刻儀禮。不如徐本之善。皆非逐一細校。不能定其是非。（書林餘話卷下）
と論定し、武内義雄氏も其の善を擇びたるを喜べり。（支那學第一卷第四號先年莫友芝の遺藏上海の書肆に出づるや、中に徐本三禮あり。乃ち取りて之を觀るに、儀禮禮記は徐本にして、周禮は岳本なり。予乃ち周禮を收めたり。）是れ莫氏は徐本の周禮を獲られずして姑く岳本を以て補へるものか。抑又周禮は岳本を勝れりとして、徐本に代へたるか。若し然りとせば、莫氏も葉氏と同一の見解を有せしものとせざるべからず。然れども逐一細校するに、葉氏の言の中らざるを知る。予は黄阮孫の説に從はざるを得ず。なほ注本の條に於て論及する所あるべし。

十行本以下所謂注疏本の異同は、殊に著しきものあり。其の十行本より誤を傳へたる者二十三條、元本より傳へたる者二條、正德本より傳へたる者八條あり。而して十行本は何本に據りしかを審にせず。若し轉運司本に據りたりとせば此等の誤謬も亦多くは沿襲の結果と見るべきなり。然れども轉運司本は對讎の機を得ざりしため、今之を斷ずる能はず。惠棟何義門の校によれば毛晉刻本と甚しき異同はなかりしが如し。而して十行本正德本等によりて從かれたる誤は、聞人本を経て韓本に傳はれり。此二書は正德本の忠臣にして誤 19
も其儘に傳へたる者極めて多し。閩本は正德本に據ると雖も補訂せる所間々これあり。監 18
本は其殘闕を補ひ、全書を通讀するを得しめたる者、其功偉なり。汲古閣本は更に誤を正せる所多く（自らも誤りたれど）世或は毛本を短るに、魯魚の譏多きを以てし、其の取るべきなきを斷ずるは、阮氏校勘記、遂拝平の論にあらざるなり。

附言　轉運司本卷四十七、八の殘葉につきて（十行本と對）校するに、疏文には異同頗る多し。されば十行本は轉運司本に依據せざりし者と斷ずべきに似たり。

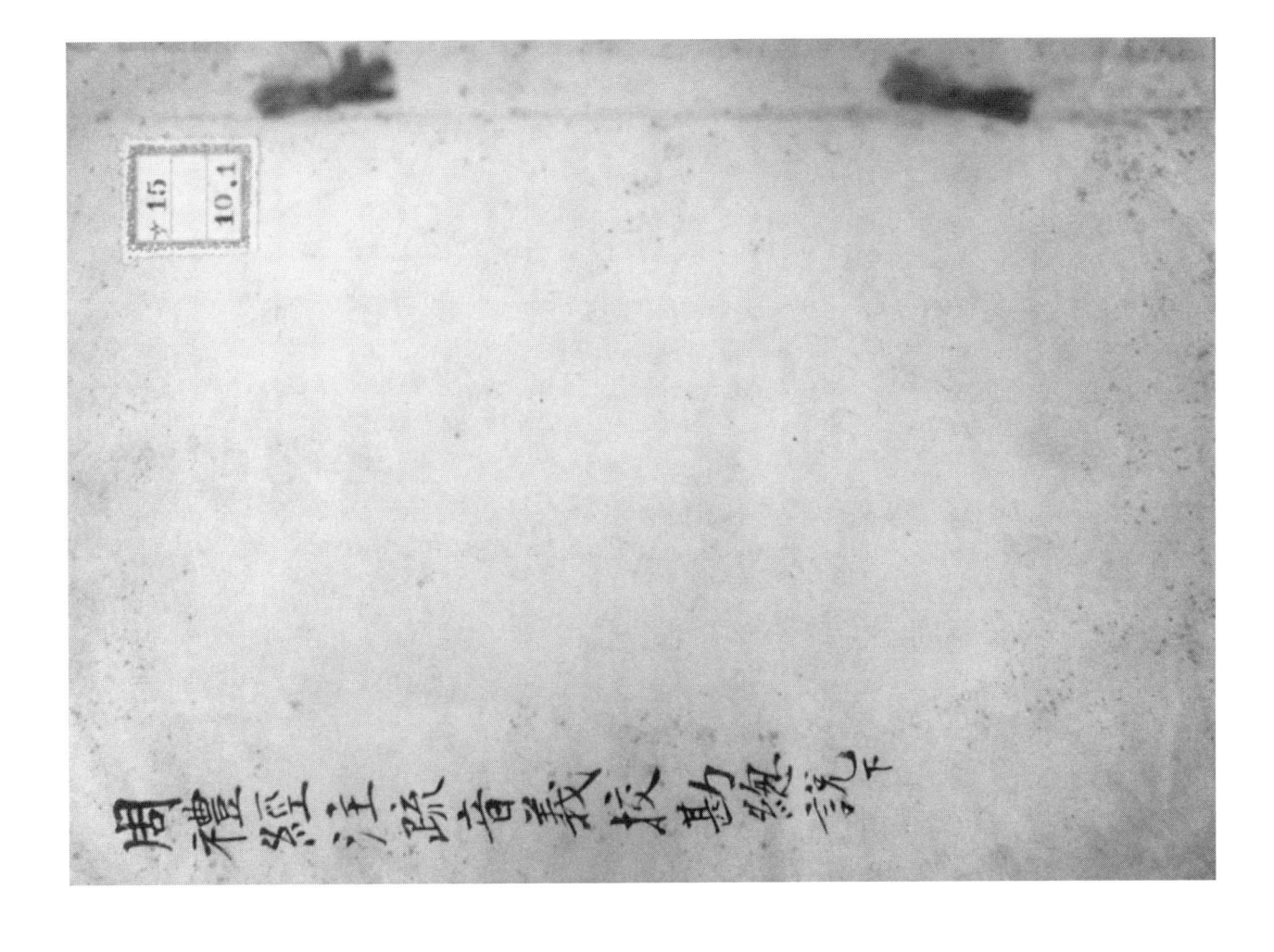

八五

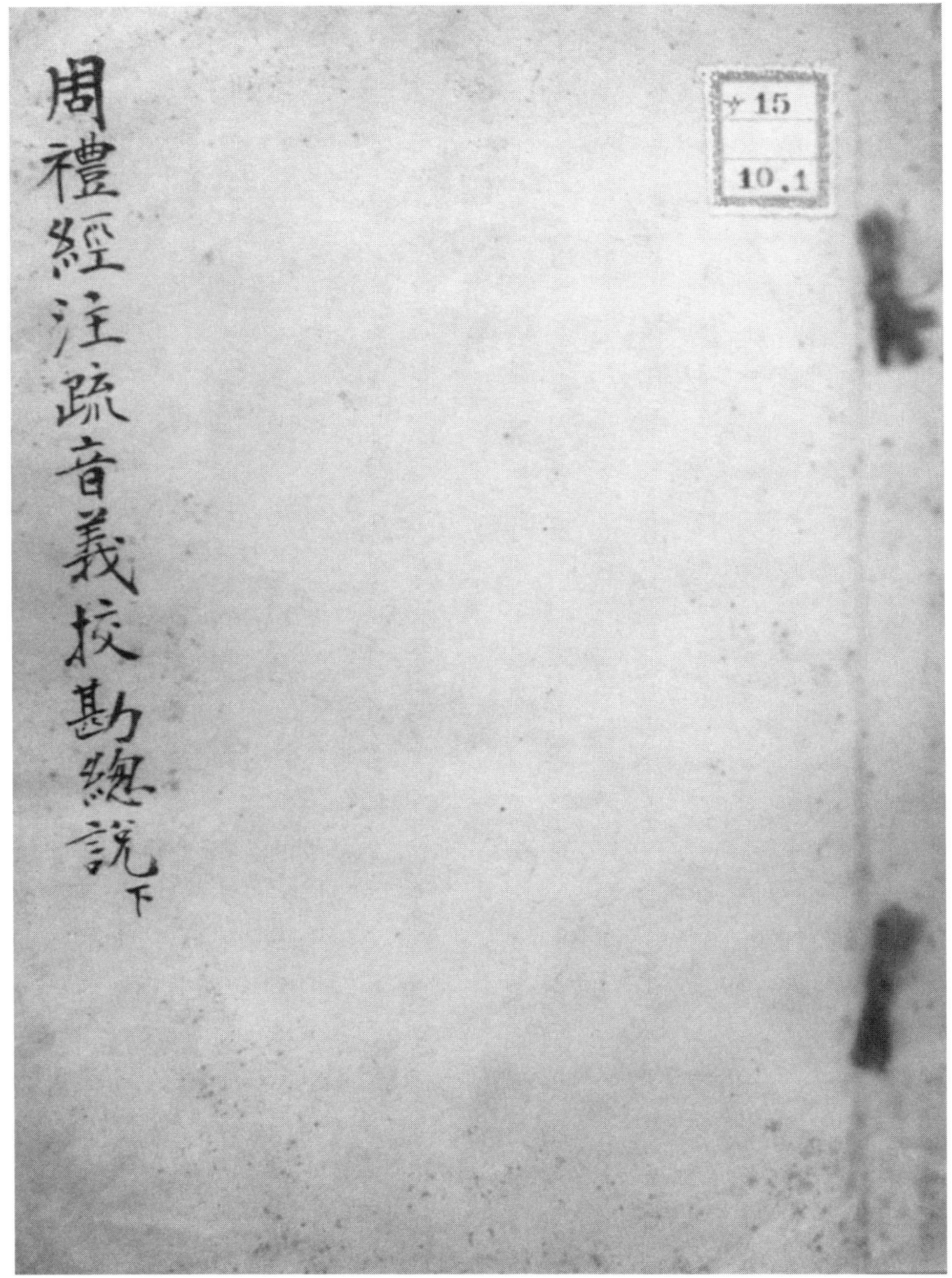
周禮經注疏音義校勘總說 下
ヶ15
10.1

国立国会
29. 3. 15.
図書館
322798

(二) 注文

イ 蜀石經

周禮經注合刻本は乾祐監本を首となすことは既に之を述べたり。此の書傳本なきを以て、之を知る能はざれども、宋初長興板本乾祐板本を含むこと論なし。天下に頒布せしこと、鼂氏の石經考異序(前掲)に見ゆれば、其の宋監本の據となり、延いては宋刊鄭注本の祖となれるは明かなり。而して長興刊本と同時に出でたる蜀石經は宋刊諸本と異同甚しく、隨ひて長興本と全く系統を異にせる鄭注本に據れるを見る。鼂氏は宋監本と石經とを讎校して之を兩存し、石に鐫りて經後に附せり(前掲)。此の石にして存せんか、學者を裨益することと甚大なるものあらん。張氏亦石經注文考異四十巻を爲る(前掲)といへば其の異同の多かりしことも知るべきなり。

宋以後の刊本と石本とを對校するに、石本のみ獨り甚しき差異あるを見る。殊に之也等の助字の多きは著しき點なり。竊に謂へらく、石經の底本は六朝傳來の鄭注本にあらずやと。元來六朝傳來の書には助字の多きことは、皇朝傳鈔の春秋左氏傳論語集解等によりても明かなり。顔氏家訓に、

也是語已及助句之辭。文籍備有之矣。河北經傳。悉略此字。其間字有不可得無者。至如回也屢空。風風也教也。不戢戢也。如斯之類。儻削此文頗成廢闕。(巻六書證)

とあるによれば、六朝の時、既に河北の儒者は也字を削るの風ありしを知る。蓋し北方は尚武殺伐の風盛なれば、其語簡潔を尚ぶ。南方は温柔寛厚の氣を失はず、其言自ら緩徐なり。南

八六

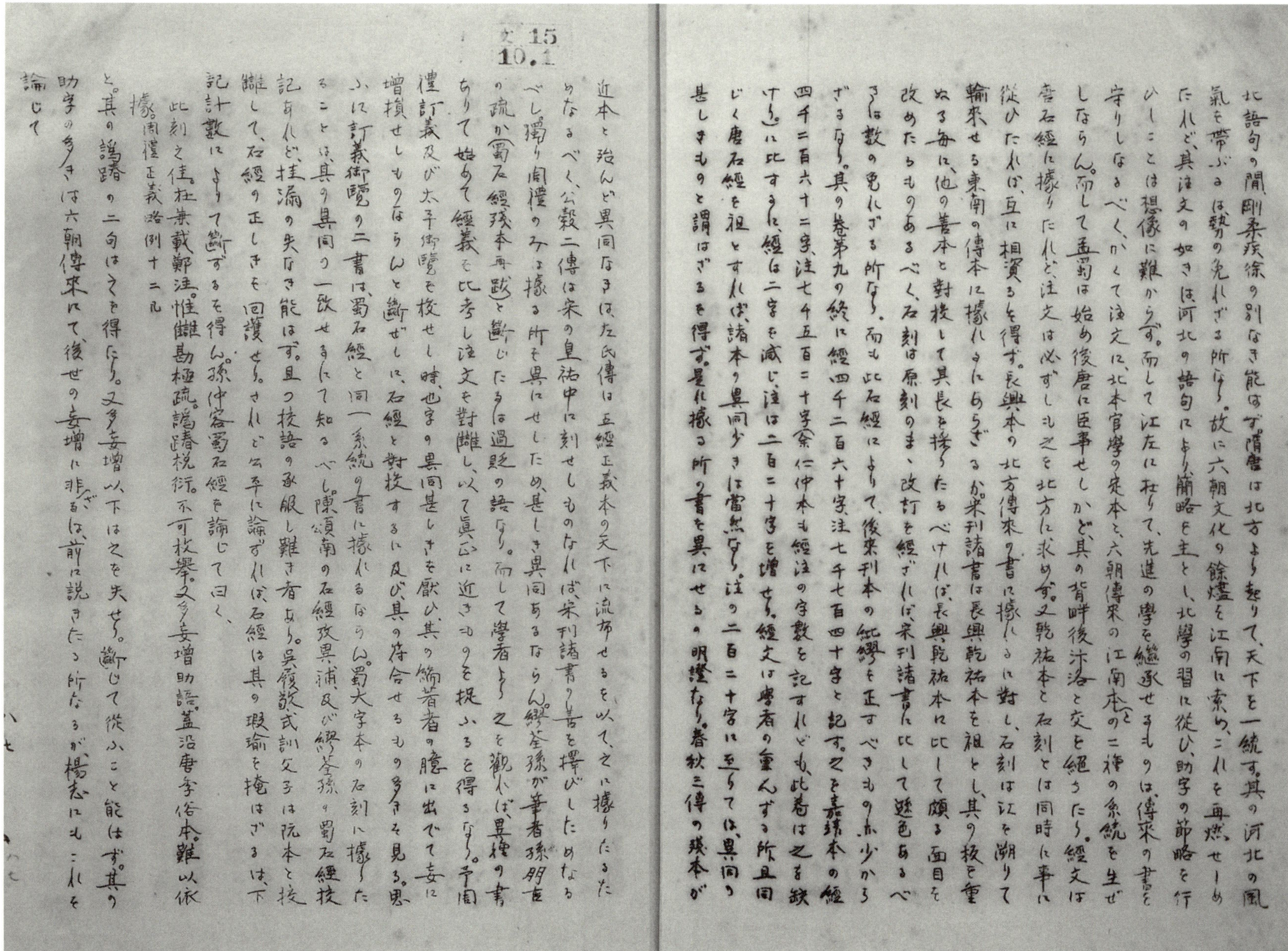
北語句の間、剛柔疾徐の別なき能はず。隋書は北方より起りて、天下を一統す。其の河北の風氣を帶ぶるは勢の免れざる所なり。故に六朝文化の餘燼を江南に索め、これを再燃せしめたれど、其注文の如きは、河北の語句により簡略を主とし、北學の習に從ひ、助字の節略を行ひしことは想像に難からず。而して江左に在りて、先進の學を繼承せるものは、傳來の書を守りしなるべく、かくて注文に、北本官學の定本と、六朝傳來の江南本との二種の系統を生ぜしならん。而して孟蜀は始め後唐に臣事せしかど、其の背畔後汴洛と交を絕ちたり。經文は唐石經に據りたれど、注文は必ずしもこれを北方に求めず。又乾祐本と石刻とは同時に事に從ひたれば、互に相資るを得ず。長興本の北方傳來の書に據れるに對し、石刻は江を溯りて輸來せる東南の傳本に據れるにあらざるか。宋刊諸書は長興乾祐本を祖とし、其の校を重ぬる毎に、他の善本と對校して其長を採りたるべければ、長興乾祐本に比して頗る面目を改めたるものあるべく、石刻は原刻のまゝ、改訂を經ざれば、宋刊諸書に比して遜色あるべきは數の免れざる所なり。而も此石經によりて、後來刊本の紕繆を正すべきもの亦少からざるなり。其の卷第九の終に經四千二百六十字、注七千七百四十字と記す。之を嘉靖本の經四千二百六十二字、注七千五百二十字、余仁仲本も經注の字數を記すれども、此卷は之を缺けるに比するに、經は二字を減じ、注は二百二十字を增せり。經文は學者の重んずる所、且同じく唐石經を祖とすれば、諸本の異同少きは當然なり。注の二百二十字に至りては、異同の甚しきものと謂はざるを得ず。是れ據る所の書を異にせるの明證なり。春秋三傳の殘本が

文 15
10.1

近本と殆んど異同なきは、左氏傳は五經正義本の天下に流布せるを以て、之に據りたるためなるべく、公穀二傳は宋の皇祐中に刻せしものなれば、宋刊諸書の善を擇びしためなるべし。獨り周禮のみは據る所を異にせしため、甚しき異同あるならん。繆荃孫が筆者孫朋吉の疏か(蜀石經殘本再跋)と斷じたるは過貶の語なり。而して學者より之を觀れば、異種の書ありて始めて經義を比考し注文を對讎し、以て眞正に近きものを捉ふるを得るなり。予固より訂義及び太平御覽を校せし時、也字の異同甚しきを厭ひ、其の編着者の臆に出でて妄に增損せしものならんと斷ぜしに、石經と對校するに及び、其の符合せるもの多きを見る。思ふに訂義御覽の二書は、蜀石經と同一系統の書に據れるならん。蜀大字本の石刻に據りたることは、其の異同の一致せるにて知るべし。陳頌南の石經攷異補、及び繆荃孫の蜀石經校記あれど、挂漏の失なき能はず。且つ校語の承服し難き者あり。吳騫敬式訓父子は阮本と校讎して、石經の正しきを回護せり。されど公平に論ずれば、石經は其の瑕瑜を掩はざるは、下記計數によりて斷ずるを得ん。孫仲容蜀石經を論じて曰く、

此刻之佳。在兼載鄭注。惟讎勘極疏。譌踳棁衍。不可枚擧。又多妄增助語。蓋沿唐季俗本。雖以依據周禮正義略例十二凡

と。其の譌踳の二句はこれを得たり。又多妄增以下はこれを失せり。斷じて從ふこと能はず。其の助字の多きは六朝傳來にて、後世の妄增に非ざるは、前に說きたる所なるが、楊志にもこれを論じて

日本古鈔本。經注多有虚字。阮氏校刊記疑是彼國人妄增。虎案、校勘記凡例云、喜句中增加虚字尤失古義。今通觀其鈔本。乃知實沿於隋唐之遺。即其源於北宋者。尚未盡删削。今合校數本。其漸次刪除之迹猶可尋。阮氏所見經注本。大抵皆出於南宋。故不信彼爲唐本　日本各書解題跋

といへり。是れ實に就きたるの論確として易ふべからざる者。阮孫二儒も疑氷の譏を免るる能はず。訂萩は南宋淳祐三年（一九〇三）祕書省に付せられたる者。蜀石經の拓本世に出でたる後にあれば、これに據ることは易易たり。故に訂萩の引文の符合せる處は蜀石經に據ることするも妨げず。太平御覽に至りては、其の編纂宋初に在り、蜀石經の拓本未だ世に出でざりしならん。其の引用書千餘部に上る。之を搜羅する惶れ日も足らざりしならん。何ぞ石經を鈔寫するの暇あらん。故に御覽の據れる周禮鄭注は蜀石經に非ずして之と同系の傳本に據れる者と斷ぜんとす。而して編纂の士讀々者のみにあらず、何ぞ殊更に當季の俗本に據らんや。乃ち知る、蜀石御覽の底本は共に由緒正しき傳本に據れるを。敢て臆見を附して博雅の是正を竢つ。

周禮經注は第九、十、十二の三卷にして各卷共に不全なり。其の張數併せて一百十二葉。而して宋刊以後の諸本との異同實に約一千一百條の多きに上る。其の中、也字の異同三百二十九、其の石經に有りて諸書になき者二百二十一、其の諸書に有りて石經になき者一百八通じて之を觀れば、石經の也字は諸本より多きこと一百十三字なり。也字の異同を除ける外の七百餘條の中、石經の正しき者は九十餘條にして、六百餘條は石經を誤とせざるべからず。而しその誤の顯著なる者は、䂂族氏の注に、

曹植所賦陸機云大、如斑鳩綠色

の十三字を衍し、翦氏の注に、

今用以殺魚山海經朝歌山有草名莽可以毒魚郭璞云

の二十二字を衍せるが如き、共に鄭衆以後の人を引用するを以て、其の誤なること弁を待たず。其の他一句中に在りて、數字の增減ある者亦少からず。其の諸本の誤を正すべき者には

小司寇、書曰謀及庶民。　諸本民。作人。　案鄉大夫職先鄭注云。洪範所謂謀民。孫云。今本作人。者。後人依僞孔本改。非其舊也。孫說是。

方士　郊里。之地域　諸本里。作野。　案縣師文。作郊里。諸本作野。者誤。

訝士　謂讞疑辯事　諸本辯。誤辨。　案大史云。辯事者攷焉。此注本彼文。宜作辯。

布憲　縣其書於。象魏　縣之於。門閭　條狼氏　王立於。澤宮　伊耆氏　文於。王之櫝者　司儀　爲壇於。國外　至於。郊　致館於。庭　掌客　設於。阼階前　陳於。西門　以上九於。字。諸本多作。亍。

案漢人解經例。經作。亍。注作。於。

蜡氏　曲禮曰。四足死者曰漬　蜀本同。諸本脫曰。　案文例。不可無曰。　阮黃、孫諸儒同說。

胔。骨之尚有肉者也　諸本脫胔。賈疏述注。胔誤。胔。月令疏引司農云有胔。孔氏所據本有胔。可

知浦鏜云。脱悄字。
蠲讀若吉圭爲饎之圭　蜀本若。同諸本若。作如。爲作惟。　案宮人注云。詩云吉蠲爲饎。士虞禮
注云詩曰。吉圭爲饎。共作爲。不作惟。
司烜氏　玄謂屋讀爲其刑剭之剭。　禮部韻略爲同諸本爲作如。　案此易其字。非擬其音也作
讀如誤矣。段孫論之詳盡。
條狼氏若今時卒辟車之爲也　蜀本時。同諸本脱時。　案鄭據漢時皆曰今時。脱時非是。
言士之賊者。　諸本者作也。　案作也非不通。不如作者之確當也。
蟈氏尤怒鳴而聒人耳故去之　御覽而同。合鈔本故同諸本而作爲。無故。　案兩通。
大行人王親以禮見之　蜀本同。諸本脱王。　阮云。按上注云。此六事者以王見諸侯爲文。又此
二事者亦以王見諸侯之臣使來者爲文。故此云。王親以禮見之。此王字當有。孫云。案此冡上
天子有事爲文。則無王字亦通。虎案。不如有王字之安也。
朝事儀曰　諸本事作士。　孫志祖云。此二語見大戴禮朝事篇。士疑當作事。盧文弨云。士亦與
事通。案孫説是。
禮公者使宗伯攝酌圭瓚而祼　諸本脱公。　孫云。案以後注校之。疑當有公字。
更自以其摯見　釋文作摯云。本又作贄。諸本作贄。　案贄摯之俗。
以父死子立　蜀本同。諸本脱以。　阮云。賈疏本以下皆無。按有者是。
嗜欲不同達其志通其欲　嘉士岳重殿福本嗜作耆。纂京本作耆。嘉士陳本上欲。同諸本欲竝
作慾。　孫云。耆即嗜之叚字。慾則欲之俗體也。
小行人　宗伯職曰以禬禮哀國敗　諸本國作圍。　大宗伯賈疏云。此經本不定。若馬融以爲國
敗。正本多爲圍敗。謂其國見圍入。而國被禍敗。洪頤煊云。案小行人。若國師役。則令槁禬之字
當作國敗。鄭注不得圍字。亦當作國敗。包慎言云。經下文以恤禮、寇亂。圍可包於寇亂之中。
此當從馬融作國爲當。孫云。案洪包説是也。依賈説。蓋唐時鄭注本亦有作國敗者。與馬本正
同。
梓人　哨頃小也　嘉本外四本脱哨。後漢書注脱頃。岳本外十五本作傾小也。　阮云按釋文作
頃小云。音傾（虎案李之説）字一音褧。則今本作傾非。釋曰。云燿讀爲哨頃也者。哨與傾皆是少小之義。故云
哨傾小也。則頃小也上。當疊一哨字。此脱。賈疏本蓋作傾。○按頃是傾非也。頃同傾言傾側而
小也。作傾則無義。李音褧。是李本作傾也。頃不得音褧。　案阮説確當不易。
等あり。又諸本の中に在りて、石經と一致する者を見るに、蜀の大字本の五十三條、太平御覽
の四十二條、周禮訂義の二十七條、經典釋文の正本若くは又作本并せて十三條等を主なる
者とす。其の類書注本等に在りては、文獻通考十條、宋刊通典、白孔六帖、經傳通解各九條、毛詩
疏、文選李善注各八條、北堂書鈔七條、册府元龜六條、羣書治要、初學記、儀禮疏、禮記疏各五條、一
切經音義、三禮圖、禮書各四條、後漢書注、顧野王玉篇零本、三國志注各三條、尚書疏、左傳疏、穀梁
疏、玉海、漢制考、合璧事類各二條等は、多くは他の鄭注本と石經とが異る條に在りて、石經と
合する者なり。是に因りて斷ずれば蜀石經自僅の今に存する者、僅に全經注の五の一に過

秋官序官蜡氏月令曰掩骼埋胔。　諸本胔作骴。或譌骴。月令作
胔釋文又本作骴。案胔骴之或體
此官之職。訂本同諸本下有也。
雍氏擁。謂隄防止水者。　諸本擁作雍。或作壅。此誤諸本下有也
玉篇無
萍氏大者曰。蘋萍。讀如小子言平。萍氏掌。主水禁　諸本無曰。字
上萍。字掌。字平下有之。平。二字此誤、
取名於其口。沈溺也。　其下不。字缺泐諸本無也一切經音義御
覽有。
司烜氏故書燬作。烜。鄭司農云當爲烜。　諸本作。作爲。烜。烜。互易
重重意陳本烜。同重本烜。同竝誤
冥氏冥讀爲宴。氏春秋謂之螟。　諸本無謂。螟作冥。此誤又下冥。
字譌宴。
庶氏庶讀如藥煑。　諸本下有之。煑。此脫
書不作蠱。者字從聲耳。　諸本蠱。作蠱。此誤諸本無耳。
翨氏翅讀爲翅。翼之翅。　京閩監毛殿福本翅。竝誤翅。
柞氏必先校。剝之　蜀纂重意陳本校。同十行元建岳重京嘉士
韓何本韓版纂本釋文校。作校。　阮云宋本同訂本作刊閒人

ぎずと雖も、其の學者を裨益すること極めて大なりといふべし。今異同の實を左に列記し
て、以て參に資せん。

閩監毛金殿福本作刑。阮云錢鈔本同案賈疏作刑。孫云古無
從手之校◯柞讀爲聲。音。唶唶之唶 諸本作音。聲此誤倒
薙氏鄭司農。掌殺草 諸本農下有云。此脫
芟夷蘊。崇之 蜀本外十本蘊。同十行本外十一本作薀。與原文
合 案薀正蘊俗
此皆翦。草。 蜀本外十二本翦。同元本外七本作剪。俗字諸本下
有也。
乃燒薙行水利。謂燒所芟草乃水之 諸本無乃。此衍蜀重意嘉
士岳何本利。作非。陳本作蓋。並衍十行元重京閩人韓閩監毛
殿福本無利。當據正 案阮校本云大字本錢鈔本作謂。今檢
大字本作非謂阮失校 而孫沿阮誤
硩蔟氏硩讀爲摘。 諸本摘。作擿。此誤
從石硩。聲 諸本硩。作析。此誤
翦氏翦。斷滅之言。 諸本下有也。此及訂本無
主除蟲。蠹。者也。 十行元閩人韓閩本蠹。誤蠹。蜀本外十本蠹。同
建本外七本作蠹。可從 諸本無也。
詩曰。寔始翦商 諸本曰。作云。寔。作實。
赤犮氏猶。赫。拔。也 諸本作猶言。捇。拔。也此誤

自埋藏。者 諸本無藏。
蟈氏鄭司農曰。 諸本作云。
月令曰。 建本外十本同重本曰。誤乃。京訂本作云。
之。屬。也。 諸本作鼃。黽。蝦。蟇。屬。此誤
字從蟲。國聲也 殿福本同誤也諸本蟲。作虫。
壺涿氏壺謂瓦鼓也。 諸本無也。
鄭司農曰。 諸本作云。
獨讀爲濁。 諸本下有其。源。之。濁。此脫
庭氏如庭者。 諸本下有也。
銜枚氏止言語囂讙。 諸本下有也。
伊耆氏古王者之。號也。 諸本無之。也。
此主王。之齒於。 諸本作此主王者之齒杖。可從
今姓有伊耆也。 諸本也。作氏。可從
行夫行人主國使之禮 諸本人。作夫。可從
環人主圜賓客作。器 諸本作。作任。可從
爲之守衛者。 諸本無者。
象胥胥其有才智。者。 建陳本後漢書注智。同王海或作智。諸本
作知。又下有也

此類之夲。名　諸本夲。作本。此與唐石經合
令。摠名曰象者　元本外十本同重京本今。誤令。閩人閩監本誤
合。
先致南方。　諸本下有也。
客。來主迎之者。也。掌訝　諸本作賓。客來主迎之當據正
鄭司農曰。　諸本作云。
掌交主交通結諸侯之好者。　諸本無者。
朝大夫此王之上。士也　諸本無上。此衍
而命之。大夫云　諸本大上有朝。當據補
都則主都。之八則。也　諸本都下有家。則下有者。可從訂本無者。
當言每國。如朝大夫及都司馬云　諸本國。作都。
家士亦當言每國。也。　諸本作每都。無也。
大司寇王秏。荒十行　元蜀董本秏。作耗。纂本外六本作旄。建本
外九本作耄。阮云當作秏。
度作詳。刑　諸本作詳刑詳祥嫌諱
新辟地立君之國也。　治要御覽同諸本無也。
承平守成之國。　尚書疏御覽同諸本下有也。
纂。弑叛逆之國　諸本纂作篡可從治要作纂

伐滅。也。　諸本也。作之。尚書疏御覽滅下有之。
糾。窣異者。　諸本作糾猶。察異之。窣。蜀諱
功農功也。　合鈔本同諸本無也。
力勤力也。　御覽同諸本無也。
守不失部伍也。　六帖御覽同諸本無也。
職職事也。脩理也。　諸本無也。御覽有下也。
有似於罷也。　治要同諸本無也。
麗於法者也。　諸本無也。
庶其困悔而。改也。　諸本改上有能。
以所能役使之也。　冊府元龜同諸本無也。
書其罪惡於大方板。　諸本板。作版。
反於。中國　聞人本冊府元龜同諸本於。誤于。
訟謂以賊貨相告者也。　諸本無也。
則是自服直。者也　諸本服下有不。可從
詩云。其直如矢　陳本御覽同諸本合鈔本作曰。
不券則。書不入金　諸本無則。可從
取其堅。　蜀本宋刊通典同諸本下有也。
樹。之外朝門左　訂士聞人韓陳金本書鈔御覽同建本外六本

樹。作封。重本作樹。重意本釋文作封。
成使。善也。御覽同諸本作成之。使善書鈔有也。
坐曰。訖諸本曰。作日。可從
使給百工之役。訂本治要合壁事類同諸本下有也
月訖。諸本作役。月訖可從
乃赦之寬宥也。諸本赦。作赦。寬宥倒
若上卿。書諸本無卿。○若鄉遂大夫也。諸本無也。
布王。刑於天下蜀本外七本同十行本外九本誤五刑
文縣其書重之也。諸本無也。
天府祖廟之藏也。諸本無也。書鈔藏下有者。
六官六卿之官。訂本同諸本下有也。
弊當爲弊。諸本上弊作憋。可從
弊獄刑侯。京本同諸本作邢侯可從○卜之日。諸本下有也。
百族。府史以下。諸本府上有謂下有也。
王立于澤宮。諸本無宮。
太。廟之內重本外七本同蜀本外六本太。作大。
或嗣王也。諸本無也。御覽有合鈔本有位也。
屬上飾。以下。諸本作屬士飾。以下也。訂本無也。

請若。辟除姧。人。諸本作謂辟除姦人也。纂本姦作奸。
彈上行人。也諸本無人。案有者是
小司寇。國危。謂有兵寇之難也。諸本無也。
選於衆。也諸本衆作庶。當據正。
謀及庶民。諸本作庶人。孫云鄉大夫先鄭注引作民。作人者
依僞孔本改非其舊也
其不。見孤者。從羣臣諸本作其孤。不。見。者孤。從羣臣可從
大。夫在公後也。十行本外十七本上有卿正韓聞人本通解作
鄉。諸本無也。阮孫云作卿。者誤
十。日。乃斷之十行本外十本同正本外四本誤卜日
獄。壹。成而不可變。諸本無獄壹。作一。
己。乃論之也。諸本無也。
不躬。坐者。諸本躬作身。可從訂本左傳疏元龜脫者。
其男子之爲大夫也。諸本也作者。
其大夫之妻也。諸本作其婦人之爲大夫之妻者。
鍼莊子爲坐訂本同諸本莊作嚴。
鄭司農曰。諸本曰作云。
不與國人慮兄弟也。諸本無也。此有也與原文合

不直則被。然　宋刊通典被。同諸本作赧。可從
觀其眸。子　正本外九本同。蜀本外九本作牟。子可從
讀麗爲羅。　諸本羅。作羅。孫云羅。俗字說文所無古止作羅。
玄謂附也　諸本附上有麗。此脫
日月麗乎。天　蜀本外五本同十行本外十三本乎。作乎。竝非注
文例
附。猶著也　十行本外十四本同監毛殿福本無附。　案有者是
則民不偷。　十行本外十四本同蜀重嘉士本作不愉。　案偷。俗
體
鄭司農曰。　諸本曰。作云。
謂有大勳力。立功者　諸本同閩監金殿福本力。作勞。
謂憔悴。事國也。　諸本作謂憔悴以。事國治要作謂憔惟事國者
三格二王。之後與。　諸本作二代。　案王代兩通重訂本通典元
龜脫與。
剌。殺也　元京聞人陳本同建本外八本作剌。此誤
男八月。　諸本下有而生。齒。　案司厲注云男八歲女七歲而毀
齒據此則無三字者是
小司寇爲王導。　諸本導。作道。　案釋文出道音導作道者是

辟除姧。人也　諸本作姦。纂重錢鈔本作奸。
小司寇作。祀司民　諸本作。作於。此誤
獻。民數於王　諸本上有而。　案而不必增
乃會。致。於王　諸本作乃令。致之。於王當據正
士師宮王宮。　諸本下有也。
國城中。　諸本下有也。
古之禁書。亡矣　十行本外九本同閩人韓陳閩本誤盡。
今宮門有符。籍　蜀本外十三本同正本外四本符。誤薄。
城門有離。載下離。　諸本作下惟。此誤
軍有讙。嚻。夜行之禁　諸本作嚻讙。
其粗。可言也。　諸本觕。可言者。　案觕麤也兩通
則甘誓湯誓大誥。之屬也。　諸本誥下有康誥。無也。
無干。車　諸本同蜀京監毛本干。誤于。
此。其類也　纂本外十一本同蜀本外八本誤比。元本誤北。
糾憲未。聞焉　諸本未下有有。
胥讀如宿偦。之偦　諸本作宿偦。可從
偦謂司搏盜賊者。也　諸本無者。
若今時。百官。聽。政法解。　諸本作若今白聽正法解也　孫云未

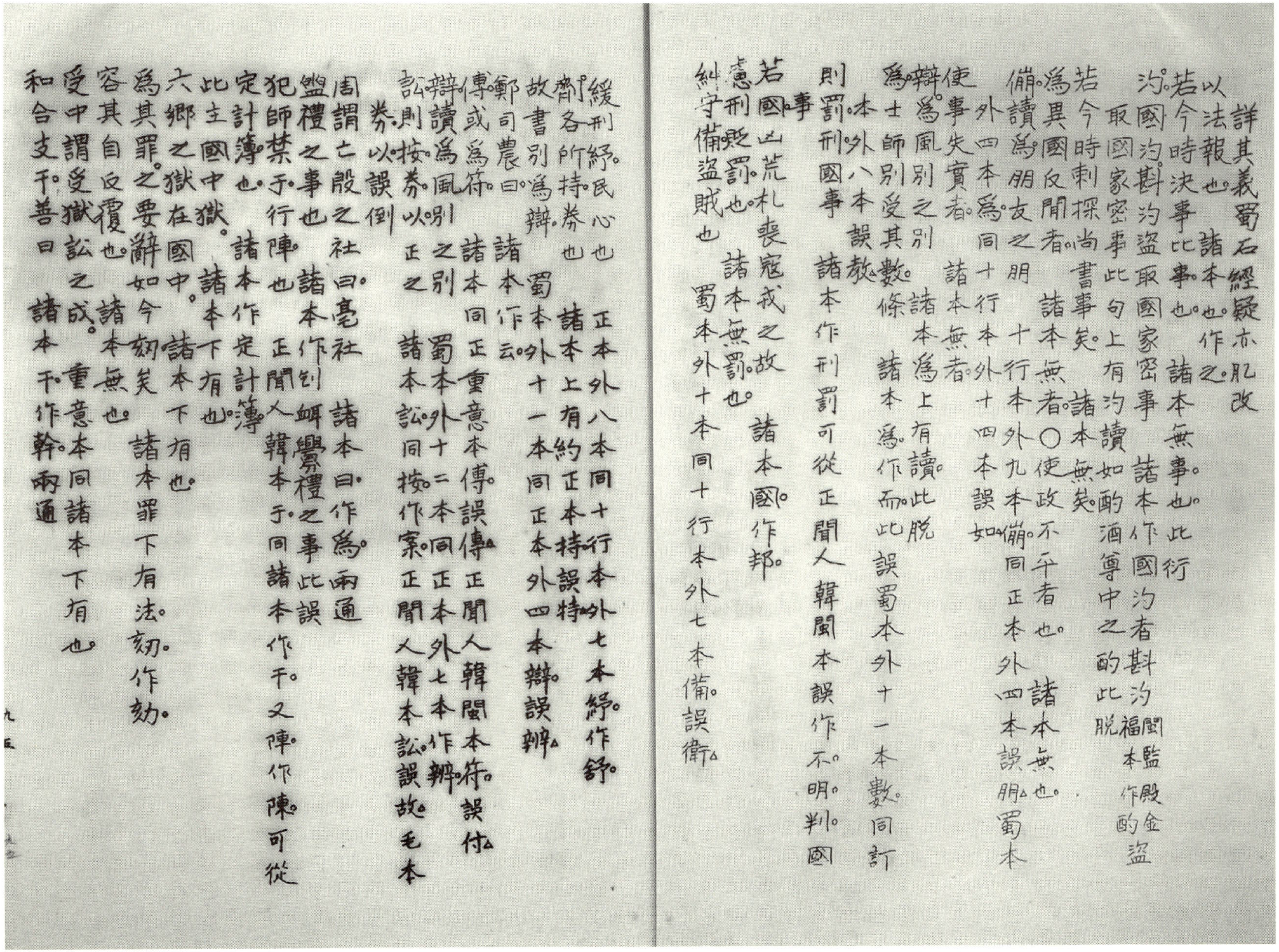

若今時望後刑。日也 諸本刑。作利。此誤
棄疾請逆。尸 諸本無逆。此衍重訂陳本棄。作弃。閒人本疾。誤病。
士師既。獄訟之成 諸本既下有受。此脫
鄉士則擇可行。殺之日 諸本行。作刑。此誤
尸之三日乃反之。 諸本之。作也。〇司寇聽之日也。 諸本無也。
則！此。時親往議之 諸本則下有用。此脫蜀本此。誤比。
辟。督鄭盜賊導。之。也 諸本作鄭督鄭盜賊道也 段有說此誤
遂士至二三百里也。 諸本無也。
三。人而分主一遂也。 諸本三。作二。無也。
遂處不同也。 諸本無也。
則用遂士職聽之。 諸本下有時。此脫
則。三公往議也。 諸本則。作命。也。作之。此誤
縣士至四百里。曰都 諸本里曰之閒有曰縣四百里以外至五
百里此脫
都縣野之外。地 諸本無外。此衍
其邑非王子弟公卿大夫之菜。地 諸本作采。地此誤
則皆公邑。 諸本下有也。
大揔言。也 諸本言下有之。此脫

獄居近焉。 諸本無焉。
期亦謂縣士職聽之時也。 諸本無也。
野距。王城二百里以外及縣鄙。也。 諸本距。作距。縣鄙。也。作縣都。
方士公所食也。 諸本無也。六帖有
都王子弟及公卿菜。地 諸本作公卿之采。地六帖無之。諸本下
菜亦作采。
民不純屬王也。 諸本無也。〇三月乃上要。 諸本下有者。
以其自有君異之也。 諸本無也。
晉刑。侯與雍子爭鄙田 京陳本同 諸本刑。作邢。可從
久而無成也。 諸本無也。〇但書其成書。 諸本無下書。此衍
縣法者。縣師之職。 諸本無者。下有也。
其職掌邦國都鄙稍甸郊里。之地域 諸本作郊野。誤縣師作里。
則與民數亦相近也。 諸本無也。
所治。上者 諸本作上。治。此誤倒
主之告於司寇聽平之也。 諸本無也。
訝士鄭司農曰。 諸本作云。
及制刑之本。意也。 蜀本本同諸本作本。無也。
謂讞疑辯。事 諸本作謂讞。疑辨事作辯。是

乃通之於士。 諸本下有也。士。此脫
如今郡國亦時遣主吏。者。 諸本作者吏此倒
詣廷尉議之。 諸本之。作者。
上下相虐者。 諸本句下有也。
往。成之 諸本往下有而。此脫
猶呂步舒能。使治淮南獄。也。 諸本無能。也。
出入謂朝覲於王時。 諸本下有也。
自以時事耳。 諸本無耳。
朝士來人於此 諸本上有懷。此脫
欲與之謀也。建 重意本通典通考同諸本無也。
州長鄉遂之官也。 重意本同諸本無也。
鄭司農曰。 諸本作云。
內朝在路門之。內 諸本無之。此衍
係用徽纆。 十行本外十一本同正本外三本纆。誤纆。
是庫門在雉門外必也。 諸本也。作矣。
門。人幾門出人者 諸本作闇。人此誤
窮人。蓋不得入也 諸本人。作民。
郊特牲曰。說。繹之。於庫門內 諸本作郊特牲識繹於庫門內此

廟門。誤 在庫門之內 諸本無上門。此衍
於。庫門之外 諸本於。作在。此誤
有天子以下。會殿者 諸本會上有大。此脫
內朝在路門內者 諸本朝下有之。此脫
或謂之燕朝也。 諸本無也。
執鞭以威八。 諸本作威之。此誤
慢朝。臨朝不肅敬也 諸本臨上有謂。可從
違其位傳語者。也 諸本無者。
待來識者。也。 諸本者。也。作之。者。
人民謂刑人奴隸逃亡者也。 諸本無也。
師。其民 諸本師。作帥。可從
放失六畜 諸本上有及。此脫
特。詣鄉亭縣廷也。 蜀本特。同誤也 諸本作持。十行本作侍元本
作侍無也。
物。小。自畀。也 諸本作小。物。自畀。也此誤
人民。小者 諸本民下有之。
謂在朝。內者聽 諸本朝。作期。此誤

判分兩合也　諸本作判半。分而合者。此誤
爲治之也。　諸本無也。
亦如。國服與　蜀本外七本同十行本外十本圖上行其。
謂合錢共賈。也　諸本賈下有者
司市爲節以遣之也。　諸本無也。〇同貨賤　諸本下有者。
富人畜。積者　十行本外六本同建本外八本畜。作蓄。
多時收。斂之　十行本外十一本同正本外三本收。作
乏。時取。以國服之法以。出之　十行本外十一本乏。同正本外五本
雖有誤之。諸本法下無以。
騰躍其贏。　正本外二本同建本外八本贏。作贏。重意韓本
誤贏。京本爲贏。
若今時加賈。貴取息坐贓。　諸本無賈。贓。作藏。重意訂陳本作贓
京本作藏
謂訟地畔界者也。　諸本無也。
屬責轉。使人歸之而本。主死。　諸本轉下有責。本。作本。下有亡。此
誤脱
相抵。冒者。　諸本作相抵。冒者也。當據正

乃受其辭爲治之也。　諸本無也。通考有
共攻。鄉邑。家人者也。　諸本作共攻盜鄉邑及家人者可從
無。故入人家。宅廬舍也。　諸本家。作室。
欲死。法者　諸本死。作犯。可從
謂同國不相辟者也。　諸本無也。
憲謂播書以明之也。　諸本播作幡。無也。　孫云幡播之段字
司民毋歲更著生去死也。　諸本無也。
文昌宮三台　諸本作三能。
爲屬軒轅。　諸本作屬軒轅角。可從
近文昌爲司命次。司中。次司祿次司民　諸本同十行本外五本
脱次。司。中。
司贊。佐。三府。　諸本無贊。佐。府。作官。當據正
刑。刻其面　諸本上有先。
劓截。鼻也　御。覽。同。諸本鼻上有其。一切經音義或無其。
今東西夷戎。　諸本無戎。
宮者文夫。割其勢　御覽。同。諸本割上有則。不必補
女子閉於宮。　御覽。同。諸本下有中。
若今宦。男女也　諸本同京本外三本宦。誤宮。御覽誤宮。

則斷其。足者。也 諸本作刖斷足也
蠲易君命 諸本同正陳本蠲誤謂。
姧究。寇。攘傷人者 通解究同諸本作姦軌盜。攘傷人者
而誦不祥。之辭者 冊府元龜祥。作祥。陳壽祺云御覽作祥。諸本
作詳。
降略。寇賊 諸本略。作畔。原文元龜作叛。同畔
劫掠。奪。攘攘。撟虔者 諸本作劫略。奪。攘撟虔者岳本作掠
此二千五百罪之目略。諸本下有也。
所謂刑罰世輕世重。也 訂本同諸本重下有者。
剫其所應否。諸本否。作不。
如今律家所著。法矣 諸本著。作署。此誤
司刺訐。而有罪 諸本訐。作訊。
赦。舍也。諸本赦。作赦。
訐言也。左傳疏御覽元龜同諸本無也。
不識愚民無所識則宥之也。諸本愚上有則。無也。
過失若今時。律過失殺人不坐死也。諸本無時。也。御覽有時。
忘有在焉者。建重意岳本御覽漢制孝同諸本脫者。
而以兵矢投射也。御覽同諸本也。作之。

惷愚生而癡騃童昏者也。諸本無也。一切經音義或有也。
若今時。律令 建本外五本同十行本外十二本脫時。
上服。與墨劓 諸本服下有殺。此脫
凡行刑人。諸本無人。此衍
司約諸侯。下至於民 諸本下上有以。
劑謂券書。諸本下有也。
治者理其相探。冒上下之差。諸本探。作抵。可從下有也。訂本無
也。
般民六族七姓。諸本作七族。
地約皆。經界所至 諸本皆。作謂。可從
摯。謂玉帛禽鳥相與往來。諸本摯。作摯。約。下有也。此誤
或有形。器 玉海漢制考形。作雕。諸本作彫。此誤
豈此舊典之遺言乎。建本漢制考乎。作與。諸本脫乎。
謂有事。爭訟罪罰謂。刑書 諸本無事字下謂字
當閒時先祭之也。諸本無也。
玄謂訟。約 韓本同諸本訟下重訟。可從
薛。約。宰者 諸本作薛。宰者也。當據正
辟藏開府視約書也。諸本無也。

謂殺雞。血釁其戶。 諸本血上有取。十行本外六本戶。同建本外
十本作戶。此誤
大亂謂。約 諸本約上有僭。
晉文公請遂。以葬者 諸本遂作隧。可從
六官初受盟約之貳者。 諸本無者。
司盟載盟辭者。也 諸本無者。
謂。盟者書其辭於策 諸本無謂。此行
坎用牲加。 諸本下有書。此脫
為世子座。與楚客盟者。 韓間人本座。同 諸本作瘁。無者。此誤
有疑不協者。也 諸本無者。○所以依之。 諸本下有也。
讀具載書臣。告之。 諸本臣作以。下有也。 案以作呂。遂誤臣。邪
欲與共惡之也 諸本欲下有相。
犯命。君教令也 諸本君上有犯。此脫
不信違約。也。 諸本約下有者。
不信則詛 諸本則下有不。敢。聽。此。盟。五字此脫
使不信者必凶也。 諸本無也。
職金謂主受來。金五錫石丹青者兵。之祖稅也 諸本來。作采。無
兵。此誤

又。以著其物也 諸本無又。此衍 ○謂之楬諸。 諸本諸。作櫫。
入之於天。府 諸本天。作大。此誤
給治。及工直也 諸本治下有兵。
罰贖。也 通考同 諸本罰下重罰。○主其取之令。 諸本下有也。
及所盜賊。財物也 司厲 諸本無賊。可從
若今時傷殺人所用兵。盜贓加責 諸本兵下有器。盜下有賊。當
據補
令之。奴婢 六帖御覽合璧事類同 諸本奴上有為。案不必補
予則奴戮汝。 十行本外十一本同 蜀本外五本汝。作女。
罪隸。奴也 諸本隸下有之。此脫
沒。縣官者 諸本沒下有入。此脫 ○男女同名也。 諸本無也。
有爵謂命士以上。 諸本下有也。 訂本六帖無。
齓者 諸本作齓 毀齒也此誤
犬人以王車轢之也。 諸本無也。
幾讀為祈。 諸本祈。作廢。可從
以副辜祭四方百物 訂殺福本通解原文同。 諸本副作罷。
駹。謂不純色也 諸本無駹。案不必補
衈刲。者釁禮之事 諸本作刲。衈。可從

司圜著墨。幪。十行本外九本墨同蜀本外十本作黑。墨黑兩通
諸本幪作幪。十行元本作蒙。重本誤邃
鄭司農曰。諸本作云。○凡害。不使冠飾　諸本害下有人者。此脫
若今。罰作人。諸本作若今時罰作矣此誤
但加以明刑罰之。諸本之作人。
以此知其爲爲民所患苦而未入刑者。諸本不重爲。無患下有
也。可從
無所容入。諸本下有也。
以麗於法。諸本作已。麗於法者。毛本已誤民　案已以共通
掌囚自以他罪拘者。諸本下有也。
拲者兩手共入。一木。御覽入同諸本無下有也。
手亦各一木耳。諸本亦作足。可從
王同姓。及命士以上　御覽姓同諸本作族。
告以今日當行刑　諸本告下有王。
且當以付士也。諸本無也。
加明梏者　諸本上有鄉士。○當據補
皆刑殺於市也。諸本無也。○往刑殺者　諸本往作待。可從
掌戮殺以刃。刃　諸本作刀。刃可從

誅爲姦寇反間者　御覽爲同合鈔本作謂　諸本作謂。
搏當爲膊諸城之膊　諸本城下有上。此脫
謂磔之也。御覽同　諸本無也。
肆猶陳之也　諸本作肆猶申。也。陳也
曰言刑盜盜於刑殺惡莫大焉　諸本作凡言刑盜罪惡莫大焉
當據正
其刑殺之一人。也　諸本無人。可從
戮謂膊焚之。辜。肆也。　諸本辜作辜。無也。
縣者無姑於禁御也。　諸本無也。
以。醜遠之也。　諸本醜上有貌。無也。宋刊通典有也。
無急行也。　諸本無也。
髡當爲完。　十行本外十本同蜀本外八本爲作作。
必王之同族不宮者也。　諸本無也。
宮之爲翦傷。其類　御覽同。諸本無傷
守積積在隱者宜之。也　諸本無之。
司隸民五隸之民。訂本同。諸本下有也。
此官主爲積聚之。　諸本下有也。
屬遮列也　重意本釋文列。同諸本作例。

罪隷牛助國。轉從。 諸本國下有以。牛。助。下有也。可從
在後。曰徬。 諸本作在旁。可從
閩隷罝以。使掌其家事 諸本以。作臣。可從
夷隷介葛盧聞牛聲。 諸本作牛鳴。可從
是以夷。隷職掌與獸言 御覽夷。同 諸本作貉。
貉隷不言阜蕃。者 建本外九本同 十行本外六本蕃。誤藩△
布憲謂縣之。 諸本下有也。
所以左右刑罰者也。 諸本無也。
而正歲又縣其書於。象魏 諸本無而。於。誤于△
布憲于。司寇布刑 士福本于。同 阮云鐵鈔本作于。 諸本作於。可
從
則以搉節出宣令。 諸本下有之。
則亦縣之於。門閭 諸本於。誤于△
刑者在。王政所重 諸本無在。
禁殺戮斬殺戮者。 諸本無者 ○相戮者也。 諸本無也。
傷人。見血者。 御覽者。同 合鈔本及諸本無。御覽脱人。
距當獄。也。 諸本獄下有者。
止欲訟也。 諸本作遏止欲訟者。也 此脱

卻獄者言不受。 諸本下有也。
亦刑所禁。 蜀本同 諸本下有也。
力正者。以力彊。得正也 諸本無者。彊作強。建本作彊 案注例
當作強。
其聚出入者。有所役也。 諸本無者。也。
野廬氏使不阻。絶。 諸本作使不陷絶也。 案作阻。似可
以猶校。也 諸本同 閩本外五本校。作較。
客所宿及畫止。也 諸本上有賓。止下有者。此脱
樹爲藩。蔽 諸本藩。作蕃。○觀徇。者也 諸本徇。作侚。可從
以宿衛。也 諸本衛下有之。
有奸。人相翔於賓客之側 諸本奸。作姦。
不得令寇盜賓客也。 諸本無也。
車有轘轅坻。閣 諸本同 建本訂本坻。作抵。纂本作坻。
使以次序。 諸本作使以次叙之。 案注例作序。是
辟辟行人也。 諸本無也。
皆爲防奸。 蜀本外七本奸。同 纂本外八本作姦。閩本外四本作
奸。諸本下有也。
徑踰射邪趨。隄渠者。 諸本作徑踰射邪趍 蜀本外七本作趨疾。
一〇二

越。隄渠也。當據正
比校治道有。名諸本有。作者。此誤
若今次。敍大功者。諸本次下行金△無者。阮云當作今次敍丈。功
禁謂若今絶蒙大。巾持兵仗。之屬蜀本外四本同十行本外十
四本大。誤布△諸本仗。作杖。此誤
不時謂不夙則暮。諸本暮。作莫。下有者。也。阮云錢鈔本莫作
暮。非
不物者。謂衣服操持諸本無者。○非此。常人也諸本同嘉本外四本此。作比。可從
備姧。人內賊。反間者。諸本作備姦。蜀嘉本作姧人內賊及。反間
蜡氏曲禮曰。蜀本同諸本脫曰。
脊讀爲骴。蜀本外十一本骴。作漬。建本外七本作殰。孫云此
疑誤
齒。骨之尚有肉者。禮記疏齒。同諸本脫齒△下有也。
禽獸之骨皆是也。諸本上有及。無也。
鐲讀若。吉圭爲。饎之主蜀本若。同諸本作如。爲。作惟。孫云作爲。
以勝
凶服。衰絰者。諸本作凶服服。衰絰也。
此所以。禁除者諸本無以。

皆爲不欲見之。人所穢。惡也諸本無之。穢。作薉。許本作穢。釋文
出所薉。云今本多作穢。
有地之官主此地之吏。諸本下有也。
待。其家人。也諸本待。作其。人。可從
今時楬。猪。是也十行本外七本楬同正本外四本作揭。韓聞人
本作猲。諸本猪。作蘱。
有部。界之吏諸本同正本外七本部。誤郡。
雍氏害於國稼者。六帖同諸本無者。
阱穿地爲壍。蜀本外五本壍。作塹。十行本外九本作蟖。正本外
三本誤漸。孫云蜀石經作塹。失校
所以御。禽獸書鈔御。同諸本作禦。
其或超踰則陷。焉諸本陷。作陷。可從
世謂之陷阱是也。諸本無是。也。一切經音義有也。
收艾。之時諸本艾。作刈。此誤○書紮。誓曰諸本紮。作紮。可從
伯禽以出師征徐戎是也。諸本無是也。
爲其就禽獸魚鼈。自然之居而害之蜀本外三本同十行本外
五本鼈。作蟞。重本外九本作蟞。
洴氏及入水捕魚鼈。非時者。蜀本外八本鼈。同重本外六本作
一〇三
六八

蟞。京本譌鼈。嘉士本作蟞。諸本非。時。者。作不時。
備波洋卒至沈溺。 諸本下有也。
夜時謂夜早。晚。 司寤氏 諸本作晚早。
若今時甲乙至戌。 蜀本外五本同纂本外四本戌。作戍。訂本外
七本作戌。十行元本譌戍 案作戍。是
及謀非公事也。 諸本無也。 ○謂遏止之耳。 諸本無耳。
晨先明。 諸本下有也。
司烜氏鑒鏡之。屬也。 諸本無之。也。史記集解文選注有也。
夫發聲也。 文選注同。諸本無也。
明粢。謂以明水滫。粢盛黍稷 諸本上粢。誤盛滫上有滫。閩監毛
本誤脩王海無
於。內曰庭燎 諸本內上有門。此脫
皆所以照眾為明也。 一切經音義御覽也。同 諸本無也。
為季春將出火時。也 諸本無時。可從
故為葬之。 諸本下有也。
屋讀為。其刑剭之剭 諸本為。誤如。禮部韻略作為。 段有說
誅。謂所殺不於市 蜀本同諸本上有剭。可從
而以適甸師。者。 諸本師下有氏。下有也。

明褰若令楬。頭 蜀本外九本同京本外六本作揭。正閒人本誤猲。
條狼氏趨而辟行人也 諸本無也。
若今時。卒辟車之為也 蜀本同諸本脫時。
言士之賤者。 諸本者作也。 案作者似勝。
以警所誓。 諸本下有也。下文義下同
卜之日王立於。澤宮 諸本於。誤于。
主書。記。禮事者 諸本無書。記。可從
謂不闕于。君也 諸本于。作於。可從
大夫自不。受命以出 諸本無不。可從
莫不復諫。也。 諸本作莫不復請。可從
脩閭氏國所猕。養 諸本猕。作游。可從
謂行。卒也 諸本行。作義。京本外三本誤義。可從
所以障互禁止人者。也 諸本無者。
寘氏靈鼓六面鼓也。 諸本無也。下句尾同六帖下句尾有也。
庶氏毒蠱蟲物而能。害人者 諸本能。作病。蜀本作能。病。
攻說祈名也。 王篇零本同諸本無也。
攻之謂熏。之 王篇零本熏。同諸本作燻。孫云作熏近是
此檜讀如癰。潰。之潰 蜀本外六本作潰癰。建本外六本潰。癰。重

一〇四

京本作漬。雍。正閒人韓本誤漬、癪△此誤倒
使之。爲又校次之　諸本作爲之。此誤倒
穴氏冬藏者。　諸本下有也。○翨氏鳥來下則椅其脚也。　諸本無也。
柞氏皆謂斫去次地之皮也。　諸本無也。
生山北曰。陰木　諸本曰。作爲。
薙氏故書萌作甍。　十行本外七本甍。作薨。纂本外七本作甍。當
據正下句同
謂耕及。萌牙也　諸本及。作反。可從
書亦或作萌　諸本作或爲。
以茲其斫去。生者　諸本貫疏本去。作其。可從
夷之。鉤鎌迫地芟之。　諸本鉤上有以。下有也。纂本外四本鎌。同
蜀本外十二本作鎌。俗改
耜之以耜測。凍。土剡之也。　蜀本外十本測。同重京陳本誤則。闓
本外五本誤凍。側△闓本凍。同　諸本作凍。可從無也。御覽有也。
已而以。水之　諸本無以。○月令季夏云。　諸本無云。
是一。時著也。　諸本作是其。一時著之。
硩蔟氏貫誼所賦陸機云大如斑鳩綠色　諸本無。此行
方柀。也　諸本柀。作版。

日謂從甲至癸也。　諸本無也。下文至荼也。奮若也。至軫也。並同
其祥。未聞矣。　蜀本祥。作祥。諸本作詳。可從又無矣。
今用以殺魚山海經朝歌山有草名莽可以毒魚郭璞云翦氏
諸本無　孫云二十二字非鄭注蓋唐五代時校書者所記石
經誤井錄之
攻禜祈名也。　諸本無也。下蟲者也。同
毒。蠱。之類　諸本作蠱。重京閒人本誤蟲蠹。之類此誤
或熏之。以莽草則去也。　諸本無之。也。
赤犮氏除蠱豸藏逃其中者也。　諸本無也。
淳之。則死　諸本則上有以。灑之。此脫
當爲蜃　諸本上有晨。此脫
貍蟲䗪。肌蛷之屬　正本䗪。同諸本作蜃。此誤
蟈氏而聒人耳故。去之　御覽而同諸本作爲。合鈔本故。同諸本
無故。　案兩通
酉。行被。水上　諸本句首有令。煙。此脫被下衍之。
壺涿氏水蟲狐蜮。之屬　建本外十本同十行本外五本蜮。作蟈。
杜子春云。泡當爲匏。有苦葉之匏。　諸本作杜子春讀。炮。爲苞。有蟈。
苦葉之苞。此作泡。是

一〇五

燔之炮之。諸本下有炮。當補之炮。二字
土鼓　諸本作炮。土之。鼓此脫○使驚去也。諸本無也。
神謂水神蛟。龍冈。象也。　諸本作神謂水神龍罔象蜀何本罔。作冈。
故書云。椊為梓　諸本無云。此行
枯榆木名也。　釋文同諸本無也。
五貫為當。午貫　諸本作當。為此誤倒
謂夜來鳴呼為怪也。庭氏　諸本也。作者。
謂日月食所作弓矢也。　諸本無也。
陰陽相勝之變。　合鈔本同諸本下有也。
於日食則射太。陰月食則射太。陽。　毛本太。竝同監本下太。同諸本
作太。陽下有與。御覽無
若　或叫。於。宋太。廟諺諺出出者蜀本叫。同諸本作叫。又於。誤乎。
缶本作乎。太。作大。訂本外三本作太
互言之耳。　諸本無耳。
救日以枉矢　蜀本同諸本以。作用。非是
然則救月以恆矢可知也　諸本無然。案不必補
冥嘂讙者銜枚氏　諸本同　元正本讙。誤讓。閩監金殿福本誤攘。
與其聒亂在朝者之言語　諸本與作為。此誤

為其惑衆相感動也。　諸本無也。
伊耆氏鹹讀曰函　御覽同諸本作為函蜀本畫一元龜誤函也。
事鬼神當敬去之　諸本當。作尚。○將軍杖鉞也。　諸本無也。
當以王命授杖者　諸本授。作受。當據正
今時亦命之為王杖者。　諸本無者。
以王見諸侯為文也。　宋刊通典通考同諸本無也。
大行人皆考績之言也　初學記同諸本無也。
王。春見諸侯　初學記同諸本王下有者。
亦。無常期　諸本無亦。
諸侯有不順者。　諸本順下有服。案有者是
合諸侯而發令。事焉　諸本令。作禁。命。此誤
禁謂九伐之法也。　諸本無也。○般同則。般見也　諸本則。作即。可從
王十二歲一巡狩。　諸本狩。作守。下同
為壇于。國外　諸本于。作於。可從
歲終而。徧矣　諸本而。作則。案而。則。互通
亦以禮。見。無常期也。　諸本作亦無常期
王。親以禮見之　蜀本同諸本無王。孫云不必增
以。禮。遣之　諸本作禮。而。遣之

一〇六

慝惡也　穀梁疏通典書鈔初學記同。諸本慝下有猶。
此四者王使臣於諸侯之禮。　訂本通典同。諸本下有也。
交或往或來者也　諸本同。嘉士本往來誤互易。
凶禮弔禮禬禮也　諸本弔上有之。
補諸侯之裁者　穀梁疏同。諸本無之。○謀歸宋賊也。　諸本無也。
公侯伯子男。　訂本禮記疏同。諸本下有也。
孤卿大夫之士。　諸本之士作士也。可從。訂本禮記疏作士。
縹耤以五采韋衣版。　釋文版作版。同。諸本作板。阮云惠校本宋本疏
亦作版。
若奠玉則以耤之焉。　諸本玉。同。無焉。蜀十行本玉誤王。
冕服者。　諸本無者。
常旌旗也　蜀本外九本同。十行本外九本旗誤斿。
斿其屬綴繆垂者也
孫云幓即繆之俗　諸本繆作幓。京正陳本誤幓。重本譌幓。
樊纓馬飾。　訂本通考同。諸本下有也。
禮謂大禮饔餼也　諸本無謂。○所立處。
王始出大門内　諸本出作立。可從。○則立當軫與　訂本儀禮疏同。諸本下有也。　諸本無則。
廟受。祖之廟也　諸本受下有命。此脫。

饗食禮設盛禮以飲賓也　諸本無食禮。此衍。
勞謂若倦之　諸本若作苦。下有也。此誤。
車軹車也　諸本下車作軹。段云當云車軹轄也乃合。
再裸再飲公也　通解同。諸本作再灌。
九舉舉樂也　諸本無九。
餽之芻禾米也　諸本作謂饋之芻米也。釋文餽本又作饋。　盧
云饋字是說文饋餉也
前疾謂四馬車轅前胡下垂柱地者　諸本四作駟。此誤。蜀本外
九本釋文柱同。正本外八本誤柱。
三享皆束帛而加辟庭實唯國所有　諸本無而。辟作璧。唯作惟。
重本誤准。京陳本誤推。按作唯是。
朝事儀曰　諸本事作士。誤。
奉國地所出重物獻之　建轉何本無重。諸本獻上有而。
而不言朝者也　諸本無而。○朝王禮　諸本王作正。此誤。
以鬱鬯禮賓也　諸本上有王。此脫。
凡祭賓客之裸事　蜀本同。諸本祭下有祀。案有者是。
禮公者　諸本無公。當據補。○禮子男裸而不酢者　諸本無而。
不酢王也　諸本同。十行本外六本王誤主。

一〇七　一〇七

聘禮禮賓是焉 諸本焉。作與。可從
出入謂從來還。去也 諸本還。作訖。可從纂本誤九。
皆降殺矣。 諸本無矣。
吏曰以其摯。見 諸本摯。作贄。釋文作摯。贄摯之俗
執束帛而以 諸本以。作已。○豹皮表之以爲飾 諸本無以。
不使介傳辭文於。王之擯者。 諸本於。誤于。無者。
親自對擯賓。也 諸本賓。作者。可從
不前相禮也。相。禮。不。者 諸本無也。相禮不。此誤衍
者。謂齊酒。和之不用鬱。耳 諸本者作酒。酒下有也。鬱下有鬯。
聘禮。曰 諸本禮。作義。可從
是謂使卿。聘之介。數也 諸本卿下有之。無介。
子男三十步也。 諸本也。作與。可從
其在東夷北狄南。蠻。西。戎。 諸本南蠻西戎互易
杞伯。 通解同 諸本下有也 ○其君皆如子男也 諸本無如。可從
以。父死子立 蜀本同。諸本脫以。
各以其所貴寶爲摯。 蜀本外六本同十行本外十本摯。作贄。京
本譌蟄。
無執玉瑞者也。 宋刊通典通考同諸本無也。

所貴寶見經。傳者 尚書疏同諸本無經。 案有者似勝
其餘則周禮。王會備矣 諸本禮。作書。此誤
撫安。也 文選注同 諸本安上有猶。一切經音義或有
存也。規省者 諸本無也。可從 ○所謂間問。 諸本下有也。
歲者王。巡守之明歲以爲始也 諸本無王。
逐間歲徧省。 訂本毛詩疏同 諸本下有也。
七歲省而名。其象胥 諸本名。作已。可從下句同
象胥譯語。官也 諸本無語。○書亦。或爲叶辭命 諸本無亦。
嗜欲。不同 嘉士陳本欲同。諸本誤慾。釋文云本多作欲
通其欲。 諸本欲誤慾。○西方狄鞮 諸本方下有曰可從
周始有南。越 後漢書注同。諸本脫南。訂本作越裳。
是因名。通言語之官爲象。玄。 蜀本後漢書注名同。諸本脫。諸本
象下行胥。玄。作云。作玄▲誤
謂。胥。象之有才智。者。 諸本作謂。謂象之有才知者也此誤蜀本
無知。訂本無也。
辭命六辭之令。也 諸本令。作命。
史太。史小史也 建本外十本同蜀本外五本太作大是
書名畫。字也 諸本作書名書。之。字也可從

一〇八 壹 一〇八

達同成脩。皆有。齎其法式　士金本脩。同諸本作脩。有。作謂。
行行至則齊等之也　諸本不。重。行。可從
平其借踰者。諸本下有也。〇書曰肆。覲東后是也　諸本肆。作遂。
詔相左右告。敎。之。御覽同諸本告敎倒。下有也。
則以東帛如享之。禮　諸本無之。此行
又於殷朝者反。而相聘也　諸本反。作及。可從
皆所以習禮　諸本上有此。〇鄭司農云。京本同。諸本云。作說。
孟僖子如齊殷聘禮。是。也　諸本無禮。蜀建嘉士本無是。阮云
當據以訂正
小行人諸侯之臣使來者。諸本下有也。
功考績之功。訂本左傳疏同。諸本下有也。
春。秋貢。獻之　諸本作秋獻之此行
其舊法也　禮記疏同。諸本無也。
入王朝于。王也　諸本于。作於。可從
視。館致館也　士本御覽同。諸本視誤眡。
承猶承。相。也　諸本作承猶丞。也此誤
皆爲之承而擯之　諸本承作丞。兩通
使得親其。言也　諸本無其。此行〇告其所爲來之事也。諸本無也。

此謂邦國之節。諸本下有也。〇自其國家也　諸本作國象。可從
道路謂鄉遂大夫。諸本下有也。
王。公之子弟及卿大夫菜。之吏也。諸本作公之子弟及卿大夫
之采地之吏也此誤　〇由關門者　諸本無門此行
鄉遂大夫及菜。地吏爲之節　諸本菜。作采。
皆使人執節將之以達之也。諸本無也。
管節如今。竹節。使符也　諸本今下有之。無節。宋刊通典無之。是也
通之以爲。符節如門關者。也。諸本無爲者也。
節可同。諸本下有也。
凡節有天子法式存于。國也。諸本于。作於。無也。作于。誤
治用琮也。其大小。各如其瑞　諸本上有享。無也。小可從
二王。後也　諸本王下有之。此脫〇則享。琥璜　諸本享下有用。可從
用。諸侯相享之玉　諸本無用。可從
大小。各降其瑞一寸。諸本作一等。兩通
故書賻。作傳。建本外八本同正本外三本誤作賻作傳元監本作
賻作傳京本作賻作傳
犒。作稾　蜀本外十一本犒。作稿。可從元本外五本誤稿釋文作。
同諸本作爲。非是

賻補之謂傳。喪家　諸本傳。作賻。可從
稾當爲稿。嘉士毛本稿。同韓本作稿。諸本作稿。可從下稿。師同
訂本亦作稿師
以遺。病者也　諸本遺。作還。〇春秋傳。曰。　諸本無傳。曰。
以禬禮哀國。敗　諸本作圍。敗作國。爲勝
禍災。水火之。故。　諸本作禍哉。水火　孫云注例當用災
司儀。以詔者。以禮告王也。　諸本無也。
爲壇於。國外。以命事　陳本儀禮疏三禮圖通考同諸本於。誤于。
宮謂壝。以爲牆處　諸本壝下有土。可從
所謂壇壝宮也　蜀本同。諸本壇上衍爲
冬禮月與。四瀆於北郊　蜀本儀禮疏三禮圖原文同諸本脫與。
諸侯朝。天子　諸本朝。作覲。於。
丘一成爲頓丘　諸本作敦。丘可從
三成爲崑崙丘謂三重也。　蜀本崑。崙。同諸本作昆。侖。又無也。
諸侯之上介　諸本無之。〇諸侯皆就其旂位。而立　諸本無位。
西面北上　蜀本外十一本同十行本外五本面誤南。
士。揖推手小下。也　陳本書鈔合鈔本士。同諸本作士。重本誤上。
諸本下下有之。蜀本書鈔無。

獨君。思仁　諸本君。作居。可從
公言。言義　蜀本外九本同十行本外五本上言。誤善。
是南宮縚之行。　諸本下有也。〇夫子信其言。仁　諸本無言。此行
請。妻之也　諸本請。作謂。閩本外四本作故。
天揖。揖手小舉之　諸本下揖。作推。可從
謂執玉而見。前。於王也　蜀本同諸本作前。見。釋文出見。王。此誤倒
子男三人。許本同　諸本下有也。〇謂所奠玉處。　諸本下有也。
皆於其等之上。也。　建本外八本無也。十行本外四本脫上。
謂以鬚。鬚坐也　諸本作須。鬚。〇謂老者在上。　諸本下有也。
旅讀爲旅。太山之旅　十行元建重京本同蜀嘉士岳本作太。山
纂本外九本作泰。
相授。上下竟　諸本授下有於。
旅謂。如鴻臚之臚。臚陳。也　諸本謂。如作讀。爲。陳下有之。可從玉
篇亦脫之。
三揖。庭中時也　諸本庭上有謂。此脫
備三勞而親之。　諸本下有也。
車迎主人以車迎賓擯。於館也　諸本無擯。此行
賓。謝辱也　諸本賓下有拜。可從

賻補之謂傳。喪家 諸本傳。作賻。可從
稾當為槁。嘉士毛本槁。同韓本作槁。諸本作槁。可從下槁。師同
訂本亦作槁師
以遺。病者也 諸本遺。作匱。○春秋傳曰。諸本無傳曰。
以禬禮哀國。敗 諸本作圍。敗作國。為勝
禍災水火之。故。 諸本作禍災。水火 孫云注例當用災
司儀以詔者以禮告王也。 諸本無也。
為壇於。國外以命事 陳本儀禮疏三禮圖通考同諸本於。誤于。
宮謂壇。以為牆處 諸本壇下有土。可從
所謂壇壇宮也 蜀本同諸本壇上衍為。
冬禮月與。四瀆於北郊 蜀本儀禮疏三禮圖原文同諸本脫與。
諸侯朝。天子 諸本朝。作覲。於。
丘一成為頓。丘 諸本作敦。丘可從
三成為崑。崙。丘調三重也。 蜀本崑。崙。同諸本作昆。崙。又無也。
諸侯之。上介 諸本無之。○諸侯皆就其旂位。而立 諸本無位。
西面。北上 蜀本外十一本同十行本外五本面。誤南。
士。揖推手小下。也 陳本書鈔合鈔本士。同諸本作土。重本誤土。
諸本下下有之。蜀本書鈔無。

獨君。思仁 諸本君。作居。可從
公言。言義 蜀本外九本同十行本外五本上言。誤善。
是南宮縚之行。 諸本下有也。○夫子信其言。仁 諸本無言。此行
請。妻之也 諸本請。作謂。闇本外四本作故。
天揖揖。手小欒之 諸本下揖。作推。可從
謂執玉而見。前。於王也 蜀本同諸本作前。見。釋文出見。王。此誤倒
子男三人。 訂本同諸本下有也。○謂所奠玉處。 諸本下有也。
皆於其等之上。也。 建本外八本無也。十行本外四本脫上。
謂以鬚。鬚坐也 諸本作須。髮○謂老者在上。諸本下有也。
旅讀為旅太。山之旅 十行元建重京本同蜀嘉士岳本作大。山
目纂本外九本作泰。
相授。上下竟 諸本授下有於。
旅謂如。鴻臚之臚臚陳。也 諸本謂。如。作讀。為。陳下有之。可從王
篇亦脫之。
三揖。庭中時也 諸本庭上有謂。此脫
備三勞而親之。 諸本下有也。
車逆主人以車迎賓擯。於館也 諸本無擯。此行
賓。謝辱也 諸本賓下有拜。可從

一一〇

王五

車逆。拜辱者 蜀本外四本同餘本逆。作迎。誤
後。見之則下拜迎 建閣金本同諸本無後。業無者似勝
又出車送。若欲遠送之。然 諸本無工送。可從又無之。
車迎。送。之節 諸本作送。迎。○立當車軌。蜀本同諸本下有也。
飧夕。食也 諸本無夕。孫云夕食非後鄭義也
道。主人乃苓其拜。 諸本無道。下有也。此行道。
三。進隨賓。 諸本無三。下有也。此行三。
賓三揖。三辭告辟 諸本揖。作還。○下苓之。拜也 諸本無之。
乃。揖之使前也 諸本無乃。○讓三。入門也 諸本無三。此行
亦。於外傳辭耳 諸本無亦。○亦敢質敬之。也 諸本之下有至。此脫
絶行在後也。 諸本也。作耳。○賓爲擯。 諸本作賓當。爲儐。此誤
敵者曰擯。 蜀重韓本及賈疏述注同 諸本擯。作儐。此誤
裸用鬱鬯 諸本祼。作灌。○欲遠送之。 諸本下有也。
賓亦。一還辭。也。 諸本辭。也。作一。辭。當據正
唯。饗食速賓耳 蜀本同諸本唯。作惟。
還圭還。歸其玉也 諸本無下。還。此行
輕財重禮也。 諸本作輕財而。重禮
贈送以財也。 諸本無也。○又送之。至於。郊 諸本無之。於。誤于△

賓之禮。者 諸本禮上有拜。可從
因言賓之。所當拜。之禮也 諸本賓下無之。拜下有者。可從
禮。之重者。 諸本上有三。禮。下有也。可從
賓就。拜 諸本就。作既。可從○故曰皆如主國之禮也 諸本無也。
擯。主君也 蜀本同諸本擯。作儐。下同
還圭致。贈郊送之時也 諸本無致。此行
謂玉帛皮帛。馬也 諸本皮下無帛。可從
則有降殺焉。 諸本無焉。
謂相聘。 諸本下有也。下節於庭賓登堂下同。
賓當爲擯。 蜀本外四本擯。同餘本擯。作儐。下句擯。用蜀本外六
本同餘本作儐。作儐是
授。勞於庭 諸本授。作受。可從
不擯。其。 京陳本擯同十行本外四本作賓。建本外七本作儐。禮
書或作擯。 諸本其。作耳。正間人韓本作宜。此誤
致館於。庭 陳本同諸本於。誤于△○不敢。荅拜也 諸本無敢。
唯。君相入客臣。 蜀本外八本儀禮疏唯。同十行本外六本作惟。
正間人韓本誤推。 諸本下有也。
每事如。初。享及有言也。 諸本無如。初。也。蜀岳本有也。

禮以醴禮賓也。諸本賓作客。無也。
楚公子棄疾 十行本外十三本同蜀本外五本作弃疾
以其良馬私面矣。蜀本外九本良同十行本外八本作乘。諸本
無矣。
即大門之內。訂本同諸本下有也。
寡君命使臣于庭 蜀本同諸本脫使。
客再對者爲敬慎矣。諸本再下有拜。可從又矣作也。
客將就省之 諸本將下有去。
遂送拜以送客也。諸本拜上有君。無也。
從來至去矣。諸本無矣。○爵謂卿也。諸本無謂。
上下猶豊殺也 十行本外三本同諸本豊作豐。可從下句準此
謂賄束紡 諸本賄下有用。此脫
行夫傳遽若 令時乘傳騎驛而使者。諸本下有也。
不以時至。訂本同。諸本下有也。
不嫌不違也。諸本無也。下節發聲也。同
使謂大小行人。諸本下有也。
環人以掌事 往來者也 諸本掌。作常。可從
四方圻土也。諸本土。作上。可從又無也。

令令野廬氏。訂本通解同諸本下有也。
四方之人有任器者 通解同諸本無之。案有者似勝
則環人主令徇環守之 諸本徇作殉。
門關不得苛留環人。諸本下有也。
象胥謂其君以世一見來朝爲賓客也。諸本客也作者。
而詔脩其禮儀也。蜀本外十一本同十行本外三本詔賓闕闊
本外五本誤相。諸本無也。
使臣奉幣來問之者。諸本無之者。
執其大事。諸本作使。諸侯執大事也。可從
執其次事。諸本上有使。卿。下有也。○下事使庶子也。諸本無也。
掌客以公侯伯子男盡在。諸本下有是。
諸侯長子。九命作伯者也 諸本無子。可從
如其命數也。諸本無也。○王所過之君也 訂本同諸本君上有國。
天子不食。諸本下有也。○下句不用。同
言無有不備矣。諸本備矣。作具備。
其米實實于筐 諸本不重實。
東面。米禾芻薪 諸本東。面。作車。案車。形似誤東遂衍面。
壺之有無未聞也。諸本無也。

其庶羞美可食者。諸本下有也。禮記疏無。
簋。稻梁。器也　諸本簋作簠。此誤。蜀本外大本梁。同十行本外十
三本誤梁▲
公十子男六簋堂上二也　諸本作公十簋。堂。上。六可從
豆。菹。醢。器也。諸本作豆菹。上有侯伯。八。簋。堂。上。四。西。夾。東。夾。各。
二。子。男。六。簋。堂。上。二。西。夾。東。夾。各二。此脫
侯伯二。十二豆也。　諸本作三。十二此誤
西夾東夾各十也。　諸本無也。下各六也同
於言又無。所。施。　諸本作爲無。施通解作爲。無所據。
推其衰差。　諸本無差。
宜爲三。十八　蜀本外十二本及實疏述注同十行本外五本三。
誤二▲
西夾東夾各四也。　諸本無也。○其設于堂夾　諸本于作於。可從
與倍鼎三　蜀本外　大本及繹文同十行本外十一本倍作陪。
孫云陪倍古通用
俱食之主。　諸本下有也。○腥爲腥鼎也　諸本爲作謂。
於侯伯云。二十有七其故字也　諸本云下故下有腥。可從
腥鼎有魚鮮腊　諸本魚上有鮮。此脫

設於。作階前　訂陳本同諸本於。誤于▲
侯伯饔。四牢　諸本無饔。下子男饔三牢同。
餘腥在東。新本下有也。○牽生牢可。牽也。　諸本無可。牽。
陳於西門如積也　諸本於。誤于▲西門作門西。是
黍稻。梁。皆二行　訂本稻。梁。同建本外四本作梁。稻。元本外十本
誤梁稻▲
皆陳。陳。于門內者　諸本不重陳。手。作於。蜀士陳本作手。誤
□□門內之陳也　諸本作於公門內之陳也。可從
車於。米載。米之車也　此下空闕十字諸本作聘。禮曰。十。斗。曰。斛。十。
六。斗。
十藪曰秉。車　諸本車上有每。此脫（已下不存）
考工記玉人男。不言之者闕耳　諸本無男。此行
辟文之闕亂存也。　諸本也。作焉。
名玉曰冒。　諸本下有者。本也。通考書鈔無。
以奇。尊接甲　諸本無奇。此行　案有者似勝
讀雜色也。　諸本上有尨。無也。禮書古今考古脫尨。
瓚。讀如衍食饜之饜　諸本如作爲。段阮云爲衍

一一三

龍屨。將皆雜名也 諸本屨。作璜。〇甲者下尊者。 諸本無者。
摯。用東帛 諸本摯。作贄。下用摯。同 摯正贄俗
遂言見天子之用摯也。諸本無也。
以。組約其中央 諸本下上有謂。此脫
爲執之以備失墜。通解玉篇零本玉海同 諸本墜。作隊。禮書或
作墜。
郊天所以祀其神也 諸本祀。作禮。〇以祀天旅上帝也。諸本無也。
終葵推也 諸本推。作椎。可從下爲椎同
杼殺也 共瑞疏通典通志釋文或作本同 諸本殺。作椴。非是禮
書或作殺。
明自照也。諸本照。作焰。無也。禮書有也。
致日度日景至不也。諸本作致日度景至不
射琰之出者也 諸本無之。
勺鼻流也 諸本作鼻勺。此誤倒〇衡古文作橫 諸本無作。此行
橫謂勺徑也 諸本橫。作衡。當據正
形如王瓚 諸本王。作圭。可從〇半其。文飾也 諸本無其。此行
宗祝亦執勺以先之也。諸本無也。
將有事于四海山川 諸本于。作於。可從

以大璋者以大□。文飾飾之。諸本作大璋者以大璋。之文飾之
也當據正
邊。璋七寸 諸本上有如。此脫〇有文飾。諸本下有也。
以起度。量也。諸本無度。可從又無也。
射其外組牙也。諸本無也。
獻於所朝聘君之夫人 儀禮疏同諸本下有也。
夫人天子夫人也。諸本無也。
記時諸侯。稱王 諸本稱上有儐。此脫
則十。二列者 諸本十下有有。
勞王。者。之後也 諸本王。者。作二。王。可從
棗栗。實于。器 諸本作棗㮚實於。器 賈疏述注轉本作栗。十行本
以下作于。
乃加于。案 諸本于。作於。可從
其實棗蒸。栗。擇 諸本蒸。栗。作烝。㮚。
兼執。以進 諸本執下有之。〇郎射郎。琰。而出也 諸本郎。琰。作剡。
造賓客納鹹。食。 諸本鹹。作稟。下有也。 案作稟。者是
素功無瑑飾。 諸本下有也。〇當爲鹹也。 諸本無也。
磬人而求其是。弦 諸本無是。此行

觸其弦觸。其。弦。諸本不疊觸。其。弦。可從
非用其度也。御覽同。諸本也。作耳。
博謂股傳。也。諸本傳。作博。可從
股磬太上則摩鑪大者諸本作股磬之。工大。者可從
所當擊者。諸本下有也。
假令磬廣四寸半者諸本磬下有股。此脫
長一。尺三寸半諸本無一。兩通
鼓。聲太。上通解御覽太。同下太。上同諸本作磬。聲大。上當據正
薄而廣則聲。濁諸本無聲。
太。下聲濁也陳本三禮圖同。諸本太。作大。
矢人司弓矢職曰。諸本無曰。可從下司弓矢職曰。同
居參分殺二。以前諸本二。作一。可從
兵矢謂枉矢絜。諸本下有也。
田矢謂矰矢此二者。亦可以田也。諸本作此二矢亦可以田田
矢謂矰矢此誤
鐵又以。差短小也諸本無以。此衍
令趨。鏃。也諸本作令趣。鏃也可從
羽其六寸諸本其。作者。可從○謂矢幹也。諸本無也。

弩矢此。在上下也。通考此。同諸本此。作比。可從又無也。
謂風不能驚悍箭。諸本下有也。
刃長寸脫二字也。諸本無也。○使矢行不正也。諸本無也。
免。作俛低也諸本無免。作可從
橈搦。其。幹余嘉士本同。諸本作橈搦。誤也轉本作撓。搦。釋文出
搦。其。
欲栗。欲其色如栗。也諸本栗。皆作㮚。誤
陶人甗無底甑也。御覽廣韻同諸本無也。
則轂。斗二升諸本斗上有受。此脫
旊人薜讀為藥黃蘗。之蘗。轉本外七本蘗。同十行本外十本作
蘗。誤
薜。破裂也轉本外七本同。十行本外六本薜。誤薜
暴憤。起不堅緻也諸本作暴。墳。起不堅致。也可從
樹。膊於。其側諸本作尌。膊其側釋文又作本岳本作樹。
以擬度端其器也建本外四本同餘本及釋文擬。誤擬
縣縣繩以。正豆之柄諸本無以。
瓦。器高於此則埒諸本瓦。作凡。此誤○樂器所縣也。諸本無也。
脂牛羊屬也。膏豕屬也。諸本無也。御覽有下也。下屬也。諸本亦

一一五

無也。
梓人爲獸淺毛者。屬也。諸本屬。也。作之。屬下屬。也。同
致美味。諸本下有也。下注貴野聲。同
雕琢。刻畫祭器。諸本無屬。雕琢。此行○外骨龜屬也。諸本無也下屬也。同皆
卻行螾行屬也。諸本屬也。作之。屬。
注鳴精蛪。屬也。諸本蛪。作列。○胷鳴榮螈。屬也　諸本螈。作原。
哨頃小也　十行本外十三本作傾。小也　建本外三本作傾小也
後漢書注作哨。小也。案蜀石經爲確當
宏讀爲紘延之紘　諸本延。作綖。可從
紘大也　諸本作謂聲。昔大也○顧長脰貌也。諸本無也。
燿讀爲。䠠頭無髮之䠠　十行本外三本爲下重爲。諸本不重
作。起。也　諸本起上有猶。○匪來。貌也　諸本來。作采。可從
匪或作飛　諸本無或。此行
廢爲匪以似爲廢　諸本作廢讀。爲撥。飛。讀。爲匪以似爲發。此誤
梓人瓠豆字聲之誤也。諸本無也。
衡謂檿。衡也　諸本檿。作檿。可從
曲禮曰。執君之。器則。平。衡　諸本作曲禮執君器齊。衡
爵鄉口　諸本上有平。此脫○罪。梓人也。諸本作罪於。梓人焉。

宗猶高也　梓人
則天子侯中丈八尺也。諸本無也。　諸本無猶。
各如其侯。六帖同。諸本下有也。
居中參分之一。六帖居中同　諸本居下有侯。此脫　六帖下有也。
个讀若齊人揖公。幹之幹　宋刊通典同　諸本無公。此行
皆爲舌也　諸本爲作謂。○鄉射記曰　諸本記上有禮。
下个五丈四尗也。諸本尗。作尺。可從又無也。
其制身矣。夾中个矣。身　諸本身下無矣。下矣。作夾。可從
取其出左右也　諸本出下有而。
讀爲竹中皮之縜也。諸本上有縜。可從又無也。
皮侯以皮所飾之侯也。毛詩疏同　諸本無也。
與之事鬼神也。諸本也。作焉。
諸侯朝會　諸本上有若。可從
文以五采畫雲氣。諸本下有焉。
獸侯畫獸之侯。諸本下有也。下之差下同　三禮圖無也。
息者休農夫息老物也　諸本無夫。
燕諸侯謂勞使臣　諸本無諸侯。
若與羣臣飲酒而射也。十行本外十本臣下誤衍間暇。許本外

一一六　臺

七本及賈疏述注無。諸本無也。
獻。獲者于侯　賈疏述注同。諸本上有而。
者執以祭侯也。　諸本上有獲。無也。此脱獲。
謂先祖。有功德。其鬼有神者。也。　諸本無祖。者。也。　案祖。衍
或猶。有也　諸本無猶。
曾孫諸侯子。孫。　諸本無子。孫　案繆吳二氏云各本誤脱予謂
不然。注謂女後世為諸侯者是解經女曾孫諸侯也如石經則
諸侯子孫四字解曾孫謂女一句無落著為細說曾孫固不可
為總繹女曾孫諸侯語失略此二字為衍文似勝
廬人酋夷長短名也。　御覽毛詩疏同。諸本無也。
遒。近也。夷長也。　毛詩疏通孝下也。同。諸本作酋。近夷長矣。道直
承上文酋之言道也石經似勝
用兵力乏。極也。　諸本乏。作之。此誤
無。已不徒止爾。爾。也。　諸本作而。無已不徒止耳。此誤
句兵戈戟。屬也。　諸本戟作戟。此譌　諸本無也。下矛屬也。同
絹讀為悄若。井。悄悄謂撓。也　諸本作絹讀為悄邑。之。悄悄謂撓。
也岳陳本六帖作撓。此誤
悄。亦掉也　建本同。諸本悄。作蛸。可從

讀。若井中蟲蛸之蛸　諸本讀。作謂。可從
則椑墮。圜也　諸本墮。作隋。可從
摶圜之也。　諸本無也。○改句言擊。　諸本擊。作轂。同義
容殳也。殳。無刃　諸本無也。殳。　案兩通
同強強。弱。上下同也　六帖同。諸本無強。弱。亦兩通
舉謂手所操也。　諸本無也。
校謂。讀為絞而婉之之。絞　諸本無謂。之。此衍
在人手中也。以侵之能侵。敵也　諸本上也。作者。脱下侵。
凡。人手操細擊。則疾　諸本無凡。擊。作轂。
揩。矜所捷也　諸本無揩。此衍○酋。殳上鐏也　諸本酋。作首。可從
矛。夷。如酋矛也。　諸本作夷。矛。可從又無也。
亦。猶柱也　諸本亦。作灸。此誤
正於牆牆跽也。　諸本無也。下節軒輈也。同
匠人立王國若邦國。　諸本下有者。○以水望其高下也。
槷當。弋弋。讀曰。杙　諸本作槷當為。弋。讀為杙此脱為。
杙。謂槷古文臬假借字也。　諸本杙。作玄。可從又無也。　文選注有也。
眡。以其景　禮書同。諸本眡下有之。
在牆。謂之杙在地。謂之臬　諸本牆下地下竝有者。

一七

日出。入之景。諸本入上有日。
其端則東西正之也。岳本則作在。諸本無之。此行
而以至日入 諸本無而。此行○規之交者。乃其審也 諸本無者。其
中屈之指臬則南北之正也。 諸本之下有以。可從。又無下之也。
毛詩疏有也。
極星謂北辰也。 毛詩疏文選注同。諸本無也。
伍人營者。謂文尺其大小也。 諸本無者也。
通十二字。 諸本字。作子。可從○國中城中也 諸本下中。作內。
軌謂轍廣也。 玉篇零本一切經音義同。諸本無也。文選注或有也。
是爲轍廣也。 十行本外十一本爲同。建本外八本作謂。諸本無也。
謂。王宮所居也 諸本無謂。○祖宗廟也。 諸本無也。
面。鄉也。諸本鄉上有猶。
王宮當中經之涂。 合鈔本同。 諸本下有也。
此用先王之禮也。 諸本無也。
則堂廣十七步半也。 諸本無也。三國志隋書元龜御覽有也。
其廣益之以四尺。 益字補筆。 諸本有益。
南面三三面各三也。 諸本各。三也。作各二。 可從後漢書注文選
注亦三行也。

窻助戶爲明者。 諸本無者。
所以飾成宮室也。 諸本無也。下節門側之堂也。同
東西十。步四尺 諸本十下有一。此脫
重室。者王宮正堂若大寢者。 諸本室。作屋。此誤文下者。作也。初
學記書鈔作。覽作者。
七文二尺。 諸本下有也。 三國志元龜無也。
四阿若今四注也。 嘉士何余本儀禮疏通解通孝文選注玉海
漢制孝注。同餘本六帖誤杜。諸本也。作屋。通解玉篇零本初學
記六帖文選注作也。
重室。複。笻也。 諸本室。作屋。此誤。十行本外十一本釋文複。同建
本外三本複。作復。 寨復複古今字。注例當作複。
明堂。明政教之堂也。 諸本明堂下有者。無也。毛詩疏有也。
亦王者相改也。 諸本無也。下相參之數也。同
謂此一尺之堂興。 諸本興。作與。此誤
或舉正寢三國志同。 諸本正。作王。兩通
互之以明其同制 諸本互下有言。亦兩通
周文王。 諸本王。作者。此誤
宮中舉謂四辟之內 諸本宮。作室。此誤

二八

三。个六尺通解同。諸本三。作參。誤孫說具
長。二。尺。三。寸。个。六。尺。六。寸。五个三文三尺也。
諸本無上十字此
行又無也。
則此門半之長。諸本無長。此行
九室如今朝堂諸曹治事處也。毛詩疏同。諸本無也。
六卿三孤為九卿也。諸本無也。○分國之職。諸本下有也。
六卿治六官之職屬矣。諸本無職。矣。此行
謂有浮思也。諸本有。作角。此誤
廣。長。以長。度高以高度廣。諸本作度高以高度廣以廣此誤
王子弟所封也。諸本無也。
其城隅制。高五丈諸本無制。此行
諸侯侯。畿以外也。諸本不重侯。此行
天子諸侯臺門也。諸本無也。下節城中道也。同
其野涂及都之。環涂諸本無之。
匠人古者耜一金人。兩人諸本金下無人。此行
田有。一夫之所佃也。諸本無有。此行又無也。下小溝也。同
百畝方。步地諸本步上有百。此脫
遂上土。亦。亦有徑也。諸本作遂上亦有徑此行
此畿內菜。地之制也。諸本菜。作采。可從下同又無也。
者。方一里諸本上有井。此脫
菜地制井田者。異於鄉遂及公邑也。諸本無者。也。下九夫也。同
中。容四都諸本上有同。此脫○皆無過什。二諸本什。作十。
輕近而。重遠諸本無而。
滕文公問為國之。禮。於孟子諸本無之禮。
殷人七十而莇。元本外十本釋文同建本外五本莇。作助。孫
云孟子作助。莇耡之俗
其實皆什一也。通解原文同諸本無也。
莇者藉也也。諸本不重也。此行○莫不善於貢者。諸本無者。此行
以為常也。諸本無也。○文公又問井地。諸本作井田。
井。諸。野。九一而莇諸本井。諸。野。作請。野。可從
卿已。下必有圭田諸本已。作以。
方里而井。九百畝蜀嘉士本同諸本疊井。可從
八家皆私自。畝諸本自。作百。此誤
又。詩曰。諸本作又曰。詩云。此誤○唯。莇為有公田諸本唯。作惟。
雖周亦有。莇也諸本無有。
年飢。用不足嘉余重本同。諸本飢。作饑。可從

一一九

盍徹乎。纂岳陳本禮書原文同諸本釋文乎。作與。
穀出不過籍。諸本籍。作籍。
以載師之。職 諸本無之。下周制之。同可從
稅夫無公田也。諸本無也。下不稅夫也。促之也。其私也。無埶也。
爲正也。爲是也。竝同
以詩春秋論語孟子之言。諸本之言。作論之。兩通
借民。力。治公田 諸本民下有之。治上有以。
其。邦國用莇法者爲。諸侯專一國之政 諸本無其。爲。
稅民無埶。也。殷福本釋文埶同諸本作藝。釋文有也。諸本脫
孟子曰。野九夫之。田。諸本曰。作云。無之。田。此行
爲。是也。邦國亦異外內之之。法耳 諸本無爲也。不重之。此誤
圭之言佳。也 諸本佳。作珪。其下有絜。當據正
周謂之土。田 諸本作士。田可從○復無所注入也。諸本無也。
識水。從出矣。諸本作識水所。從出此誤
通。壅塞 諸本通下有其。釋文出通癰。
防猶。脈理也。玉篇零本六帖同。諸本猶。作謂。無也。可從
與不理遜。諸本遜。作孫。下有也。阮云其。衍
鄭司農。梢讀爲 諸本農下有云。此脫

謂水漱齧溝也。諸本作蛸。謂水漱齧之溝此誤
奠讀爲渟。諸本渟。作停。下同余本作亭。段云亭停正俗字
直行者。三折行者。五 諸本無二者。
以引水者疾也。諸本也。作焉。
謂。水漱。淤泥土留著助之爲厚也。諸本無漱。也。此行漱。
殺。者薄其上也。諸本殺。誤閷。無也。○厚其下也。諸本無也。
溝防爲溝爲防。諸本下有也。○里讀當爲已 諸本無當。
汲。橈築之 諸本汲。作版。可從
以其一爲之。峻也。諸本無之。也。可從
却一分以爲殺也。諸本殺。誤閷。無也。下囷倉也。同
若今令辟。裓也 嘉士本辟。同諸本釋文作甓。非是

ロ　宋刊以下の鄭注本

蜀石經と宋刊鄭注本との異同の甚しきこと上述の如くなれば、其の源流を異にすべきは明白の事なり。然れども宋刊諸書の間には異同區區にして、各書の流派を明かにするは不可能なり。今其の異同の顯著なるもののみを擧げて各本の優劣を示さんとすれど全巻に亘りて出さんは煩冗に堪へざるを以て姑く夏官以下後半の三官に止む。是れ蜀石經の殘本を始め蜀大字本重言重意本等の不完本の存する者は皆後半部に屬するを以て蜀本は巻九、十、重意本は巻七、八、九なり)對讎の便を得ればなり。其の異同は別表に示すが如し。而して各書の誤を統計するに、蜀本(二巻)は三十七條、重言重意本(三巻)は七十七條、嘉靖本(以下は皆六巻)は六十四條、士禮居覆嘉靖本は三十四條、余本は二十二條、余本は阮刻本の所引によれるがため他の諸本と同一に律するを得ず、建本は百四十二條、岳本及び重言本は共に百五十八條、纂圖互注本は八十八條、點校京本は百五十九條、訂義は四十條、陳本は二百二十五條、金本は百五十六條、福本は八十條とす。訂義は鄭注の全文を引用せざるを以て蜀本重意本の不全本と同一の看をなすべく、其の餘の書に在りては、覆嘉本を最善とせざるべからず。其の誤謬少きは、嘉靖本を據とし、更に數種の宋刻を對校して、其の善を擇びたるによる。嘉靖本は誤少く又全巻を通じて諸本より優れる者頗る多く宋刻諸書の上に在り。其の誤の少きは纂圖互注本建本これにつぐ。岳本が誤多き重言本京本と相並べるは、其の考工記に於て譌誤極めて多きによる。陳本の最下なるは考工記に於ける岳本の誤を襲げる者

一二一

一二二

多きも其の一因なり。金本福本は各注疏本に據りて其の注を抜ける者にて、金本が主として閩本に據り、福本が忠實に殿本に據りたることは表によりて明かなり。隨ひて後出の福本に誤少きも當然のことなり。又校勘上各本獨特の長所を檢するに、諸本皆誤りて唯一本のみ正を得たる異同は極めて少く、大抵は二三本共通のこと多し。此等を統計せるに、夏官以下に在りては、蜀本九條、嘉靖本二十八條、余本二條、建本二十九條、岳本二十條、重言本三條、重意本四條、纂圖本七條、京本六條、陳本十條、訂義本八條を得たり。又表を附せざれども、天地春の三官に於ける諸本の正しき者を統計するに、嘉靖本五十三條、余本十一條、建本三十八條、岳本三十條、重言本四條、纂圖本四條、京本五條、陳本四條、訂義本十五條なり。通じて之を考ふるに嘉靖本は經文に於て諸本に冠たるのみならず、注文に於ても嶄然頭角を抜けり。これに繼ぐ者を建本岳本とす。余本(阮校本に據る)、董本(黄荛圃校本に據る)之につぎ、纂圖重言京本最も下る。訂義は全注本にあらずと雖、其引用の條を以て論ずれば余本董本の下に在らざるなり。蜀大字本は蜀石經の流を汲める者、其異同嘉靖本以下になき者あり。然れども總括的に論ずれば嘉靖本の下に位せざるを得ず。葉氏が

徐刻周禮(嘉靖本)不如岳本之精、皆非逐一細校、不能定是非(上揭)

と斷じたるは、經文の條に述べたるが如し。其の所謂逐一細校とは何を言へるか、予が逐一細校せる所によれば、正に右の如き結果を得たり。葉氏にして逐一細校したりとせば、其の過粗鹵に在り、若し唯一二を對校して以て全卷を擬びしならば、其の罪武斷に在り。粗鹵か武斷か其の後世の耳目を眯はすは一なり。其罪輕からざるなり。

陳本が明刊岳本に據りたるべきは、考工記の異同の一致せることにて知らる。即ち他の諸本は誤らずして、此二本のみが同一の誤を致せる者、考工記中に七十一條あり。是れ暗合に非ざることは、何人も首肯せらるる所ならん。然らば此二書は各同一の書に據れるか、又は互に相據れるものならざるべからず。而して岳本は宋刊本の翻刻なれば、其の他の書に據るを許さず。隨ひて陳本が岳本に據りたるものとせざるべからず。予が前に明刊岳本を以て、嘉靖六年以前の刻ならんと斷じたるは、これがためなり(陳本は嘉靖六年序あり)。然れども更に考ふるに陳本が直ちに宋岳本に據らざりしと斷ずべき理由もなければ或は明岳本は陳本の後に出でたることも必無の事となすべからざるなり。

嘉靖本建本岳本の精刻なるに對し、重言本の粗惡にして俗字略體譌謬相繼げるは、甚しく見劣せらる。其内容に於て相及ばざるのみにあらず、外見に於ても天地懸絶せり。纂圖本は之に比して頗る優れり。同じく麻沙本なれども、兩者の間に逕庭あり。蔣本纂圖本は宋刻の誤を正せること十の八九に居り、其の自ら誤れる者は極めて少し。鄭注周禮課讀の書として善本と稱せざるを得ず。是れ傳是樓所藏の精刻本に據りし者ならんと思はる。

十行本以下の注疏本は經文の條に述べたるが如く、注本と自ら別なり。今夏官以下三官に就きて之を檢するに、注本と異りて新に誤を開ける者十行本に七十八條、元本に十一條(十行本の誤を承けたるは數へず。以下各本之に準ず)正德本に三十六條、閩本に二十條、韓

一二三

夏官 卒官政。所以正不正者。也
卒一族。以下
自鄉。以下
王使。號。公
小國。一軍
環人 環猶卻。也
羅氏 能以羅罔捕。鳥者
橐人 掌橐。之橐。
戎右 右。者參乘
趣馬 趣馬。維。趣馬
撢人 主撢。序王。意
大司馬 維猶連。結也
職謂賦稅也
憚之以威之也
掌大田役治徒庶。之政令
虞衡。守禽
言私。其豵。
土。方施生也
撰讀曰算。
南鄉甄。
有軍衆者
左。司馬時也
敗於殺也
考。謂考校其功

礪石 蜀 嘉 士 余 建 岳 重 禮 纂 京 陳 訂 韓 十 元 正 人 韓 閩 監 毛 金 殿 福 其他

本に三條、閩本に二十七條、監本に五條、毛本に四條あり。而して己以前の注疏本の誤を訂せる者、閩本に九條、監本に二十九條、閩本の正を承けたる者は數へず。毛本之に準ず。毛本に二十八條あり。清儒の監毛本を評する過貶の失あり。錢牧齋は監本を評して、
十三經注疏。舊本多脱誤。國學本尤爲踳駁。通者儒臣雖奉旨讎正。而其繆訛滋甚。上揭新刻十三經注疏序
といへり。國學本は監本のことなれば、尤爲踳駁は重校本の評と見ざるべからず。然れども重校監本は、正德本閩本の誤を訂し、缺を補ひ、全經注疏をして通讀するに堪へしめたるの、其の證疏文の條に詳なり。錢評の失辯ぜずして明かなり。又阮芸臺は毛本に對して、
魯魚亥豕之訛。觸處皆是。於不可理。校勘記凡例
と評せり。其の訛誤の多きは事實なれど、毛本獨自の長所は更に認めず、是れ一隅の酷論なり。諸家の刊本を品隲するや、宋元の古刻に對しては、其の瑜を拾ひて其の瑕をたれ、繆荃孫楊守敬が重言本を推稱せるが如き、明清の近書に對しては、其の惡を攻めて、其の美を成さず、持平の見に非ざるなり。
左に夏秋官及び考工記注の特に著しき異同を表記して、其一斑を示し、更に全書の注中、殊に二三の書のみに見ゆる重要なる條項を出し、以て各本の優劣を示すべし。

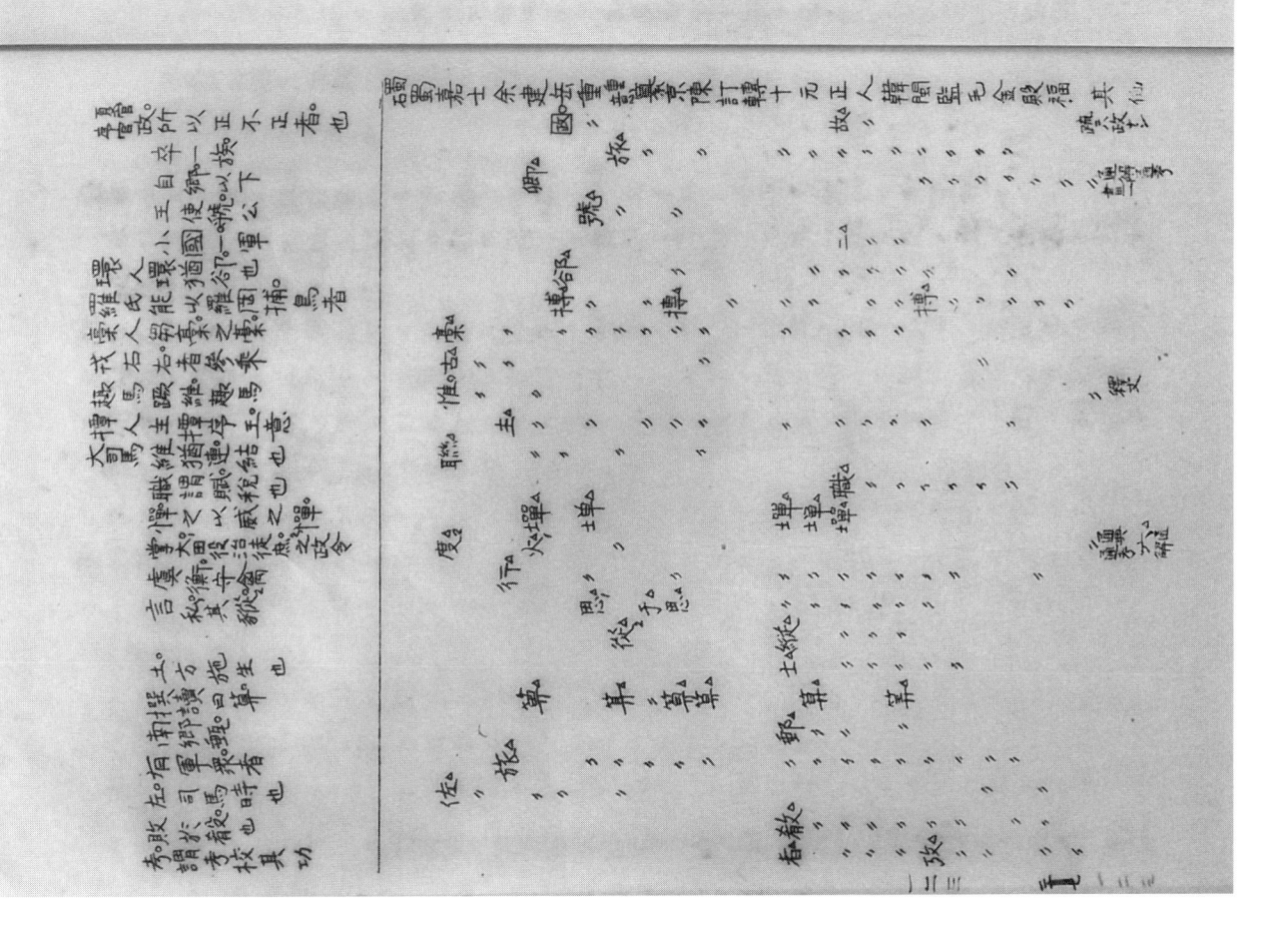

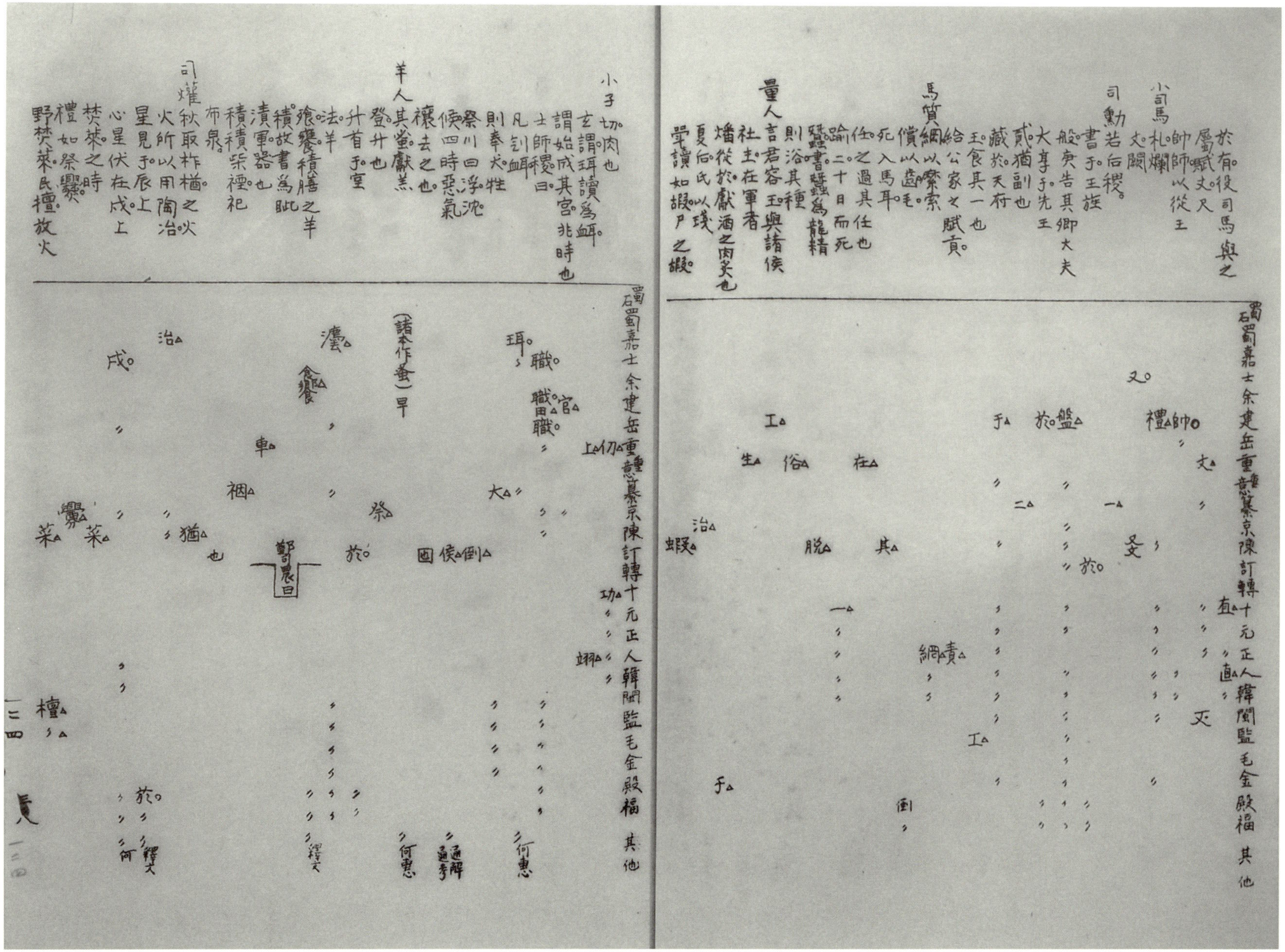

掌固 鄭司農說
稍食祿稟。
民之材器
兵甲役財
趣與造。
玄謂騷擊
司險 周猶備也
閉絕要害之道
備姦寇也
掌疆 候不在竟。
王使候人出諸轘轅。
環人 左射以敵
御下捆馬。
諜賊反間。
若齊國佐如師
維師尚父
時維鷹揚。
挈壺氏 亦縣擊于所當舍
故以擊表舍
稟假之處
車騎雜會讙囂。
省煩趨疾
以次更聚擊欜。
代亦更也
以守壺者

蜀石 蜀 嘉 士 余 建 岳 重 董 慧 纂 京 陳 訂 轉 十 元 正 人 韓 閩 監 毛 金 殿 福 其他

(諸本有水)

夜則□。視刻數也
冬夏之間。
大史立成法。
射人 始入見君之位
諸侯之賓射
士位於西方
東面北上。
皆北面從三公位
法。其禮儀。
其薦獻者也
告以齊與期
治射儀謂肆之也
熊虎豹也
設於長杠也
詩云。終日射侯
考工梓人職曰
即五正之侯也
今儒家云
四尺曰正
讀如宜豻宜獄之豻
豻胡犬也
射節之差
於今為半步
貍善搏者也
是以量侯道法之也。

蜀石 蜀 嘉 士 余 建 岳 重 董 慧 纂 京 陳 訂 轉 十 元 正 人 韓 閩 監 毛 金 殿 福 其他

(略下)

一三五

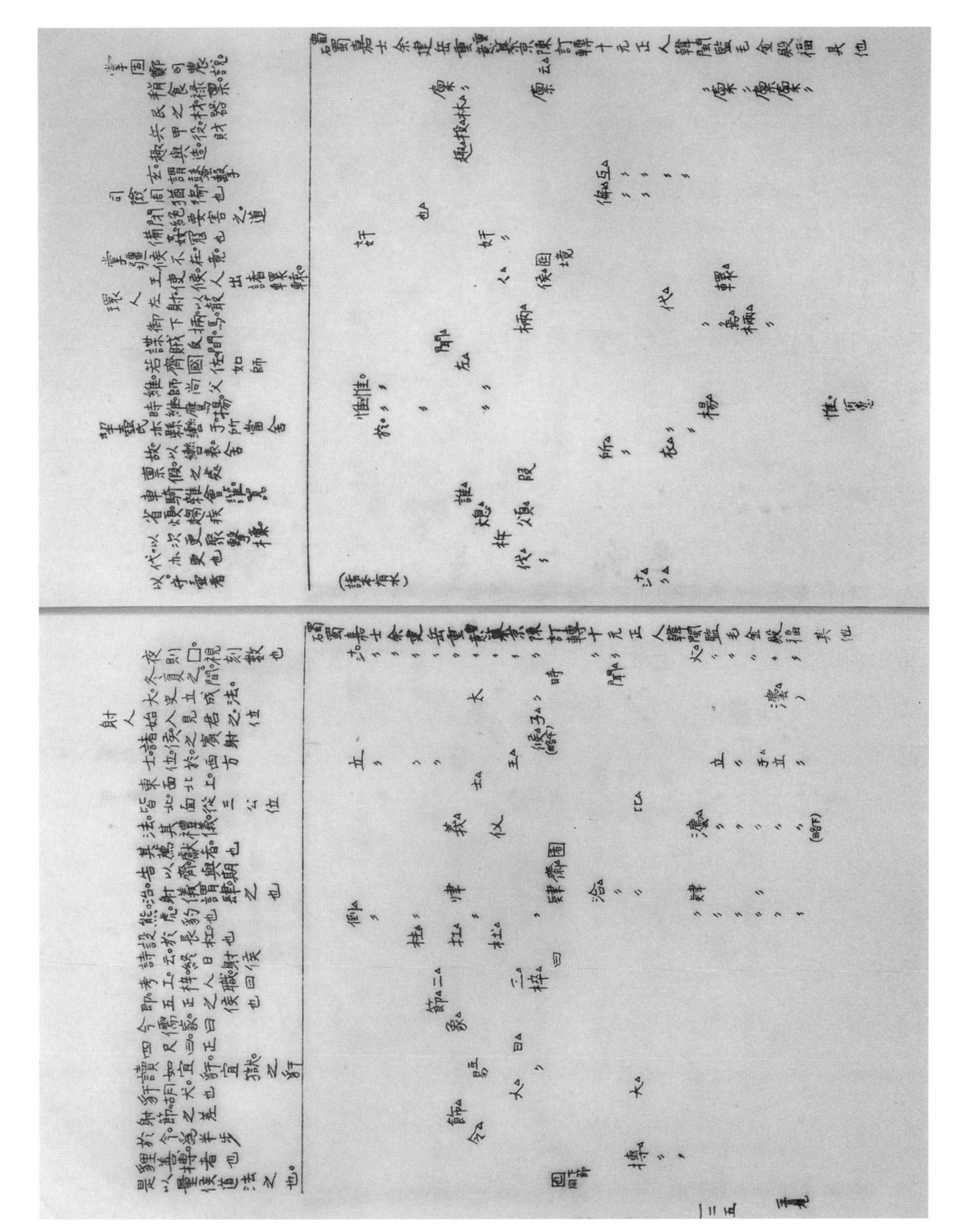

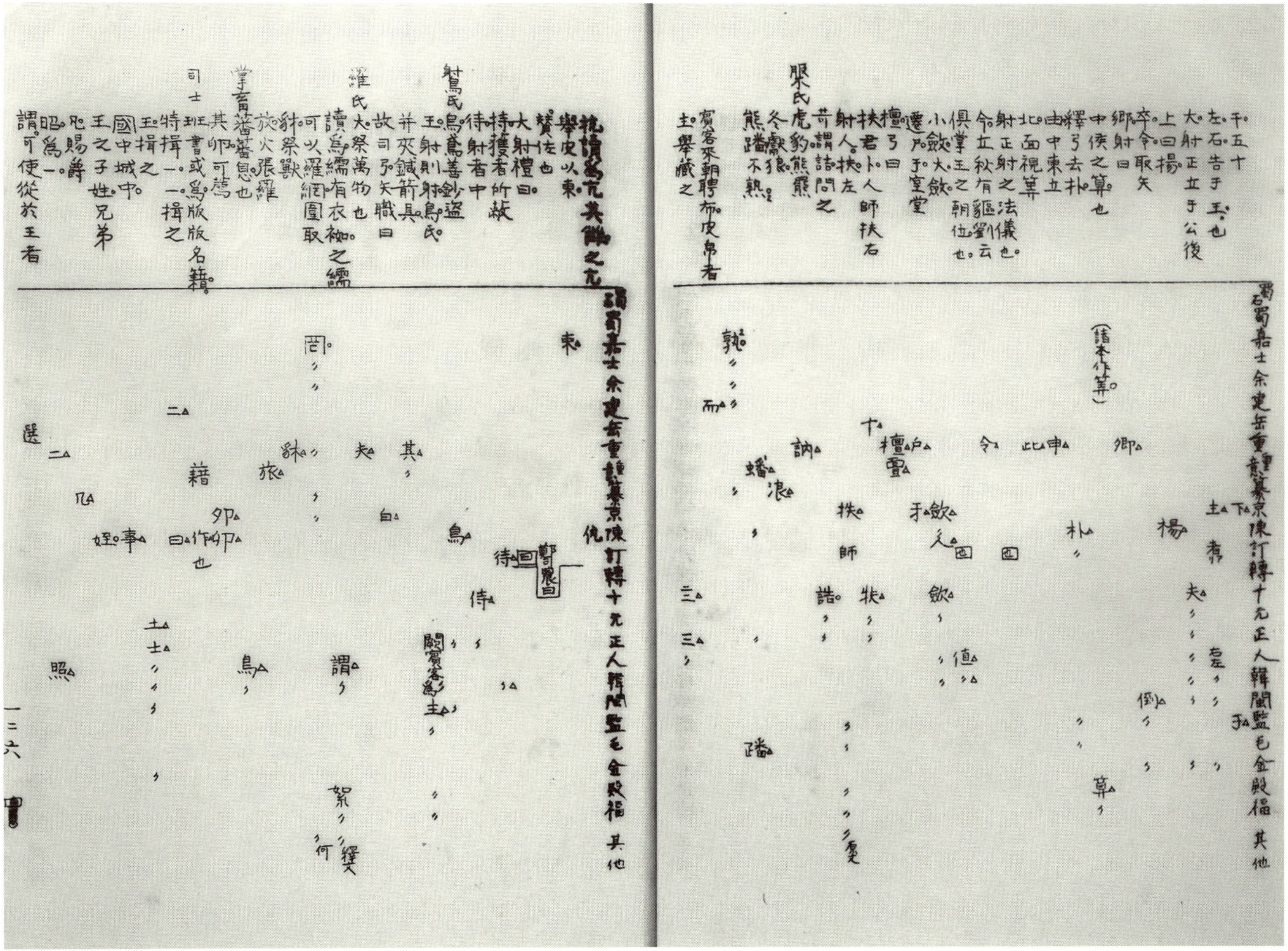

諸子
作謂使之也
挾抳車行
謂之戴
戴抳三束
脩德學道也。
國子屬太子
雖有軍事不賦之
正謂禮戴之
學大學也
王太子
莘后之太子
元士之適子
國之後選

司右
謂次第相安習也
選右當於中

虎賁氏
將虎賁士居前後。
亦有局分
徵師役也
隱七年

旅賁氏
其下士也
武士尚輕也

節服氏
卒者之上服
從車從尸車

方相氏
疫癘之鬼
索廋也

蜀石 蜀 嘉 士 余 建 岳 重 嘉 纂 京 陳 訂 轉 十 元 正 人 韓 閩 監 毛 金 殿 福 其他

大 杝。 大大 修戴 載△ 柏△ 作猶使也
礼△ 太 王△ 濾漫 士△ 杝。
屌△ 屌△ 屌△ 以△ 公△ 石△ 靨△ 使△ 後△ 其△
輕。 高士△ 事△ 止△
癘△ 癘△ 瘦△

壙穿地。中也
天子之椁柏

大僕
大僕主。令此二官
窮達者
以告於王。
御僕御庶子
牲事殺割匕。載之屬
日中而堋。
皆[1]。葬下棺也音[2]。相似
縣其書于宮門示四方。
公有疾不視朔。

祭僕
玉藻曰
始祖曰太廟
臣有祭祀。
大宰則以牛左肩
折九个。
特牲則以豕左肩

御僕
羣吏府吏。以下
謂奉槃授巾。與
登謂爲王登
舉入乃匕。載
持之者夾匴車

隸僕
亭更。
惟祧無服
洒灑也

蜀石 蜀 嘉 士 余 建 岳 重 嘉 纂 京 陳 訂 轉 十 元 正 人 韓 閩 監 毛 金 殿 福 其他

倒。 圖△ 土△ 柏△ 相也△ 相梆柏 王△ 何賓疏
備。 七△ 性△ 上△ 音[1]△ 七△ 七△ 者[2]△
於。 朝△ 之於。 王△ 王△ 何
大 太（諸本作事） 太 祀 箇
史。 持△ 中△ 主△ 止△ 上△ 七△ 特△ 上△ 七△
唯 酒△ 也

一三七

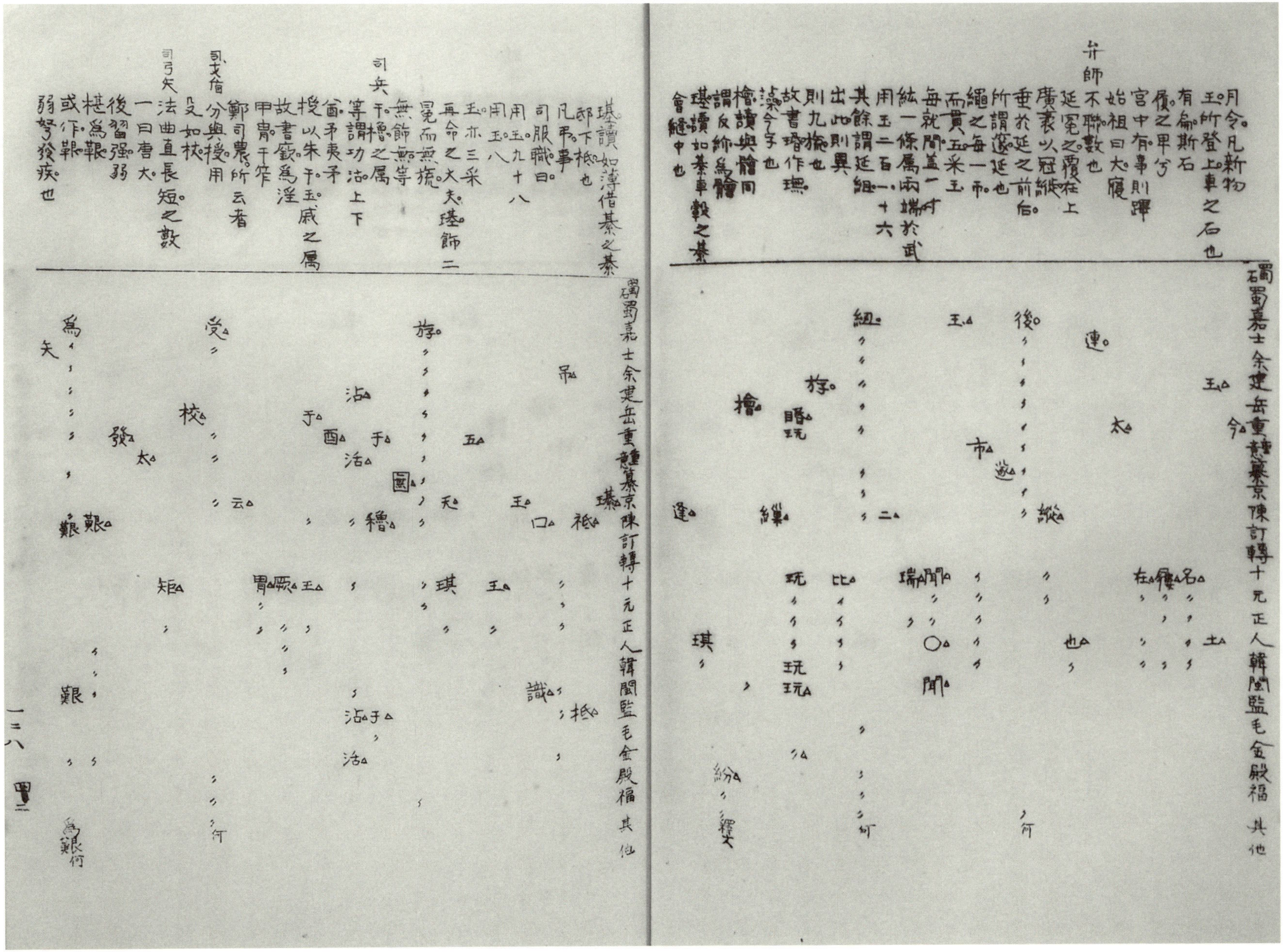

弁師

月令。凡新物
王所登上車之石也
有扁斯石
履之卑兮
宮中有事則蹕
始祖曰大寢
不聯數也
延冕之覆在上
廣袤以冠縰
垂於延之前后
所謂邃延也
繅之每一帀
而貫五采玉
每就間蓋一
紘一條屬兩端於武
用玉二百一十六
其餘謂延縰
出此則異
則九旒也
故書瑉作璑
讀與鐱同
檜讀如綦車轂之綦
謂反縫為檜
璂讀如綦
會縫中也

璂讀如薄借綦之綦
邸下柢也
凡甲事
司服職曰
用玉九十八
用玉八
玉亦三采
再命之大夫璂飾二
冕而無旒
無飾無等

司兵

士變之屬
等謂功沽上下
授以朱予玉戚之屬
故書畝為淫
甲胄干笮

司戈盾

鄭司農所云者
分與授用

司弓矢

又如枝
法曲直長短之數
一曰書大
後留強弱
桯為報
或作報
弱努發疾也

繕人

弩無王。弧
王弧。恒服弦
各有四馬
鍭矢
守城車戰。
前於重後微輕
可以也。飛鳥制羅之也
前於重又微輕
前後訂。
三在後
二在後
軒輖中。
則直者善矢
惟射為可
澤澤宮也
而右射於射宮
射中者
物弓弩矢箙之屬
為其相繞相
更償也
所以引弦也
謂引弦彄也
所以持弦飾也
著右手巨指
抉用正王棘若擇。棘

蜀石蜀嘉士余建岳重鎮纂京陳訂轉十元正人韓閫監毛金殿福 其他

戟 鏃 放 放 田 荆 後 主 圖常
唯 亂 官 官 畺 櫝 特 扞 拄 五 釋 擇
著 紘 紘 □ 二 一 討 最 戈 宮 申 率

槀人

亢龍箙以盛矢
形弓召兮。以
亡敗多少不計。
弓長六尺六寸
弩及矢箙
書上工功拙高下之等
上工作上等
其饗厚
下工作下等
鄭司農云
計其事之成功也
功成

戎右

槀人藏之
有所誅斬也
萊駒為右
使萊駒以戈斬之
又助擊之
為王大言之也
曲禮曰
不敢曠左
鄭司農云
敦器名也
以敦血者
將歃
為歃血
茢苕
以桃茢沸之

礪蜀嘉士余建岳重鎮纂京陳訂轉十元正人韓閫監毛金殿福 其他

者 弓 形 訃 服 功 十 攻 也也 戎 乘 曠 回 也 圖 蓋餘 同 不 弓 二 工 二 所 高 □ 落 戚 減

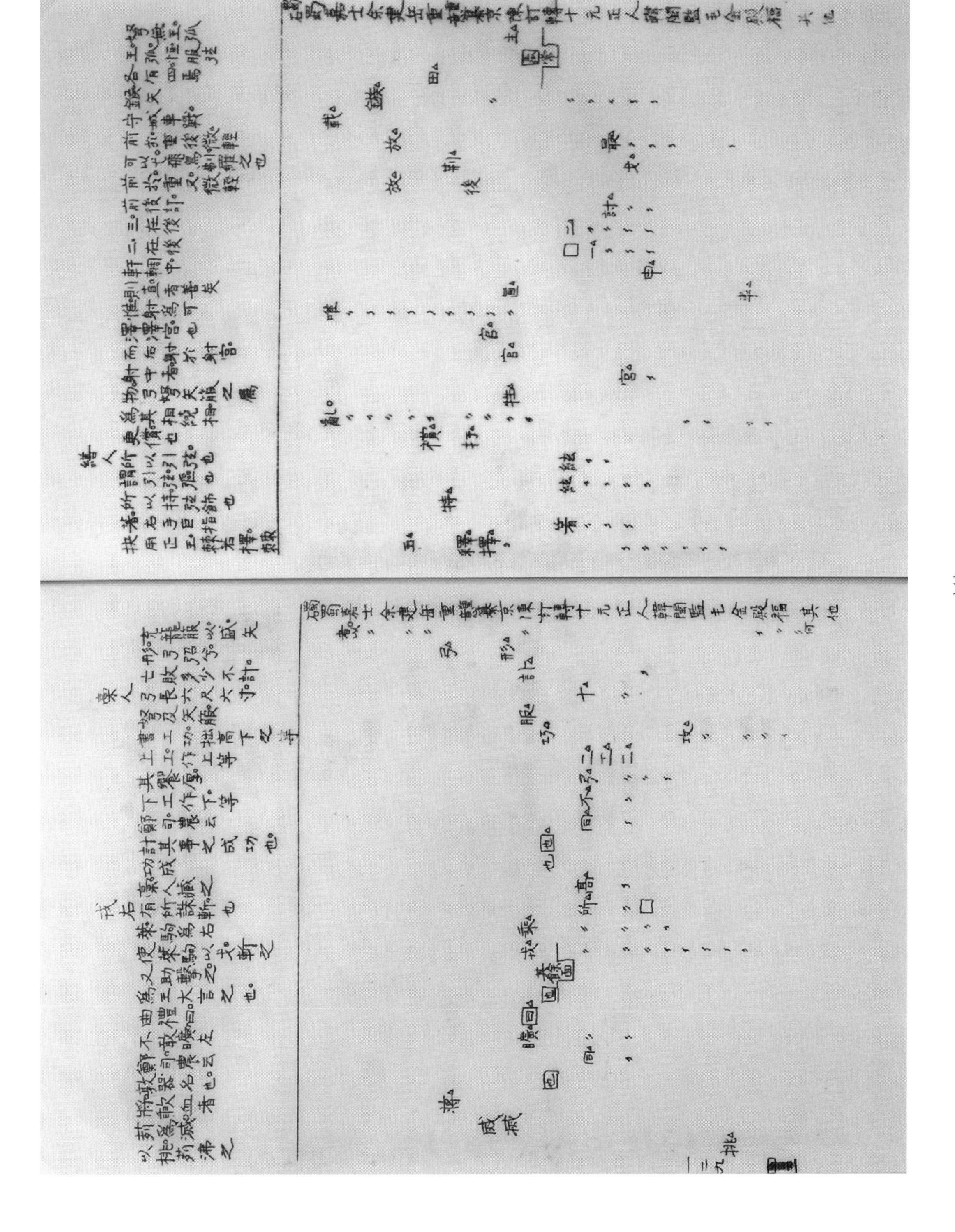

一二九 挑

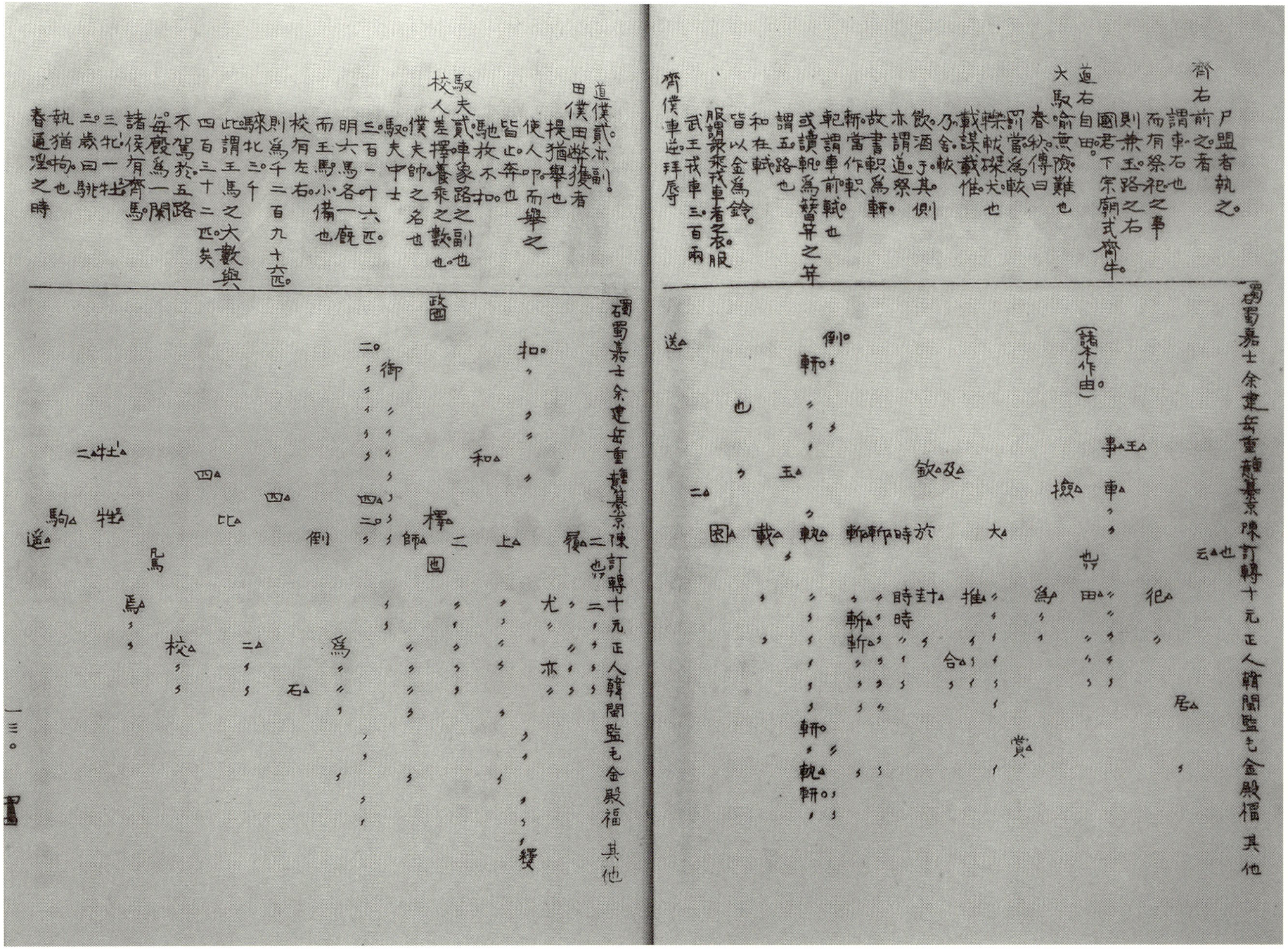

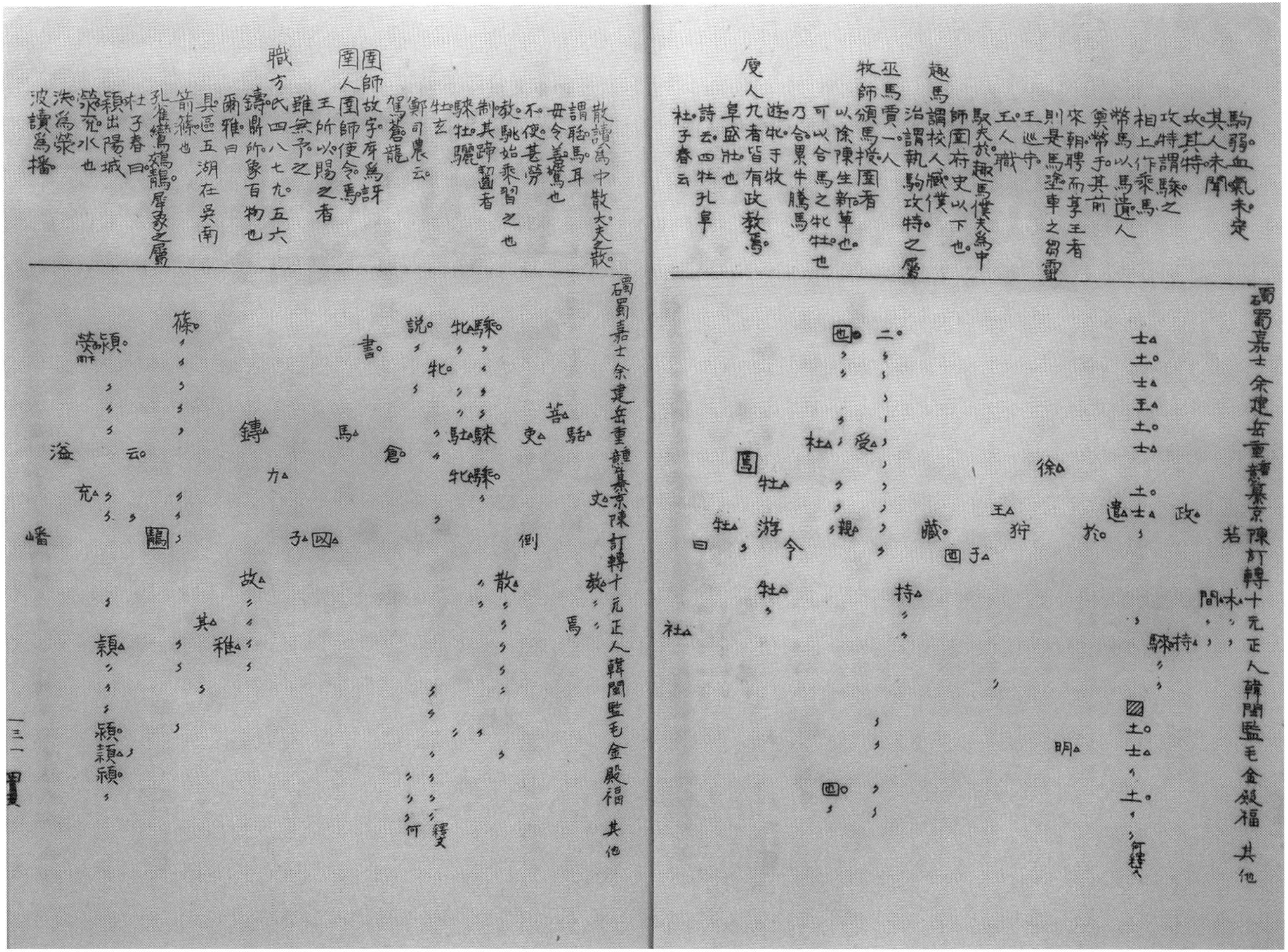
駒弱。血氣未定
其人。未聞
攻其特
攻特謂騬之
相上作乘馬
幣馬以馬遺人
奠幣于。其前
來朝聘而享王者
則是馬塗車之芻靈
王巡守。
王。人職
馭夫於。趣馬僕夫爲中
趣馬
師圉府史以下也。
調校人臧僕
治謂執駒攻特。之屬
巫馬
賈一。人
牧師
頒馬授。圉者
以除陳生新。革也。
可以合馬之牝牡。也
乃合。累牛騰馬
遊。牝。于牧
九者皆有政教焉。
度人
阜盛壯。也
詩云。四牡孔阜
杜。子春云

石蜀 嘉 士 余 建 岳 重 鐫 纂 京 陳 訂 轉 十 元 正 人 韓 閩 監 毛 金 殿 福 其他

散讀爲中散大夫之散。
謂聒。馬。耳
毋令善驚也
不。使。甚勞
敎。駣始乘習之也
制。其蹄齧者
騋牝。驪
牡。玄
鄭司農云。
駕蒼龍
圉師
故字。本爲訏
圉人
圉師使令。焉
王所以賜之者
雖無予。之
職方
氏四八七九。五六
鑄鼎所。象百物也
爾雅。曰
具區五湖在吳南
箭篠。也
孔雀鸞鵕鸛。犀象之屬
杜子春曰。
潁出陽城
滎。沇。水也
洪。爲滎
波讀爲播。

石蜀 嘉 士 余 建 岳 重 鐫 纂 京 陳 訂 轉 十 元 正 人 韓 閩 監 毛 金 殿 福 其他

一三一

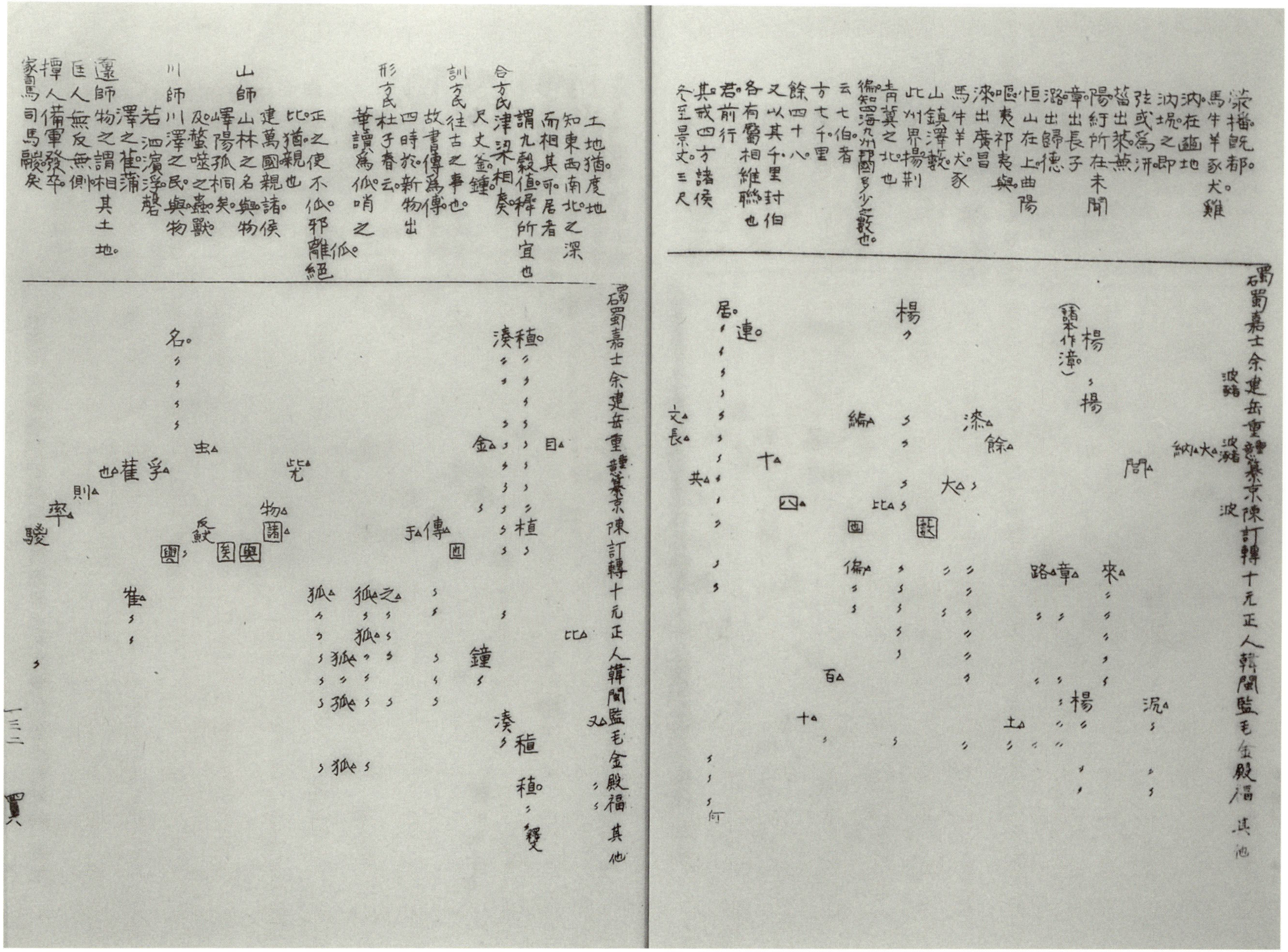

秋官 禁所以防姦者也。
刑者刑也
士師 主察獄訟之事者。
縣士 縣士。主縣之獄者。
訝士 士官之迎四方賓客
司民 司民主民數
司刺 三訊罪定
司約 約言語之約束。
司圜 圜謂圜土。也
今獄城。圜
司。圜職中
以此知圜謂圜土也
又。大。司寇職曰
聚教。罷。民
掌囚 囚拘繫當刑殺之者
司隸 漢始。置司隸
禁殺戮 禁民不。得相殺戮
野廬氏 廬賓。客行道所舍
蜡氏 掩骼埋。胔。此官之職也。
蜡讀如狙司之狙。
雍氏 雍謂隄防止水者也
司烜氏 故書烜。爲垣。當爲烜燬
條狼氏 條當爲滌器之滌。

蜀石 蜀嘉 士余 建 岳 重 讀 纂 京 陳 訂 轉 十 元 正 人 韓 閩 監 毛 金 殿 福 其他

穴氏 穴搏蟄獸所藏者
翨氏 翨讀爲翅翼之翅。
柞氏 必先栞。剝之
薙氏 芟。夷蘊。崇之
今俗間謂麥。下爲夷下
以其。下種禾豆也
讀如鬀小兒頭之。鬀。
此皆翦。草也
謂燒所芟草
翦氏 翦斷滅之言也。
主除蠹。蠹者
實始翦商。
赤犮氏 赤犮。猶言捇拔。也
主除蟲。豸自埋者
蟈氏 蜮蝦蟇。也
月令曰。
字從蟲。國聲也
蜮乃短狐與
壺涿氏 讀爲濁其源之濁
書亦或爲濁。
銜枚氏 銜枚止。言語囂讙也
枚狀如箸。
爲之。繣結於項
伊耆氏 始爲蜡以息老物。
此主王者之齒杖。

蜀石 蜀嘉 士余 建 岳 重 讀 纂 京 陳 訂 轉 十 元 正 人 韓 閩 監 毛 金 殿 福 其他

一三三

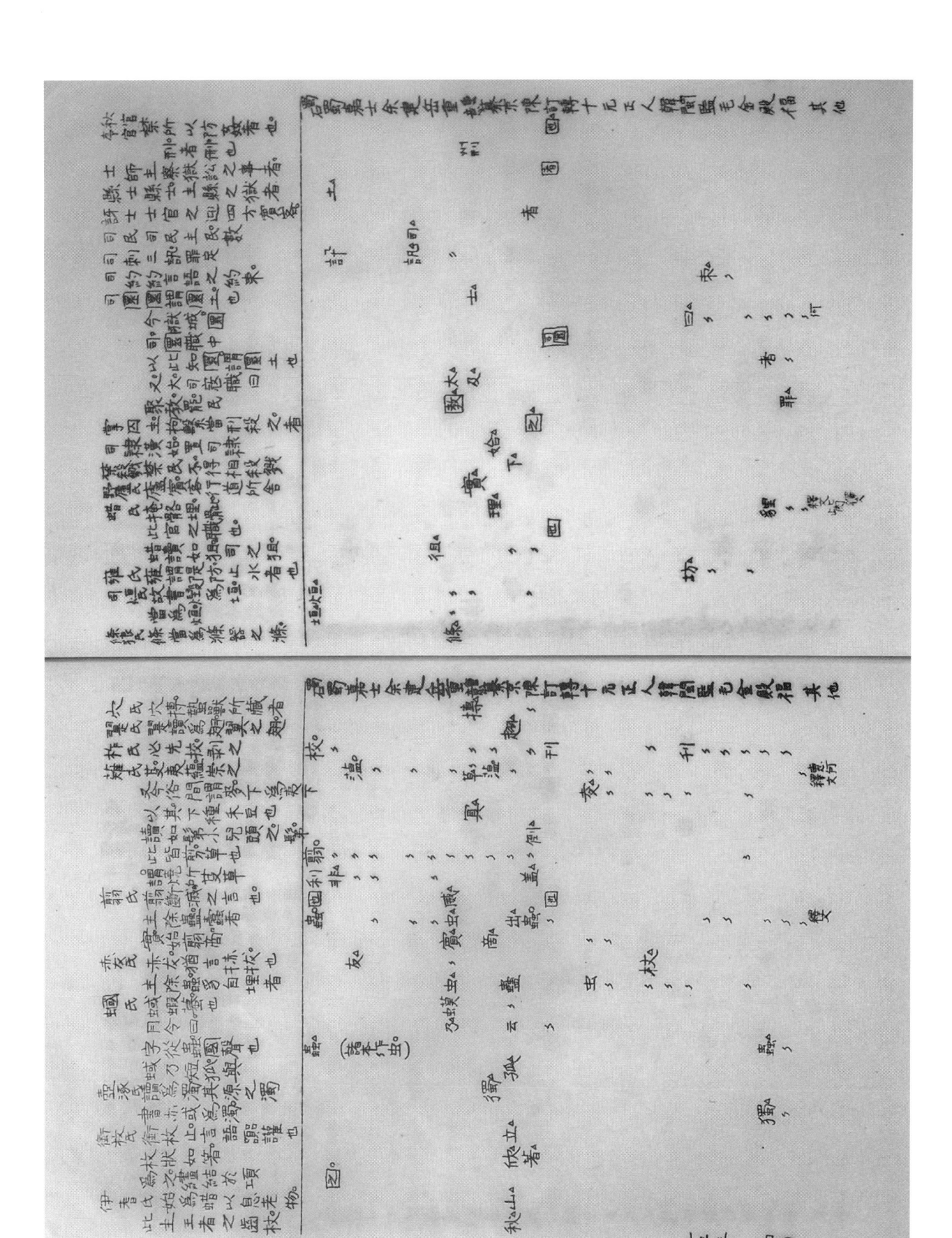

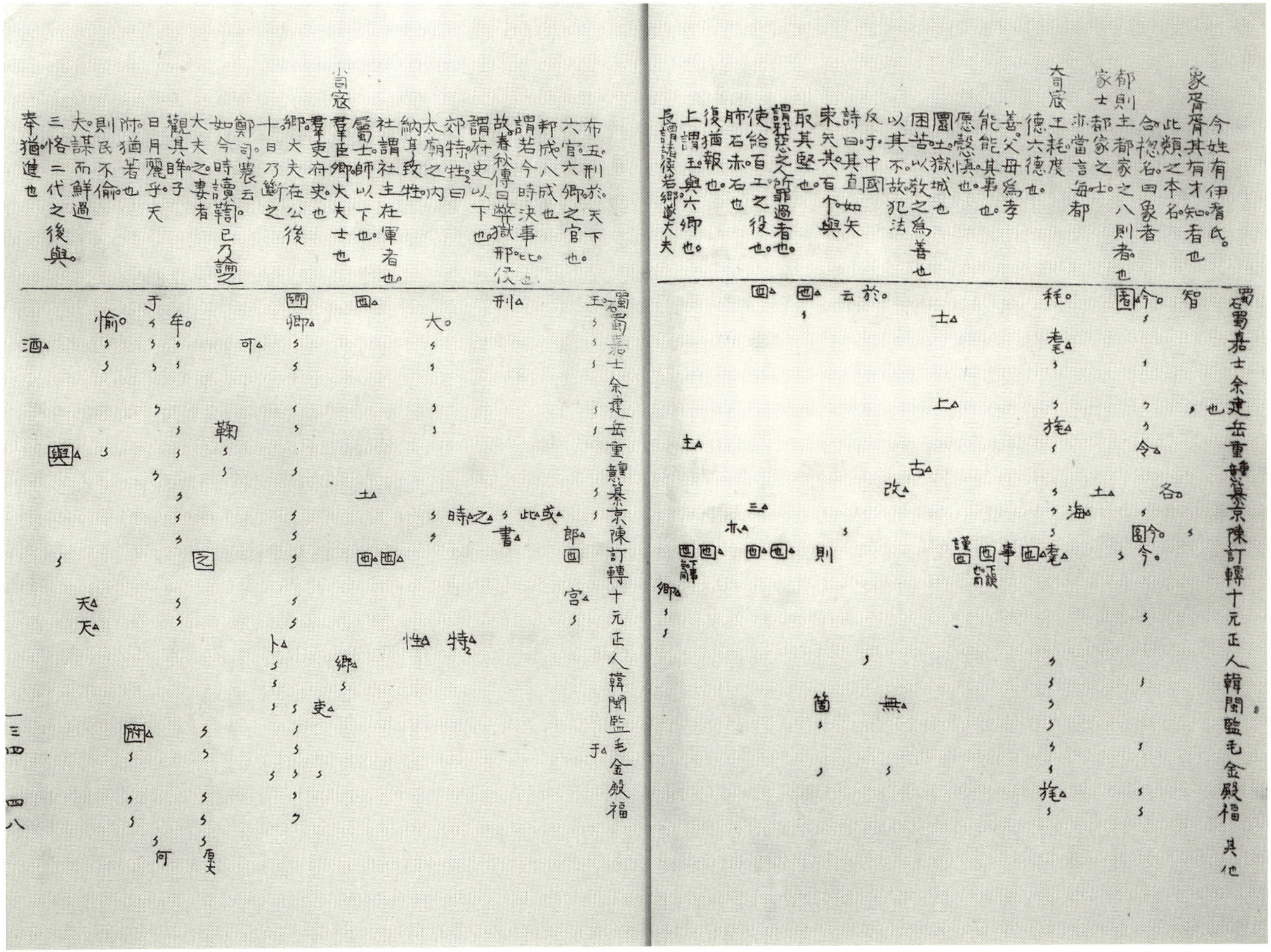
今姓有伊耆氏。
耆其有才知者也
此類之本名
合総名。四象者
都則 主都家之八則者也
家士 亦都家之士 當言每都
大司寇 工耗度
徳六徳也。
善。父母為孝
能其事也
愿愨慎也
圜土獄城也
困苦以教之為善也
以其不故犯法
反于中國
詩曰其直如矢
束矢其百个與
取其堅也
謂罷之人所罪過者也
使給百工之役也
肺石赤石也
復猶報也
上謂王與六卿也
長謂諸侯若鄉遂大夫
蜀石蜀嘉士余建岳重謄纂京陳訂轉十元正人韓聞監毛金殿福 其化
小司寇
布五刑於天下
六官六卿之官也
邦成八成也
謂若今時決事比也
謂府史以下也
郊特牲曰
太廟之内
納亨致牲
社謂社主在軍者也
羣吏府史也
十日乃斷之
鄭司農云如今時讀鞫已乃論之
大夫之妻者
觀其眸子
日月麗乎天
附猶著也
則民不偸
大謀而鮮過
三恪二代之後與
奉猶進也
蜀嘉士余建岳重謄纂京陳訂轉十元正人韓聞監毛金殿福
一三四 四八

士師　古之禁盡亡矣
今宮門有簿籍
城門有離載下帷。
譬諳於書
無干車
比其類也
謂司搏盜賊也
斟汋盜取
爲異國反間
故書朋作備
朋讀如朋友之朋
如
別受其數條
遭飢荒
不明判國爭
糾守衞盜賊也
緩刑鄉民心也
故書別爲辨
事或爲付
辨讀爲風別之別
訟則案券以正之
周謂亡殷之社爲亳社
犯師禁于行陳也
鄉士　言各者
各附致其法

蜀　蜀　嘉　士　余　建　岳　重　體　纂　京　陳　訂　轉　十　元　正　人　韓　閩　監　毛　金　殿　福　其他

（諸本作則刑罰）
（諸本付作符）
（諸本作于。）

遂士　協日刑殺　則用此時親往議之
二人而分主一遂
至其時往涖之
王欲赦之
縣士　刑殺各就其縣者
亦謂縣士也
方士　大都在畺地
主之告於司寇
訝士　乃通之於士也
士主謂士師也
上下相虞者也
朝士　欲與之謀
羣吏謂府史也
州長鄉遂之官
五回路門
係用徽纆
外朝在庫門之外
委於朝十日
帥其民而搏盜賊
若今時得遺物
持詣鄉亭縣廷
未齓七歲以下
若今時徒
論決滿三月

蜀　蜀　嘉　士　余　建　岳　重　體　纂　京　陳　訂　轉　十　元　正　人　韓　閩　監　毛　金　殿　福　其他

（諸本作赦。）

一三五

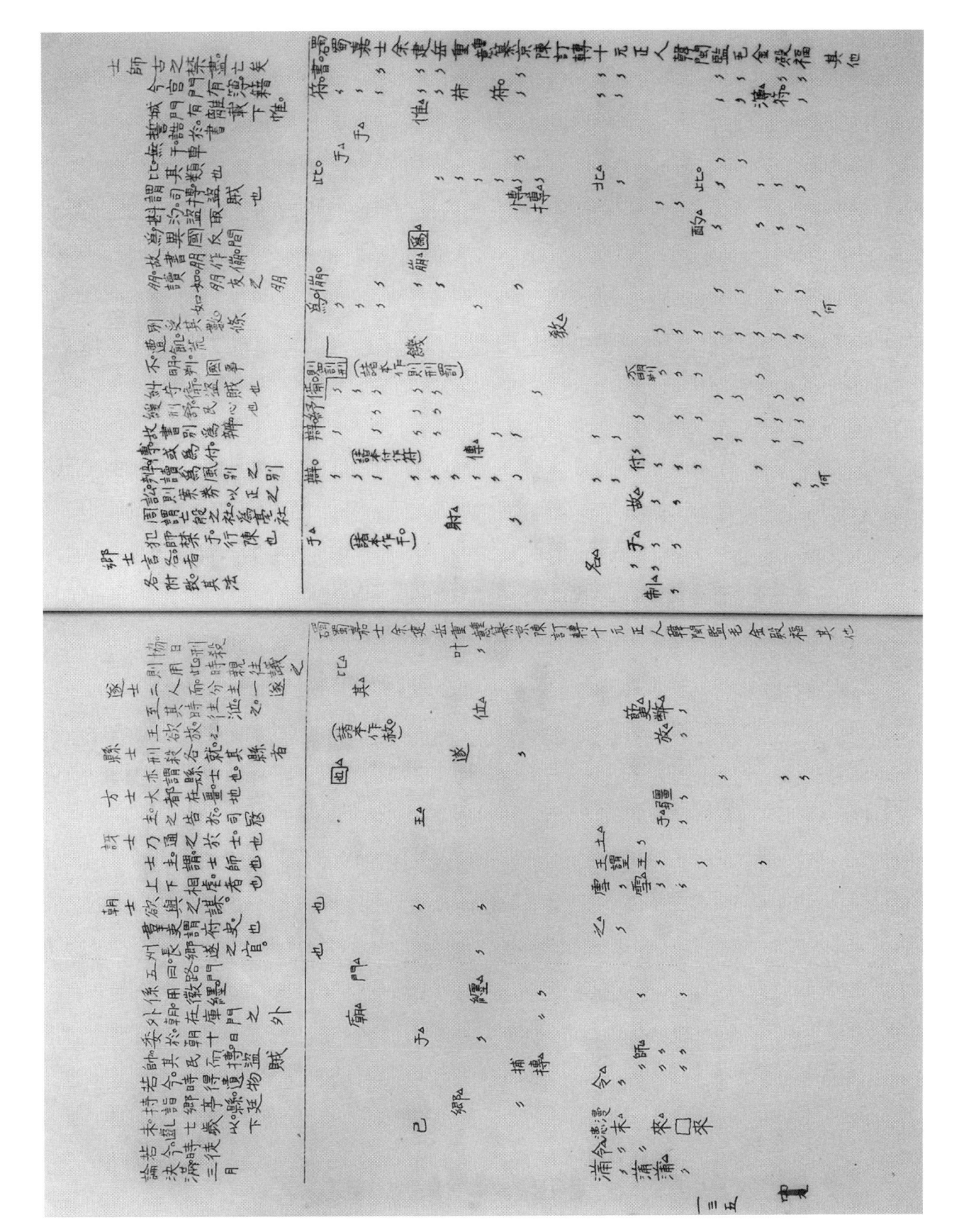

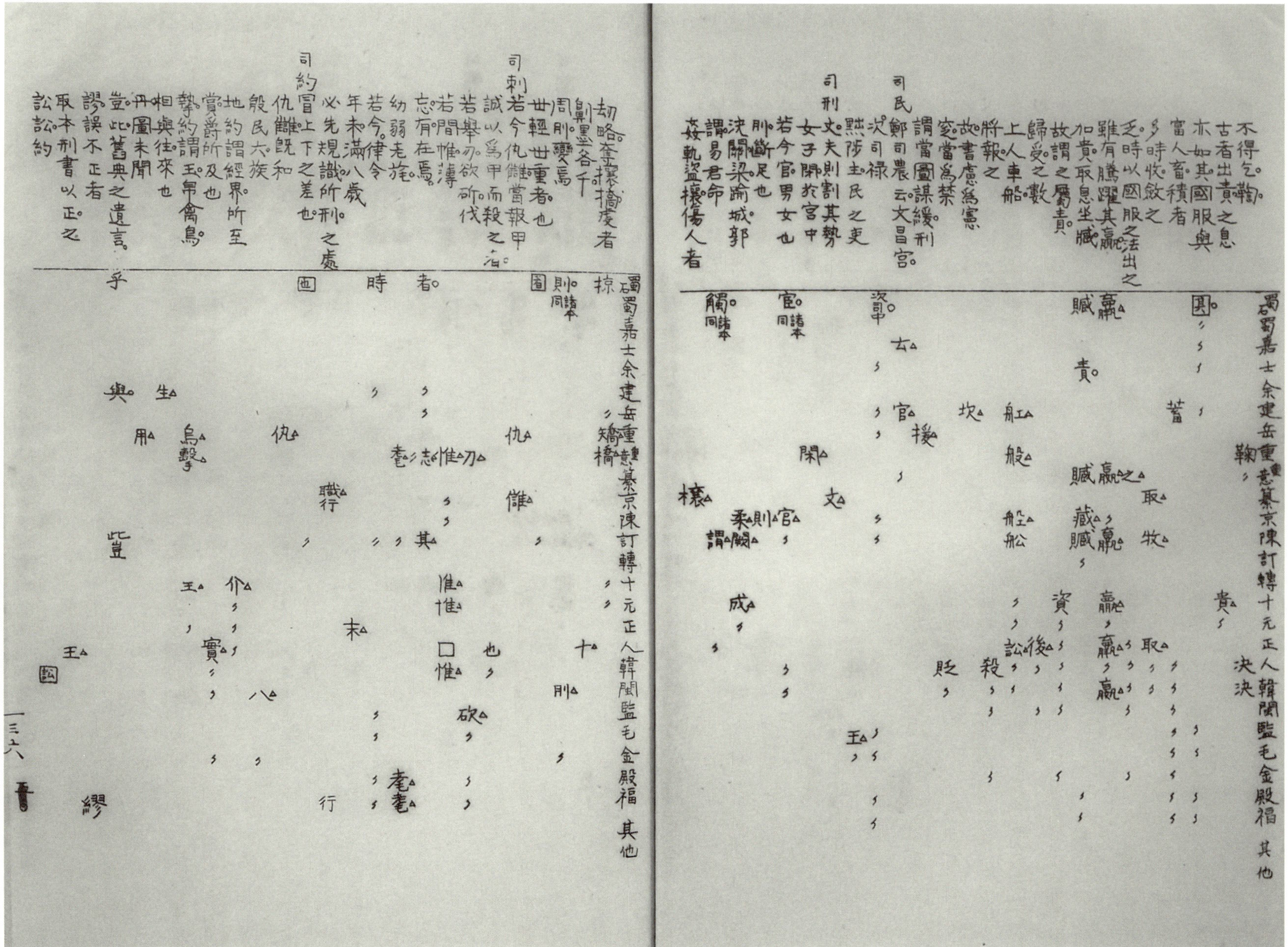

司盟
閒府視。約書
珥讀曰衈。
謂殺雞取血釁其戶。
若吳楚之君。
加書於上而埋之
為世子痤。
有疑不協也
犯君教令也
藏䩞犯門斬關
行出犬雞
以詛射潁考叔者
使其邑閭出牲而來盟
職金
攻金之工。六也
揃其數量
玉府內府也
給治兵及工直也
貨泉貝也
司厲
作槍雷椎椁之屬
予則奴戮汝
欲禁其籍也
犬人
祭山川林澤
以罷辜祭四方百物
司圜
著墨幪
凡萬民之有罪過
圜土所收教者

磵 蜀 嘉 士 余 建 岳 重 鐫 纂 京 陳 訂 轉 十 元 正 人 韓 閩 監 毛 金 殿 福 其他

戶 坐 協 令 出 圜 玉 揃 具 玉 女 槍 椁 林 黷 黑 上 覺 理 聏 戶 戶 覭 漸 藏 潁 圜 大 具 治 藉 蒙 珥 見

掌囚
凡囚者
其死罪
因時。雖有
掌戮
無梏者
調磔之
髡當為完
司隸
謂罪隸四翟之隸也
百官所當任持之器物
士喪禮下篇曰
野舍王者所止舍也
厲遮例也
夷隸
介葛盧聞牛鳴
貉隸
不言阜藩者
禁殺戮
斬殺戮
布憲
布憲於司寇布刑
禁暴氏
遏止欲訟者也
亦刑所禁也
以力強得正也
野廬氏
比猶校也
道所出廬宿旁民也
舟車擊互
皆為防奸也
車有轘轅坻閣
比校治道者名
若今次金敘大功
絕當布中持兵杖

磵 蜀 嘉 士 余 建 岳 重 鐫 纂 京 陳 訂 轉 十 元 正 人 韓 閩 監 毛 金 殿 福 其他

凡 時 作 某 土 列 (諸本作行。) 磔 蕃 特 服 者 于 役 盧 彊 回 正 好 姦 較抵 玄 生 互 奸 較 擊 姦(下略) 大 令 何

一三七

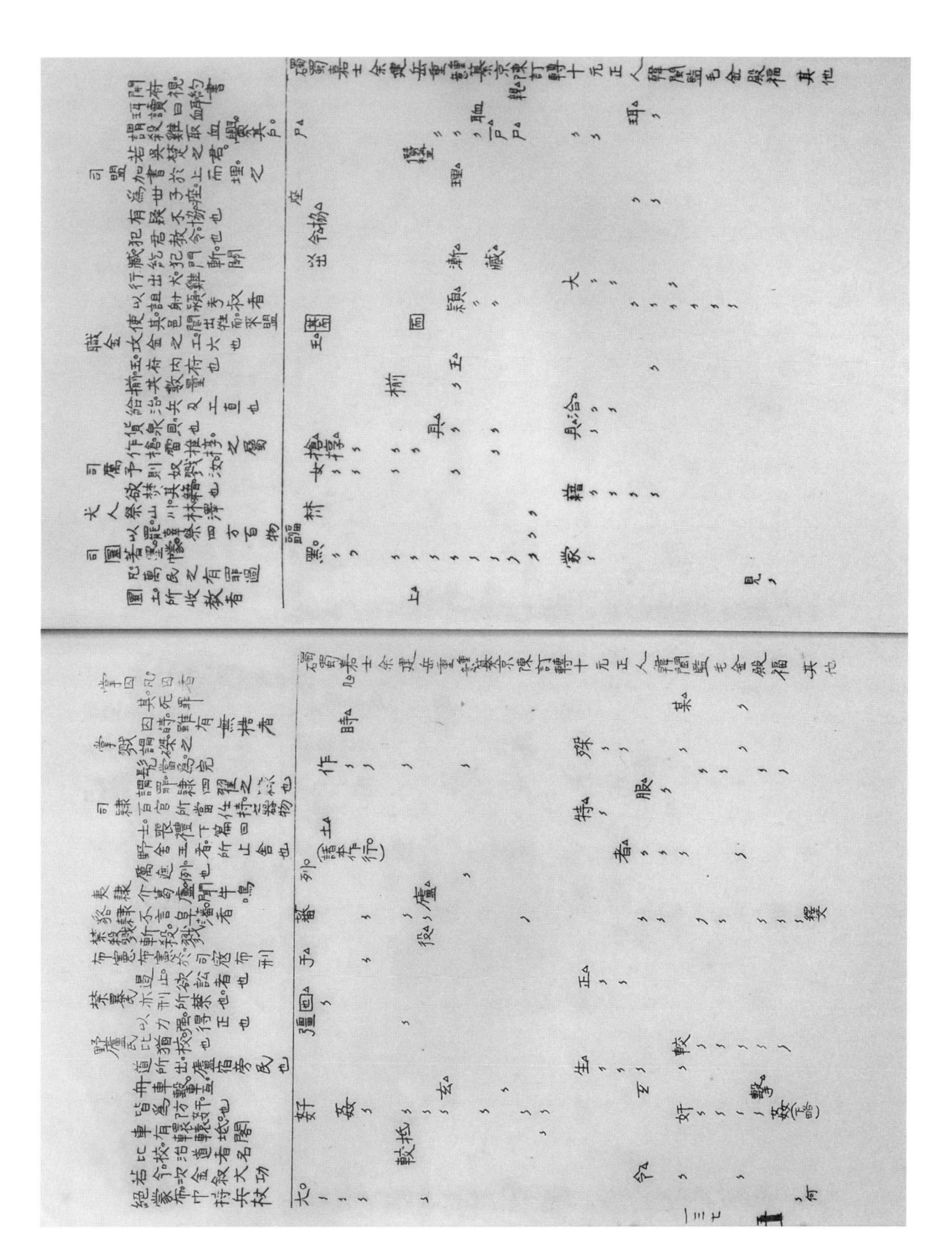

蜡氏 非此常人也
曲禮。四足死者曰漬
脊讀爲漬、
掩骼埋胔
讀如吉圭惟饎之圭
收敎罷民也
揭櫫是也
有郡界之吏
雍氏 阱穽地爲塹
堅地阱淺
書案皆曰
斂乃擭斂乃阱
禽獸魚鱉
不得擅爲苑囿於山也
萍氏 謂毒魚及水蟲之屬
及入水捕魚鱉
苛察沽買
無齇酒
司寤氏 若今甲乙至戊。
如今都候之屬
司烜氏 謂以明水修滌
故書墳爲黄
蕡蜀麻燭也
剭誅謂所殺不於市
若今揭頭

蜀石 蜀 嘉 士 余 建 岳 重 禮 纂 京 陳 訂 轉 十 元 正 人 韓 閩 監 毛 金 殿 福 其他

骴曰。 比
漬 理 ...
若
揭 ... 揭。 ...
墍 ... 墍。 ... 塹。
部。 ... 墍 塹。 ... 塹。
案 ... 秦墍 貴 ... 鄭 ... 案
鼈 ... 鼈 ... 壇 ... 檀 ... 鼈
鼈 ... 鼈 ... 鼈 ... 鼈 ... 何
戊 ... 戌。 ... 戌 ... 戊 ... 戌 ... 節
貫 ... 寘
滌 ... 滌 ... 滌 ... 滌
黄 ... 蜀黄
劉 (諸本作燭)
揭 ... 揭 ... 揭

司烜掌明竁
條狼氏 若今卒辟車之爲也 時
卜之日王立于澤
庶氏 師樂也
毒蠱蟲物
而病害人者
敢蠱人及教令者
前謂所誓衆之誓也
讀如潰癰之潰
穴氏 焚燒其所食之物於其外
翨氏 鷹隼之屬
柞氏 刊剝互言耳
則使其肆不生
薙氏 故書萌作甍
夷之以鉤鐮
含實曰繩
則實不成熟
測凍土剗之
燒薙行水
硩蔟氏 其詳未聞
翦氏 蠹魚亦是也
莽草藥物殺蟲者
橐當爲蠹
蠱蠹之類
爲聒人耳去之

蜀石 蜀 嘉 士 余 建 岳 重 禮 纂 京 陳 訂 轉 十 元 正 人 韓 閩 監 毛 金 殿 福 其他

時
十 (諸本有師) ... 土
虫 毒
態
癰 (諸本作穴) ... 癰 癰 癰 ... 癰 ... 其癰 大 ... 癰 ... 合
塵
甍 ... 肆 ... 肆 甍 ... 玄 ... 互肆 ... 甍。
鐮 ... 甍 ... 寶
則 ... 熟
祥 ... 待 ... 側
蠹 ... 虫 ... 橐 ... 亦

一三八

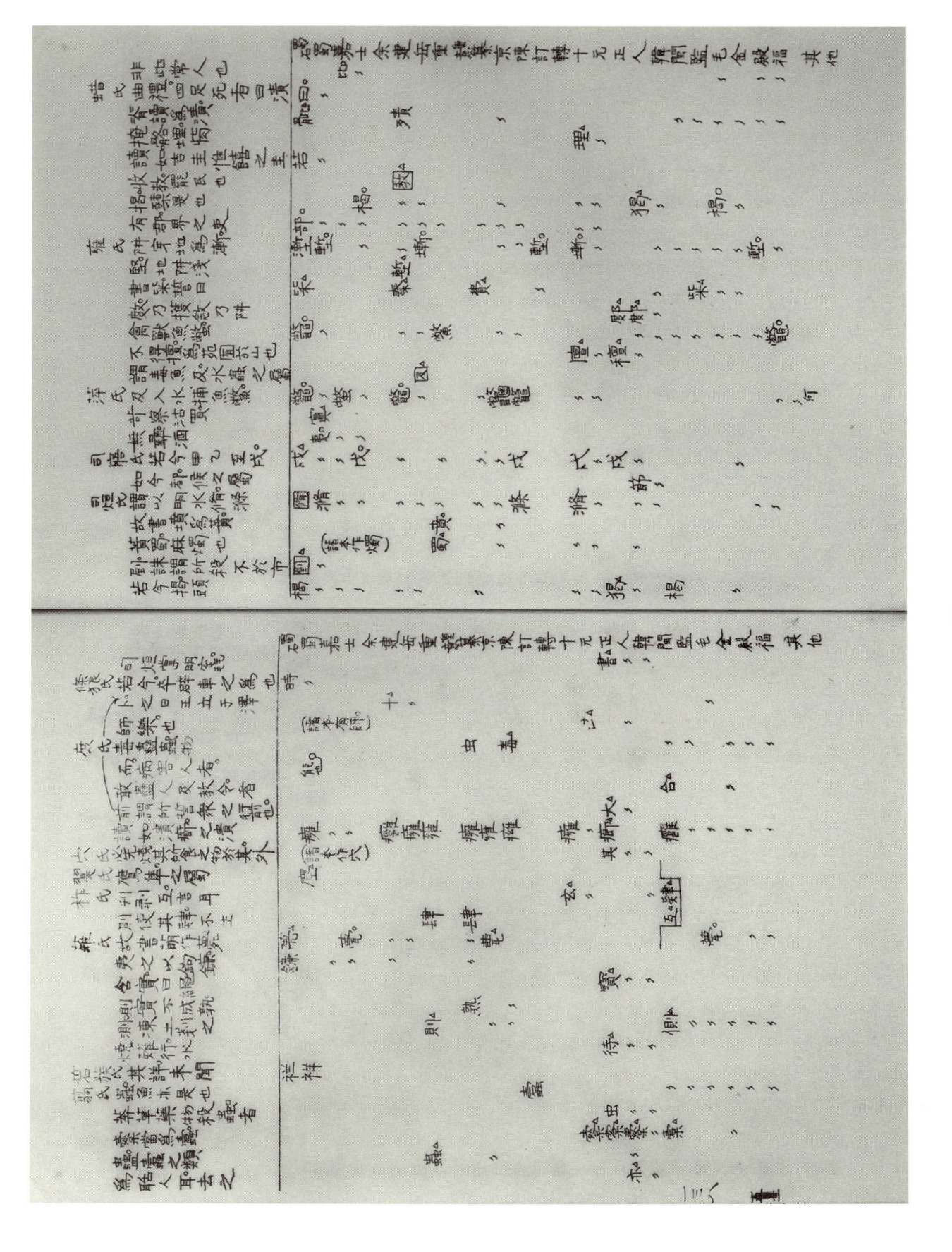

赤犮氏擣。其炭以坋之
貍蟲蜃肌蛷之屬
蟈氏則於水面爲烟
被之水上
壺涿氏狐蜮。之屬
苞有苦葉之苞
燔之炮之炮
神謂。水神龍罔象
書或爲㯽。
庭氏若或呼。于宋大廟
譆譆出出者
牀日用枉矢
銜枚氏寤鄉。讓者
爲其感衆相感動
伊耆氏咸讀爲函。
大行人則比其功之高下
親以禮見之
般纓謂一服朝之歲
愿猶惡也
交或往或來者也
若奠玉。
七章者。
常旌旗也
樊纓馬飾也
每一處五采。

碣蜀嘉士余建安重鍾纂京陳訂轉十元正人韓閩監毛金殿福 其他

水（譆本作煙）　冈　僔　太　譆以　圖　王　旗
善　爲　也　詘　此　䫉　王　易
蜩　蟈　蜩蟈
烟　求　徑　之
禱　儔　檮
首　丈　米　繁　禮　惑　壞　譆　壤

上公立當軹。
垂柱地者
庭實惟國所有
奉國地所出重物
凡祭祀賓客之祼事
以實彝而陳之
又攝酌璋瓚而祼
不酌玉也
每積有牢禮米禾芻薪
皆降殺。
及介牢禮賓主之間
摯。本又作贄
介與朝禮賓主之間也
貨物龜貝也
杞伯也
父死子立
貴寶爲贄。
協辭命作叶詞命
詞當爲辭
嗜慾不同
北方曰譯
是因通言語之官
諸謂象之有才知者也
史太史小史也
書名書之字也

碣蜀嘉士余建安重鍾纂京陳訂轉十元正人韓閩監毛金殿福 其他

囮　宛　埠　圍　賔　推
（諸本禮作位）　王　贄　采　主　服
摯以　摯　贄　摯　皓　贄　具　貝　相　具　問　禮
欲　香　此　比　大　囮　名　文　何　柱　朝

一三九

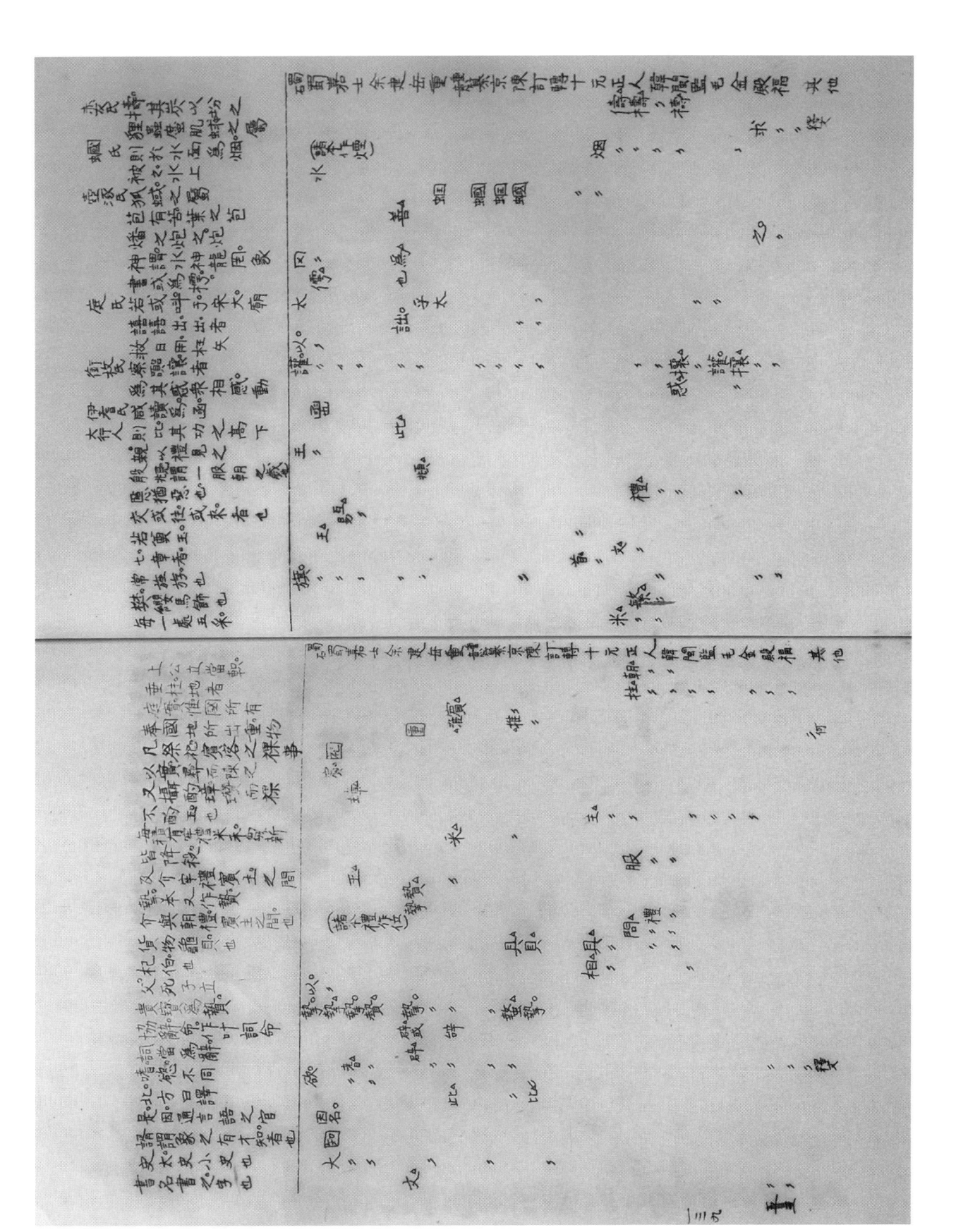

蜀石經 嘉 士 余 建 岳 重 意 纂 京 陳 訂 轉 十 元 正 人 韓 閩 監 毛 金 殿 福 其他

百名。以上
量豆區釜也
皆有贄幣
則以束帛如享禮
及冊相聘也
鄭司農說
孟信子如齊殷聘是也
若今計文書
眡館致館也
小行人 故書聘
作傳。
稿。爲 稾。
謂稿。師也
司儀 以禮告王。
爲壇壝宮也
冬禮月四瀆於北郊
三戒爲昆侖亡
西面北上
推手小下之也
公善言義
一曰三復白圭之玷
夫子信其仁
謂妻之也
前見於王也

贄 官 訃 其 昂 禮 支 視 舒 聘 傳 稿 稿 稾 稿 稿 稾 稿 圖 南 言 乞 曰 故 請 見前 王

升成拜
皆於其等之上。
間潤則問
讀爲旅於太山之旅
從末上行
謂賓主之擯者
車逆主人以車迎賓
車迎拜辱者
見之則下拜迎
立當車軹也
大禮曰饗餼
揖之使前也
且受玉也
惟饗食速賓耳
其餘主君親往
儐主君也
則有降殺
賓當爲擯
擯用束錦
不儐耳
致館于庭
不答拜也
惟君相入客臣也
相不入矣
拜主君拜客至也

或 問 也 大 泰 未 擯 三 逆 後 回 太 何 楫 推 唯 玉 擯 賓 隆 隆 隆 儐 儐 賓 宜 答 擯 旗 唯 六 推 玉 至

一四。

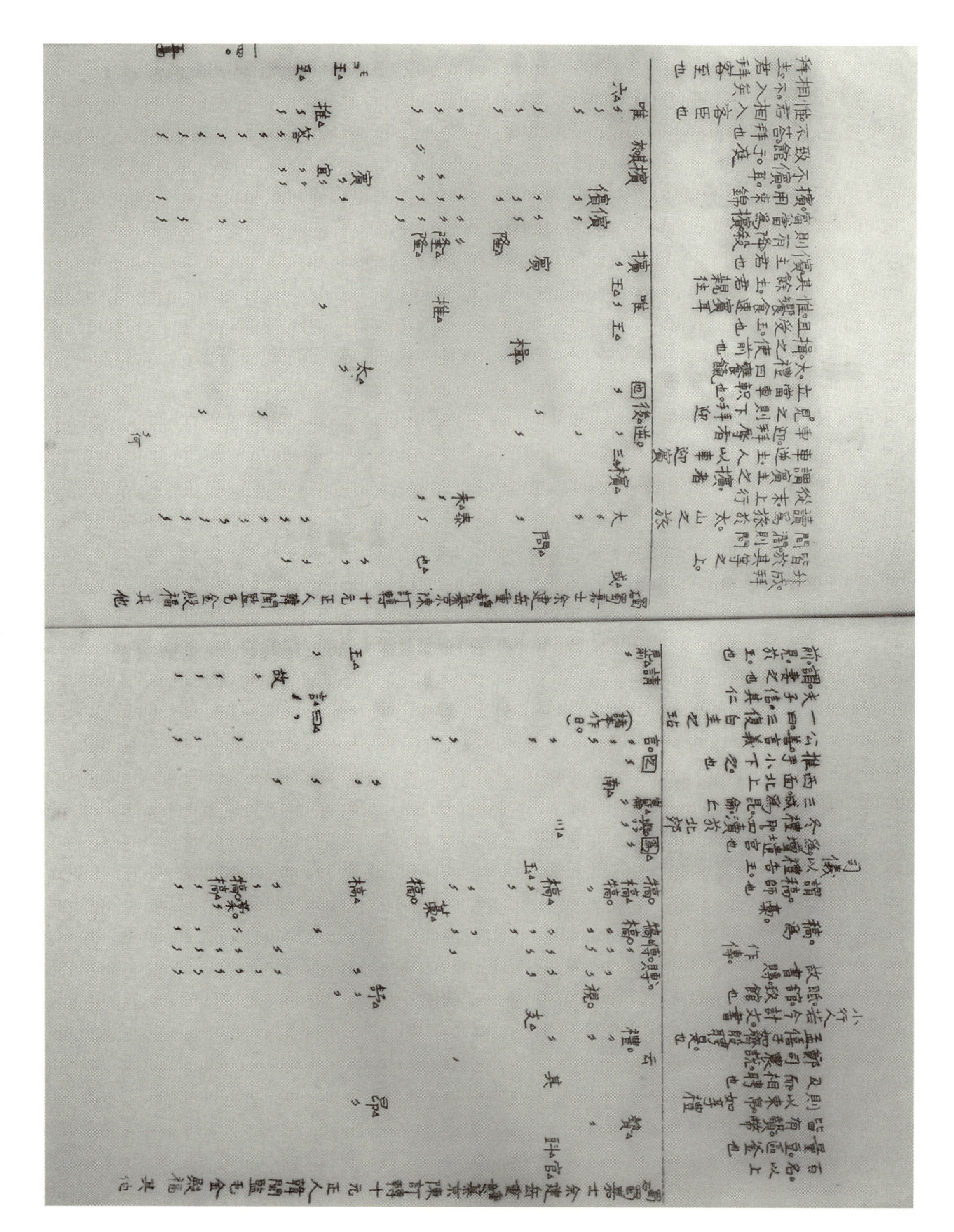

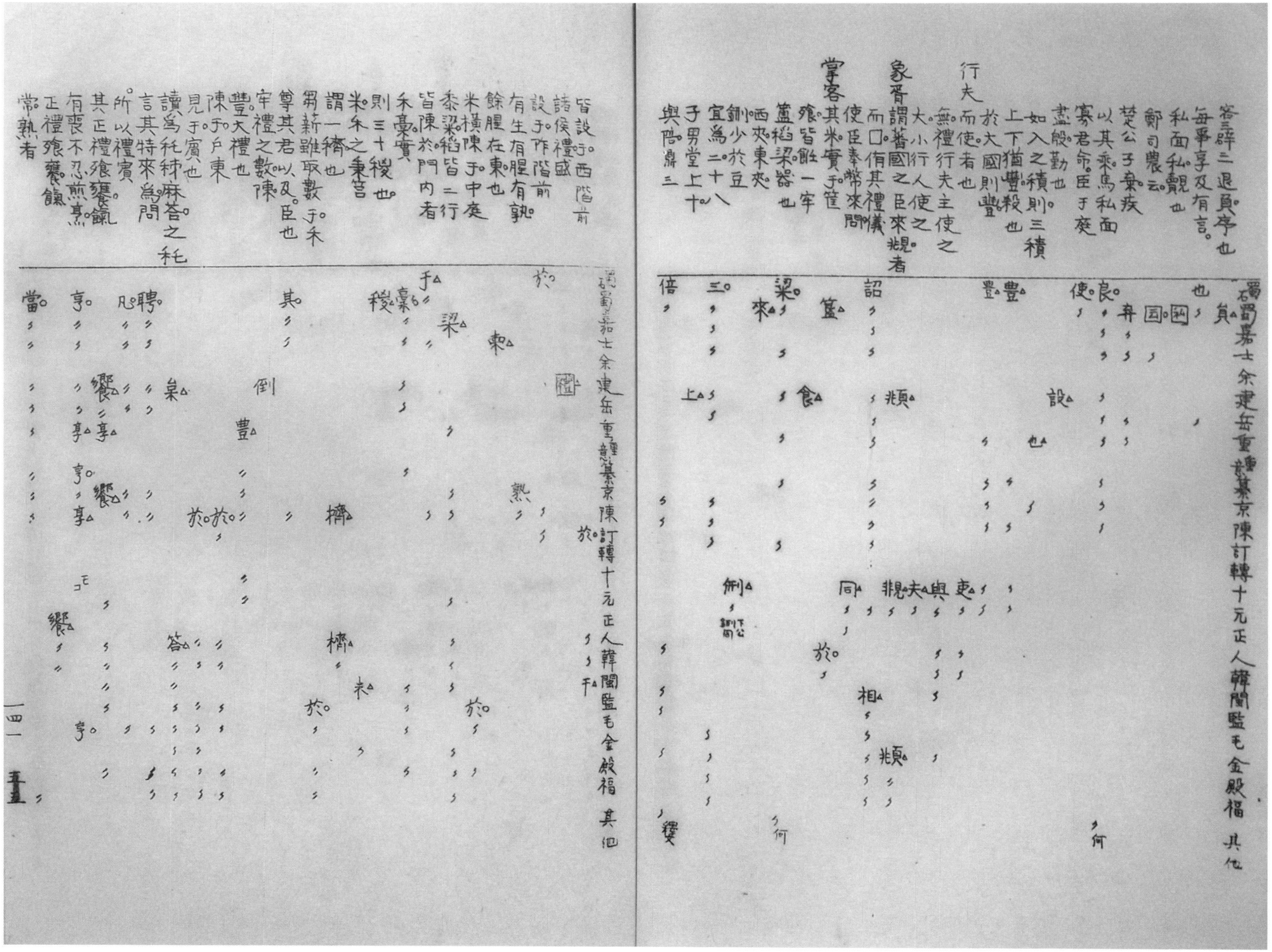

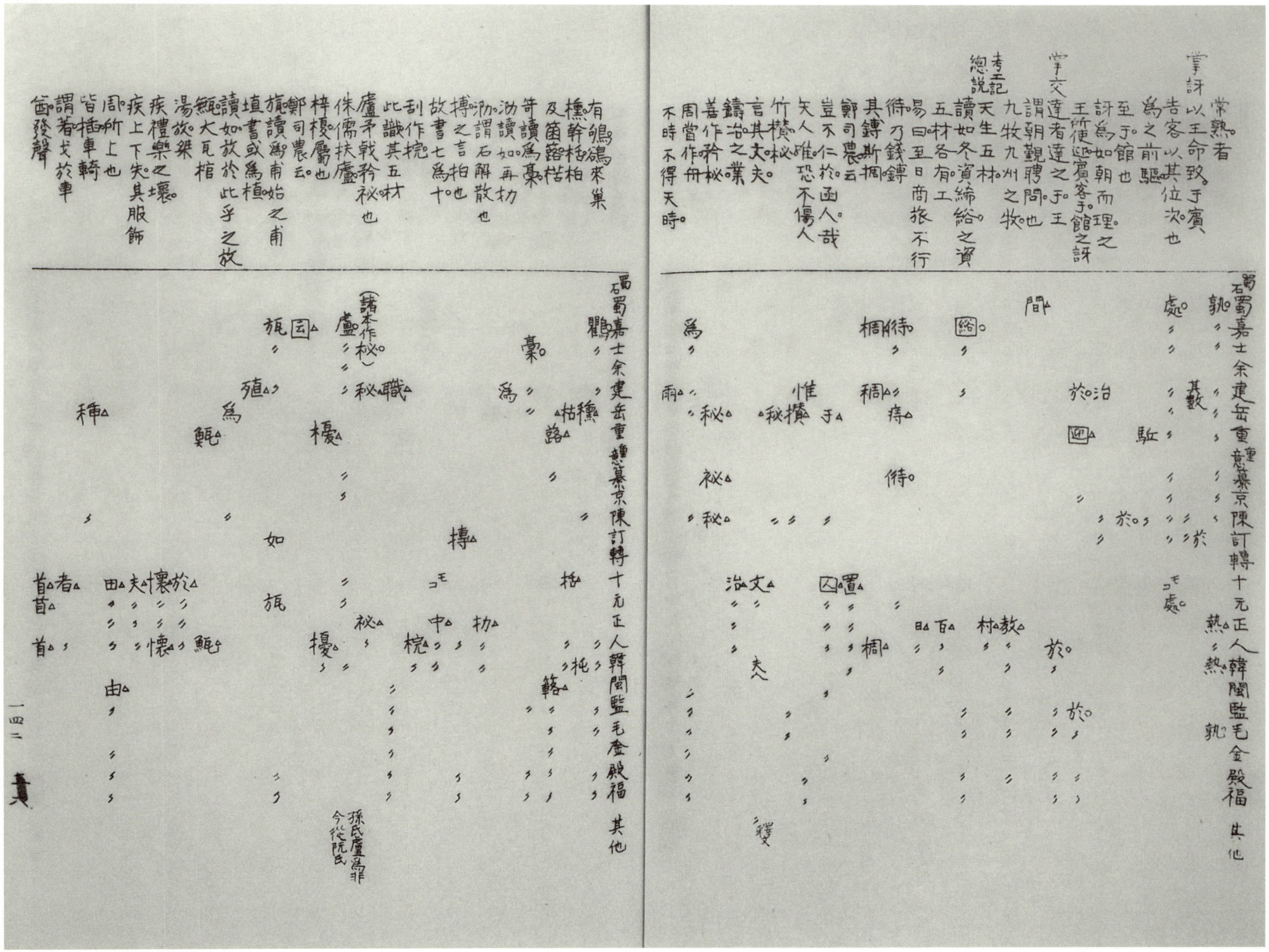

輪人

爲已戚。矣
僕。讀如子南僕之僕
軫與也
轐讀爲旃。僕之僕
所以爲轂輻牙也。
𣫍讀爲紛容𣫍參之𣫍
革急則裹。裹木廉隅見
敲當作秏。
摯讀爲槷。
則轂末。不堅
是爲轂長三尺二。寸
捎讀爲桑蛸。蛸之蛸
壺中當輻。菑者也
如是乃與藪。相稱也
令輻廣三。寸半
則輻。内九寸半
抓鑿。動貌
足相任。也
廣。深相應則固
竑讀如紘。縱之紘。
謂殺輻之。數也
羊脛細者亦。爲骹
揉謂以火槁。之
平沈平漸。也
從木熱。省聲

蜀石 蜀 嘉 士 余 建 岳 重 (重言) 纂 京 陳 訂 轉 十 元 正 人 韓 閩 監 毛 金 殿 福 其他

輪人
爲蓋人

讀爲萬。
平漸。其輪無輕重
徑一。寸也
圍六。寸
枚一。分
爲二十。字
當爲四尺者二。
其弓菑則橈。之
欲令蓋之尊。終乎
兩轂。并六尺四寸
持長橈。短
四尺爲字。曲
爪圍。二寸十五分寸之一

輿人

衡亦。長
兵車之隧。
故書較作權。

輈人

其。大并於小者
易坼。壞也
目下事。度深淺之數
并此輈深而。七尺一寸半
大小之減。
則衡高六尺七寸。也
股則短。矣七非也
輢式之所尌。持
無任言其不勝任

蜀石 蜀 嘉 士 余 建 岳 重 (重言) 纂 京 陳 訂 轉 十 元 正 人 韓 閩 監 毛 金 殿 福 其他

一四三

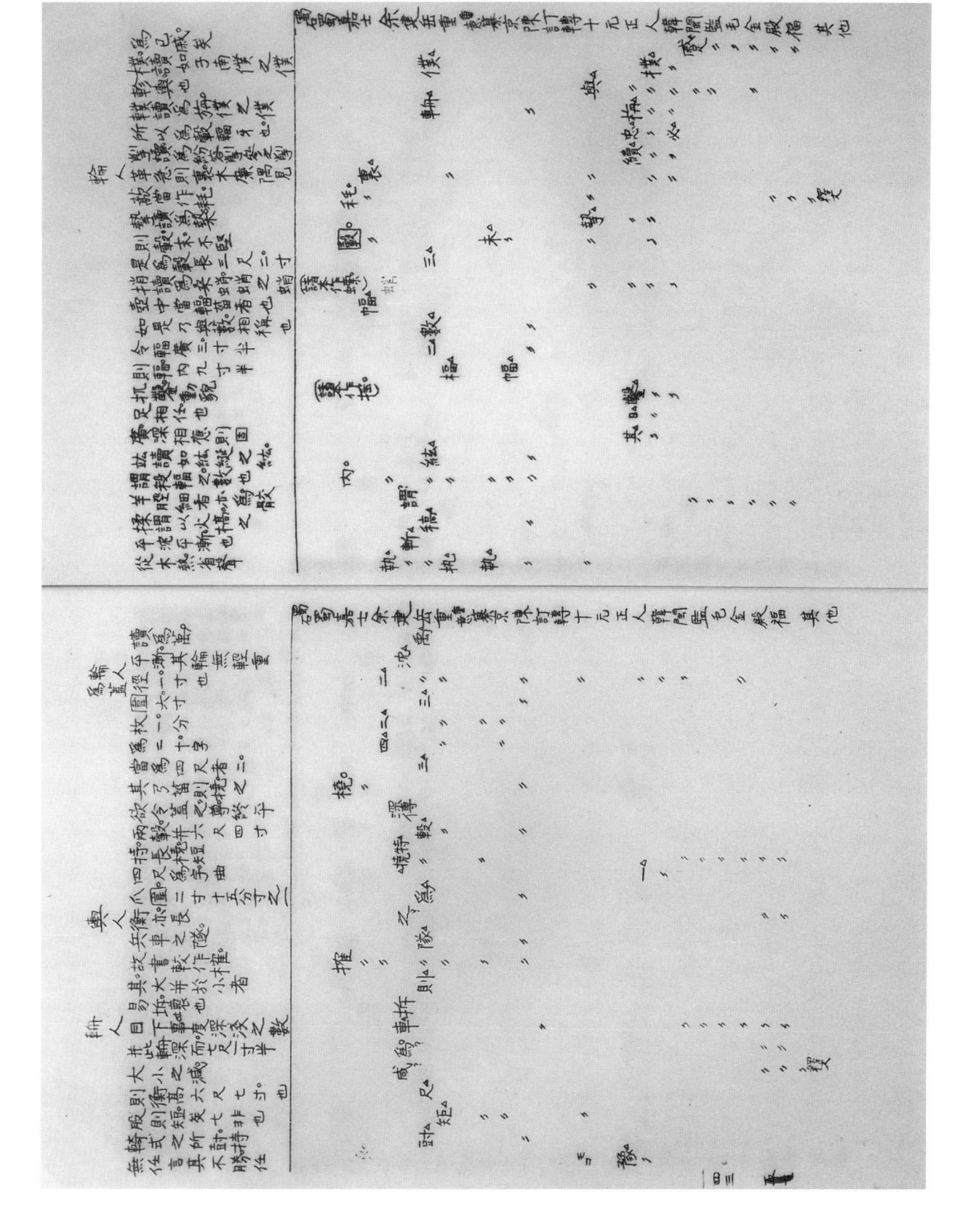

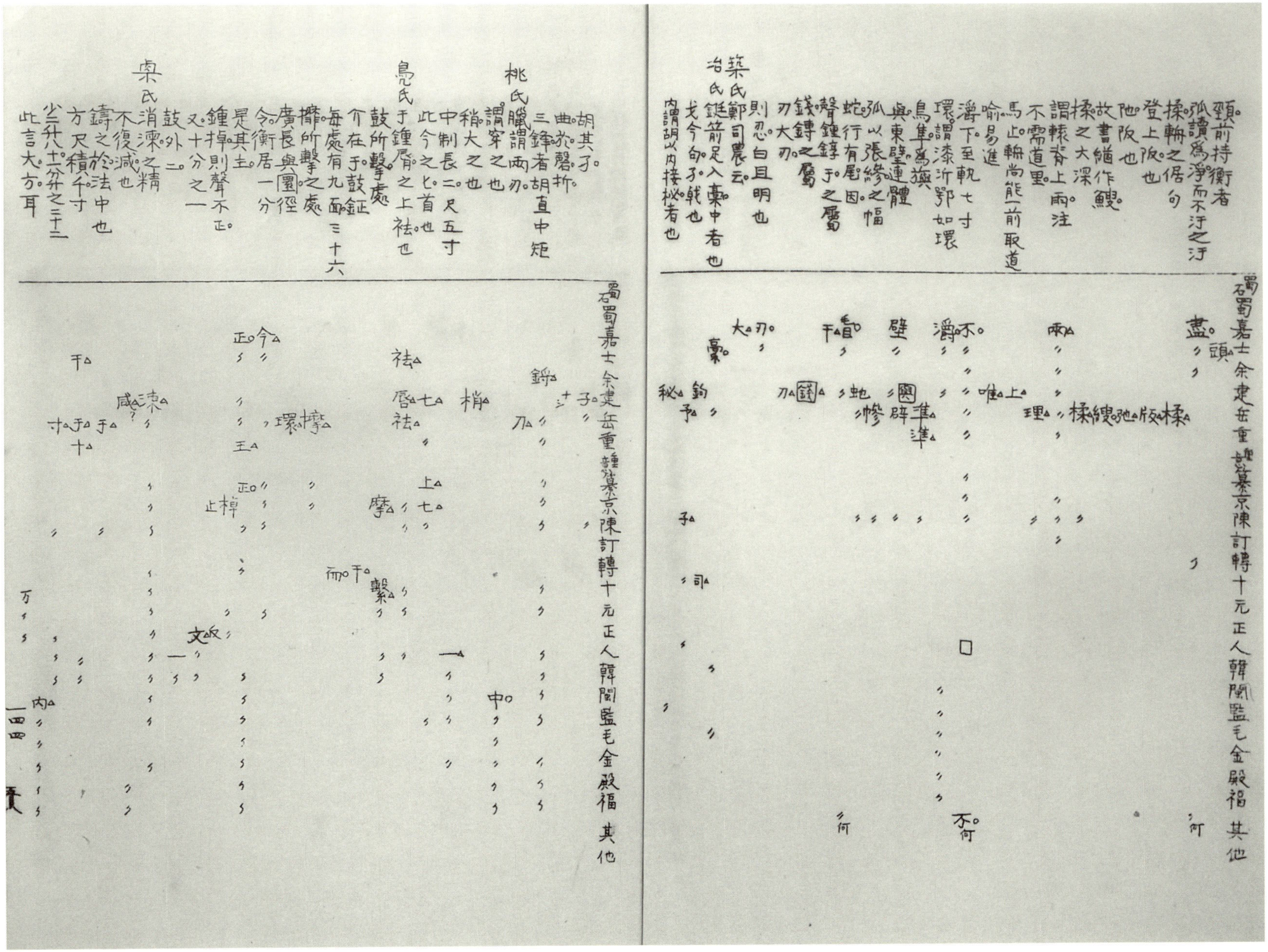

頸。前持衡者
弧讀爲淨而不汙之汙
揉輈之倨句
登上阪也
阤阪也
故書緧作鰌。
揉之大深
謂輈脊上兩注
不需道里。
馬止輈尚能一前取道
喻易進
滯下至軏七寸
環謂漆沂鄂如環
鳥隼爲旟
與東壁連體
弧以張縿之幅
蛇行有尾因。
聲鐘鎛于之屬
錢鎛之屬
刃大刃。
則忍白且明也
築氏 鄭司農云
冶氏 鋌箭足入槀中者也
戈今句孑戟也
内謂胡以内接柲者也

蜀石蜀嘉士余建岳重鐫纂京陳訂轉十元正人韓閣監毛金殿福 其他

胡其孑。
曲於磬折。
三鋒者 胡直中矩
桃氏 臘謂兩刃。
謂穿之也
稍大之也
中制長二尺五寸
此今之匕首也
鳧氏 于鐘脣之上祛也
鼓所擊處
亻在于鼓鉦
每處有九 面三十六
撞所擊之處
廣長與圜徑
今衡居一分
是其生
鐘椑則聲不正
又十分之一
鼓外二
㮚氏 消湅之精 不復減也
鑄之於法中也
方尺積千寸
𠆢升八十一分之三十二
此言大方耳

蜀石蜀嘉士余建岳重鐫纂京陳訂轉十元正人韓閣監毛金殿福 其他

爲之脣
時。是。也
故書狀作壯。
消湅金錫精麤之候

函人
鄭司農云。
鍛革大孰。
玄謂摯之言致
讀爲宛彼北林之宛。
槖甲而見子南
明有光燿

鮑人
舊顧篇有鞄究。
卷讀爲可卷
迆讀爲旣建
謂革不韏
謂郭革之札
綜當爲糸旁泉
如俟淺之淺
讀爲羊豬戔之戔

韗人
韗書或爲鞠
此鼓合二十版。
三讀當爲參
正直也
穹上一直
今亦合二十版

蜀石蜀嘉士余建岳重鍾意纂京陳訂轉十元正人韓閩監毛金殿福其他

六寸三分寸之二耳
犬鼓謂之鼛
鼛始聞雷聲而動

畫繢
鄭司農說以論語曰
繢事後素

鍾氏
烝之以清羽
言如爵頭色也
鄭司農說

慌氏
湅讀如繶人湅菅之湅
漸釋其帛也
以蜃調灰也
以欄椈之
清澄也
於灰澄而出盝晞之
更渥淳之
此說玉及皮帛者

玉人
爲推於其杼上
土猶度也
王命賜之
凡圭琰上寸半
又半爲瑑飾
易行去煩苛
肉好若一謂之環。
而廣狹焉
享天人以琮

蜀石蜀嘉士余建岳重鍾意纂京陳訂轉十元正人韓閩監毛金殿福其他

一四五

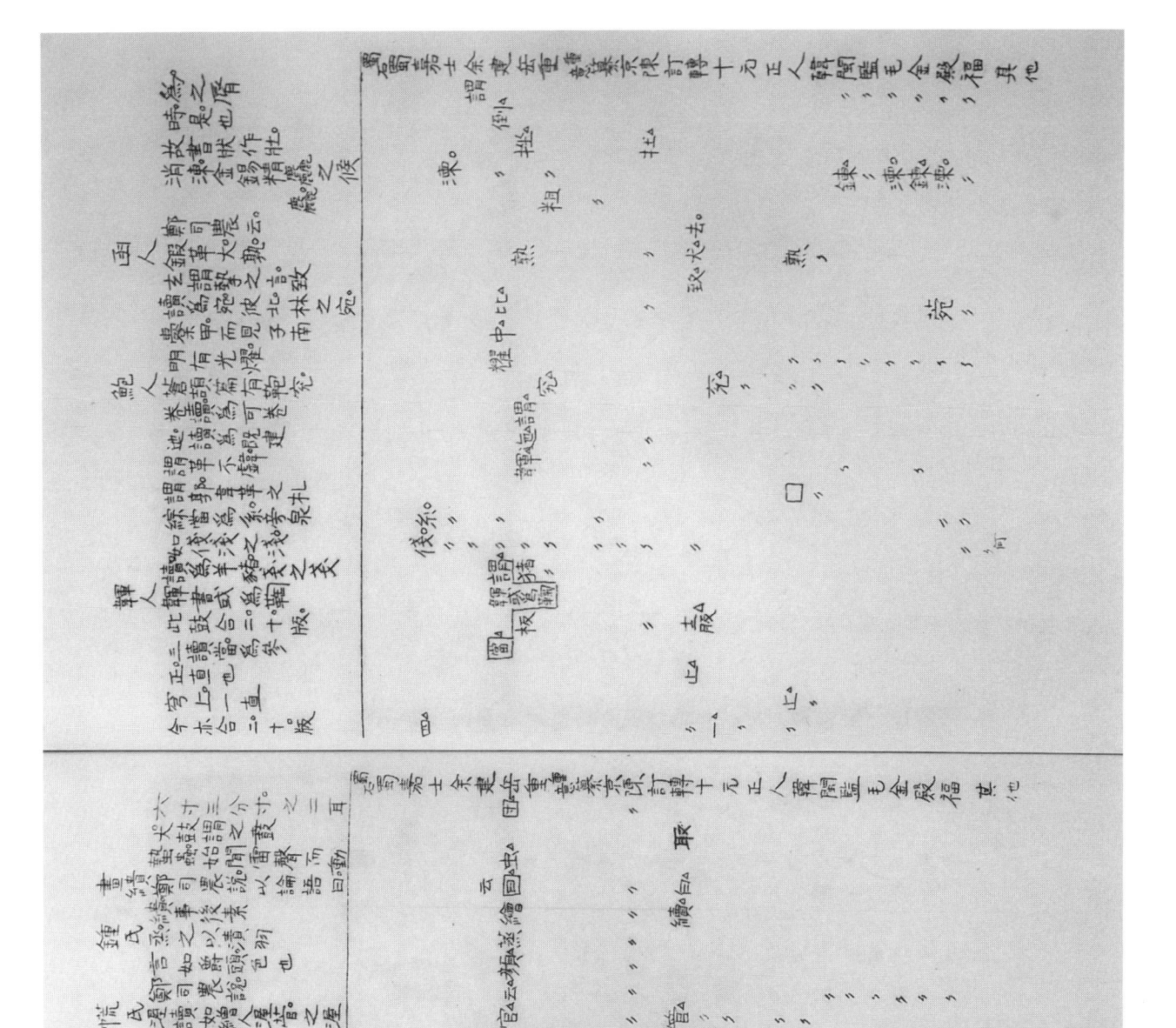

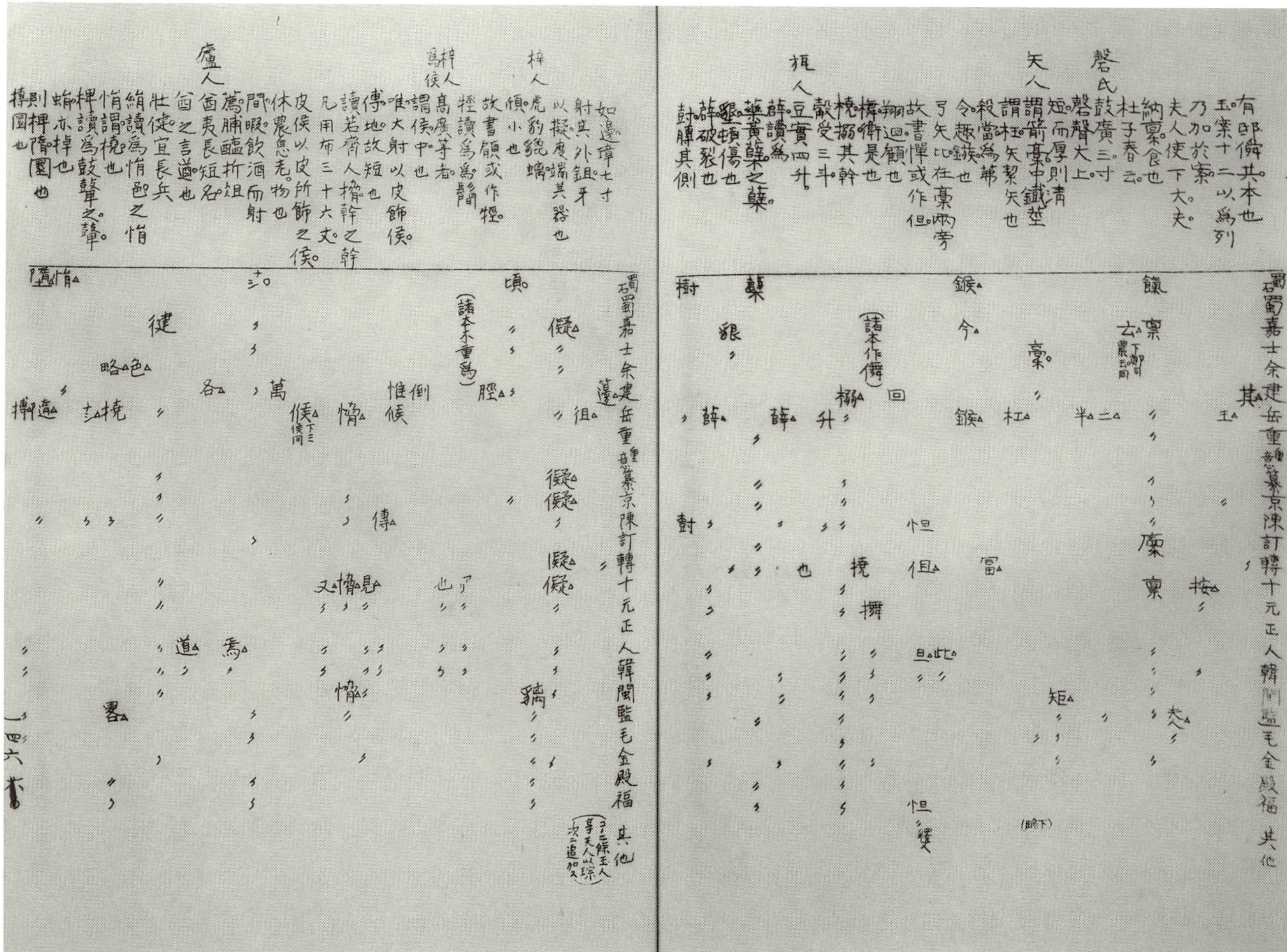

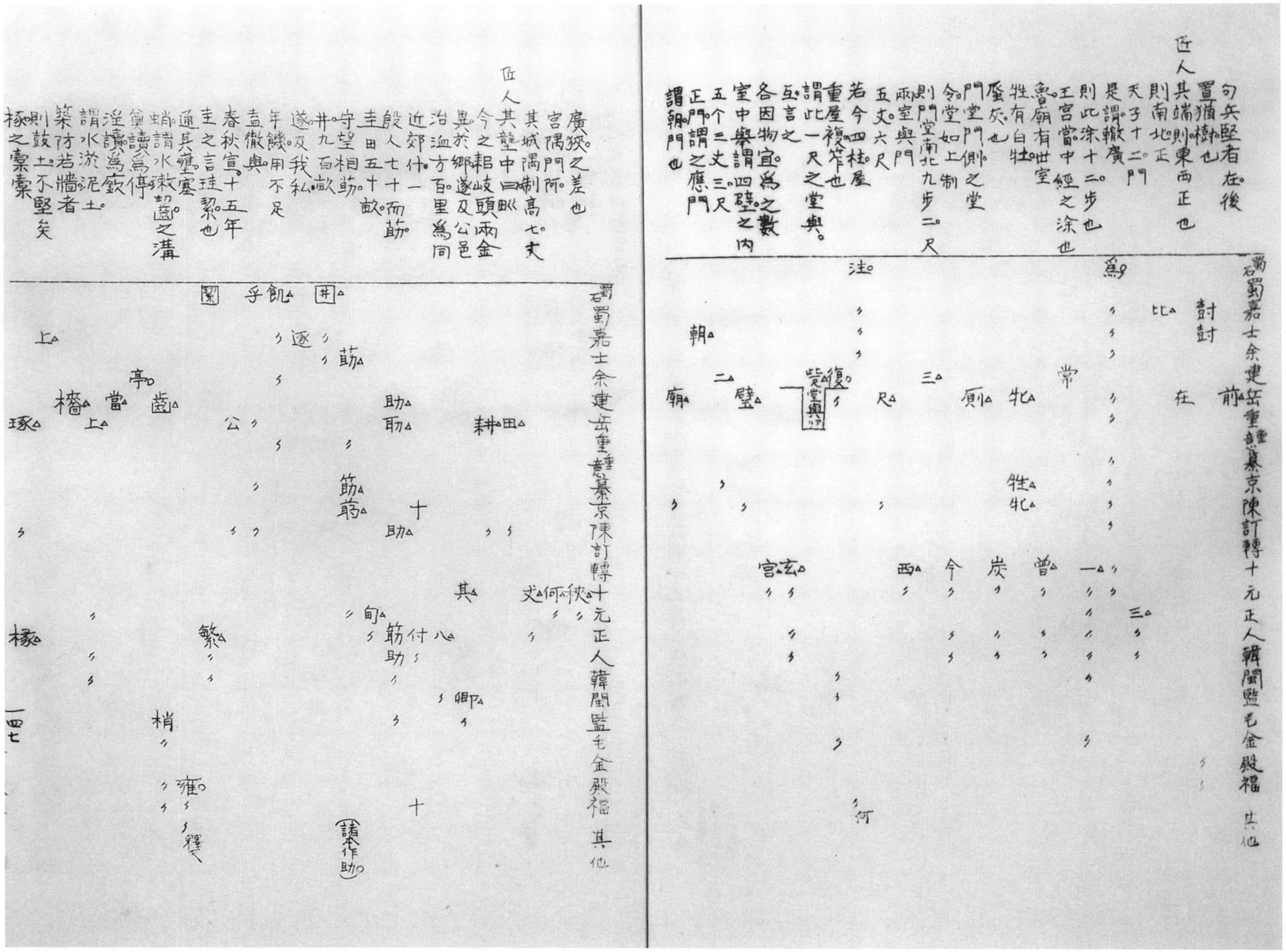

匠人

廣狹之差也
宮隅門阿
其城隅制高七丈
其壟中曰畎
今之耜岐頭兩金
異於鄉遂及公邑
治洫方百里為同
近郊什一
殷人七十而莇
圭田五十畝
守望相助
井九百畝
遂及我私
年饑用不足
盍徹與
春秋宣十五年
圭之言珪絜也
通其壅塞
蛸讀水漱齧之溝
奠讀為停
淫讀為廞
謂水流泥土
築防若牆者
則鼓土不堅矣
椓之橐橐

蜀石 蜀 嘉 士 余 建 岳 重 重意 纂 京 陳 訂 轉 十 元 正 人 韓 閩 監 毛 金 殿 福 其他

圜 乎 飢 井

上 亭 檐 當 齒 上 椓 逐 莇 公 助 耤 耕田 筋 莇 十 助 其 戈 何 狹 旬 筋 付 八 助 繇 椓 卿 梢 一四七 十 癱 穉 (議 作 助)

匠人

句兵堅者在後
置猶樹也
其端則東西正也
則南北正
天子十二門
是謂轍廣
則此涂十二步也
王宮當中經之涂也
魯廟有世室
牲有白牡
蜃灰也
門堂門側之堂
令堂如上制
則門堂南北九步二尺
兩室與門
五丈六尺
若今四柱屋
重屋複笮也
謂此屋一尺之堂與
互言之
各因物宜為之數
室中舉謂四壁之內
五个三丈三尺
正門謂之應門
謂朝門也

蜀石 蜀 嘉 士 余 建 岳 重 重意 纂 京 陳 訂 轉 十 元 正 人 韓 閩 監 毛 金 殿 福 其他

爲 注 封 封 比 在 前 常 朝 二 壁 復 三 尺 廁 牝 廟 牲 牝 宮 玄 西 今 炭 曾 一 三 何

囷圌倉。
若今令甓裓也
分其督旁之脩
堂涂謂之陳

車人

而大節三
腹脛也
頭取名焉
易與爲宣髮

爲車 耒人

欘斲木柄長二尺
耒謂耕耒
庛讀爲
其頪有疵之疵。
耜異材
詷則弦六尺

爲車 車人

謂今剛關頭斧
徑尺五寸
故書博或爲搏
謂囷也
故書瓜爲側
反其木裏。
需者在外
釋地多泥柔也
欲得心在外滑。
爪揉爲沙石
欲得表裏相依堅刃

蜀石 蜀 嘉 士 余 建 岳 重 京 陳 訂 韓 十 元 正 人 韓 閩 監 毛 金 殿 福 其他

辟
方 勞
也 夫 當
囷 寡
斤 爲
疵 庇 庇 疵 庇 庇 林 庇
強 金 經
作 田 反 固 圍
裏
(諸本作澤) 澤 釋 奭 雙
故 反

輪高輪轂也
綆輪箄。
牝服謂連。箱
較六尺也

弓人

取幹以冬
檍讀爲億萬之億
栗讀爲榛栗之栗
謂以鋸副析幹
迆讀爲倚移從風之移
謂邪行絶理。者
栗讀爲裂繻之裂
紾讀爲抮縛之抮
謂牛角捅理錯也
故書畏作威
本白中青末豐
牛戴牛角直一牛
杜子春云
膱亦黏也
讀如簡札之簡
謂筋條也
需謂不充滿。
倂猶均也
恒讀爲桓
若欲反撓然
細弓斂角過淵接

蜀石 蜀 嘉 士 余 建 岳 重 京 陳 訂 韓 十 元 正 人 韓 閩 監 毛 金 殿 福 其他

(諸本作徑) 箄 徑 箄 連 轂
(諸本作軬) 校 於 万 方 万
桌 析 桌 迤
絶理 縛 (諸本作捅) 或 桶 捅
平 未 其
禮 不 倚 礼
有 桓 紲 蒲 細 橈 桓

一四八

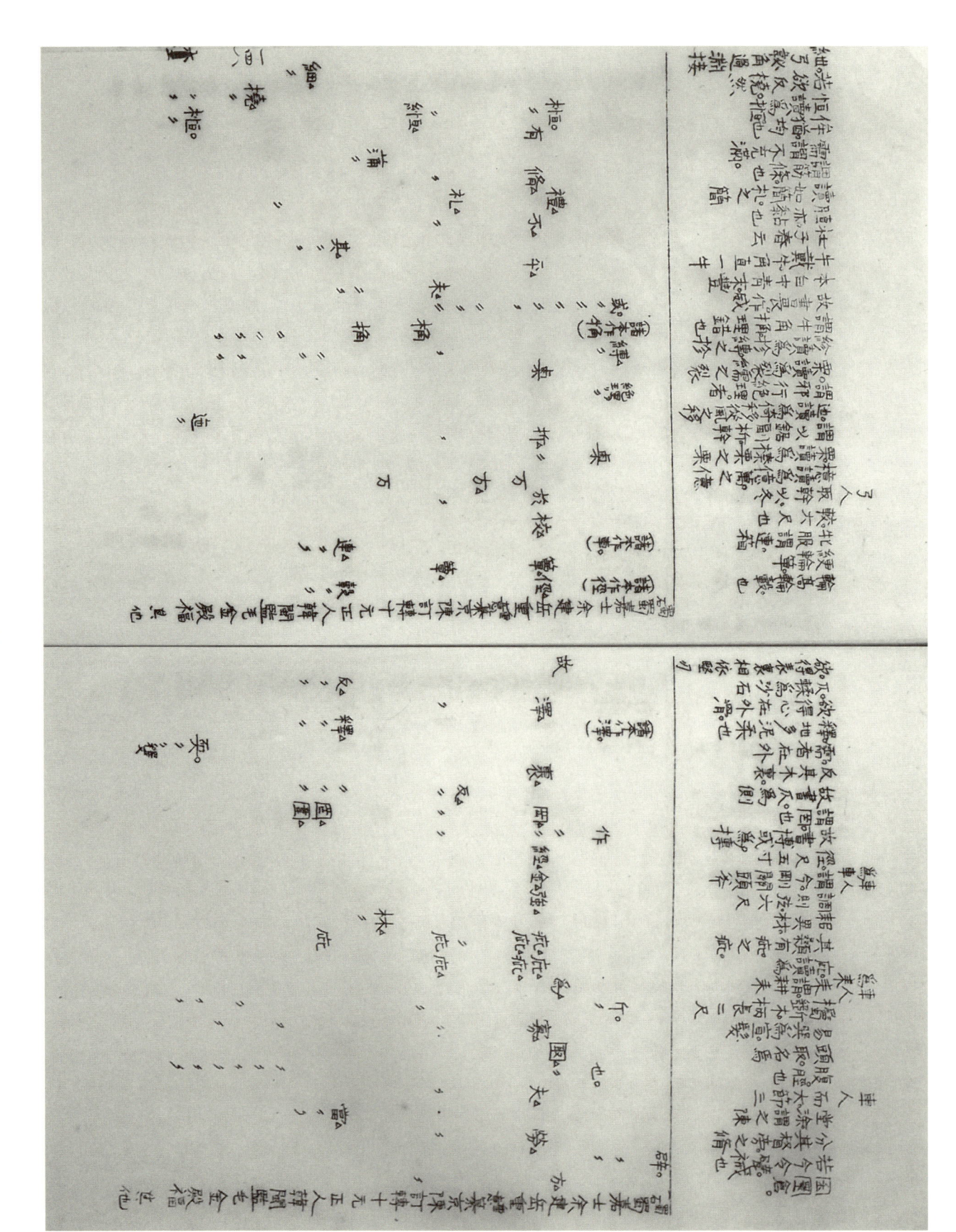

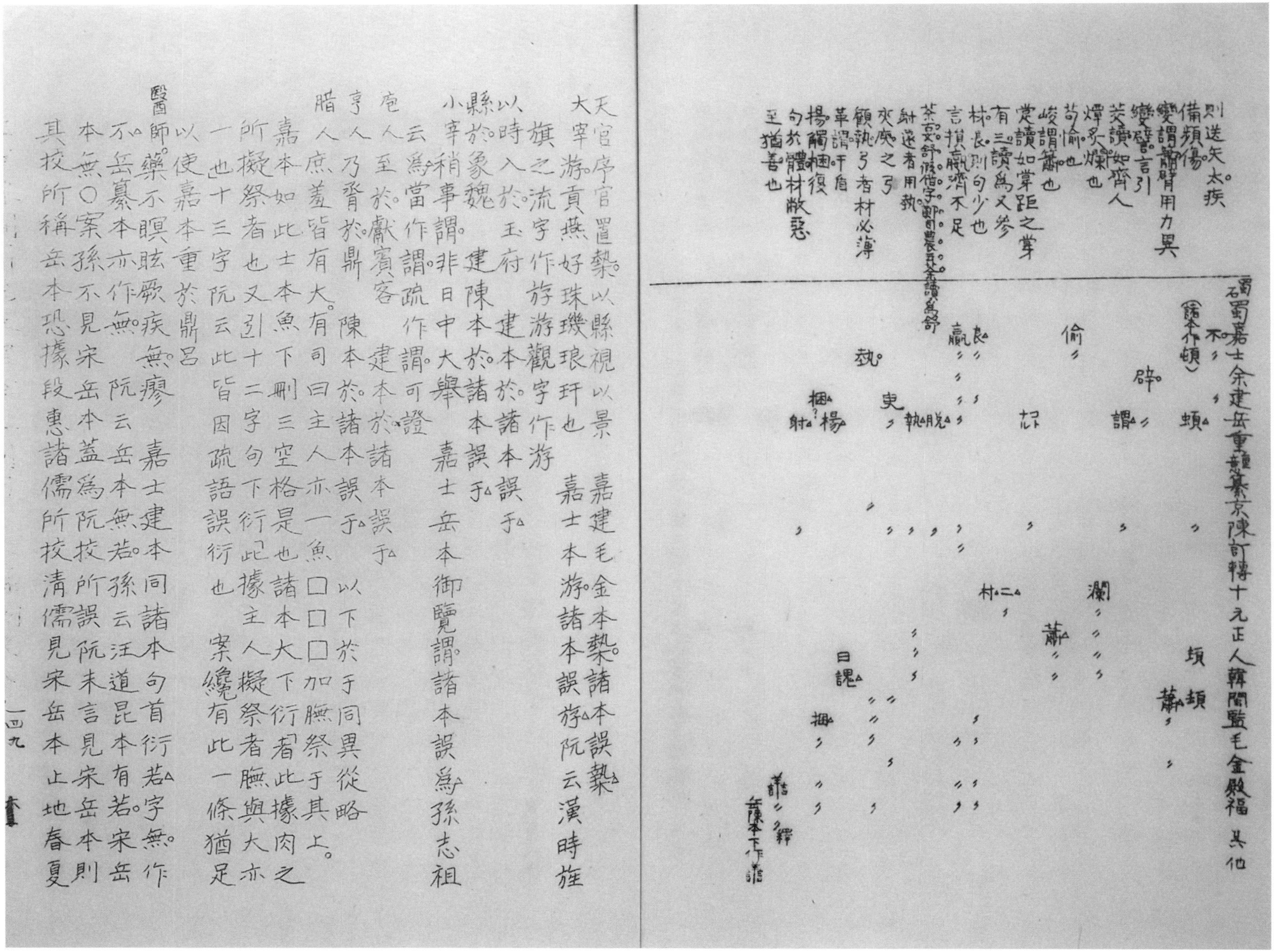

則送矢太。疾
備頻傷。
變謂鬭臂用力異
變。言引
荄讀如齊人
燀炙爛也
苟愉也
峻謂簫也
覺讀如掌距之掌
有三讀爲又參
材長則句少也
言損羸濟不足
荼[illegible]讀爲舒
射遂者用埶。
夾庾之弓
顧埶弓者材必薄
革謂干自
揚觸梱復
句於體材敝惡
至猶善也

蜀石 蜀 嘉 士 余 建 岳 重 鍾 纂 京 陳 許 轉 十 九 正 人 韓 閩 監 毛 金 殿 福 其他
不△（諸本作頓） 頓△ 頃 頓 蘇△
碎。 謂△
偷
拊 瀾 蕭△
羸 良△ 執△脫△ 村△二△
吏 埶。 日課△
梱△ 射△楊△ 梱△
譜 釋 余陳本下作譜

天官序官置槷。以縣視以景 嘉建毛金本槷。諸本誤槷△
大宰游。貢燕好珠璣琅玕也 嘉士本游。諸本誤斿△阮云漢時旌
旗之流字作斿游觀字作游
以時入於。玉府 建本於。諸本誤子△
小縣於。象魏 建陳本於。諸本誤子△
宰稍事謂。非日中大舉 嘉士岳本御覽謂。諸本誤爲孫志祖
云爲△當作謂。疏作謂。可證
庵人至於。獻賓客 建本於、諸本誤子△
亨人乃脊於。鼎 陳本於。諸本誤子△ 以下於于同異從略
脂人庶羞皆有大。有司曰主人亦一魚□□□加膴祭于其上。
嘉本如此士本魚下刪三空格是也諸本大下行者此據肉之
所擬祭者也又引十二字句下行此據主人擬祭者膴與大亦
一也十三字阮云此皆因疏語誤行也案纔有此一條猶足
以使嘉本重於鼎呂
醫師藥。不瞑眩厥疾無。瘳 嘉士建本同諸本句首衍若△字無。作
不△岳纂本亦作無。 阮云岳本無、若。孫云汪道昆本有若。宋岳
本無、○案孫不見宋岳本蓋爲阮校所誤阮未言見宋岳本則
其校所稱岳本恐據段惠諸儒所校清儒見宋岳本上地春夏

一四九

三官未聞有見天官者且明刊岳本係翻宋本字體譌誤或有
之其脫衍不可有之今若字明刊岳本竝有之而阮校云無疑
失校載師亦云岳本受作授誤今檢宋明兩本竝不誤阮校不
可據往往如此嘉道以後諸儒據阮校沿誤者頗多可爲深慨
九嬪衆之次序。者乃哭 嘉士本序。諸本誤敍。 案注例用今字
當作序。
內司服言褖衣。者甚衆 京本同諸本脫衣。阮云詩綠衣正義引
作言褖衣。者甚衆此脫衣。字
穫人王賜韓侯 嘉士本通解賜。諸本誤錫。 阮云按王氏詩考
引周禮注王賜韓侯是宋本作賜。錫者依今詩所改
夏采夏后氏之綏。 士岳金本左傳疏綏。諸本誤綏。 段阮黃皆
作綏孫云娶州本作綏。
大司徒楊。荊豫青兗雍幽冀幷也 建本楊。閩本譌楊。諸本誤楊。
案州名从木从手聚訟紛紛今從倭名類聚抄箋注及王先
謙之說
嘉士本饑。諸本誤飢 阮云按依說文則饑年字當
救饑。之政
从幾飢餓字作飢
饑。饉則盜賊多 嘉士建殿福本饑。諸本誤飢。

司徒以布玉。教 嘉士建本玉。諸本誤五。 案疏中引注亦作玉。
教此形似之誤
圜圜育。草木 嘉士建訂本書抄育。諸本誤毓。 案注當用今字
小司徒立其五溝五涂。之界 岳本禮書涂。諸本作塗。或途。孫
云塗。涂。之俗掌節司險注五涂。字竝作涂。此疑誤
鄉師師。而致於大司徒 建重纂京金師。諸本誤師。
師艱。阮饑。乏也 士訂本治要書鈔艱。諸本誤囏。嘉士訂殿福
本饑。諸本誤飢。 黃云艱。本作囏。此亦當注用今字下遺人注
艱阮猶困乏仍作艱。
黨正見孝弟。之道也 嘉士岳本禮書通解玉海弟。諸本作悌。俗
字
鼓人動且。行邑建岳重京殿福本三禮圖通解且。諸本誤旦。
載師若今云邑居。里。矣 嘉士岳何本毛詩禮記疏通典通考居。
里。諸本誤里。居。或里。誤田。 嘉士岳何本同。諸本作上。大夫
其。大。夫如州長其。大夫如縣正
下。大夫 案上。下。二字疑衍
遺人盧若今野候徒。有序也 嘉士建岳何本毛詩疏玉篇零本
禮部韻略玉海漢制考徒。諸本誤徙。

一五〇

司救邪。惡謂侮慢長老　嘉士本邪。諸本誤衺。　案注例當用今
字作邪。
媒氏容媵姪娣不娉。之者　嘉士本娉。諸本作聘。　孫云說文云
娉問也娉正字聘段字
司市謂物行沽。者　嘉士岳本宋刊通典沽。諸本作苦。　孫云沽。
古字通苦。見鹽人典婦功典枲三職沽。見酒正司裘巾車司兵
諸注則注例用沽。不用苦。
廛人質布者質人。所罰　嘉士岳何本同諸本人下衍之。　阮云
貫疏引注亦無之。字有者行文
遂大夫耒耜茲。其。之屬　嘉士本茲。其。諸本作鎡。其。或作鎡。基。
阮云從金耜從土蓋後人所加　孫云雉氏注亦作茲。其。
士均理。萬物　嘉士岳何本通解貫疏引注同諸本理下衍於。禮
器原文無於。有者行
廩人稍食祿稾。　嘉士本稾。諸本誤稾　段云稾。賜穀也與倉廩
字義別
稾人不於饍人言者。　岳士本古今考者。諸本誤其。　案岳本此
條勝於各本
舂官序官女。作秩宗　嘉士建殿福本畫一元黿女。諸本誤汝。

孫云爲孔本女。作汝。非其舊
亦用士。人。　嘉士建何殿福本同諸本士下衍八。　阮云嘉靖本
此條勝於各本　案不獨嘉本（世婦）
味。東夷之樂　嘉士本味。諸本作韎。（韎師）
鞻讀爲屨。　岳本同諸本爲誤如。下衍也。　案此條亦岳本勝於
各本（鞮鞻氏）
謂盾。也　嘉士訂何本王海盾。諸本作楯。　阮云盾。者正字楯。俗
字（司干）
大宗伯札讀爲截。截。謂疫癘。　嘉士建何殿本通解截。諸本脫下
截。建訂陳毛本癘。諸本譌厲。
鑊亨。牲器也　嘉士建訂本釋文通考亨。諸本作烹。或作享。　案
亨正烹俗
小宗伯吉凶賓。軍。嘉　嘉士建本通解賓。軍。諸本誤倒　阮云此
本疏中標起訖云注用等至軍嘉與大宗伯注合今本非
郊有葦神。之兆　嘉士建訂何殿福本神。諸本誤臣。
謂若今時肆司徒府也　嘉士何殿本通解漢制考謂。諸本脫
肆師珥爲。餌　嘉士本同諸本珥下衍當。　孫云婺州本無當。此
與小宗伯肆儀注云杜子春讀肆當爲肆義爲儀文例正同亦

一五一

此冡上文省
職。人謂充人及監門人　嘉士建何本通解職。疏中述注同諸
本誤職。
司尊彝罍臣。之所飲也　嘉士建岳何殿福本通解禮書臣。諸本
誤神。
脩讀爲滌濯之滌　建本玉海漢制考爲。諸本誤
當作讀爲。字之誤也　脩字於義無施直易爲滌字如。
滌條段云
脩同作。攸聲故爲聲類也　案此條建本勝於各本　滌條聲條讀與如。
司几筵馮。玉几。　嘉士建本釋文馮。諸本作憑。　阮云下加心者
俗作
典瑞謂插之。於紳帶之間　嘉士岳許何本通解一切經音義畫
一元龜之。貫疏引注同。諸本脫之。
司服弁。而加環經　嘉士岳本弁。諸本脫。
世婦具所濯概。　余建許何殿福本概。諸本作概。溉。慨。竝誤
內宗次序外內宗及命婦哭位。　士岳本通考位。諸本誤王。
宗
此條岳本勝於各本
小師塡六空。岳本釋文空。諸本作孔。孫云空孔古今字　筌師
注竝作空。陸本是也　案孫不言及岳本恐失挍

如篪。六孔　岳本毛詩疏篪。諸本誤箎。　案篪別字此二條使岳
本重於鼎呂
併。而吹之　余本惠挍本宋刊釋文同。諸本併下行兩△　盧云案
云併則兩可知陸所見本無兩字後人乃改而爲兩孫云詩有
瞽笺亦云管如遂併而吹之此注當與彼同
今大予。樂官有焉　余建士明刊岳本毛詩儀禮爾雅各疏玉海
予。孫云婺本同。諸本誤子△　阮云光武樂曰大予見後漢書及
文選兩都賦注
↑典同鍾形下當蹕。　余本釋文蹕。諸本誤蹕△
甄讀爲甄爓。之甄　建岳毛殿福本爓。孫云婺本同。諸本誤濯△
大祝謂。犧牲皆有名號　建岳士本謂疏中述注同諸本誤爲△
案費念慈挍建本孫據此而此條不言及建本費之失邪孫之
失邪
肆鬯所謂。陳尸設鬯也　嘉士許惠挍本謂。諸本誤爲△
巾車玄謂駹車邊側有桼。飾也　余岳京本通解通考桼。諸本誤
漆△
夏官亭官所以正不正者。也　岳重本同。諸本句首有政△論語義
疏無者。　案上既云政正也此句直承之略政字似可者。字有
一五二

無兩通
羅氏能以羅罔捕。鳥者 嘉士建重意陳本捕。諸本作摶。或誤摶。
孫云捕摶之借字又云摶捕古今字 案小司徒注云胥伺
捕。盜賊也士師注云偖謂司摶。盜賊也捕摶錯見據注例用今
字作捕。爲可
趣馬蹶惟。趣馬 嘉士建本釋文貫疏述注惟。諸本作維。 案毛
詩作維。三家詩作惟。釋文貫疏並作惟。惟。爲是
大司馬師師。以從王 建岳閒人韓本師。諸本誤師。 阮云按師逗
師。以從王四字一句
小司馬此下字脫減札爛又。闕 嘉士本又。諸本誤文。 孫云字
脫滅及札爛謂此職上存首尾二札而一札之中字復脫滅不
具札闕謂此職中閒闕文甚多及下三職全闕
小子凡刲珥。則奉犬牲 嘉士纂何本惠校本通解珥。諸本誤衈。
案士師注云珥。讀爲衈。作衈。者誤也
諸子正謂枇。載之 嘉士岳毛殿福本枇。諸本誤札。又禮。
大僕曰中而備。 岳重意何本葉鈔釋文通解備。諸本作塴。崩。
阮云按說文有僩堋字無備塴字二字从山者誤字也說文堋
下亦引左傳朝而堋釋文作僩者古字段借自是鄭注古本

弁師每繅九成則九斿。也 建本文選注玉海三禮圖斿。諸本誤
旒。三禮圖斿下有每。斿。九。玉。 段云案此當云每繅九成則九
斿斿九玉也今本似脫誤 案段說與三禮圖合。可從
大馭軛謂車軾。前。也 嘉士建岳毛殿福本軾。前。諸本誤倒
校人相士。作乘馬 岳纂士監何殿福本釋文宋刊通典土。諸本
誤士。上。玉。
廋人鄭司農說。以月令曰駕倉。龍 嘉士建何殿福本說。諸本誤
云。重意本倉。諸本作蒼。 案月令作倉。
司刺忘有在焉者。 蜀石經建岳重意本御覽漢制考者。諸本脫
者。
司約豈此舊典之遺言乎。 蜀石經乎。建本漢制考作與。諸本脫。
案乎。與。兩通
司盟使邑。閭出牲。來盟 蜀本同岳本使下衍其。諸本衍其。牲下
行而。
野廬氏非比。常人也 嘉士毛殿福本比。諸本誤此。
蜡氏曲禮曰。四足死者曰漬 蜀石經蜀本曰。諸本脫。
萍氏無夷。酒 蜀嘉士本夷。諸本誤彝。注疏本疏中作夷。
庶氏而能。病。害人者也。 蜀本同蜀石經脫病。諸本脫能。也。二字

一五三

庭氏譆譆誒。誒。者　建訂陳本誒。諸本誤出△
大行人嘻欲。不同　蜀石經嘉士陳本釋文欲。諸本誤慾△
因名。通言語之官爲象。云　蜀本同蜀石經句首有是。諸本作是。
因。通。象下行胥△　劉欣云名通案文當作通名謂總稱言語之
官爲象胥也　案蜀本是也通通達也非是胥行文總稱之謂上文曰言
語不通通其慾　可以證矣劉說非是胥行文
司儀車逆。拜辱者　蜀石經岳纂士何本逆。諸本誤迎△
掌客尊其君以及其。臣也　蜀嘉士陳本通解其。諸本脫△
其正禮飧饔。饟　蜀嘉士陳毛福本饔。諸本誤饗享△
考工記總說讀如冬資絺。之資　嘉士建監毛殿福本同諸本絺
下行絡△
符讀爲稾。　建岳士監殿福本稾。諸本誤稾△
輪人爲輪歒當作秏。　十行殿福本釋文秏。嘉士本爲秏。諸本誤
秏△
則。求不堅　嘉士何本同。諸本末上行轂△
輪人爲蓋其弓菑則橈。之　嘉士陳本橈。諸本誤撓△殿福本下作
輈人橈。
幷此輈深爲。七尺一寸半　建殿福本爲。諸本誤而△建本此

條勝於各本
弧讀爲盡。而不汙之汙　嘉士何本盡。諸本誤淨△段云盡而不
汙見春秋成十四年左氏傳汙讀爲紆謂紆曲也阮云世有淺人
以淨與汙反對亦可哂也
故書緧作緵。岳本葉鈔釋文緵。諸本誤緵△
環濟。謂漆沂鄂如環　嘉士建閩監毛金殿福本濟。同諸本脫△
蛇行有毛。目。　嘉士建何本禮書玉海毛。目。諸本誤尾△因△孫云
續漢志注司弓矢疏引考異郵後漢書注竝作尾。義得兩通
則刃。白具明也　嘉士本林解御覽刃。諸本誤忍△
冶氏鋌箭足入稾。中者也　岳士韓毛本稾。諸本誤稾△
三鋒。者胡直中矩　嘉士建毛本鋒。諸本誤鋒△
㮚氏消湅。之精　嘉士毛殿福本韓版纂本釋文湅。諸本誤湅△
矢人謂箭稾。中鐵莖　建士毛本稾。諸本誤稾△
橈搦。其幹　蜀石經嘉士余本韓版纂本搦。諸本誤搦△
斻人以擬。度端其器也　蜀石經建監毛殿福本擬。諸本作僾△
阮云按依說文則擬度字从手僭擬字从人
梓人肖。頃。小也　蜀石經哨。頃。建京嘉士本韓版纂本頃。同諸本
脫哨。頃。誤傾△

一五四

梓人爲侯。若與羣臣閒。暇。飲酒而射　蜀石經嘉士建訂監毛殿福本
無閒。暇。
匠人重屋復。笮也　建岳閩監本通解玉海漢制考復。諸本誤。
孫云復。複。古今字
匠人爲溝洫盡徹與。　蜀石經岳纂陳本禮書作孚。
車人之事頭也腹也脛也　建士閩監毛金殿福本也。諸本脫中
也。
車人欘。斲斤。柄長二尺　嘉士訂毛殿福本斤。諸本誤木。
弓人玄謂恒讀爲桓。　建岳陳殿福本桓。諸本誤栢。緪。
變辟。言引字之誤　余岳本釋文辟。諸本誤譬。

（三）疏文

イ　浙東轉運司本

周禮の單疏本は今日見るを得ず。たゞ諸經の單疏本によって其大體を槩すべし。浙東轉運司本は其標題、正義序、疏の分合等頗る他經の單疏本の樣式を具ふ。(前揭)此書全卷に亘りて對校するを得ず。何義門及び惠棟の校本によりて其異同の大要を知り、又四十七、八兩卷の零本につきて精細に對讎して、其長短の概略を知るを得たり。別表は注疏本の校勘を一目瞭然たらしめんがため稍顯著なる異同を列記せしものなり。而して十行本は卷一より九までを缺き、內閣本は七卷までを缺き轉運司本は考工記の一部を存するのみなるを以て、對校表は首を捨てて尾を取ることとし、卷第三十四以下を擧げたり。是れ唯一斑を示せるに過ぎざれども、以て全豹を察するを得ん。

轉運司本は宋槧明修にして、故宮博物院本既に然り。予の藏本も亦明修の頁あり。其の異同の金玉とすべきもの、考工記凫氏の疏「毎處有九而三十六」の而の如きは各本皆面に誤る。王引之文理を以て之を正して曰く、

案面當爲而。字之誤也。此承上文凡四言之。鍾之兩面帶凡四處。毎帶一處。而有九鍾乳。四九而得三十六。故云毎處有九。而三十六。

と。孫仲容之を是とす。何惠二氏此書を校して共に此條を失す。然るに王氏文義を以て其の誤なるを斥す。精到の見確當の斷人をして嘆服せしむ。而して此書によりて信を取るを得、眞に一字千金と謂ふべし。又玉人の疏に、

重足相對爲儀也。
の足を、十行本以下尺に誤る。通解玉海の引皆誤らず。殿本考證には、王制の孔疏に、臥則儀右言首在外。而足相鄉内とあるにより、尺を足の誤と斷じたり。考證力めたりと謂ふべし。然れども通解玉海の、此文を引いて足に作くるを以て證となすの、更に剴切なるに如かず。抑又始めより此書を得ば勞せずして意暢達するを得ん。矢人の疏に、

故破此第者爲殺也。先鄭云云

とあり。十行元間人韓本は先を矢に誤り、文義を成さず。閩本遂に倒して矢也に作り、監毛本之を承く、其誤甚し。此等は轉運司本の誤らざる者にして、此類往往存すること表に示すが如し。然れども熱を熟に、重を車に、雅を催に、管を菅に、積を横に、異を畧に、五を王に、校を挍に、四を西に、駔を組に、鉏を但に、若を右に、股を殷に誤るの類、皆此書のみの失なり。此の如き譌誤甚だ多し。從來の對校者、皆金玉のみを擧げて此書の美を成し、其の瓦礫を問はず。今詳に對讎して其の金玉は瓦礫の什一にも足らざるを知れり。然れども是れ各本共通の憾にて、獨り此書のみを責むべからず。畢竟校勘の業は、沙を披いて金を拾ふに喩ふ。而して此書の金は、概ね何惠二氏の校本に收められたり。

ロ　十行本

岳倦翁の所謂建音釋注疏本は、即ち十行本なるべく、倦翁は嘉定(一八六八－一八四四)中の人なれば、紹熙三年(一八五三)よりは二三十年後の人なり。十行本は其間に成れるものとせば、其の上木は轉運司本より二三十年を下ることはなかるべし。而して前者の注疏萃刻なるに對して、更に釋音を附せるは一進歩となすべし。婺州本、蜀大字本等は單注にして釋音を附せざれど、紹熙二年(一八五二)余仁仲刊の穀梁傳には音義を附す。周禮の注にも音義附載せるは、前に述べたるが如し。余仁仲本(參看)此兩書の長を并せ採り、以て附釋音注疏本を創意せしならん。其の後學を便益せること尠少ならざるなり。殊に十三經全部に亙りて之を試み、經學の寶典たる十三經注疏を大成せるの功は特筆せざるべからず。

此書經注に於て、單經本單注本と著しき異同あるは既に述べたり。其の疏に於ても、轉運司本と甚しき異同あれば、其の沿襲せざりしこと知るべし。經注は石經及び監本等に據りて對校取捨せしならんが、諸本の何れにも合せざる異同あるは、其の據る所の本異りしか、若しくは意を以て改刪せしか將又筆誤刀譌によるか、今知るに由なし。而して宋刊十行本にして存せんか其誤は尠かりしならんと思はる。元以後補刻を加へ、明の正德に至りて已む、所謂正德本なり。田中氏藏本(前掲)には宋板と思はるる頁稍多く存すれども、漫漶甚しく讀むに堪へぬ者あり。現存の十行本周禮にては、内閣本を最佳とす。

八　内閣本

田中氏宋刊十行本と内閣本(元槧)との異同を對比し、以て二書の價値を斷ぜんとす。田中本の補刻に係る頁は一併に除き其の宋刊と思はるる者につきて對讎す。然るに宋刻は漫

一五六

滲甚しく校勘に堪へぬ處多し。故に對讎は兩者共に明かなる條のみに止め、内閣本正しくとも宋刻模糊辨じ難き者は其數に加へず。其の正しき條は、

巻数	34	35	36	37	38	39	40	41	42	計
宋刻	0	0	0	2	2	0	1	1	1	7
元槧	1	1	4	14	8	8	16	13	7	72

の如く、宋刻正しくして内閣本に誤れる者七條、宋刻誤りて内閣本に訂正せる者七十二條なり。是れ九巻の一部にて此の如き訂正を加へたるなり。覆刻の際誤字のみを訂正し、其他は原文のまゝに從ひたるなるべく、宋刻誤らずして新に誤れる七條は、注を往に、今を令に誤れる類にて偶然の筆誤乃謁ならん。其の細部の誤謬に對して、此の如き訂正を加ふるには、精讀審校の餘ならざるべからず。或は十行本の原據となれる書に據りて、對校せしにはあらずやと思はる。其の學に忠にして、惠を後人に垂るること甚大なる者なり。殿本及び浦鐙の正字の訂誤が、此書と符を合せる條頗る多し。是れ暗合に據れるか、將又竊に材を此書に取れるか、恐らくは後者が眞に近からんと思はる。内閣本は周禮一經に止まれど、他の十二經も同時に改刻せられたるにあらざるか。予未だ同刻の他經を見ず。彭元瑞の石經考文提要に、元本尚書注疏を引く、或は同刻か。姑く疑を存して後考を竢つ。

二　正德本

明代には南北兩監を建て學問にも力を注ぎたれど、祭酒司業人を得ず、宋元以來の舊版など匠工に竊み去らるゝ者頗る多かりしは、前既に之を述べたり。(傳本の條參看)而して補刻に方りても、當事者其人を得ず、菲薄の質、淺陋の見を以て、校正修補の大任に當る。所謂正德の補刻に係る者、書體拙劣、譌謬百出、苟も文字を解する士の想到すべからざるの不體文字を作製す。其の實闕罅る處、皆然り。甚しきは全紙に及ぶ者一にして足らず。假令舊板漫漶すとも、宋元を距ること甚しくは遠からず。宋の嘉定より約三百年、元の泰定より約百八十年、宋槧元刊本の當時に存する者、豈絶無ならんや。官府の力を以て捜羅する、必ず善本を得られん。是れを之れ努めず、滅裂據り難きの梓を摸して信を後世に取らんとす。其の勞を厭ひ事を解せざる、極まれりと謂ふべし。其の誤の多きこと、巻四十二につきて檢するに、十行本内閣本共に誤らずして、此書のみの誤實に百二十條に上る。餘巻も推して知るべし。而して當時宋元刊注疏は、民間に於ては極めて獲難き者なりしなるべく、此書一たび出でて、天下の讀書子を驚喜せしめしや察するに難からず。其後約二十年にして聞人詮李元陽之に據りて七經若くは十三經を刻するに至れり。而して李は校勘頗る力めたるため誤を訂せる條多けれども、實闕の處は其まゝ沿襲せり。聞人は譌謬も實闕も多く之に因仍せり。されば此書は獨り自ら其惡を天下に播きしのみならず、南李北聞を兩翼として、學界を毒せしものと斷ぜざるを得ず。

3

一五七

ホ　閩人本　韓本　閩本

閩人、閩本は共に正徳本より出で、而も南閩北燕に於て殆んど同時に上梓せしものにて、二書相互の間には全く連繋なし。而して正徳本に對して、閩人本は忠實に之に從ひたり。其の實闕の處往往適當の文字を以て補填したる者あれど、誤を正せるは極めて少し。即ち其例を巻四十二に取るに、正徳本は十行本元本の誤を承けたると、獨自の誤とを合せて百六十四條に及べり。閩人本は其九條を訂誤せる外、百五十餘條は誤を襲げり。之に反して閩本は誤を正すこと五十條に及べり。是れ閩本は意を以て改めたるか、若しくは他に然るべき對讎書ありしか、二者一に居らざるべからず。思ふに十三經注疏の如き大部の書に對し、一一意改を試みることは、短日月の能く成すべきにあらず。李元陽江以達の閩に居りしは數年に過ぎざれば、刊刻の事のみにて惟れ日も足らざりしならん。故に一二の書を校讎して、善を擇ぶの餘裕もありしかを危ぶまる。何ぞ精讀愼思誤を正すの暇あらんや。故に予は閩本を以て、他書と對校の餘に成れる者と斷ぜんとす。而して不體の譌字多きは、筆者刻工の無識によるべけれど、閩本の爲めに惜まざるを得ず。又版心標出の頁數誤記多く、就中巻第三十九の三十五頁六頁を二十五頁二十六頁に誤り、兩二十五六頁あるために、武藏高校本は三十五頁と二十五頁を互に易り、通讀し難く、古城坦堂氏藏本の二本、及び予の藏本は、二十五頁より三十四頁に至る十葉を脱落せり。是れ版心の誤記に基く者なり。又正徳本は巻三十三の第五頁を脱す。靜嘉堂本補鈔に係る。然るに此本脱葉あるを知らず、上下二葉の疏文を直ちに連接せしめ、文意全く通ぜず。粗漏甚し。閩人本も同じく誤りしが韓本に至りて訂正せられたり。(金本は閩本を祖とせるが、此誤を承襲せり。)此の如く子細に觀來れば瑕疵あるを免れずと雖も、正徳本の誤を正せる處多く、且つ其の流布せること、正徳本よりも廣く、文を、の後勁として監本を得たるため聲價大に揚るに至れり。之に反して閩人本は五經二禮あれども、十三經の如く一部を成さず各經獨自に存在し、用を辨ずること切ならず且つその内容に於ても、正徳本と大差なきを以て學者の渇望を醫すに足らず、その刻の鮮明典麗にして、人目を驚かすに足ると、傳本極めて尠く罕覯の書たるとを以て好事の愛好する所となり、法外の市價を贏ち得たりと雖も其の實に浮ぐるの憾あり。閩人本は漢土に於て後繼者を得ざりしが、朝鮮に於て之を得たり。予の藏する嘉靖三十一年李王宣賜の印ある活字本是れなり。此書は閩人本に後るる十餘年にして出でたり。其の正徳本に據れるにあらずして、閩人本を祖とせることは、閩人本獨自の誤を沿襲せるにて知るべし。而して此書獨自の譌誤もあれど、閩人本の譌誤を訂せる處多し。即ち前掲巻四十二にて、正徳本の誤を沿せざるもの十三條、閩人本の誤百五十餘條に對して此は百二十餘條なり。殊に全書に亙りて實闕の補填せられたるもの閩人本よりも多し。出藍の書といはざるべからず。

ヘ　監本

正徳本の誤は閩本に據りて頗る正されたるは前項に述べたるが如し。然れども實闕の

一五八

處は補填するに由なく、學者の憾むる所となりしが、萬曆監本出でて、始めて全卷を通讀するを得たり。其功偉なり。而して正德本以下の誤を正せる者頗る多きは、注文の條にも説きたるが、疏文に於ても亦然り。卷第三十四より四十二に至る九卷に於て異同を計るに、閩人韓本が誤れるに閩本の誤らざる者百七十三條あり、而して自ら誤を生じたるは九十條なり。即ち其の正しき者、其の誤に倍す。重校監本は閩本の正を襲ぎたる外、更に餘の誤を正すこと百三十五條に及び、自ら誤を生ずること百二條なり。(刷印の前後によりて異同あるを免れず、武高本と予の藏本とを比するに異同一二にして止らず。)然るに重修監本は重校本の誤を正すこと十條にして、自ら誤ること三十二條なり。是れ重修本が惡聲を甘受せざるべからざる所以なり。阮氏校勘記は、此の重修本を呼んで監本となす。其の誤謬多きを見て、世人監本を藐視する風あれど、是れ謬見なり。四庫提要は、明かに監本、重修監本と分別す。(卷三十三、十三經注疏正字)阮氏亦左氏傳校勘記には、二種の監本を校したるに、周禮に於ては之を忘る。統制を失ふものといふべし。予謂へらく學者をして十三經注疏を通讀するを得しむる者は監本なり。其の從前の誤を正し、殘闕を補ひたる功は、特筆大書せざるべからずと。而して其の訂誤の條、往往内閣本と一致する所あるを以て、或は之を依據とせしにあらざるか。

康熙の重校脩本は、重修本と全然同一なるを以て、茲に復た論及せず。

監本出でて、十三經注疏始めて通讀するを得ること、前に述べたるが如し。然るに阮芸臺は、

閩監二本、錯字略少。脱簡特多。毛詩或逸數章。周禮間缺一職。注疏校勘記凡例

と斷じたり。是れ誣罔の甚しき者なり。閩本の脱簡は、前揭の校人の條一頁あるのみ、其他は正德本の實闕を承けたるものにて間々一頁に及ぶ者あれども、一職を缺くといふべからず。監本に至りては、此等の實闕を盡く補填して、一の空白なからしむ。是れ予が監本を推稱して措かざる所。脱簡特多、間缺一職など、何に據りて此の如き言をなすか。武斷妄論甚しと謂ふべし。阮氏は天下の通儒、其の校勘記は注疏の津梁と仰がる。其の卷頭に揭ぐるに此の如き辯を以てす。其の天下後世を誤る者極めて大なり。予の特に此に言及せるは、徒らに先儒を攻擊して自ら快とするにあらず。監本のために寃を雪ぎ、學者をして貴ぶ所を知らしめんとすればなり。

ト　毛晉刻本

此の書は監本に據れる者なるが、往往其の誤を訂せる處あり。而も一般の流布本に見られざる貴重なる異同あり、或は宋本など原據の正しき書を參酌せしにあらざるか。其の焉馬の誤多く、後出の書なるに係らず、其の底本たる監本に及ばざるを以て、後人の訾議を免るる能はず。然れども卷四十二に就て見るに、其の正しき者百六條、誤れる者五十五條なり。他卷も之を以て推すべし。之をしも一顧の値なき惡本視して可ならんや。蓋し後出の書に

對しては、備はらんことを求むるは人情なり、故に此書を責むるも稍苛酷に失するの憾あり。阮氏が

魯魚亥豕之訛、觸處皆是、棼不可理注疏挍勘記凡例

と斷じたるは、其一面を許せる語にして、此書獨特の長所を沒却したる論なり。試みに左の諸例を見ば毛本の美も亦没すべからざるを知るを得ん。

野盧氏注、非比常人也　此及嘉本比。諸本誤此。

司寤氏疏、汜埽反道　此本汜。十行元正閩監殿本誤汜。聞人韓本誤巳。

薙氏注、故書萌作甍　此及建纂本甍。諸本誤薨甍。

掌客注、其正禮喰饔餼　此及蜀嘉本饔。諸本誤饗亨。

大行人注、則詔相諸侯之禮　此及宋刊鄭注諸本詔。十行本以下注疏本脱詔。

小行人注、槁爲稾。　諸本稾誤槀。此及毛居正所據宋本獨作槀。

治氏釋文、稾古老反　此及葉抄本稾。諸本誤稾。

矢人疏、按稾人注　此及恵校本稾。轉本以下注疏本皆誤槀。

梓人疏、幽州人謂之舂箕　此及訂本舂。諸本誤春。

匠人疏、今之槷從木埶聲之省者也　諸本埶皆誤執。此獨正。

許總辰が

毛刻十三經、訛誤甚多、不及其十七史多据古本重刻勝於監板也。四庫簡明目録標注巻第一

といへるは、毛本十七史に比して遜色あるを存せるものにて、貶中褒を寄せたるを見る。

チ　乾隆殿本

此書は監本を底本とし、諸書に引用せられたる經注疏を參酌し、文義の通達を主として、疏文の改刪を行ひ、大に注疏の面目を傷けたり。例へば庖人の疏に、

尚書益稷云與稷決川而鮮食

とあれば、直に益稷の文を引き來り、與稷決川而の五字を、

予決九川距四海濬畎澮距川暨稷播奏庶艱食

の十九字に改め、媒氏の疏に、

凡此皆與仲春嫁娶爲候者也夏小正曰二月冠子嫁女娶妻之時秋以爲期此淫奔之詩夏小正曰二月綏多士女交昏於仲春

とある五十字を、

凡此皆與仲春合者也夏小正曰二月綏多士女冠子嫁女娶妻之時交昏於仲春秋以爲期此淫奔之詩

の四十一字に改めたる類、頗る多し。賈疏の經注を引用するや、每語每句にして注を施すを例とすれど、殿本は引用の經文を一括して擧げ、然る後注に及ぶ、皆文理の平明を主とせる

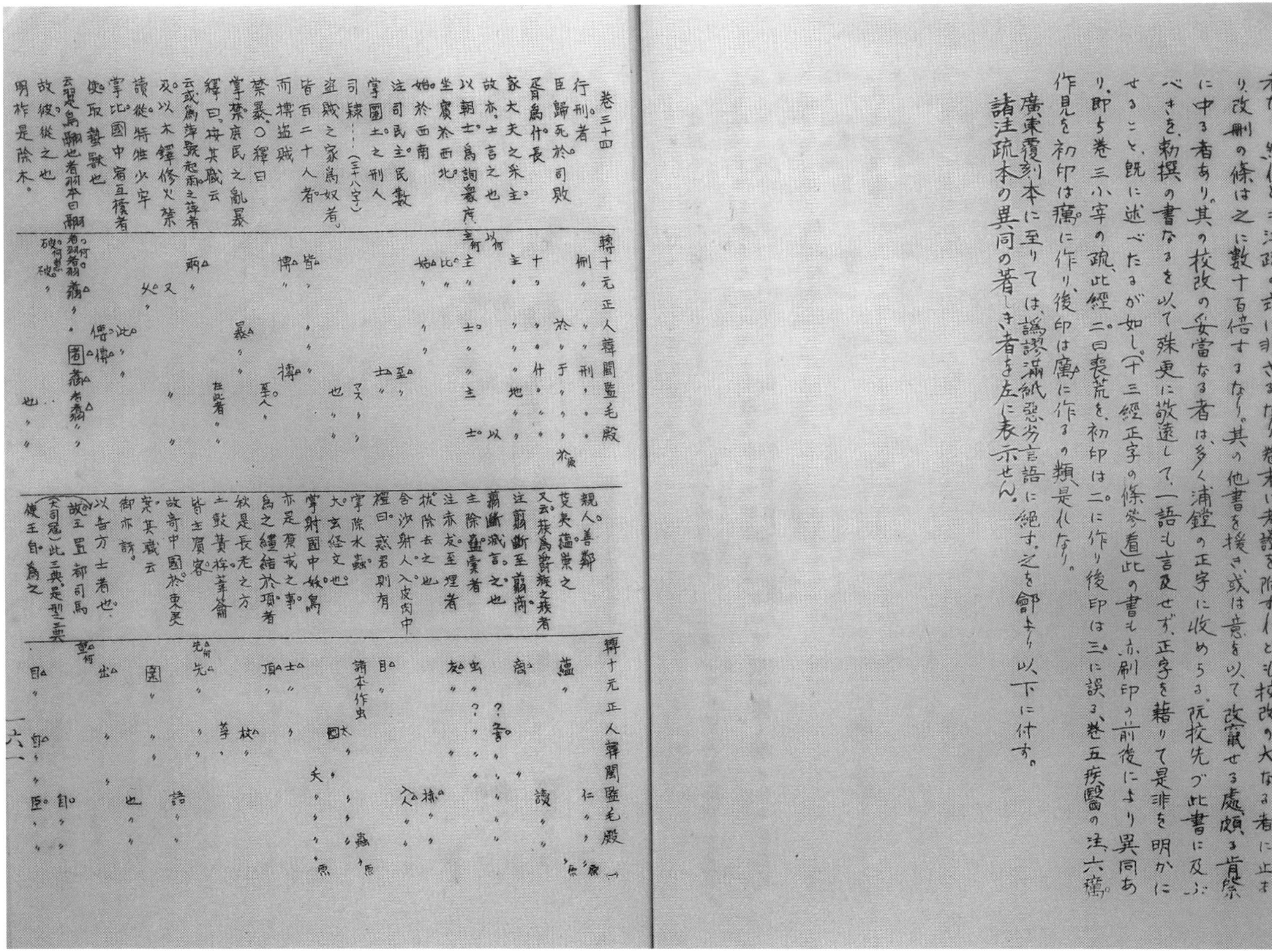

者なり、然れども注疏の式に非ざるなり。巻末に考證を附すれども校改の大なる者に止まり、改刪の條は之に數十百倍するなり。其の他書を援き或は意を以て改竄せる處頗る肯綮に中る者あり。其の校改の妥當なる者は、多く浦鏜の正字に收めらる。阮校先づ此書に及ぶべきを、勅撰の書なるを以て殊更に敬遠して、一語も言及せず、正字を藉りて是非を明かにせること、既に述べたるが如し。(十三經正字の條參看)此の書も亦刷印の前後により異同あり。即ち巻三小宰の疏、此經二。曰喪荒を、初印は二。に作り後印は三。に誤る、巻五疾醫の注、六穡。作見を、初印は穡。に作り、後印は穡に作るの類是れなり。

廣東覆刻本に至りては、譌謬滿紙、惡劣言語に絶す。之を節より以下に付す。

諸注疏本の異同の著しき者を左に表示せん。

巻三十四

行刑。者
臣歸死於。司敗
晉爲什。長
家大夫之釆主。
故亦。士言之也
以朝士。爲詢衆庶
坐實於西北。
始。於西南
注司民主。民數
掌圜土。之刑人
司隸……(三十八字)
盜賊之家爲奴者。
皆百二十人者。
而搏盜賊
禁暴。○釋曰
掌禁庶民之亂暴
釋曰。按其職云
云或爲淖敦起雨。之淖者
及。以木鐸修火禁
讀從。特牲少牢
掌比。國中宿互欜者
虵。取蟄獸也
云翨是爲鵰也者羽本曰翮
故彼。從之也
明柞是除木。

轉十元正人葬閩監毛殿

親人。善鄰
芟夷蘊。崇之
又云。薙爲翦殺之薙者
注翦斷至翦商。
翦斷滅言。之也
主除蠹。蠹者
注赤犮。至埋者
扰除去之也
含沙射人。入。皮肉中
禮曰。惑君則有
掌除水蟲。
大。玄經文。也。
掌射國中妖。鳥
亦足賁戒之事。
爲之纏結於項。者
秋是長老之方
土鼓黃桴葦籥
皆主賓客。
故奇中國於東夷
寀。其職云
御亦許。
以告方士者也。
故。王置都司馬
(大司寇)此三典是刑之三典
使王自。爲之

轉十元正人葬閩監毛殿

一六一

謂周穆王。老
刑罰慶賞相及
使民相共勑之法
云亂國篡弑叛逆之國者
注功農至勤力
若鄉大夫云
力。勤力也
咎。由九德者也
有似罷弊之人也
凡民之有衰惡者
此。謂語言無忌
三罰而歸於圜土
此入五刑者為輕
是入圜土者也
云能改正。謂在圜土不出
此并下二經
不使虛誣之事
此相對之法
彼是所賜
泮水詩云
役或據在軍矢數
貿人云
律歷志文
故見之耳
欲使罷民思其文理

韓十元正人韓閭監毛殿

栝與拳。遲言
手間之栝械
亦是手曰梏足曰桎
冷。剛問
訊究之人
天府職文
故以邦成弊之
聽政役以比居
諸弊為憲義同也
卜日遂戒
又於庫門
百姓王之親也
及納至如之
納享致牲者
謂將祭之晨
以鑑取水於月中
王人明絜
明以先后世子為政
贈王謂王后
容有先后及后世子
而躋于王宮
卷三十五
（小司寇）
云立君謂無冢適選於庶者

韓十元正人韓閭監毛殿

是以須與衆人共詢否
皆採衆心
知鄉大夫在公後者
明鄉大夫亦在公後可知也
皆刑命鄉為之
案小宰六敘
云輔志者尊王賢明也者
以囚訴犯罪
云至於旬乃弊之者
愃據大夫
士妻亦為命婦
子男士則不命
但師掌耕藉王藉
若在市朝刑殺
而以五聲目之者
更以五聽觀之
理曲則顏色愧赧
小爾雅云
則入羅網
後鄭以不在刑書
日月麗乎天
日月本在虛空
若伐木詩
故引為證識故也
比即鄉大夫與衆者

韓十元正人韓閭監毛殿

以。晉使
使赦小罪
皆入此功也
先鄭推引漢法
襄二十五年傳云
武王克殷及商
殷之後於宋
而施上服下服之刑
使司民之官
司會主計會
謂將祭享
猶如小司寇為王導
小民之星
乃致事於王
（宰師）巷門謂之閭
謂廬宮人聽事之門
云古之禁書亡矣者
搵載而下惟
古之禁書具不悟此
三處。據名野。以成王
周公作
二百里中地
注期亦至之時
還是縣士獄之所主

韓十元正人韓閭監毛殿

一六二

大都仕疆地者也
謂諸侯大都與三公同。
何得有三等之差乎
普。享天下
故云邦國據。畿内
郊野。據百里
今。此縣師云
云所上。治者
(許十一)又下文。論罪刑于邦國
正。爲息民爲惡
遠使。上王府士師者
衷其祖。服
以戲于。朝
泄。冶。諫被殺
與其太子遷謀反
主以迎。送。諸侯
凡邦至誓。禁。
(韓十三)據王。詢三刺而言
故言遂以苞。之
欲破先鄭以天子雉門
其制。與天子應門同
則。雉門向内
此爲一。明
魯莊。公之喪
有秦誓

韓 十 元 正 人 韓 閩 監 毛 殿

易比之九五曰
帝。去又。不射
士師。掌鄉中合聚(法)者
據。追胥之時
相受寄託
以比。什伍
則士師審。察
即。若小宰八成
俗讀之。
故舉。爲況也
勿。善於此
興師十。萬
而受爵祿金寶於人。者
其有佞臣
凶荒謂年穀不熟。
後鄭破辨爲貶
傳者約京於大書
慶。國之社
王。燕出入
亨。寶鑊水
此官嘗。之
魏絳。曰
自我。始
晉侯之弟楊。干

韓 十 元 正 人 韓 閩 監 毛 殿

無犯爲敵
是反將命于。行陳之事也
皆憲禁。之也
云去國百里曰。郊
郊外謂之野。
○。鄭司至國中
非直百里爲。國中
恐人枉濫也
恐因虛承。其罪
云各。麗其法者
所議。本欲得其實情
故須。各致其法
士師當受取上。成
遂死者。而言
云若今二。千石受其德者
漢時受二千石祿。
官。支幹善日者
若二。一。遣士師自行
已得其實情狀
當葬所經。道
謂公卿。大夫之喪
須親自。入鄉
死於此者
又葬爲之前驅而辟。
故郊内皆察鄉行者。

韓 十 元 正 人 韓 閩 監 毛 殿

(逐十一)惟。有二百里
聽其至三日。
并在國。中
獄還。六處置之
在。四百里中
楚蘧啓疆。曰
鄭。言此者
「給。此三等采地之外
外。朝在路門外事
與今。之宮門同
蓋。不得入也者
入于。路門乎
中門。不得至外朝之事
何。者。如特牲
謂識其太。遠
天子外朝一。者
追適。路寢
間。二年
兩者周社亳。社
大。僕云
云帥其屬者。
朝士。所禁
則無關貴賤
族。聚之
經云告于士。者

韓 十 元 正 人 韓 閩 監 毛 殿

一六三

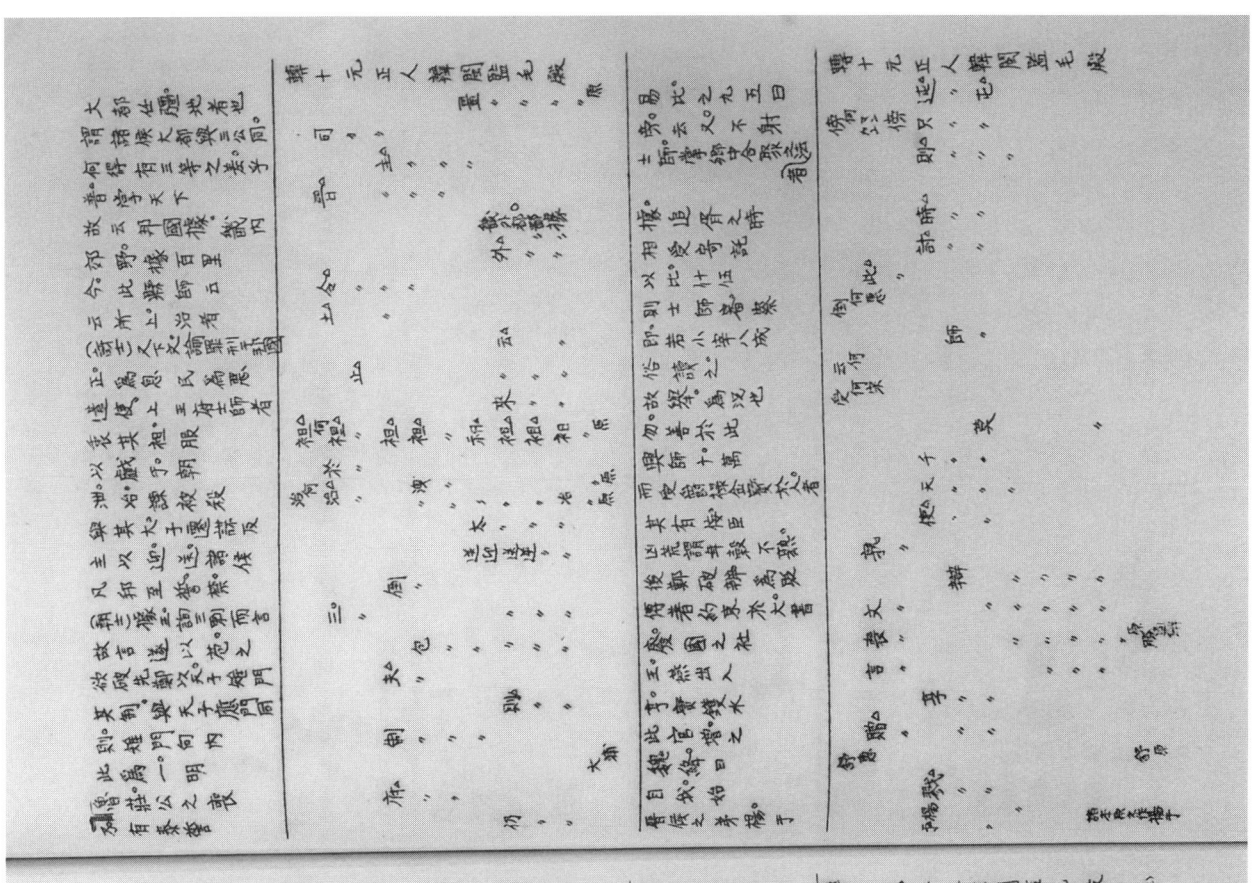

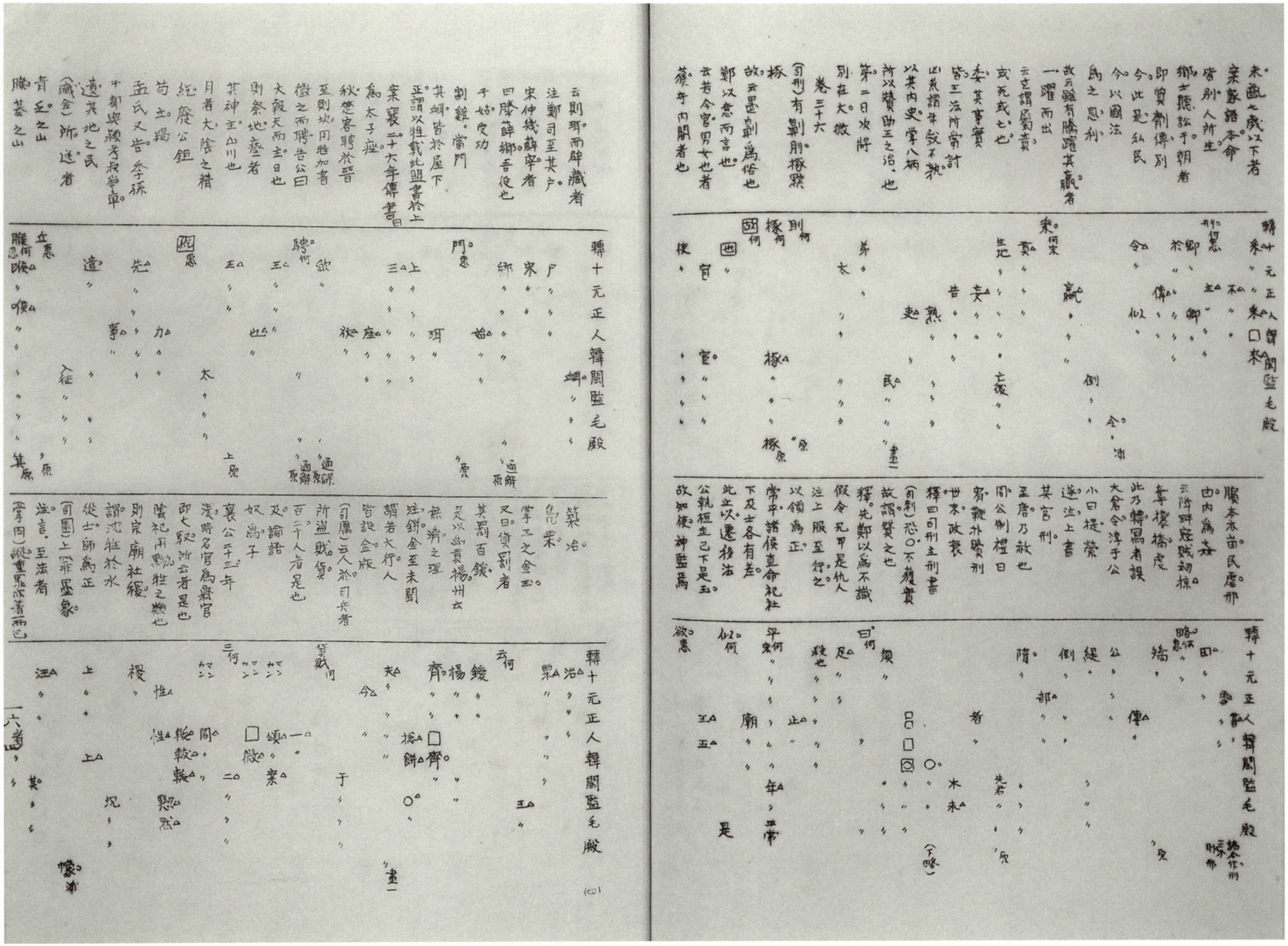

以其挙字天下第手
宜以先言格
云以适市者
又無断者也
從雖豫異代法
云同仰氏亦由朝乃徒者
文承適朝之下
協文幹善日
有罪者同而行
(掌戮)刑盗于市以下
大刑有五
薄刑用鞭朴
(懊)公之壁人
腓之城上
衛侯燬滅邢
何以自断其君又不忘也
云於刑同科者
刑戮其犯命
是以我右職云
亦是不觸其類之色
校正同族死餘罪
今同族既不宮
(司隸)此與下爲目
掌帥至厲禁
西方北方

韓十元正人韓闊監毛殿

畜禽鳥
(罪隸)(閩隸)掌若畜鳥氏掌
(夷隸)若周末失道
(貉隸)爲獸之言貝所
而此貉隸解獸言
互見之耳
(司寇)此與大司寇□五月
訪獄在侵門
(禁殺戮)恒在民間
號跡新史之等
然今言見血
有人見欺肥
(禁暴氏)設楽禅經
(野廬氏)宿?十里有廬
故云廬之屬以巻之
息宿客畫止之處
守塗地之人
更互相擊
在西爲之界
爲水之溢道者也
而射邪趨疾
云若今次舍叙大功者
叙主以丈尺賦功
謂外賊盗來覘探

韓十元正人韓闊監毛殿

(輔氏)義理有殊
大懐言也
化之以事
齊者潔静
若比長閭晉黨
仍使守掌
(雍氏)惟有遂溝洫澮川
壙則堅地
柞鄂者
書柴籀者
曾侯伯會
獻獲殺附之事也
爲苑囿於山
文云沈者
及水蟲之屬者
(萍氏)沙虫水蚤
以召鄉黨僚友
此戒謹候於酒
有政之大目
不乘橋船
(司寤氏)注夜晴至至戌
彼雖非分夜以昭夜士
謂徽候者也
按三光考靈耀云
丕是明之首

韓十元正人韓闊監毛殿

有是昏之來
氾埽反道
禁其無故遊者
(司烜)云取水者
未明須燭照之
粢盛黍稷者
十人執燭
未有麻燭也
其所以照衆
庭燎之光
謂宣王時諸侯來朝
飴客灌之
若今蠟燭
或以百般一處設之
執燭抱燋
火辰星
以爲餘美饌
負之足
與此同
縊尸諸罰氏之衝
加木焉
以和尸上而梟之
則罪人夜葬可知
巻三十七
(條狼氏)按序言條狼氏

韓十元正人韓闊監毛殿

一六五

此條叙氏
挖右四東
攢樂相將
帥師役齊
此受命予君
(稲閣氏)則命名遣去閣閭
不賊，詞也
(吳氏)靈鼓鼓祭社
並兩面
加兩面爲六面
天尊於地神
加兩面爲八面
虎豹有須備
(裴氏)大祝六祈
有類造禬禜
瀆鄉之瀆
(六氏)及熊膽之等
置於羅網之下
(邢氏)正欲種田生穀
分穀之時
(羅氏)草物含實也
(華嶽氏)彼爾雅釋天文
在戊曰閹茂
正月爲泰

韓十元正人韓閣監毛殿
將何 將 將 浦
乎何 乎 帥 乎 乎 手 手 原
罜恣何 詞 倒 原
西 西 四
兩 養 類 六 杌 杌 槃 ·
止恣何 中 圜 罷 龐 龐 龐 通解
案何 戊 定 生
闕恣何 戊 戊 原

二月爲如
三月爲病
六月爲且
十二月爲涂
(荊氏)注蠱物至爲蠱
荊氏至除蠱物
其蠱毒自是庶氏
用莽草熏蠱
(宋氏)釋以除肌蛛
(趙氏)此文與下爲目也
焚牡蘜洒之
明還用牡蘜之理
從棒貫之
(趙氏)月之食
鄭以意推量
者見來大鄭有聲非爲
聲之聲
何暇須五
不用庫矢
(伊藤氏)自柱之也
(宋氏)則朝聘往來是也
小客則受幣
士雖不得特聘
此大賓大客
其事之可否者

韓十元正人韓閣監毛殿
病 日 旦 如 原
亡何 蠱 除 案 甕 浦閣
又何 蠱 蟲 訂
牝 牝 通解
櫝何 惟 日 訂正
假何 庫 杖 往 幣 乜 通解
特恣何 時 若
此何 杏 杏

冬北方來
男服云歲一見
更互遞代
此聘事爲有事
在元年七年十年
亦得歸脤於王
有葦桃茢
以禬禮哀國敗
飲食冠婚
以禮有三
此唯言弔禮
唯主弔法
歸惠公仲子之賵
咺天子宰夫
衛論上公之禮
見王禮注公之禮
亥龍已下衣五章
偏駕不入王門
舍於館
乘墨車
亦廢偏駕不來
其餘二人是士
此與下爲目
賓以王爵酢王
亨大牢以飲賓

韓十元正人韓閣監毛殿
三何 比 此 玄 浦
十何恣何 來 昨 革
五何 冠 冠 圜 惟 浦原
王 唯 贈 浦原
上何 已何 偏 鶩 以
而恣 皆 王 事 烹 王 車 事 (舍)

若然天子
天子太子
亨衣服者
三采朱白倉
云若奠玉
凡服皆以冕表衣
似纓藉之之絢組
云亭設獻禮
朝廟路門外
正與右皆同
云九擧執饗
佐食擧肺
云出入從來訖去也者
不謂從來訖去共五積
明在道致積有可知
其他賤小國之君
執皮帛而已
注云隨賓入也
注要服至具也
此乃因朝而貢
箬說爲介
尊以魯壺
揚州納錫大龜
胥讀爲諝者
諝即大師是也

韓十元正人韓閣監毛殿 6
大 者
宗何 韋 蒼 原
左何 恣何 者 袞 王 以 饗
幹何 王何 幹 者 浦
夫 其 者
小國之君 恣何 東
比 藉 具 具 (逸注)
胥 壺 楊
太

一六六

十尺爲丈。
四升爲豆
鍾爲大斛四斗。
八則治都鄙
亦有同度量等事
各遂春夏秋冬
積膳之禮
以此禮。賓
見有非常之禍
諸侯謂天子斬
其有哭位
一往一來爲交
以尊天子也者
至今積二十一年
(行人)尊卑之言者。
鄭伯爲王左卿士
公如齊觀社
及。至而積
注賍。王積之
是諸。使臣行聘時
以其尊著。
如玉爲之
以親疏食采也。
比。長云
文帝六年九月

韓十元正人韓閩監毛殿

明侯伯子男皆如瑞。
見玉人職云
明言君用璧琮。八寸
捄郊聘之圭特
則侯相享之玉。
禮璧無用八寸之法
則侯伯子男
獻無用相尊之法
見子男者
若。然知五等諸侯
玉。人云
朱緑。緑八寸
文互。相備
不分別。享與聘
皆降一等。同
比一經據上下文
則令賻。委之
此惟言賀慶一者
饗燕之法。
其吉禮事。禮
各各條錄。
其札喪一條
罪。陳凶禍之事
凶。
卷三十八

韓十元正人韓閩監毛殿

(司儀)下文及廟搉。上相入
云則令。爲壇三成者
但春秋時有事會
故諸侯已。下
見三成者。三重
從下至。高
云謂王。既祀方明
諸侯覲于。天子
加方明于。其上
、明者木也
繅。藉。尺有二寸
按大戴禮云。
是子男共爲位
云積之各以其禮者。
發地一尺。
云諸侯各於其等奠玉。
云既乃升堂授王玉者
亦如公於上等之類也。
此乃不問爵之尊卑
按。聘禮
按爾雅釋詁。云
大。山之旅
賓之上。介出請
云三揖謂庭中時也者
主君。至再拜

韓十元正人韓閩監毛殿

交賓。三辭者
乃。當曲當碑
辭讓。升堂
主。君亦當拜送
不言省。文也
何有輒迎賓於館乎
故無五積之事。
奠。爵于階。前
三讓而後傳。命
此。親致館
云。凡致者
以其有芻薪米禾。
使宰夫。設飧
主君在大門。外之東
承介傳與末介
云每門止。一相者
既入門迴西。東
以其諸侯五。廟
兩廟各有一。廟
南北。隔牆
主人在阼階上北。面拜
車送。拜辱
今云車進荅。
云及出車送三。請
上介隨君從。

韓十元正人韓閩監毛殿

一六七

注論享幣多少
還依來者
釋曰鄭知幣是
據聘禮還玉之下
云賓禓迎大夫
爲禓相之法
擯↓
言此者
祗由有難
(聚乙)事不畏門關苛留
亦是中國卿大夫有罪
(象胥)以不能行中國禮
及其行朝聘
今言協其辭
謂若外之衆
謂王有賜與之者也
(掌客)云王禮之數者
無一一相敵
云則國君膳以牲犢者
云今有掌客舍主國也者
不見天子待諸侯之禮
皆眡飧牽
據十六年
陪鼎是也

撰十元正人韓聞監毛殿

皆餼在俎
彼云簠實實于筐
二以並南陳
云簋陳於楹外者
米禾薪芻等
對文脩是鍜脩
加薑桂捶之者
鄉致館
授聘賓
並陳于楹外東西
云簠稻粱器也者
五等重而共各二也
特牲少牢豆
以此文公言四
明十六在堂上
旣約聘禮爲禮器
鄭以意差之
上下節級
云于八豆或爲二十四
爲比公四二侯十八
云其餘衰
是卿少豆多
故疑而生益也
但彼堂上八壺
云鼎牲器者

撰十元正人韓聞監毛殿

一六八

注當爲爲受者
主君止得爲受
云拜至且受玉也者
拜中含此二事故也
疏者曰擯者
共賓三還三辭
一食再饗
致饗以酬幣
又云賓迎于小門外
又云大夫東面致命
致聘郊送亦然
關其賻賵
倍貝羈之要曰
但從反塗者
真賊貨財
惟拜其大禮也
恐疑額到
是其次也
君遣卿勞
主君郊勞
君使卿朝服用束帛勞
又云賓用束帛儐勞者
又云賓降受老幣
庭實設馬乘
受者

撰十元正人韓聞監毛殿

束錦
還玉于館及還享
儐介皆降授
共進退揖讓之儀
授揖禮
賓使各陳七介而已
云三辭拜辱者
辱命來於外
儐用束錦者
約聘禮郊勞知之
云旅儐三辭者
云拜迎客辭者
使者奉君命來
云惟上相入
各有上相
主君與客俱登
主君與客俱登訖
雖是異國之臣
鄉以公禮將事
主君與使臣行禮
大夫升自西階
君館至于朝
鄭以卿大夫士三等解之
各下其君二等

撰十元正人韓聞監毛殿

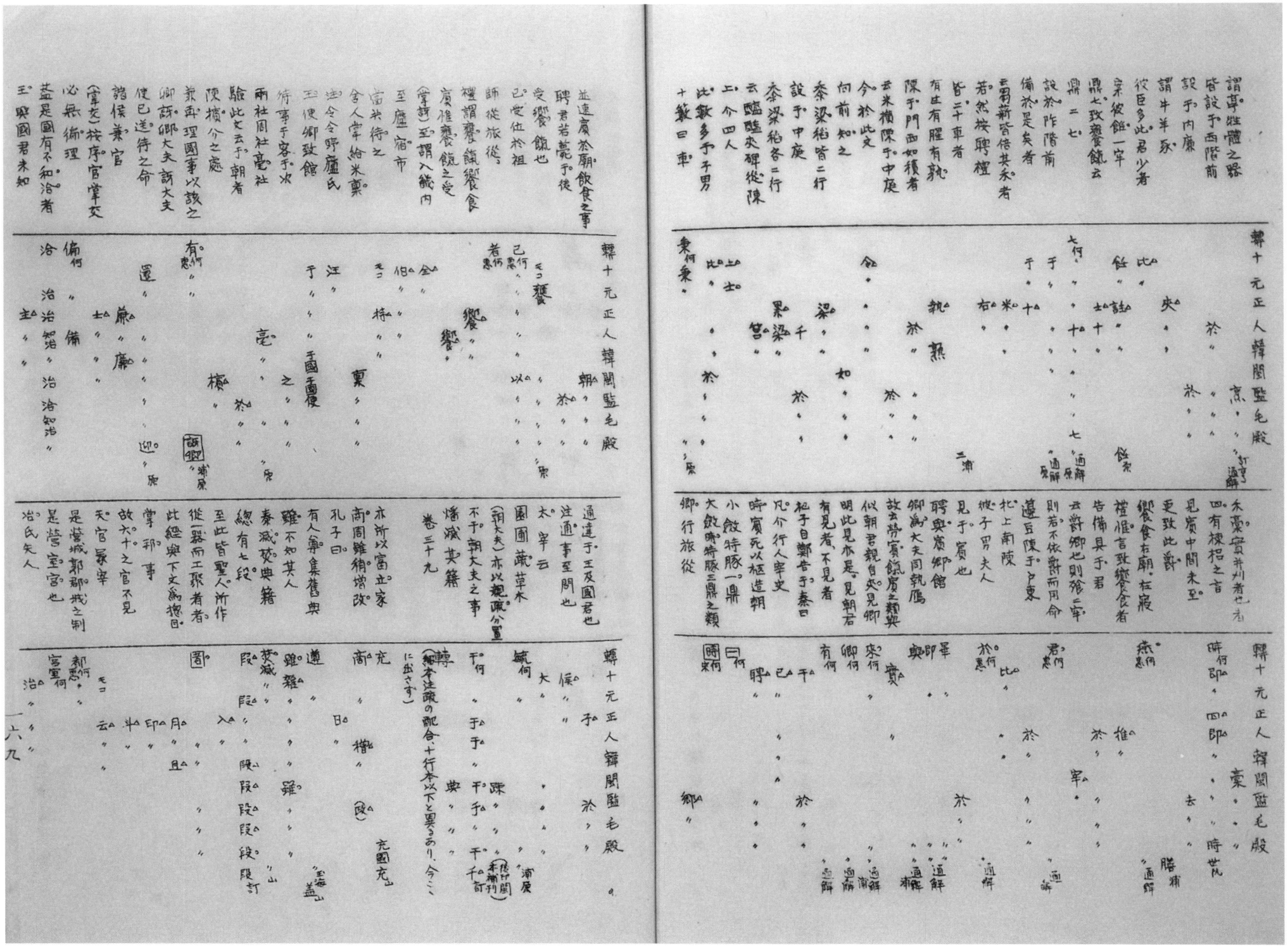

謂尊牲體之骼
皆設于西階前
設于內廉
謂牛羊豕
彼臣多此君少者
宰彼餼一牢
鼎七致饔餼云
鼎二七
設於阼階前
備於是矣者
云有薪芻倍其禾者
若然按聘禮
皆二十車者
有生有腥有孰
陳于門西如積者
云米積陳于中庭
今於此文
向前知之
黍粱稻皆二行
設于中庭
黍粱稻各二行
云臨醯夾碑從陳
上介四人
比數多于子男
十數曰車

韓 十 元 正 人 韓 閩 監 毛 殿

木棗實并州者也右
四有棣梠之言
見賓中間未至
更致此爵
饗食右廟在寢
權惟言致饗食者
告備具于君
云爵卿也則殆二牢
則若不依爵而用命
還至陳于戶東
北上南陵
彼于男夫人
見于賓也
聘與賓卿館
御爲大夫同執鴈
故云勞賓餼賓之類與
似朝君親自來見卿
明此見亦是見朝君
有見者不見者
祖于自鄭告于秦曰
凡介行人宰史
時賓死以柩造朝
小斂特豚一鼎
大斂朔特豚三鼎之類
卿行旅從

韓 十 元 正 人 韓 閩 監 毛 殿

並達廣於廟飲食之事
聘君若薨于後
受饗餼也
已受位於祖
師從旅從
禮謂饗餼饗食
賓惟饗餼之受
(掌訝)至謂入畿內
至廬宿市
宿共待之
舍人掌給米稟
迎令令野廬氏
王使卿致館
待事于客于次
兩社周社亳社
驗此文云于朝者
陳擯介之處
兼再理國事以該之
御訝卿大夫訝大夫
使已送待之命
諸侯兼官
(掌交)按序官掌交
必無偏理
蓋是國有不和洽者
王與國君未知

韓 十 元 正 人 韓 閩 監 毛 殿

通達于王及國君也
注通事至問也
太宰云
園圃毓草木
(祖大夫)亦以賴疏分置
不于朝大夫之事
燔滅其籍
卷三十九
亦所以富立家
商周雖稍增改
孔子曰
有人爭集舊典
雖不知其人
秦滅焚典籍
總有七段
至此皆聖人所作
從一器而工聚者者
此經與下文爲總目
掌邪事
故六十之官不見
天官冢宰
是營城郭郭城之制
是營室宮也
治氏矢人

韓 十 元 正 人 韓 閩 監 毛 殿

(緝本注疏の配合、十行本以下と異なあり、今こゝに出さず)

一六九

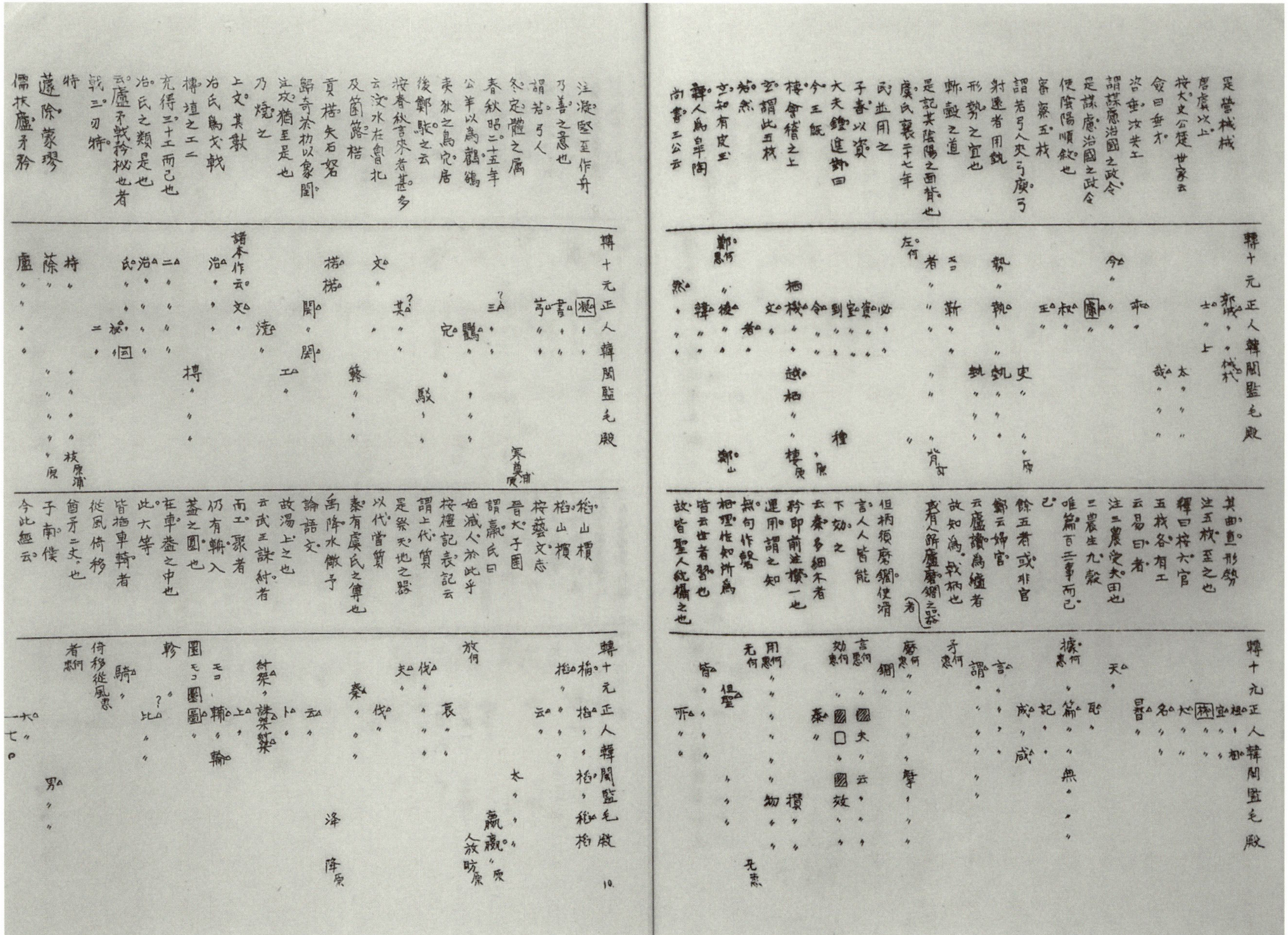
罡營栰栰
唐虞以上
按大史公建世家云
僉曰垂哉
咨垂汝共工
謂謀慮治國之政令
是謀慮治國之政令
使陰陽順叙也
家察五材
謂若弓人矢弓廬弓
射運者用戟
形勢之宜也
斬斷之道
廣氏襄廿七年
是記其陰陽之面背也
民並用之
子書以資
大夫鍾進勤田
今王既
棲會稽之上
云謂此五材
然
云知有史王
韓人爲阜陶
尚書三公云

輈十九正人韓閭監毛殿

其曲直形勢
注五材至之也
釋曰按六官
五材各有工
云易曰者
注三農至田也
三農生九穀
唯篇百三事而已
餘五者或非官
鄭云婦官
云廬讀爲纑者
故知爲戟柄也
或有人所廬磨鋼之器
但柄須磨鋼使滑
言人人皆能
下効之
云秦多細木者
矜即前注欑一也
運用謂之知
無句作弩
相埋作知所爲
皆云世者習也
故皆聖人既備之也

輈十九正人韓閭監毛殿

注凝堅至作舟
乃善之意也
謂若弓人
冬定體之属
春秋昭二十五年
公羊以爲鸛鵒
夷狄之鳥穴居
後鄭駁之云
按春秋言來者甚多
云汶水在魯北
及箘簬楛
貢楛矢石砮
歸奇示扐以象閏
注攻猶至是也
乃撓之
上文其數
冶氏爲戈戟
摶埴之工二
充得三十工而已也
冶氏之類是也
云廬不戟矜柲也者
戟三刃特
特
遽除蒙璆
儒杖廬矛矜

輈十九正人韓閭監毛殿

桹山欏
按藝文志
晉大子圍
謂嬴氏曰
始滅人於此乎
按禮記表記云
謂上代質
是祭天地之器
以代當質
秦有虞氏之尊也
禹降水儆予
論語文
故湯上之也
云武王誅紂者
而工衆者
仍有輈入
蓋之圜也
在車蓋之中也
此大等
皆指車轄者
從風倚移
子南僕
笛矛二丈也
今此無云

輈十九正人韓閭監毛殿

10.

田獵戰伐相類
加輪與轐
言轐讀為桶傳之僕者
二戴車軫
上又兼伐兎
又軫并七寸
（輪人為蓋）鄭康今世所
用木
謚轂為由空
此車不亦疑之
各自職作
望而至園也
云下迤者
上經想視輪
螳蜋繅頭
言謂輪雖單瓜
注蓄謂至柱也
為蓄
木則殺減
注鄭司至不堅
使客車轂也
內徑四寸五分寸之二
大小相稱
故以仂為五分之一
釋之也

韓 十 元 正 人 韓 閩 監 毛 殿

此亦依俗讀之
一得二寸
仍有一寸三分寸之三在
五分去二
以并大穿與數中之空
云今大小穿金厚一寸者
輾轂木
轂之木
云無羸不足者
不隱著轂
注謂丸至徹也
先以骨丸之
乃以石摩平之
比經欲諭
捎其藪
數徑既一尺三分寸二
今取一分作空中
兩廂分之
一畔得三寸九分寸之五
深三寸半
輻深貫應
輻居三寸半
如上所計
則輻之廣深
各有三寸半

韓 十 元 正 人 韓 閩 監 毛 殿

諸本作摩

欲 轂大
注謂殺至為轂
輻近轂處圜大寸也
此服諭其豐
非謂楊雄以異方之語
不同。方言也
謂云喪柩綴足用
燕几轂在南之類
鑿內相應也者
鄭非直以文勢反之
以意量之
孔句外侵三。寸之二
凡 屈木
若平深均
云稱兩輪鈞石同
百二斤曰石之言也
（輪人為蓋）先鄭引冊桓
館中上桯圍六寸
以此達常上入部中
七寸為軌
倍之加部廣六寸
長為宇曲
鄭又覆言之
近末頭細之意
上云弓鑿廣四枚

韓 十 元 正 人 韓 閩 監 毛 殿

諸本作喻
諸本作楊

凡第法
經者四尺
丈六尺中除四尺
仍有三尺在
以蓋從袤尊
棗車戴蓑笠
鄭彼不從今文
（輿人）三分六尺六寸
云或深尺四寸三分寸之三者
仍有二寸在
故據兩轂
遂伐虎門
靈姑銔率
添前六寸
去二寸
以前較謂四寸九分寸之八
添前二十
即是八十分寸之二十一
有方者中乎矩
云直。如住焉者
故有大小相附著
巾車職文
卷四十
（輿人）一輔五束有壓錄
慶人云

韓 十 元 正 人 韓 閩 監 毛 殿

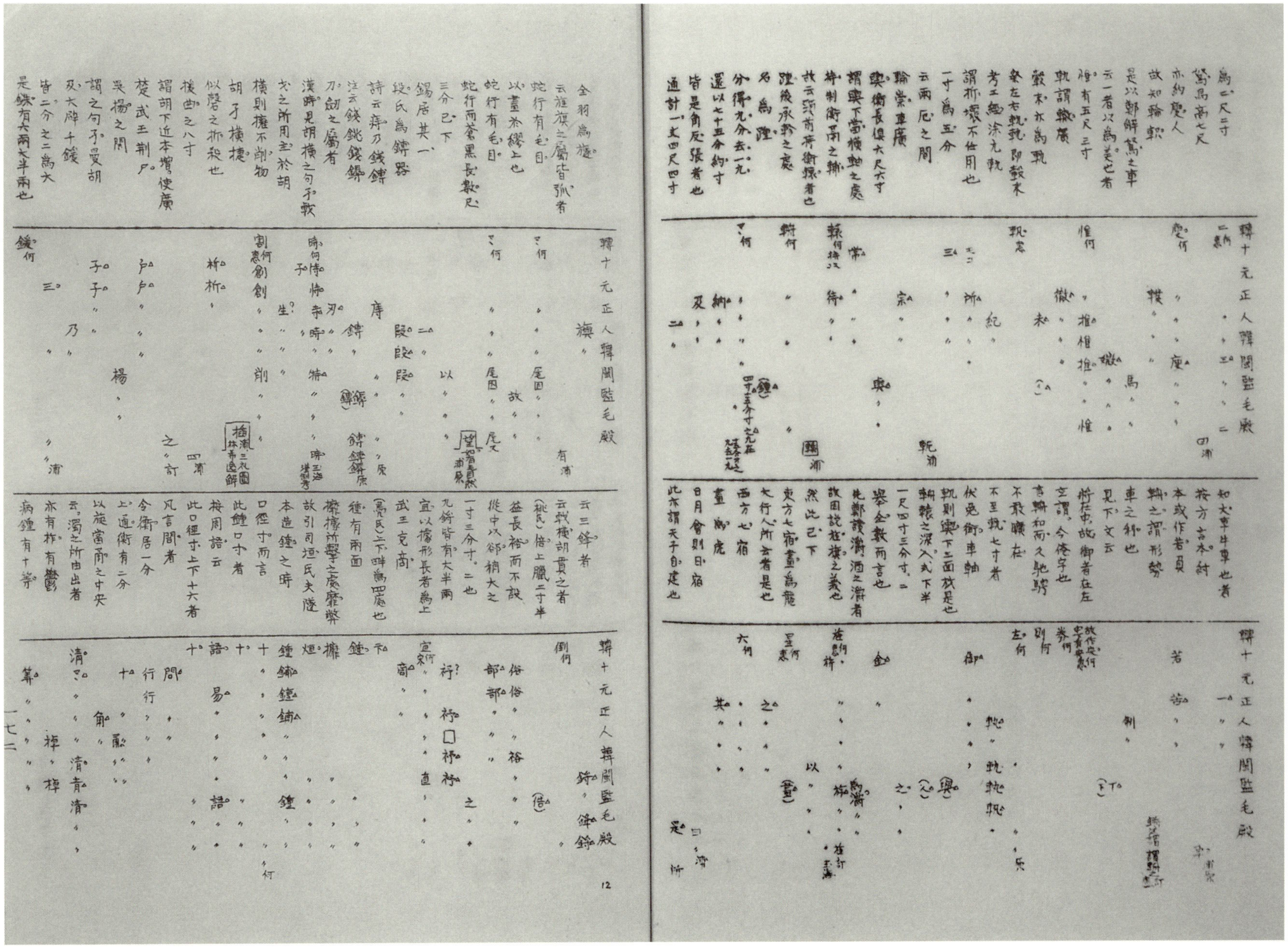

卽下云已厚已薄
鄭云甄猶掉也
侈則聲迫作。去疾出
去
磬搖彴不出
則鍾抑
云鼓鉦之間
祝外中十分之一
鍾大至短聞
所繫縱
聲舒而聞遠
上如橋木
（㚖氏）注涓湅至大器
不純純減也
量當與鍾鼎同齊
按上文云
不定㡀氏家嘉量
向上謂之外
云四升曰豆已下至則鍾
縱横皆十
仍有二十八寸在
又少四升未計入
十寸當五十分
添前納六斗二升
此據律麻志

韓十元正人韓閩監毛殿

宮商角徵羽
荅曰官量不稅
㮚氏鑄冶
以知生孰之節
（函人）云革堅者札長者
則五屬者
故爲人之形容
乃制年也
中央圜之一帀
致葙孰之至極
讀如兌彼北林之兌者
彼以衣裘者甲
（鮑人）注鄭司至不𡑅
云椁讀爲縛
覩亦是狹少之意
後鄭轉挍爲淺者
小戎淺收之俴
俴者淺也
以博爲淺
（韗人）後鄭爲鞠人
乃鼓收之廣狹也
明此鼓亦四尺
故引證此爲與後異也
此經不言四尺之面
故引賈侍中云

韓十元正人韓閩監毛殿

三分之一也
添四面圍丈二尺
此穹隆少校
晉鼓一尺三寸三分寸之一也
今此皈亦合三皈者
云鼖鼓鼓軍事者
亦謂未出，地時
（畫繢）皆須畫之
是以北方玄武宿也
皆北方爲繢次
上以黃其至時變
日月以下
記人何因輒記之爲經與也
季氏僭于公室
要在古人衣服之外
當畫四時之色以象天地
增成之耳
山龍華蟲
此文亦次龍下
言華者象草華
有文采也
（鍾氏）注云凡染當及
盛暑熱潤
巾車有重翟
夏采夏翟羽色

韓十元正人韓閩監毛殿

此是鍾氏所染者也
所炊丹秫
此經及爾雅
淮南子云
而此五入爲緅是也
但無正文
（㡛氏）注故書至曰湅
當泲灰汁爲況
讀如鄶人涶菅之涶者
素積白屨
晝暴至水湅
湅帛湅絲
蓋有二法
上文爲灰湅法
卷四十一
（玉人）玉人至守之
天子以下執玉
義無殊
贊讀餐餐之餐者
醯人職有餐食
此亦含雜色
見鄭異義駁云
石方寸
又彼伯子男同十寸
而龍瓚異者

韓十元正人韓閩監毛殿

一七三

更以其數見也
又子玉十必者
皆有繅藉
尊卑皆有
又云圭末四出
據下繅圭
圭刑尺有二寸
不可強記也
典瑞云玉梓大圭
繅藉五采五就
君子於玉比德焉
釋曰言土圭
於中漏半
表北尺五寸
但尋至架不至
皆通卦驗文
二灌玉為降神
主有洩前注者
案下三璋之勺
禮記雜記云
故引經文
易云恐行
衛謂夕輪龍頭
下有盤徑一尺
明所容亦少

韓十元正人韓閣監毛殿

取於人飾黃駒
則大祝用事焉
明知如邊璋七寸
執以視聘用圭璋
子男之臣宜四寸
注璪玉至可也
於義無取於駔
故云駔牙也
及圓有故
若夫地自用黃琮
所主尺相對為備也
若自相享
據上公三王後自相享
謂四案十有二枚
云東粟十有二列
先鄭云
入境張旃
此使聘禮
名為刻而出
(磬氏)及其作磬
云股為二
直取從此已下
故舉其短
(矢人)明據輪量得耕耜
此上既言鍥矢

韓十元正人韓閣監毛殿

故從此弟為矢也先鄭云
矢據近鍥鐵多
近鍥宜細
正是下文七分者
謹案若然
鄭經四矢是枉矢
典備矢同七分
按槀人注
矢股長短之制未聞
矢桀長二尺
直言欲生
(旊人)按下旊人
十六斗曰簋
以天地之性
(旊人)掃地而祭
方曰簠圓曰簋
故不任用
注脾讀至之柄
按下文脾崇四尺
長一尺
(梓人)謂鐘磬鎛者也
凝者曰脂
或為筍虡設
龜鼈皆外骨
蟆衍入耳

韓十元正人韓閣監毛殿

注云延所音
以其側行故也
蚊蟻蜉
陸機云
幽州人
謂之春箕
云晉鳴榮原厲者
于賓
楊雄以為蛇醫
讀從桓二年
衛紈紘綖
鳥乃喙長決物
云頯長脰貌者
先鄭云
時俗有以兵髮為髻間
鎛廣與鍾同
此記鍾虡云之獸
鄭言筍者
舊讀頌字
劉炫以為
當為頌須讀之
先鄭云
發謂鳴聲發謂者也
(梓人)謂宇白旁友
汝頌之說

韓十元正人韓閣監毛殿

一七四

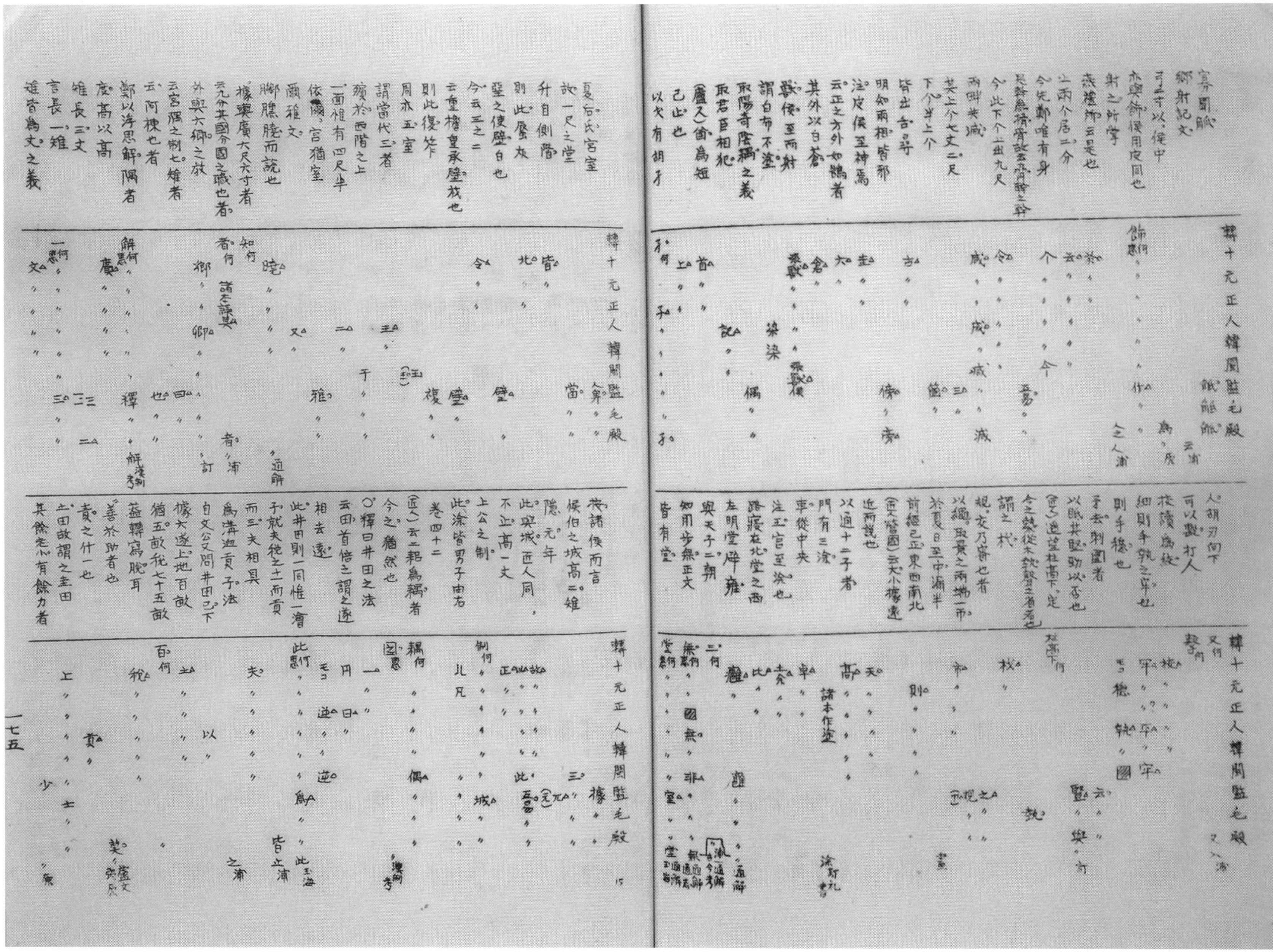
寡罰觚
鄉射記文
可三寸以，從中
亦與飾侯用皮同也
射之所掌
燕禮鄉云是也
亡兩个居二分
今先鄭唯有身
是皆為侯有舌各有躬之矣
今此下个二丈九尺
兩畔半滅
其上个七丈二尺
下个半上个
皆出舌尋
明知兩相皆邪
注皮侯至神鳥
云正之方外如鵠者
其外以白畫
獸侯至而射
謂白布不塗
取陽奇陰耦之義
取君臣相祀
(鏖久)餘為短
己上也
以矣有胡子

韓 十 元 正 人 韓 閣 監 毛 殿

人胡刃向下
可以鉤打人
注讀為鉸
細則手執之牢也
則手搖也
矛去刺圜者
以眡其堅勁以否也
(宦)過望柱東，定
今之弊從木欽聲之有矣
謂之杙
規，交乃寄也者
以繩，取景之兩端一市
於夏日至中漏半
前經已正東西南北
(定營國)云大小樣遠
近而說也
以通十二子者
門有三塗
車從中央
注王宮至塗也
路寢在北堂之西
左明堂辟雍
與天子二朝
知用步無正文
皆有堂

韓 十 元 正 人 韓 閣 監 毛 殿

夏后氏宮室
放一尺之堂
升自側階
則此屋及
壁之使壁白也
今云三之二
云重檐重承壁材也
則此復笮
周亦五室
謂當代三者
殯於西階之上
一面楹有四尺半
依爾，宮猶室
爾雅文
腳膞脘而說也
據與廣六尺六寸者
云九分其國分國之職也者
外與六卿之故
云宮隅之制七雉者
云阿棟也者
鄭以浮思解隅者
度高以高
雉長三丈
言長一雉
進皆為文之義

韓 十 元 正 人 韓 閣 監 毛 殿

老諸侯而言
侯伯之城高二雉
隱元年
此與城匠人同
不止高一丈
上公之制
此涂皆男子由右
卷四十二
(匠人)云二耜為耦者
今之猶然也
○釋曰井田之法
云田首倍之謂之遂
相去遠
此井田則一同惟一澮
子就夫從之十而貢
而三夫相具
為溝洫貢子法
自文公又問井田已下
據大遂上地百畝
猶五畝稅七十五畝
蓋轉寫脫耳
善於助者也
貴之什一也
土田故謂之圭田
其餘老小有餘力者

韓 十 元 正 人 韓 閣 監 毛 殿

一七五

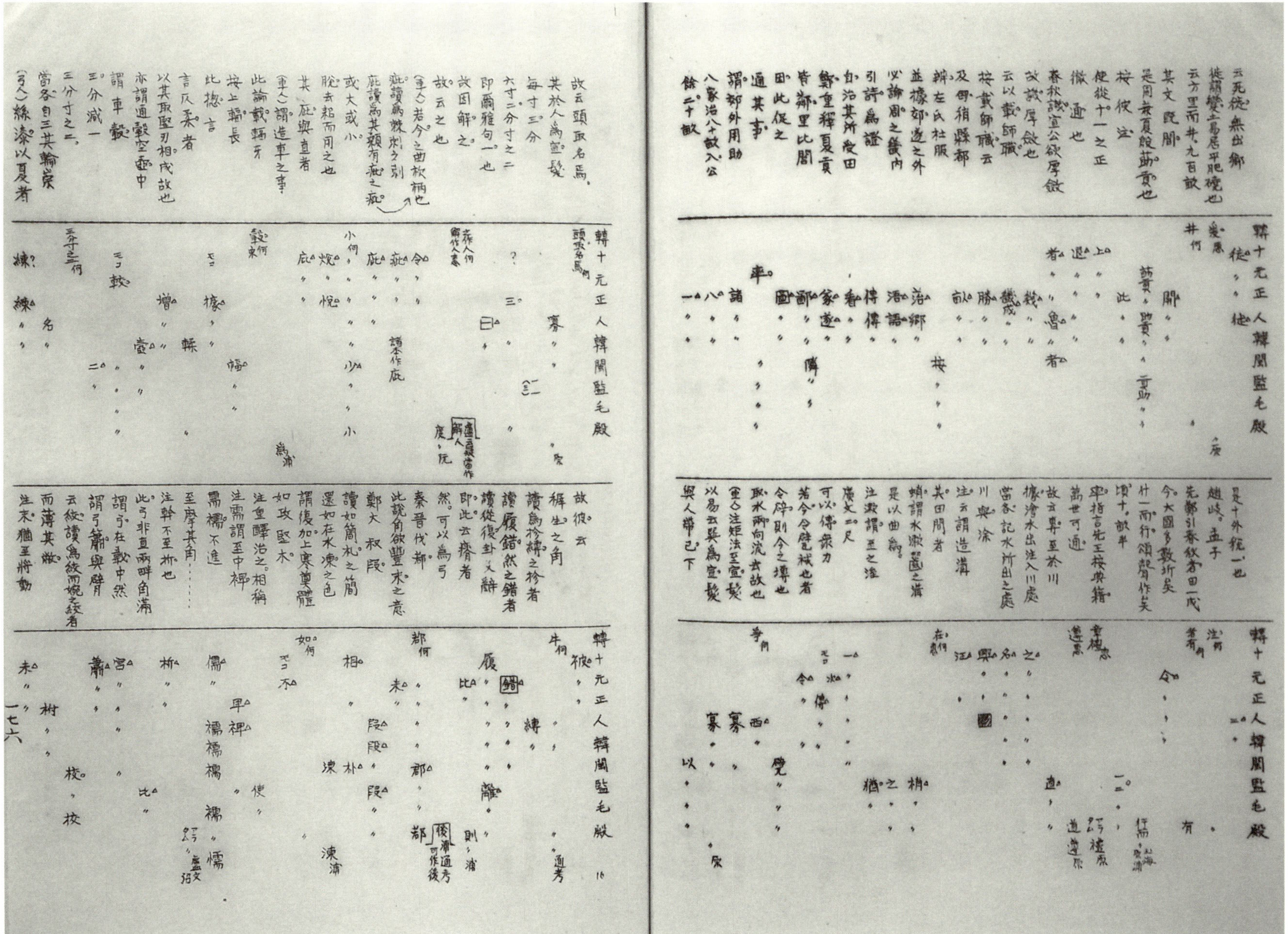
韓十元正人韓闕監毛殿
韓十元正人韓闕監毛殿
韓十元正人韓闕監毛殿
韓十元正人韓闕監毛殿
一七六

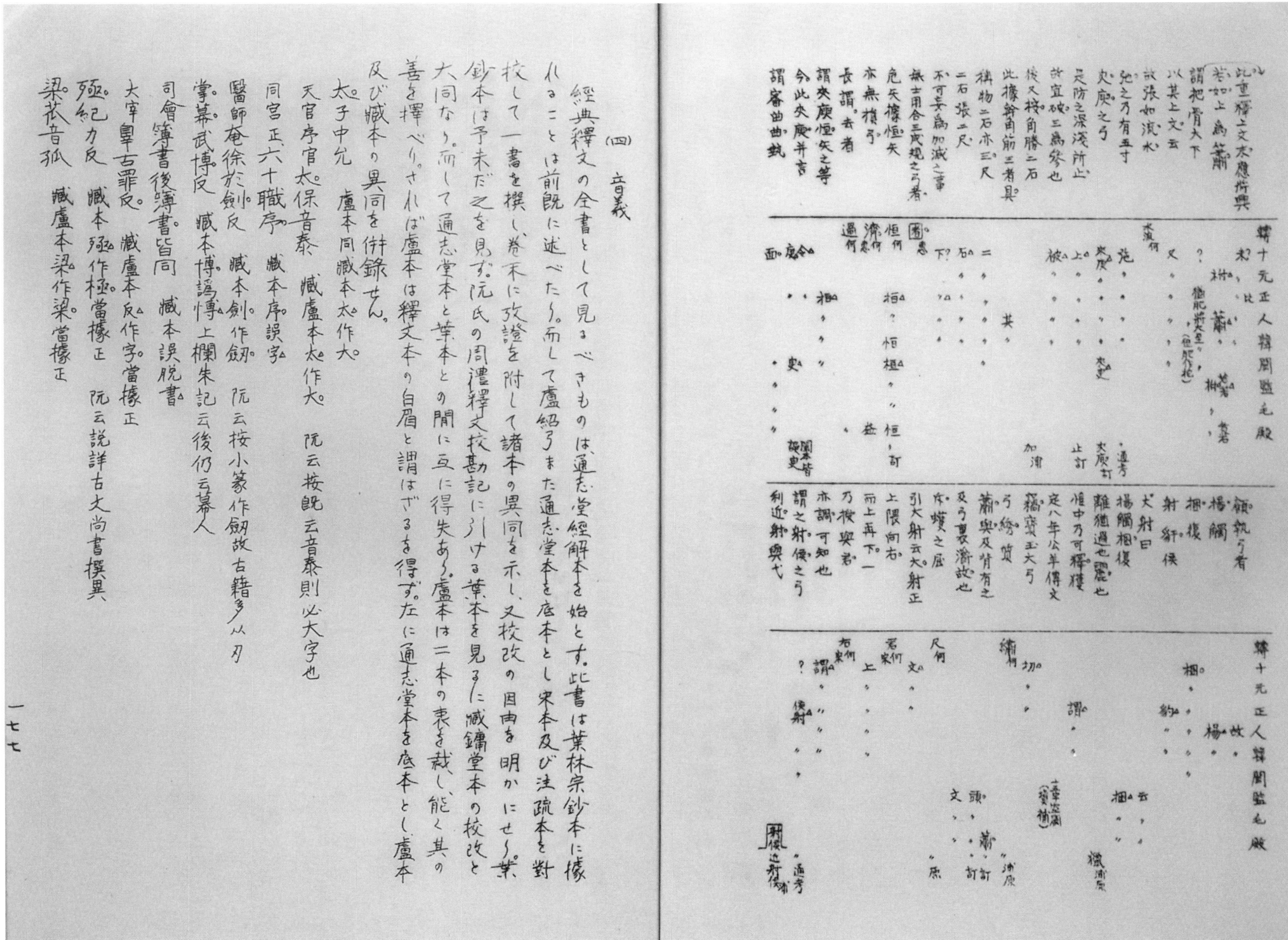
此重釋上文衣應作與
若如上爲箭
謂把骨大下
以其上文云
故張如流水
弛之乃有五寸
夾庾之弓
是防之深淺所止
故宜破三爲參也
使又接角勝二石
此據角前三者具
拙物二石亦三尺
二石張二尺
不可妄爲加減之事
無古用合三成規之弓者
危矢據恒矢
亦無損弓
長謂去者
謂夾庾恒矢之等
今此夾庾并言
謂審曲曲埶
葉十元正人韓閩監毛殿
顧執弓者
揚觸
相複
射豻侯
犬射曰
揚觸相複
離猶過也麗也
惟中乃可釋獲
定八年公羊傳文
稱寶玉大弓
弓繁質
蕭與及背有之
及弓裏滿故也
亦噴之反
引大射云大射正
上隈向右
而上再下一
乃按與君
亦謂可知也
謂之射侯之弓
利近射與弋
葉十元正人韓閩監毛殿
(四)　音義
經典釋文の全書として見るべきものは、通志堂經解本を始とす。此書は葉林宗鈔本に據れることは前既に述べたり。而して盧紹弓また通志堂本を底本とし宋本及び注疏本を對校して一書を撰し、巻末に攷證を附して諸本の異同を示し、又校改の因由を明かにせり。葉鈔本は予未だ之を見ず。阮氏の周禮釋文校勘記に引ける葉本を見るに臧鏞堂本の校改と大同なり。而して通志堂本と葉本との間に互に得失あり。盧本は二本の長を裁し、能く其の善を擇べり。されば盧本は釋文本の白眉と謂はざるを得ず。左に通志堂本を底本とし盧本及び臧本の異同を併錄せん。
太子中允　盧本同臧本太作大。
天官序官太保音泰　臧盧本太作大。　阮云按既云音泰則必大字也
同宮正六十職序　臧本序誤字。
醫師奄徐於劔反　臧本劔作劒。　阮云按小篆作劒故古籍多从刃
掌幕武博反　臧本博譌傳。上欄朱記云後仍云幕人
司會簿書後簿書皆同　臧本誤脫書。
大宰𠂤古罪反　臧盧本反作字當據正
殛紀力反　臧本殛作極。當據正　阮云說詳古文尚書撰異
梁𦬆音孤　臧盧本梁作粱。當據正
一七七

眡音視　臧盧本眡作眂

神示音鐵　臧本鐵作祈

小宰傳著直畧反　臧本畧作略全巻同

宰夫掌治掌其治皆同　臧本脱其

宮正呵其呼何反　臧盧本呵作苛上欄朱記云錢孫保所藏宋本周禮注及音義皆作苛岳本

亦同　盧云宋本作苛後人必疑其誤而改之案苛與何苛訶呵古俱通用

宮伯監於美反　臧本監作監　盧云此監之譌

庖人不褻　臧盧本褻从執作褻當據正　下暵熱之熱同

腊音燔　臧本燔作燔

膴肉　臧本肉作切

甸師沛酒　臧盧本沛作沛

鼈人蜃市軫反　臧本市作上

天官下醫師不瘳　臧本不作無

疾醫休王往況反　臧本誤脱況

瘍醫折瘍劉本作斵　臧本斵作斵當據正

酒正差清初賣反　臧本上欄朱記云宋本周礼醝初賣反然則差清二大字本是醝小字綴於

在何反之下　左宣十二年穀傳十年釋文差初賣反則此不誤

截胙再反　臧本胙作昨

凌人治鑑本或作監音同　臧本監作濫誤

籩人豐或郎第反　臧本豐誤豐朱記云宋本周禮第作弟　阮云按芳弓芳勇反則字从豐聲

也郎第郎弟反則字从豊聲也陸氏於此等皆不能分析言之

楅本又作偪　臧盧本楅作楅偪作偪臧云楅宋本周禮同當據正

糗幹析幹同　臧本析誤析

菨芰　臧本作菨云徐初刻本原有水旁與葉合後修板乃改去之盧云菨舊作菨據宋本正阮

云葉本菨作菨此誤　宋案通志堂本原刻初作菨覺其誤加水旁作菨字體可辨後人以其

不體改去水旁復誤盧阮二氏不見初刻所以校語誤也

醢人　䗪蒲雞反　臧本作䗪雞反盧本作䗪云從宋本

掌舍　㰂　臧盧本作㰂此作㰂不體

㯻當洛反　臧本洛作路　云宋本周禮洛作路阮云按賈疏云行止之處未卽有蟲可涑先鄭亂

依故書柜而爲溜水涑蠹然則陸賈本㯻皆作蠹也今疏文亦改㯻當據有蟲之文正之岳本

㯻音妒〇按陸本作㯻音當洛反讀若上火不落下火滴沰之沰也溜水涑㯻卽霤水漱沰也

孔本作蠹非是

大府斥幣徐堂𥝩反　臧盧本祐作柘〇

外府足技　臧盧本技作枝

幣齎又祖係反　臧盧本又作一音二字

一七八

內宰醎七斳反　臧盧本七作士。阮云桉作士與集韻二十四㶽合
典絲纊　臧本纊在絲下誤倒
內司服白縛說文云鮮色也　臧本欄墨筆色作危。阮云段玉裁云色爲危之誤絹有鮮色之名
支或作危也
染入夏不復重也。　臧盧本也作出。盧云從宋本改
曰舃　臧本作舃。盧本作舃
追師毋追　臧盧本毋作毋。

右は天官に於ける三本の異同を示せるが、阮氏釋文校勘記によるに、葉本の異同として、此等の外更に下の諸條を擧げたり。

染作染　璧作辟　齎作齎　笄作笄　干作干　柜作柜　纛作纛　歲作歲　綫作錢

これによりて葉鈔本にも異本あるを知る。是れ轉寫の際生じたる異同ならん。而して鄭注本に收められたる音義は、建本、纂圖本、京本、福禮堂本等其標出文字、通志堂本と大差なし。岳本、重言本、金蟠本等は、標出の語を節し、解釋の文を删り、大に陸氏の面目を損せり。岳本に就て言へば、卷首の「天官冢宰第一」及び「惟王」の釋文を删去し、雒字に及び、陸本に「音洛、水名也本作洛、後漢都洛陽改爲雒」とあるを「雒音洛本作洛」に改删せるが如きこれなり。餘本以て推すべし。十行本以下注疏本は、文の異同はあれど、音釋の項は相似たり。九經直音は、陸本に比するに出入あり。其の減せる者、其の增せる者より多し。天官の首につきて見れば、師字紱(去)

予与等は新に加へたる者なり。是れ四庫總目提要に、宋儒の音を取るといへる者ならん。而して直音と稱すれども間々反切を出せるもあり。

冪莫立反　詰起乙反　槃蒲計反、

の如き是れなり。

一七九

三　十三經注疏校勘記を論ず

阮氏注疏校勘記一たび出でて、天下の讀書子皆金科と仰ぎ、耆儒碩學其角を崩すが如く、丁儉卿、孫仲容等亦其の誤を傳へたり。蓋し阮氏十三經注疏を刻し、校勘記を撰する時に當り、其の未だ成らざるに、俄に河南に轉任の事あり、匆卒の際自ら校勘するに暇なく、校書の人も亦細心事に從ふ能はず、去取善を盡さざりしなり。(前掲注疏校勘記)されば此書に對して滿幅の信頼を繋ぐは、甚だ危險なるを知らざるべからず。予は前賢の偉績に對しては深甚の敬意を表するに吝ならざれど、其の遺を拾ひ、缺を補ひ、又疑義を執りて之を質すは後學の當務なりと信ず。故に敢て所好に阿らず、疑を獻じて大方の明教を仰ぐ所以なり。

(一)　材料論

周禮校勘記引據書目を觀るに、採收力めたりと雖も、其の質と量とに於て望蜀の感なき能はず。阮氏の閲聞と聲望とを以てすれば、天下の書に於て得られざる者鮮からん。然るに單經本に於ては、唐石經及び石經考文提要を擧ぐるに過ぎず。蜀石經、汴京二體石經の殘張は、當時に於ては得難かりしならんも、宋刻單經小字本、秦刻本等は、之を得んこと難きにあらず。經注本に於ても、重言本は得易からずとするも、點校本、建本等は之を得る、豈方なからんや。注疏本に至りては、轉運司本、元版十行本は共に得易からずとするも、聞人本を得んは易々たらん。閩本の如きは、卷頭に載せたる序周禮廢興を缺ける者其の不善本なるは推知すべきなり。監本に至りては、重修の悪本のみを用ゐて、重校本に及ばず。左氏傳に在りては、重校重修の二本を引けるに見れば、兩板ありしことを知らざる理なし。此二板は今日に於ても得難きの書に非ざれば、當時に在りては習見の書たりしならん。然るに惡劣の重修本に冠するに監本の名を以てして、其の聲價を失墜せしむ。毛本の如きも、自ら原刊と稱すれども、予の藏本と合はざる所あり。予の藏本の原刊初印なることは、毛本の條に述べたるが如くなれば、之に異りとせば、失校に非ざれば刻の異るなり。要するに錢孫保本、惠校本、浦鏜の正字等に校せる條を引用せるもの多く、自ら原本に就きて對校せる者尠し。殊に唐以前の注釋書、宋以前の類書、通禮の書を始め、古板の取りて以て參に資すべき者甚だ多きに、捨てて顧みず、唯正字引用の者より善を擇びたるに過ぎず。是れ材料の上より見て慊らざる者なり。

(二) 校勘の粗鹵

校勘記凡例に、

十行本爲注疏中之善本。今依原書校出。凡與明神廟間國子監本。明閩中御史李元陽本。及崇禎間汲古閣毛晉本。字有多寡。文有異同處。皆詳載之。

今以單疏本宋本。訂三本閩監毛本之失。三本之失。不及悉載。其謬誤特甚者。必爲之擧正也。

とあり。字有多寡。文有異同處。皆詳載之。といひ、三本之失不及悉載。といふ其の載不載の標準を那邊に置くか、明瞭を缺く。而して三本の異同に對して、頗る脱漏あれども、失校なるか、不及悉載として捨てたる者か、判別し難し。而して校勘は何人がなすとも、必ず脱遺あるを免れざれば、之に對して完備を責むるは酷論なれど、姑く閩本の異同につきて見るに、

周禮正義序所云官。者　官。誤今。　冢宰辨。別也　辨。誤辧。　越三日庚戌。　戌。誤戍。

天官序官淩人在。此者　在。誤任。

の類は、譌字商。作啇。適。作適。祀。作祀。緯。作縡。助。作耽。家。作冢。（以上皆閩本の譌にして、上に擧げたる異同の間に在る者のみ）の一見して譌字なるを知る者と異なり、異同を示さざれば、讀者を誤る者なり。此の類の脱漏三本に亙りて頗る多し。是れ失校なれども猶ほ恕すべし。誤れる校勘に對しては、斷じて假借すべきに非ず。掌客の注に、

與陪。鼎三　大字本錢鈔本嘉靖本毛本同閩監本陪。作倍。

米橫陳于。中庭　大字本監毛本于。作於。

禾槀。實幷刈者也　大字本嘉靖本同誤也錢鈔本閩監毛本槀。作稾。當據正

とあり。然れども大字本は倍。于。稾。に作り、陪。於。槀。に作らず、嘉靖本亦稾。に作る。是れ共に掌客の注僅に一葉の間に於て、三條の失校あり。而も蜀大字本、嘉靖本なれば、校勘上特に注意すべき書なり。然るに此の如し。是れ其の特に著しき者を擧げたれば、此を以て全體を概論すべからざれども、かかる誤は一二に止らざるなり。大字本に對しては、九・十の二卷にて、此外更に五條の失校あり。文筆誤と思はるる者あり。

2

一八一

秋官庭氏疏、與救日杜矢射之闕。本與誤爲

案ずるに、闕本與に作り監本爲。に作る。闕◎は當に監◎の誤なるべし。

考工記梓人注、則必頽爾如委矣筍頽爾如委余本闕監本同云云

案ずるに、毛本同じ、監本同じからず、阮下に云ふ監本工作積下作頽と、即ち監◎は毛◎の誤なることと知るべし。

の類、是れなり。實際校勘に當れば、此の如き誤は陷り易きことなるを以て、大に諒とせざるべからざれども學者を誤るに於ては、他の失校と相同じ。又巻第十大司徒の疏、史黄之知の下一葉は、諸本の校勘を闕けり。

(三) 校勘の不統一

校書の人多數にて各經を分擔せしを以て其間に連繫なく、校語撞着し甚だしく統一を缺く。又同一經にても、前後により案語の矛盾せるものあり。例へば、

大司徒疏、過軍。表惠校本軍。作君。此誤

保氏注、過君。表浦鏜云軍。誤君。

案ずるに、大司徒にては、軍。に作るを非とし、保氏にては軍。に作つを是とす。

媒氏注、參天兩地而奇。數焉釋文奇。本作倚。案(中略)作倚。非也

丁禮記曲禮上疏、引作倚。數焉閩監毛本如此此本倚誤奇。

案ずるに、媒氏は倚。に作るを非とし、曲禮は倚。を作るを是とす。

春官序官、眡瞭注、無目眹謂之瞽此本眹誤眹。監本誤眹。今訂正

左傳襄十四年疏、無目眹。謂之瞽宋本眹。作眹。下文同按眹乃俗字説文有眹無眹眹之言縫也

案ずるに、周禮にては眹。に作るを非とし、左傳にては眹。に作るを是とす。

大師注、其實八一籥。阮無按

禮記月令疏、其實一籥。閩監毛本同惠棟校宋本籥作龠。(下略)○按作龠。是也从竹者非管龠字

案ずるに、月令にては籥。を非とし、大師にては言及せず。

戎僕、經、掌馭戎。車阮無按

小雅出車引云案、戎。當作貳。因別體字貳。作式。形近而譌也

案ずるに、周禮にては戎。を認め、毛詩にては認めず。

の如き是れなり。又引用書についても、或は惠校本といひ、或は宋本といへど、同一の書を斥せるが如し。此等も一定する要あり。

(四) 校語の當否

阮校諸本の異同を陳して之が案語を下す。金玉の説、後學を惠する者多けれども、其の推服し難き者一百四十九條あり。一一臆見を附せり。今冗煩を避け其二十四條を擧げて、教を博雅に請ふ。(以下對讀の便を思ひ、毛本の丁數を標す)

天官序官、酒人注、或曰奚官。女　余本等作宦女為是　玉海等作官女皆誤耳疏以左傳宦女釋文〈注
宦女不得改為官也（巻一、十四左九行）

同疏、或曰官。女者　漢制考引同閩本監本毛本官誤宦（十五右六行）

案ずるに注に於ては宦。を是とし、疏に於ては宦。を非とす。注下の説是なり。官。誤宦。の三字は、官。作宦。當據正。の六字に改むべし。

九嬪疏、故云坐而論。禮無官職　浦鏜云脱婦字案三夫人坐而論禮猶三公坐而論道也此引注作坐而論禮無婦字今注有婦蓋衍文（三十三右五行）

案ずるに、疏に兩び注を引き、婦。字一有一無、且つ内宰の注に、夫人如三公。從容論婦。禮。といひ、亦婦。字あり、即ち二注一疏皆ありて、一疏のみ無し。一無に據りて三有を衍とするは不可なり。浦説是なり。

小宰注傳。傳著約束。於文書　此本疏中引注作傳傳著約於文書後剜擠束字蓋注本無束字（巻三、七右八行）

案ずるに、諸注本及び士師の疏、左傳の疏、白帖の引、並に束。字あり。疏中剜擠せるは、初め丁誤脱せるを補へるならん。阮説武斷に似たり。

宰夫疏、何休云云。爾者　浦鏜云當衍一云（三十二右三行）

案ずるに、通解此文を引き、一云。を刪る。浦之に據り、阮亦浦を賛す。孫氏正義の引、遂に一云。を刪る。三儒皆誤る。賈疏に云く、案公羊云、武氏子來求賻。何以書譏。何譏爾。喪事無求。求賻非禮。何休云禮本為有財者制。有則送之。無則致哀而已。不當求。求則皇皇傷孝子心。「蓋通於下。」何休云云。爾者。嫌天子財多。」下略。と。即ち「武氏子」より「非禮」までは傳文、「何休云」の下「禮本」より「傷孝子心」までは注文、「蓋通於下」は傳文、「何休云」以下は注文なり。而して注に「云。爾者嫌」云云とあり。されば「何休云。」と「云。爾者」とを併せざるべからず。一云。を刪りては義を成さず。通解は「蓋通於下」までを上の注文となし、之を承けて「何休云爾」と注の意を説明したる者とせるにて、誤甚し。阮孫二大家其誤を沿襲せるは、頗る怪異の事なり。

同注、歳終自。周季冬　浦鏜云是誤自案此字當衍　黄云、此句又見大司徒注目皆誤自案目者指目之辭校勘記引浦鏜説非是董本目今據正　孫云大司徒注同宋董氏刊本自作目非（三十三右一行）

案ずるに、阮大司徒に於て、自。は者。字の誤ならんといひ、此には衍なるべしといひ、定説丁なし。思ふに疏に注を引き、自。を並に是。に作る。是れ浦説の本く所。然れども、自に「自ら丁是れ」の意あれば、必ずしも自。を是。に改むる要なし。目は意適切ならず、誤なり。

膳夫疏、當内饔。腳膲膮並陪牛羊豕鼎後　此本兼誤庸（巻四、三左八行）

案ずるに、當内饔。は儀禮の文にて句絶。阮校は兼。に從ひ、當内兼。腳膲膮を一句とす、誤讀丁甚だし。

甸師注、縮浚。也　諸本同釋文浚　也荀順反劉思順反浦鏜改浚為滲謬甚浦鏜之書多不可據者汪文臺云案左傳論語疏俱引作滲浦校尚不為無據但不當改耳　孫云此家上酒滲為文疑作滲為是（三十一右二行）

一八三

案ずるに禮書の引、亦、滲に作る。浦の肊解に非ず、義は孫說是なり、阮說誤れり。

玉府疏、故哀公十七年吳晉爭先惠校本作十三年○按據左傳是十七年惠所據宋本注疏誤耳（卷六之四左四行）

案ずるに、左傳哀十三年秋七月辛丑吳晉爭先とあり、十七年には其事なし。阮校誤れり。

縫人疏、以青黑文則曰黻翣爲雲氣則曰畫翣惠校本上爲作以下有也字（卷八之十八左三行）

案ずるに、阮本以に作れば二爲字なし、而るに上爲といふ、踈鹵甚し。思ふに以は爲の筆丁誤か。下の諸飾之所聚者の飾字亦飾に作らずして節として挍語を下す。並に筆誤な丁らん。

大司徒注、諸男食者四之一惠校本諸男上增諸子二字云余本無案賈疏本亦無諸子二字故云直擧男地而言惠以意增非（卷十之十七左九行）

案ずるに、岳本諸子の二字あり。何校本同じ。思ふに轉運司本亦あるならん。惠意を以て丁增すに非ず。阮說非なり。

調人注、瑞節玉節之剡圭也按剡圭字當依典瑞玉人作玉圭此非經用古字注用今字之例直是僞字耳下玉以剡圭同（卷十四之十六左九行）

案ずるに阮、剡は當に玉に作るべしといへど、典瑞玉人並に琰に作る。且つ阮下に古今丁字といへば、玉は當に琰の誤なるべし。

司市疏、資若冬資綿夏資絺之類閩監毛本改冬資綿夏資絺誤甚（二十八右二行）

案ずるに元閩人殿本は綿、絺互に易り十行韓本は綿を絺に作る。國語の所謂夏則資皮、丁冬則資絺は奇貨を居きて利を半歲の後に得んとする者にて、多錢善く賈ふの事な丁り。販夫販婦の能くする所に非ず。疏に朝に資して夕に賣るといへば時物に非ざれ丁ば能はず。閩監毛本確として易ふべからず。然るに阮氏誤甚と斷ず。亦千慮の一失か。

大宗伯疏、列土封疆謂之諸侯浦鏜云土誤士非也按釋曰云謂列國之士者謂公侯伯爲列國故引孝經注列土謂之諸侯證之此當從毛本作士此本閩監本作土誤也（卷十八之二十五右一行）

案ずるに賈列國を解して公侯伯となす、即ち諸侯の謂なり。孝經注に謂ふ所の列土封丁疆是れなり。賈の意は士を解釋するに在らず。且つ列士を列國の士といふは、武斷の丁甚しき者なり。漢書谷永傳に列土。封疆。非爲諸侯、とあり。以て用例を見るべし。阮說是丁に非ず。

肆師疏、升舟大。水在前 閩本同監毛本大誤入（卷十九之二十二左九行）

案ずるに、此六字一句をなす。賈は鄭注に尚書傳曰王升舟入水鼓鐘亞云云とあるを解丁して、武王於孟津渡河。升舟入水在前。鼓鐘亞。云云といふ。されば疏の「升舟入水」は注文丁を用ゐ、「在前」は王舟を指す。正德本形似を以て入を大に誤る。閩人韓閩三本之を沿襲丁す。阮誤を察せず、大に從ひ、「大水在前」の四字を一句とし、以て卽目の景となす。誤讀甚丁だし。十行元監毛殿孫本皆入に作り、通解の引も同じ、文義の上より當然の事なり。

司干疏、故主。戈盾 閩監毛本主誤士（卷二十四之十三左七行）

一八四

案ずるに、十行元閩監毛殿本通解引竝に士に作る。司文帝の原文と合す。正徳本形似、を以て士を主に誤り、閩人韓本之を承く。阮原文をも檢せず、誤本を信じて正しきを誤とす、是に非ず。

大卜經掌三兆之灋 唐石經諸本同釋文作三兆云亦作兆按古文經當作兆注從今字作兆虎云當兆之遗今本後人援注所改○謂前説非也經注皆未嘗作兆兆乃俗字後人所造竄入説文者周禮有作兆者俗本耳(巻二十四、十三左七行)

案ずるに、段云ふ、説文無兆。兆字八部。八八字即龜兆字。と。阮氏竄入の説、蓋し之に本くな
丁らん。然れども訂補・徐笺等の書、皆段を非とし、其の言聽くべければ、段を祖とせる阮
丁説は隨って敗る。孫云ふ、案説文云。兆灼龜坼也。重文兆。古文。兆省。此經多古文、則當以作
丁兆爲正。釋文本非。と。從ふべし。

同疏三少爲重錢 閩監毛本作單錢當據正此複下(十六左七行)

案ずるに、疏の下文に「兩多一少爲單錢」とあり。是れ單錢下に複するなり。然るに阮は下
丁に複するを避けんとして、却て下に複するの單字に從はんとす。粗鹵甚し。「當據正此」
丁の四字を「誤」の一字に改むべし。十行元正閩人韓殿孫本畫一元龜皆重。に作る。閩本始
丁めて誤り、監毛本沿襲す。

軍司馬闕 余本嘉靖本同此及下皆鄭注也閩監毛本獨此不標注字且移闕於○下誤也(巻三十、一左五行)

案ずるに、下の掌疆及び地官の司祿は竝に○なし。而して注字を標せず。阮氏獨此とい
丁ふは、恐くは失校ならん。

射人注今儒家云四尺曰正二尺曰鵠 諸本同案詩賓之初筵正義曰周禮鄭衆馬融注皆云十尺曰侯四尺曰鵠二尺曰正四寸曰質今儒家即指馬季長鄭仲師也正鵠字正互誤當據以訂正○按注於鄭衆注纖悉畢載皆系之鄭司農何此云儒家蓋必各成一説不容牽合儒家非仲師也(三十五右五行)

案ずるに賓之初筵の正義に、賈逵周禮注云。四尺曰正。正五重。鵠居其內。而方二尺。以爲正。
丁正大於鵠。鵠在正內。雖內外不同。亦共在一侯。とあれば儒家は賈逵を斥すならん。馬注
丁によりて鵠正互に誤るとするを要せざるなり。

職方氏釋文在郞。○此當在虖池上失其次
凾城。○此當在嘔夷上(巻三十三、十九左九行)

案ずるに、虖池。嘔夷は共に經文なり。故に先づ釋す。在郞凾城は共に注文なり、故に後に釋す。次序井然たり。阮は蓋し注に昭餘祁在郞。虖池出凾城。嘔夷祁夷與。とあるに據り、在郞虖池凾城嘔夷とすべしといふ。而して經文に虖池嘔夷あるを忘る。粗率甚し。

訝士疏故云刑期無所刑 按所當衍(巻三十五、二十五左一行)

案ずるに、司市疏に刑期於無刑といひ、士師疏に刑期于無刑といひ、共に所字なし。然れども大禹謨の僞孔傳には、刑期於無所刑とあり、所字必ずしも衍とせず。

大行人法是因通言語之官爲象胥云 大字本因下有名按疑當作是因通名言語之官爲象云通字胥字皆衍文(巻三十七、二十九右四行)

一八五

案ずるに、阮始め通名といひ、下に通字を衍といふ。通名の通誤って衍せるならん。蜀大字本是因を因名に作れるに、阮は是字に言及せず、失校なり。蜀石經は、是因名通言語之官爲象玄に作る。玄は云の誤なるが、其餘は正しくして據るべし。劉炫云く、名通案文當作通名。謂總稱言語之官爲象胥也。と。予謂へらく、通は通達の意にて、總稱の意に非ず。上文に言語不通といひ、通其欲といへる者、之を證するに足る。即ち「言語を通ずるの官を名づけて」の意にて、「言語の官を通じ名づけて」の意にあらず。胥の衍文なることは言を待たず。

輪人爲輪經、欲其幎爾而下迆也　按段玉裁云疏云不迆者謂輻上至轂兩兩相當正直不旁迆故云不迆也然則經文下迆本作不迆甚明下乃譌字耳今自唐石經已下經文皆誤而疏中二不迆字亦經淺人改爲下迆不可不正也（巻三十九、十六左八行）

案ずるに、段云く、石經以下皆下迆に作る。賈氏は不迆に作る。故に疏に曰く、不迆者謂輻上至轂兩兩相當、正直不旁迆。故曰不迆也。と。文理甚だ明かなり。今各本疏文皆下迆に作り、文理通じ難し。則ち賈氏の底本に非ず。此れ宋人疏を經注に合する時、經の下字に合すため、不を下に改む。是れ賈氏の經と合はず。然らば經本に下と不との二本ありしなり。何れが是なるかといへば、下を是とす。下迆は向下迆邪の意、賈本不に作るは非なり。もし淺人あり、疏文下迆の誤を校改して不迆に作り、疏文の不迆に因って經文の下迆を改めば賈氏の底本を得て賈疏の意一貫せん。而れども義理に於ては大に乖く。即ち下を正とするなりと。然るに阮氏之を援引するに、結論に於て全く相反するのみならず、中間の論も亦支離す。鹵莽滅裂の譏を免れ難し。　7

鮑人疏、韋自韋氏爲之　閩監毛本目誤自（巻四十、二十九右五行）

案ずるに、上文に曰く、此官主革不主韋と。即ち自ならざれば文義を成さず。轉運司本以下皆自に作る。正德本獨り誤り、阮之に據る。偶然の失か。

一八五

四　注疏の誤脱に對する私見

（一）諸家の説を批判す

阮氏の所説に對しては、前項に於て卑見を述べたるが諸家の説に就きても私見を述べて、是正を仰がんとす。

周禮正義序、其刻曰。浦鏜云曰誤日○按緯書古無、其刻日三字未得其注解未必爲王伐切之字也今本易緯通卦驗曰作白（一右六行）

案ずるに、汪文臺校勘記識語に云く、案書疏引曰。又引鄭君注云。刻謂刻石而記識之。今本皆無此注則浦校是也。今易緯作白蓋誤。と、刻日は強ひて解を求めば晝夜を百刻に分つの類ならんか。然れども下の三句韻語をなせば、石刻文に似たり。浦注の説是に似たり。

天官序官閽人經囿游。亦如之唐石經余本嘉靖本閩監毛本同釋文斿本亦作游音由○按斿游皆游之俗字（卷一、二十左八行）

案ずるに殿本考證に石經釋文作斿。とあり。然れども唐石經游。に作る。考證恐らくは失校ならん。

同疏、亦謂城郭中與。公所爲者也（三十一左六行）

案ずるに殿本改めて亦謂城郭中。於宮外爲之者也。に作る。是れ閽人の疏に、言離宮者謂於王宮之外於苑中離別爲宮。故名離宮。とあるに據りて改めたるならん。然れども與は爲めと訓ずること、注疏習見の事なり。即ち城郭中にて、公のために作る所の者を謂ふの意と解すべきなり。

小宰經、六曰斂弛。之聯事。段云注杜子春弛讀爲施玄謂弛政弛力役此鄭君不從杜易字也又按經文劉昌宗本作施蓋杜易施爲弛而鄭發明其義今本恐是依注改經作弛復依經改注作弛讀爲施耳　阮云案釋文斂弛劉本作施音弛杜作施然則經文本作斂施有杜子春劉昌宗本可據劉音弛從注讀而淺人遂據以改經耳小司徒遂人遂師遂大夫土均施舍字凡五見注皆云施讀爲弛可證漢讀考云云　孫云釋文云弛劉本作施音弛杜作施案陸謂杜作施蓋據臧鏞堂嚴可均並謂據讀作言之是也蓋杜鄭義本異劉本則涉杜讀而誤陸所不從（卷三、五左一行）

案ずるに段氏鄭君云云、及び蓋杜云云は騎墻の説、又依注改經以下の説は餘りに想像を逞うせる者。是れ劉本に誤られたるなり。阮氏遂に其説を成さんとす、共に從ひ難し。思ふに經は本皆弛に作れること、石經諸本の如くなりしを、劉昌宗杜讀に涉り誤りて施に作る。段阮は劉本の誤に依つて説を立て、遂に之を回護せんとす。鑿に失する所以なり。

宰夫疏、此亦。先鄭（三十一右四行）

案ずるに、聞人韓閩監毛殿本亦を易。に作る。孫疏は亦下に破を補ふ。阮は失校、是れ本易に作れるを、音同じきを以て正德本亦に誤る。孫誤なるを察せず、之を承けたれど、文意通ぜざるを以て、遂に破を補ふ。是れ肊改に屬す。易先鄭とすれば義穩妥にして補改の要なし。

一八七

膳夫疏、脩時不樂故不言以樂侑食也、浦鏜云考誤、時從儀禮經傳通解續校毛本侑誤脩　殿
本考證云侑監本訛作脩(卷四、五右五行)

案ずるに、監本皆侑。に作り誤らず。恐らくは「毛本」の筆誤ならん。下の外饔の疏、繫五邑馬
の邑。毛本色。に誤るを、考證には「監本」の誤とせり。

酒正注、如。今下酒矣、諸本同盧文弨云初學記引作若下酒是也西京雜記載鄒陽酒賦亦有程
鄉若下語則今湖州之上若下若也(卷五、十三左五行)

案ずるに、紹興刊本、嘉靖十年安國刊本、同十三年晉府刊本の初學記に據るに、並に今。に
作る。盧何の本に據りしか疑ふらくは誤あらん。

○

凌人疏、注云火星季冬十二月平旦正在南大寒退季夏六月黃昏火中暑退此其極也能無退
乎(三十六左二行)

案ずるに、殿本は、此其極也。能無退乎。の八字を注云の上に移し、上引の傳文に合し、考證
に云く、監本此八字、訛在引注之下。今改正。と。然れども賈疏の、經傳と注とを引用する、多
く經傳中に注文を插入するを例とす。移改すべからず。下の朝覲而出冰。羣臣用之の九
字亦同じ。此類極めて多し。以下一一辯ぜず。孫云く、賈引注說與杜義同。而文異。蓋據賈服。
義。と。案ずるに、毛詩七月の正義に、服虔。云。火大火心也季冬十二月平旦。正中在南方大寒
退。季夏六月。黃昏火星中。大暑退。と。是れ服義。なること知るべし。孫此文を引くを遺る故
に蓋。といひ、また賈服義といふなり。

宮人疏、尊者體盤。(卷六、八左五行)

案ずるに、殿本盤。を優。に改むれども、書の五子之歌、盤遊の孔傳に盤樂遊逸。とすれば、必
ずしも優に改めず。

内司服疏、是以白虎通云周官祭天后夫人有。與者　按有當作不盧文弨云今白虎通無此語
殿本考證云不監本訛作與今據原文改正(卷八、十一左二行)

案ずるに、何殿孫本通解は有を不。に作る。當に據りて正すべし。是れ上文「后於外神不。與」
の證に引けるを以てなり。陳立の白虎通疏證此疏に據りて補ふ。考證に「據原文」といへ
ど、據るべき本なきに非ずや。又「不監本訛作與」といへど、與。は有。の誤なり。

9

地官序官質人注、主平定物賈。者黃云賈誤價俗字胥師注定物賈司市注物有定賈今據正岳
本賈(卷九、十左六行)

案ずるに、據る所の嘉本は賈に作る。黃校恐くは誤あらん。

○

司關疏、故同。與市連類在此　殿本刪同(十二左七行)

案ずるに、同。與市はもと當に與司。市に作りしなるべし。司。形似を以て同。に誤り、又誤倒
して同與となりしならん。孫は司市の下にて、司市をば省いて市と稱すといひ、王制の
注を引いて證とす。然れども賈疏は故らにかかる略稱を用ゐて、文義を晦澁にすべき
理なし。必ずや與司市に作りしならん。

△

澤虞疏、以其藪與澤也有水無水爲異　案也當有字之誤　孫本也作以(十八左三行)

一八八

案ずるに、元本畫一元龜也を地に作る、是れ也は地の土旁を闕ける者なり。地とすれば文意明快、何等の疑なし。阮孫二氏之を遠きに求め、有或は以に改む、從ふべからず。此等によりて校勘の必要なるを知るを得ん。

大司徒疏、然尤如是（巻十、十六右一行）
案ずるに、何殿本尤を猶に作る、猶由尤二字互に通用す。

閭師疏、以山澤山貢不同　浦鏜云、山貢當作貢之誤（巻十三、二十四左八行）
案ずるに、元何殿本出貢に作る。もと出に作りしを形似を以て山に誤る。所に改むるを須ゐず。

調人疏、故逆之海外　浦鏜云逆當避字誤（巻十四、十六左五行）
案ずるに、何殿本逆を迸に作る、是なり。迸形似を以て逆に誤る。禮記大學に迸諸四夷とあり。釋文に皇云迸猶屏也と。以て證すべし。浦避に改め孫之を承く。文理は通ずれども、意を以て改めたるなれば從ひ難し。

迹人疏、文王制云　殿本考證云曲禮二字監本訛作王制今据本文改正（巻十六、二十右七行）
案ずるに、王制に天子不合圍諸侯不掩羣。中略　不麛不卵といひ、曲禮下に、國君春不圍澤。大夫不掩羣。士不取麛卵。といふ。此文兩文を折す。

肆師疏、時皆肆師爲位祭也（巻十九、二十二左七行）
案ずるに、殿本位祭を祭位に改む。是れ上文の「爲祭位」に據りて改む。然れども上文に「爲位祭之爲位而祭也」の二例あり、改むるを須ゐず。

同、即此經據尅勝後事告天及社之事（三十三左一行）
案ずるに、殿本は後事の事を刪る。然れども此文後事下にて句絶、其下の六字は上事を説くなり。殿本恐らくは武斷ならん。

鬯人疏、以其宗廟之祭從自始死已來無祭（三十一左五行）
案ずるに、殿本從自の間に此字を補ふ。從自は複合助辭、なほ自從といふが如し。之を割裂して此字を増す、殆んど讀むべからず。

司几筵疏、與席爲縁也　孫本與改於（巻二十、十五右九行）
案ずるに、與を爲めと訓ずるは賈疏數用ゐること、前既に述べたり。

樂師疏、小軍旅遣臣去　殿本去改法（巻二十三、八右八行）
案ずるに、玉篇に「去行也」とあり、上文「有大軍旅。王自行」に對し「遣臣去」といふ。去と行と文を對す。改むべからず。殿本非なり。

内史經、凡命諸侯及孤卿大夫　唐石經校文云毛本凡誤作几（巻二十六、三十四左六行）
案ずるに、原刊（毛）本誤らず。惡本によるか、將た失校か。

巾車釋文、下皆坐乘同建殿福納盧本作下坐乘皆同　盧云孔云下坐乘止有一當補所乘來乘四字于可皆同　阮云葉本作下皆坐乘同此誤當移正（巻二十七、九右二行）
案ずるに、「皆坐乘」は傳文の成語なるに、後人誤つて「坐乘皆」に作る。孔察せず、誤本に據つ

一八九

て強ひて說をなし、益誤る。下節の「所求卒哭所乘皆音」せざる、以て證とすべし。盧は孔の誤を承く、亦千慮の一失なる者。

大司馬疏、衞公。出奔楚　盧宣旬云毛本衞公作衞侯疑公上脫成字（卷二十九、五右七行）

案ずるに諸本皆「衞侯」に作り、正德本獨り「公」に誤る。衞は侯爵の國、公と稱すべからず。盧乃ち諡號となす。是れ誤本を據として見を立つ、是に非ず。

同注、礿宗廟之夏祭也　孫云大宗伯云以禴夏享先王司尊彝亦云夏禴礿禴字同𣅀師先鄭注約引此文亦作禴說文有礿無禴但經字不宜錯出疑此經注竝當作禴也（十六左六行）

案ずるに、賈人の注に曰く、夏獻禴以享禴とあり、𣅀師の注に見えず。𣅀師といへるは誤。人の誤。

量人疏毛云傳火曰燔　阮云傳火誤也宋本傳作傳傳即今附近之附　何校本云傳毛本作傳下云字一宋本無（卷三十九右一行）

案ずるに何校に毛本といへるは宋本の誤ならん。毛本は「傳」に作り「傳」に作らず。

候人注、何戈與祋　孫云釋文云與祋本又作殳古本作荷案說文云何儋也廣雅同古書多作何後人通用荷是古今字之異　陳喬樅云候人鄭注詩曰彼候人兮荷戈與祋（十八右六行）

案ずるに、諸本釋文も詩疏同じく「何」に作るに、李陳二氏の「荷」に作る、何本に據れるを知らず。李は攷文古本云云といひ、又說文の「何」字を引けるを見るに、「荷戈」に作れるは、何。文の筆誤の如く察せらるれど、陳氏に至りては其說を得ず。

11

射人疏、楚語云劉。羊擊豕而已　阮云浦鏜云刲誤劉（三十九左七行）

案ずるに浦の原文に據つて校改せるなり。然れども劉は訓じて殺となせば、劉羊も亦通ず。實見る所の楚語或は「劉羊」に作れるならん。

同、三獻作止爵　殿本考證云按三獻作止爵特牲之文非少牢也（三十右四行）

案ずるに、賈疏檀經を引くに、特牲と少牢とを分別せず。誤とすべからず。

弁師注、沛國人謂反紟為體　釋文反紟本又作紟殿本據誤紟福本承之（卷三十二、四右二行）

案ずるに、殿本は釋文に準據し、福本は殿本を沿襲すては、全卷を通じて然り。二れ紟形似を以て紛に誤れるなり。

職方氏注、杜子春曰。阮云浦鏜云曰字當依葛本作云　孫云舊本竝誤曰今據明葛蕭本正（卷三十三、十四右七行）

案ずるに、重意本、陳本竝に「云」に作る。孫校之に及ばず、故に舊本竝に誤ると斷ず。

秋官序官、伊耆氏疏、郊特牲文　殿本考證云監本脫春春官籥章五字息老物籥章有之今補正（卷三十四、十二右八行）

案ずるに、春春は「及春」の誤なり。下大司寇疏「質人」云の考證に「監本訛作質又」とあり。「又」は「人」の誤なり。考證此の如き筆誤多し。

大司寇疏、咎由九德者也　十行元閩人韓閩本同監毛本咎誤各何本由作繇　阮云惠校本作咎繇當據正（卷一下七左八行）

一九〇

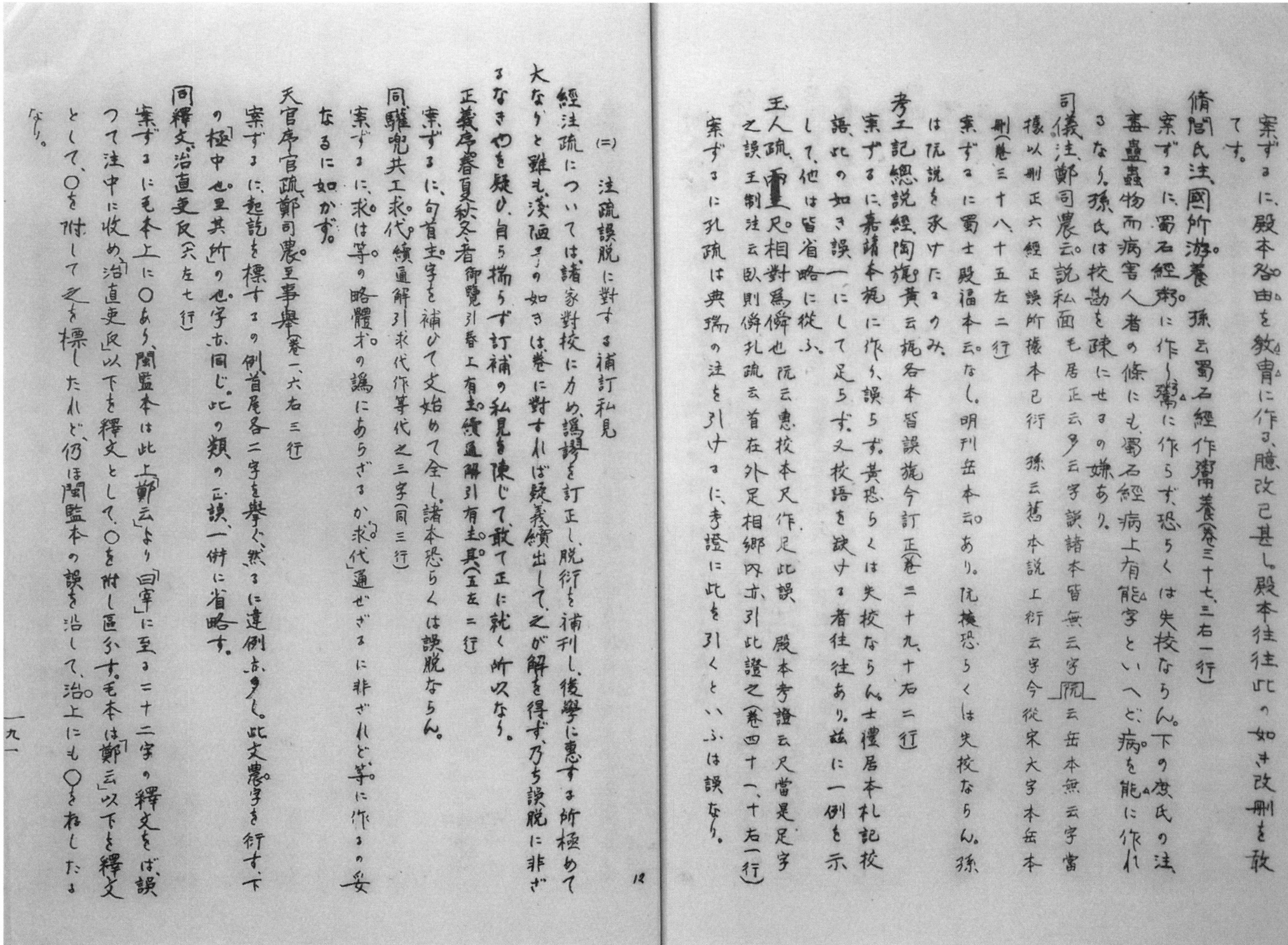

案ずるに、殿本「𦝋」を「敎冑」に作る、臆改已甚し。殿本往往此の如き改刪を敢てす。

脩閭氏注、國所游養

案ずるに、蜀石經「彿」に作り「瀞」に作らず、恐らくは失校ならん。下の庶氏の注毒蠱蟲物而病害人者の條にも、蜀石經「病上有能字」といへど、「病」を「能」に作れるなり。孫氏は校勘を疎にせるの嫌あり。

司儀注、鄭司農云。說私面 毛居正云多云字誤 諸本皆無云字 阮云岳本無云字當據以刪正六經正誤所據本已衍 孫云舊本誤上衍云字今從宋大字本岳本刪（巻三十八、十五左二行）

案ずるに蜀士殷福本云なし。明刊岳本云あり。阮據恐らくは失校ならん。孫は阮說を承けたるのみ。

考工記總說經、陶旊 黃云旊各本皆誤旐今訂正（巻三十九、十右二行）

案ずるに嘉靖本旊に作り、誤らず。黃恐らくは失校ならん。士禮居本札記校語、此の如き誤一にして足らず、又校語を缺ける者往往あり。茲に一例を示して、他は皆省略に從ふ。

玉人疏、璽尺。相對爲僢也 阮云惠校本尺作足此誤 殿本考證云尺當是足字之誤王制注云臥則僢孔疏云首在外足相鄉內亦引此證之（巻四十一、十右一行）

案ずるに孔疏は典瑞の注を引けるに、考證に此を引くといふは誤なり。

12

（二） 注疏誤脫に對する補訂私見

經注疏については、諸家對校に力め、譌謬を訂正し、脫衍を補刪し、後學に惠する所極めて大なりと雖も、淺陋予の如きは巻に對すれば疑義續出して、之が解を得ず、乃ち誤脫に非ざるなきやを疑ひ、自ら揣らず訂補の私見を陳じて敢て正に就く所以なり。

正義序、春夏秋冬者 御覽引春上有主。續通解引有主。其（五左二行）

案ずるに、句首「主」字を補ひて文始めて全し。諸本恐らくは誤脫ならん。

同、驩兜共工求代 續通解引求代作等代之三字（同三行）

案ずるに、求は等の略體、求の譌にあらざるか。「求代」通ぜざるに非ざれど、等に作るの妥なるに如かず。

天官序官疏、鄭司農云事舉（巻一、六右三行）

案ずるに、趣說を標するの例、首尾各二字を擧ぐ、然るに違例あり。此文「農云」を衍す、下の「極中也至共所」の也字亦同じ。此の類の誤、一併に省略す。

同釋文、治直吏反（六左七行）

案ずるに毛本上に○あり、閩監本は此上「鄭云」より「曰宰」に至る二十二字の釋文をば、誤つて注中に收め、「治直吏反」以下を釋文として、○を附し區分す。毛本は「鄭云」以下を釋文として、○を附して之を標したれど、仍ほ閩監本の誤を沿して、治上にも○を存したるなり。

一九一

同疏、易歸妹六二。以須（九左七行）
原文案ずるに、六三なり。諸本皆六二に誤る。
殤醫疏、注潰則未必有膿也。殿本考證云玩文義上下不相屬疑衍（十四右六行）
案ずるに、考證の説是なり。此下「故亦連類在此也」の七字あり。是れ下の獸醫の疏、誤って此に在るならん。
醢人疏、掌共。五齊七菹（十六左四行）
上下の用例を案ずるに、經文共に作る者皆供。に改む。此獨り共に作る、誤なり。下の供。醢物は誤らず。
職幣疏、以待。上之賜予（三十右一行）
本職を案ずるに、待。は詔。に作るべし。
閽人疏、欲。使守門（三十一右五行）
文理を案ずるに、欲。は故。に作るべし。形似の誤。
同、公羊云閽殺。呉子近刑人輕死之道（同七行）
公羊の原文を案ずるに、諸本殺。を弑。に作り、釋文は殺。に作る。賈疏、釋文に合す。公羊石經磨改して、人下に則。字を増し、諸本之に仍る。此疏、石經の原刻と合す。有無兩通なり。
同、卽。囿游之獸禁（三十一左五行）
諸本皆同じ。案ずるに、卽下に「囿人所謂」の四字を脱せん。否らざれば下の「彼鄭云」の彼。字落着せず。兩囿。字あるを以て、其中間を脱したるにて、かかる例は鈔寫の際體驗することなり。
13
追師疏、在此者。職云（三十五左九行）
全巻の文例を案ずるに、職上當に案。其。の二字を増すべし。
夏采釋文、夏户雅反注同翟雉名采如字或作菜翟音狄陳本翟雉之間増音狄二字　删翟音狄三字殿福本删翟雉名三字狄下補雉名二字（三十六右一行）
案ずるに、岳本は「翟雉名」の翟下に讀點を附す、これ「翟は雉名」と訓じたるなり。陳本翟下に「音狄」を挿入せるは、岳と同意、殿福本亦同じ。是れ皆誤讀なり。この三字は經の夏字を釋したるにて、先づ「户雅反」の音を出し、注の夏字も同音なるを示す。これ夏字の音釋なり。次に其の音義を釋して曰く、翟雉の名と翟雉とは大雉の意なり。これにて經の夏字の音訓並び釋す。次に「采如字或作菜」と經の「夏采」の采を音釋す。夏采の音義既に得る。然る後始めて注に入り、翟字に及んで「翟音狄」と音したるなり。陸の意明快掌に示すが如し。然るに岳氏は誤解し「夏户雅反注同」にて夏字の解を了したりとし、次は注の翟の解となし「翟、雉名」と訓ず。若し然らば、陸氏何故に采字を夏の次に音せずして、其中間に注の翟を挿みたるか。次序倒せりといふべし。陳氏も岳と同意にて、注の翟字の解なる「音狄」を移して「翟音狄雉名」となす、誤甚し。殿本は夏の解たる「翟雉名」を删り、注の音釋の「翟音狄」の下に雉名を移す。福本之を承く。此等の諸儒は、共に翟は雉と訓じたるなり。大
一九二

謬と謂ふべし。按ずるに正に實は尸雅の文、注も同じ。鞶縷の名なりと訓すべし。賈疏の沈
注に貫大也。大鞶大縷、大縷鞶縷とあり。注は甚だ是し。此に本づけるならん。

大宰疏。且天官言治官府（十行本言誤作討本作云）（卷二、二左五行）

案ずるに、地官以下皆云に作れば、討本に從ひて云に改むべし。

同。百官言以正百官（討本刪以）（同上）

案ずるに、上下の官皆以字なし、刪るを可とす。

同。及小宰遂從治（閩本從下增邦字。盧云依經文補之　阮云案此有誤）（六右三行）

案ずるに、治當に邦に作るべし。上文に故二者不言邦而云官也とあり。八法の内六者は邦治を云ふといへるに「官常」「官聯」の二者のみ「官治」「官總」「官治」といひ邦といはざる理由を說き、之を結びて「故二者」云々といふ。然れども二者も十者に及んでは遂に邦に從ひ官といはずとの意なり。故に治を邦に改むれば意明瞭なり。閩本は邦の脫とす。亦通ずれども上に「邦」「官」と對言して說けるを以て、茲に至りて俄に邦治と文を易ふるも如何と思はる。

同注疏。不敢日暨（十二左七行）

案ずるに、此五字經文と涉るなし。鄭の意何に由るを知らず。或は錯簡か。

同疏。云書公之在梁（閩本改作初書公在梁）（十四左八行）

案ずるに、云字は也と文に作り、上文「左氏傳」の下に在りし者誤りて「書公」の上に在り。文意通じ難きを以て、意通の誤ならんと即斷し、遂に云に改められしならん。

同疏。故大夫不得都名（二十六右六行）

案ずるに、故の下「若都宗人也」の五字を脫せしならん。然らざれば故字落着せず。

同注。云執事初爲祭祀（閩本祀同。誤。諸本作事。殿本注云作國稗同云）（二十九右七行）

案ずるに、文例に據れば當に「國執事至之屬○釋曰云」に作り、下文の「注文」の二字を刪るべし。

小宰疏。句考之也（卷三、一左五行）

案ずるに、司會、司書、鄉師の注、並に鉤考に作れば、句は鉤に作るべし。孫疏鉤に改む。

同。是一比。長（八左六行）

案ずるに、比下當に比を複すべし。

同。彼云作內政（同七行）

案ずるに、宮正及び小司徒の疏に皆引くも、並に國政に作る。內は誤字なり。

同。後鄭下注亦云鄉戶籍（九右一行）

案ずるに、宮伯の注に「鄭司農云。今時鄉戶籍謂之戶版」とあり。後鄭は當に先鄭に作るべし。

同。周禮書唯有宗廟及禘饗客耳（十行閩本寫本宗朝二字段本作上。增閩三依撥人職文增正）（十二左一行）

案ずるに、此條疏文明晰を缺く、恐らくは錯簡あらん。孫疏胡言據且云天地無禘也天地

の十二字を、上文「祭社言血享」の下に移し「祭天地既言無灌」より「不用鬱」に至る六十四字を、上文「故鄭云莫稱焉」の下に移す。此の如く改作すれば意通ぜざるに非らず。然れども疏の原文に合ふと否とを知らず。

宮正疏、非謂宰職所云内人（三十六左五行）

案ずるに、「内宰職」に作るべし。

膳夫疏、云其物備數焉者（巻四、二左二行）

案ずるに、注は「數備」に作る。賈釋して云く「其物備有焉」と。是れ賈疏は注と自ら別說なり。因つて思ふに、賈が據る所の鄭注は、恐らくは「備數」に作りしならん。

庖人疏、四足而毛謂之獸兩足而羽謂之禽（九左六行）

案ずるに、今本爾雅「二足而羽謂之禽。四足而毛謂之獸」に作る。下文爾雅を引く、亦二句互に易る。乃ち賈見る所の爾雅、當に今本と同じからざるべし。

同、又云以禽作六摯（十右二行）

案ずるに、是れ大宗伯の文なり。「又」は宜しく「大宗伯」に作るべし。

同、醯人共齏菹醯六十罋　孫疏引醯竝作醢（十左五行）

案ずるに、「醯人」の二字、宜しく刪るべし。若し之を存せば、上文の「王舉則」の下、宜しく「醯人」の二字を補ふべし。古人の拘らざる此の如し。孫疏醯を醢に改むるは大に非なり。

外饔注、孤子者死王事者之子也（十八右九行）

案ずるに、酒正の疏に此注を引き、上に「耆老謂國老」の五字を増す。今本注之を脱したるか、將又賈意を以て補ひたるか。此疏に云く、「故鄭解者老謂國老庶老」と。庶老をも兼ぬ。是れ鄭、王制の「周人養國老於東膠、養庶老於虞庠」を引けるを以て、かく斷ぜしならん。然らば酒正の疏にも、庶老を幷せ引くべかりしなり。

15

獸人注、備獸觸攫攫。訂本句首增守謂御覽攫或作獲正閒人韓本攫同建京訂士明刊岳閩監毛金殿福本無攫　阮云諸本無攫釋文觸攫俱縛反又作獲華霸反案作獲非也此本補刻攫下衍攫疏中觸罔而攫攫誤攫（二十四右五行）

案ずるに、正德本攫下に釋文を舉げ「○俱縛反」に作る。是れもと當に「○攫俱縛反」に作りしが「○攫」誤り倒して「攫○」となり、攫又攫に譌し、遂に注文に溷入せしなり。然らざれば今本の「○俱縛反」解決の方なし。

醫師疏、云醫師則使醫分而治之者（巻五、一左九行）

案ずるに、「醫師」の二字經文になし。是れ意を以て之を補ひたるなり。

疾醫注、養其不足者。訂本者作也（六右三行）

案ずるに、疏に此注を引くこと二にして、一は者字を重ねず、一は者字なし。賈本恐らくは者字なかりしならん。

同疏、云五色面貌之青赤黃白黑也者（七左五行）

案ずるに、注に之字なし。此衍なり。

瘍醫注、祝當爲注讀、如注病之注　建本注並誤注　御覽當爲作當如　明刊岳閩人本爲注之注譌
注合鈔本讀誤法（九右九行）
案ずるに、「祝當爲注」四字句、賈疏注を述ぶる讀、字上屬す。是に非ず。
酒正疏、於周禮則爲酒人（十二左九行）
月令の注を案ずるに、下に「大酋者酒官之長也」の八字あり。當に據りて補正すべし。
同疏、則漿人云醴清也（十六左六行）
案ずるに漿人には「清醴」に作る。此誤倒ならん。
同、有□。齊酒不貳者　正閩人閩本同薛本有口作也言監毛殿本作言惟通解作直口（十九右一行）
文例を案ずるに、當に「云。唯」に作るべし。經文「唯齊酒不貳」に作り、疏文經注を引くに、云字を冠すればなり。
酒人疏、則此酒等是故送酒以往　殿本故作奚通解作則此酒人等共奉酒以往（二十三右七行）
案ずるに、此文誤脱あらん。當に通解に據つて訂正すべし。
凌人疏、亦喪。大記。云（二十八右三行）
案ずるに、士喪禮の誤。
同、春秋言火出者據周至。閩人齊孫本至同閩監毛殿本作正（三十九右一行）
案ずるに、周至は漢書律歷志の字面なれど、正に作るを長れりとす。
醢人疏、案彼上注擧猶皆也（卷六、四右二行）
案ずるに、鄭注此語なし。但だ「擧或爲巨」といひ、正義に「擧皆也」といふ。
冪人經、以疏布巾冪八尊（七右七行）
案ずるに賈疏引、並に巾字なし。大宰の疏、儀禮の疏亦同じ。是れ賈の據る所の本、巾字なかりしこと知るべし。下經の畫布巾亦同じ。
大府疏、故云九功。九職也（十八左一行）
案ずるに注に據るに、功下「謂」を補ふべし。
玉府疏、諸侯遣臣聘所獻國珍者（二十五右九行）
案ずるに、此句上文と複す。恐らくは誤衍ならん。
同、若大行人所云間問省。頫之等（二十六左四行）
案ずるに「省頫」の語、大行人に所見なし。小行人に「省頫」の語みゆ。大行人によれば省は殷に作るべし。
外府疏、至孝文。有司言楡莢三銖輕云云（二十八右四行）
案ずるに、此文節録に係る。孝文は武帝の誤。漢制考既に之を言ふ。
司會疏、國中非田野（三十右六行）
案ずるに、大宰には邦中に作る。これ意を以て改む。
司書疏、此等則器械之數皆知之（卷七、二左七行）
案ずるに、則は財の誤

一九五

同、入要。寫一通副貳文書（何恵校本要下有謂（三右六行）
案ずるに、「貳謂」の二字を補ひ、「入要貳謂」云云に作るべし。
職内疏、職内亦有府貨賄留之者。（四左一行）
案ずるに者。字落著なし。疑ふらくは衍ならん。
司裘疏、示伏。猛討迷惑者（十三左六行）
案ずるに、注は「服猛」に作る。
内宰注、稍食吏。祿稟也六帖無吏（十六右四行）
案ずるに宮正の鄭注も吏なし。
同、貨賄爲。有諸物（三十二左五行）
案ずるに、「爲有」通じ難し。爲字は所。字の誤なるべし。
同、故云唯其燕息爲通解燕作所（三十六右九行）
案ずるに、燕上當に所。字を脱すべし。
内小臣疏、案特牲薦俎（三十七左四行）
案ずるに、特牲饋食禮にみえず。
閽人疏、鄭司農云王有五門。庫門在雉門内爲中門（三十八左四行）
案ずるに、此文明暢を缺く。五門の下注文によりて「外曰皐門二曰雉門三曰庫門」の十二字を加へて、始めて意暢達するを得。

女祝疏、杜子春云。讀梗爲更（巻八、三左五行）
案ずるに、經云。字なし。恐らくは衍ならん。
同、漢日。猶存其遺象（通考刪日）（同七行）
案ずるに、漢日は語甚だ生硬なり。日恐らくは時。の誤ならん。其の右體を失へるなり。
女史疏、是以掌王后禮之。職事（四右一行）
案ずるに、之。職恐らくは倒せん。
内司服疏、云。二者之義（十二左六行）
案ずるに、云字恐らくは衍ならん。
縫人疏、鄭彼注畫龍爲帷（十八右六行）
案ずるに、「畫龍爲帷」及び下の「象生」より「而已」に至る二十二字は今本並に見る所なし。或は鄭注の脱逸せるものか。
追師疏、衡紞紘綖與衡連明言。紞爲衡設矣（二十四右二行）
案ずるに明言は恐らくは誤倒ならん。
屨人注、亦謂去飾。通解下有也御覽有著（三十九右九行）
案ずるに、著は恐らくは者。の誤ならん。賈疏（注を引くに者。あれば賈本は者。ありしならん。
夏采注、復于。四郊（三十一左四行）
案ずるに、注例、于當に於。に作るべし。經注中于於錯出する者、先儒未だ正し及ばざる者。

一九六

鮮からず。今唯一例を擧ぐ。他は一併に言及せず。煩冗を避くるなり。

同疏、是其有虞氏也 殿本有上增云先王有四字孫本增先王二字（三十三左二行）

案ずるに、有上當に「云亦因先王有徒綫者先王」の十一字を增すべし。「有虞氏也」以下、故云徒綫也までの疏文は上文の注を釋したるものなればなり。

地官序官疏、唯地官司徒興安擾之字不同（巻九一左一行）

案ずるに、興下當に「教。及」の二字を補ふべし。文始めて全し。

同遂人疏、三公王子弟（十三左八行）

案ずるに、下當に「采地」の二字を補ふべし。上文大夫卿位に采地といふに、是れひとり略するは、文例を得ざればなり。

誦訓注、知能訓説四方所誦習事者（十六左四行）

案ずるに、注文事字なし。當に刪るべし。

林衡疏、以是胥徒特多也（十七左一行）

案ずるに、以是當に是以に作るべし。誤倒なり。

同云山足曰麓者爾雅文 阮云浦鏜云見劉氏釋名同五行

案ずるに、杵氏の疏亦引く。然れども今本爾雅此文なし。恐らくは佚文ならん。若し釋名を引くとせば、二所共に誤るとせざるべからず。理に於て遠し。

掌蓋疏、亦是徵斂之事（十九左二行）

前後の文例を案ずるに、事は當に官に作るべし。

大司徒疏、云會計也（巻十、五左四行）

案ずるに、云字よみ難し。「會と云へるは」とは訓めず。衍字とすべきか。下句を以て之を例せば、或は「云」下に「上會之濃者」の五字を脱するに非ずや。

同、天下諸侯入來（三十二左五行）

案ずるに、洛誥傳の原文には、天下諸侯之。悉來に作り、王制疏引には、天下諸侯之。來に作る。入は之。に作るべし。形似の誤ならん。

同引春秋傳曰（三十六右一行）

案ずるに、原文引を也に作り、上に屬す。此文誤る。

同則有下士爲比長主之（三十左六行）

案ずるに、下の中士以下卿に至る例をみるに皆有を立。に作る。此文亦當に立。に改むべし。

同此經相保相受相救相賙相賓等（三十一右二行）

案ずるに、經文「相受」の下「相葬」の事あり。疏文恐らくは此二字を脱せるならん。

同注民三。至之計 元本民三作物猶（三十三左四行）

案ずるに、賈疏の起止を標する文例として、經注の全文を標して、其一部のみを釋すること往往あり。此文「物猶事也、與猶擧也」の二句を釋せざれども、「物猶」を標せるなり。監毛本

一九七

は實に據りて「民二」に改めたれど實の誤を失す。

同、兼戒凡品故不孝有刑也（三十五右八行）

案ずるに、此十字錯簡、當に上文「此乃禮之通敎」の下に在るべし。諸家これを明白なる錯簡に言及せざるは、異しむべし。

郷師疏、國治謂監督其事（巻十一、二十一左一行）

案ずるに、此七字は下文「郷師遂治之」の下に移し、此處には「大喪至治之」の五字を補ふべし。

同、云治謂監督者（同二行）

案ずるに「督」下當に「其事」の二字を補ふべし。

同、須鼓鐸旗物之器（二十三左二行）

案ずるに、之は經に從ひて兵に作るべし。

同、之屬中容有俟之等闕人證本之作之（三十七右五行）

案ずるに、本當に「俟之之等」に作りしを、之之二字相似たるを以て、互に其一を脱したるならん。

郷大夫疏、出使長之（巻十二、六左七行）

案ずるに、首尾に「云」と「者」とを補ひて看るべし。

同、引洪範所謂謀及庶民者（八右二行）

案ずるに、「引」字當に衍なるべし。

族師疏、今此族卑（十七右五行）

案ずるに、「族」下恐らくは「長」を脱せん。下の「族無飮酒禮也」も亦同じ。

同、注亦於軍因爲卒長者 殿本注作隱文下増釋曰（十八左六行）

案ずるに、文例當に「○注亦於至卒長○釋曰是」に作るべし。略に從へるなり。

閭胥疏、以其黨郷之内（十九左五行）

案ずるに、黨は疑ふらくは當の誤なるべし。上文「當閭之内」と同一用法なり。

封人疏、爛去毛而炮之者（二十四左七行）

案ずるに、注文毛上「其」あり。此には脱す。

牧人疏、有馬牛羊豕犬雞（巻十三、一右八行）

案ずるに、今本爾雅には「豕。犬」を「彘。狗」に作る。

同、案膳夫供六牲鄭注云始養之曰畜將用之曰牲（同九行）

案ずるに、膳夫に「膳用六牲」といひ、庖人に「掌共六畜」といひ、其注に「六畜六牲也。始養之曰畜。將用之曰牲。」とあり。然らば膳夫は當に庖人に作るべし。

同、但天神與宗廟爲陽地與社稷爲陰（二左九行）

案ずるに、天神といへば下地祇とすべし、下「地」といへば上「天」と改むべし。二者對すべし

充人疏、釋曰云散祭之牲 閩人轉閩監毛本上有圏十行元正阮本誤脱何惠校本通解祭下有祀（八右五行）

一九八

17

案ずるに、云字は疑ふらくは曰字の誤ならん。「祭」下當に「祀」を増すべし。
載師疏、故鄭云之屬也(十右三行)
案ずるに、「之屬」の二字、草人の注にみえ、此注にはなし。鄭の下もと或は「草人注」の三字ありしならん。否ざれば文意通じ難し。
同、宅田、以備益多也者(十三左二行)
案ずるに、注文田下に者あり。
同、破先鄭以爲宅田爲民宅之義也(十四左一行)
案ずるに上爲字當に衍なるべし。
同、郷大夫注亦云有夫有婦乃成家(十六左八行)
案ずるに、郷大夫の注、此文なし。内史の疏引遂人注に作る、亦誤る。是れ小司徒注に見ゆ。
同、大夫有田以處其子孫(十七右九行)
案ずるに禮運の原文に「天子有田」云云「大夫有采」云云とあり。田は當に采に改むべし。
閭師疏、是主數也(三十三左四行)
案ずるに、注文「是」下に所あり。此脱す。
同、注獨言至九職(三十五右四行)
注文を案ずるに、職當に賦に作るべし。
師氏疏、故知至德是中庸之德也(巻十四、四右八行)

70

案ずるに是句上文の致中和の句を承くるなれば、庸は當に和に作るべし。
同、是常朝日所朝之所(六左五行)
案ずるに、下所は恐らくは處の誤ならん。
司救疏、恕之解經罰也(十二左八行)
案ずるに經文に從ひ罰は當に讓に改むべし。
媒氏疏、則昏姻之期非此日也(三十左四行)
案ずるに、日は月の誤。
同、於是時也奔者不禁　孫云於經例當作于　六帖奔作犇(三十一左六行)
案ずるに、孫校是なり。又經例古字を用ゐる、奔は六帖に從ひて犇に作るべきに似たり。
同、緇以絲爲形才爲聲(三十二左五行)
案ずるに、絲は糸の誤。
司市疏、令、使麤物賈之者少而賤　殿本令使作致令(三十五右九行)
案ずるに、令使複用すべからず。其一は衍ならん。
同、徵召也價買也物有定賈則買者來也(三十六右一行)
案ずるに文例當に「徵召至來也」に作るべし。此類の誤前後に往往あり。茲に一例を擧げて他は一併に略す。
同、云眞讀爲定者(三十九右六行)

一九九

案ずるに、注文「云」字當に删るべし。

掌節疏、云道路者主治五溝五涂之官謂郷遂大夫也。謂以其授節非官不可言。路即遂人徑畛涂道路之涂也殿本也謂之間増者　阮云浦鏜云下謂當作者（巻十五、十七左四行）

案ずるに、注文「五溝」なし。此誤衍なり。又「涂也」の涂はもと謂に作りしが轉寫の際、誤つて右行に移つて者字に代り、涂字を以て謂字の缺を補填せしならん。故に下謂は浦説の如く者に改め、涂也は謂也に改むべきなり。又案ずるに「言路」はもと「道路」に作りしを、道字先づ足を失ひて首となり、首形似を以て言に誤りしならん。

遂人疏、以南畮圖之（三十三左八行）

案ずるに、原文には下に「則」あり。此誤脱なり。

同、知役謂師田若。功作也者（三十五右六行）

案ずるに、原文には若下に「有」字あり。此脱す。

遂師疏、旦郷師云輦。聞人韓閩監毛本輦同十行元何殿本作輂（三十七左一行）

案ずるに、もと當に「輂輦」に作りしが轉寫の際一字を脱せるなるべし。若し一字を存すとせば、輂を存すべきなり。

里宰注、秩敍受耦相佐助之次第（三十五右一行）

案ずるに、注例敍は當に序に作るべし。

稍人疏、故云野周野用也　孫本删野用（巻十六、八右五行）

案ずるに「野用」の語不熟なり。故に孫氏之を删る。然れども之を删れば「野周」の解となる。21

「野周」の解は上文既に盡せり、複釋を須ゐず。是れ注の「野周之財用」を釋するなり。「野用」は當に「財用」に作るべし。上の「野周」によりて誤る。諸家之を疑はず、異とすべきなり。

同案下文云以和邦國都鄙者（八左二行）

案ずるに、者字疑ふらくは衍。

○同、不貢王市取美物毛本貢誤歳殿本此七字改作市取美物貢王（同六行）

案ずるに、不はもと當に而に作りしなるべし。形似の誤なり。不にては意通ぜず、殿本の校改を見たる所以なり。然れども字を顚倒せるは不可なり。而に改むれば義明暢なり。大行人の經文「不酢」を禮書「而酢」に作り、疏文「不來」を恵校本「而來」に作るに見て、不而互に誤り易きを知るべし。

同、以其禮許儉不非無故也諸本通解同聞人本許賁閩殿本非改許（九右六行）

案ずるに、此句義通じ難し。殿本の校改精讀の餘になれる者、疏文の意は通じたれど、校改は從ひ難し。何となれば「非」と「許」とは形音共に似たる所なく、誤るの縁なければなり。竊に謂へらく、二の不も亦而の誤なりと。「非」は非とする意、即ち「其の禮儉を許せども、而も無を非とするを以ての故なり」と訓ずべし。儉に從ひて少きは許せども、全く無きことは非とし許さざるの意なり。

澤虞疏、及禮記云（十九左二行）

案ずるに丞は疑ふらくは丕の誤ならん。

角人疏、云以當邦賦者言農則皆有夫田出税今以此農近山澤山澤有此骨角及齒此三者國之所須故便以時入採而税之以當地税民益國之事者自此已上皆不言以當邦賦者 阮
標以當地税民益國之事者云此句當有脱誤孫本地税下増也字删民益國之事者六字(二十一右二字)

案ずるに「民益國之事者」の六字は、當に上文「此三者國之所須」の下に移すべし、轉寫の誤なり。即ち之を訓ずれば、田略言ふは農は皆夫田ありて税を出せるに、今此農は山澤に近く、山澤は此骨角及び齒あり、此三者は國の須むる所、民は國の事を益する者なるを以て、故に時を以て入り採らしめて之に税し、以て地税に當つるなり、と云ふにて、文理極めて順なり。殿本は文理を見ること精到なるに、此處疑を挿まず、所謂偶然の失とすべし。

同、鄭言齒角骨物者(同六行)

案ずるに、言下當に「山澤出」の三字を補ふべし。

春官序官、鬱人疏、凡紋官不以官尊爲先後(卷十七、四左二行)

案ずるに「尊」下當に「卑」を脱すべし。

鬯人疏、未有鬱條暢得名云條暢於上下也者若宗廟及賓客以灌地此雖無鬱 殿本此二十八字改作国釋曰云條暢於上下也者未有鬱條暢得名此雖無鬱若宗廟及賓客以灌地三十一字(同九行)

案ずるに、此處文意通じ難し。恐らくは誤脱あらん。

22

籥師疏、於去者爲廢故曰廢(十四右五行)

案ずるに、檀弓の疏に引いて「廢置也。於去聲者爲廢謂廢留不去也。」に作る。於は對の意にて、去者に對して廢といふの義ならんと解せらるれど或は又於はもと不に作りしが、形似を以て不が于に誤られ、于が於に誤りしかと思はる。公羊傳何注に「廢置也。置者不去也」とあれば、以て之を證すべし。鄭説此に同じかりしか。暫く疑を存す。

典庸器疏、典庸(十五右五行)

案ずるに「器」を脱す。下の馮相氏疏同じ。

馮相氏疏、掌歳月星辰之位十行元聞人韓閩監毛本星作日 殿本月下有日(十九右一行)

案ずるに、原文に據れば、當に「歳月辰日星」に作るべし。

外史疏、亦禮書之類(十九左六行)

案ずるに、書は事の誤ならんか。上に書字あり、且形も少しく似たるを以て誤るか。

大宗伯疏、宗實一而有六名。實不相應、十行元正本相誤想(卷十八、六左六行)

案ずるに、名下名を疊するが可なるに似たり。

同、明法。以薦而猶旱至七年(九右五行)

案ずるに、漢書の注に、應劭曰く「遭大旱七年。明德以薦而旱不止」と。法は德に作ること可なるに似たり。

同引論語。不教民戰是謂棄之(二十左五行)

二〇一

案ずるに、大司馬職注の引に「不」字の上「以」字あり、原文と合す。此脱す。
同、注猶齊等也（三十九左八行）
案ずるに賈疏「此經與下爲總目」より「主也」に至る二十四字は經文を釋す。全巻の文例に據れば當に標題を改めて「以玉至邦國」に作るべし。而して疏文「主也」の下に「注等猶齊等也〇釋曰」の一圏八字を增すべし。然れども短文なるを以て、省筆の法を用ゐしならん。
下に此例多し、重ねて校せず。
同、執之以自致者（三十一●左五行）
案ずるに注に據れば、執之は當に所執に作るべし。
同、與天產天性而自然何異　殿本性下增生（三十七右二行）
案ずるに天性は當に天生に作るべし。上文に「天產是天生自然者」とあるにて知るべし。
同、五曰見爵賞之拖馬　孫本五改六（四十二右五行）
案ずるに祭統に據るに、當に六に作るべし。
命諸侯之史當王右　殿本之改時正閒人本史誤安韓本空闕（四十二左三行）
案ずるに、時は旣に作る。左體缺けて之に譌するか。或は音の誤か。殿本の校改是なり。
小宗伯疏二廟者故此揔云廟祧之昭穆　殿本二廟者三字改祧有二廟四字孫本句下增也（卷十九、三左六行）
案ずるに「二廟者」の上下恐らくは脱誤あらん。
同、言禁令者（四右五行）
案ずるに經文唯禁といひて、令なし。令は疑ふらくは衍ならん。
同、先王制五服日月星辰服　殿本改先王制五服天子服日月星辰孝證云以鄭氏尚書義補之孫本同此云案賈引鄭孝經注刪節不完文復有舛誤今據北堂書鈔衣冠部所引補正（同七行）
案ずるにもと疑ふらくは「日月星辰天子服」に作りしなるべし。下の「諸侯服山龍」と對せざれども、此句は尚書の日月星辰を釋するを以て、句を倒せしならん。
同、下親孫（四左七行）
案ずるに、孫は子の誤。
同、司馬職有羊人校人掌馬（五左三行）
案ずるに、引く所の諸職は、皆牲の名を冠す。故に解を須ゐず。但だ校人のみは否らず。故に釋して「掌馬」といふ。文を具ふれば、當に「校人を擧す」べきなり。是れ古文省筆の法のみ。
同、知盜受饍人之盛以入者　正閒人韓本饍誤善（七左六行）
案ずるに「盜」上逆を脱す。
同、鄭知執事之中大祝及男巫女巫者（十一左四行）
案ずるに「之中」二字、疑ふらくは衍ならん。
同、故云不忍一日離也（十四右七行）
案ずるに、注は不を弗に作る。竊に疑ふ、此注は賈本不に作れるを後人擅に據りて弗に改めたれど、疏には改め及ばざりしならんと。

肆師疏。而柴於上帝者(三十四右二行)
案ずるに、而は宜しく云に作るべし。
巻人疏。鄭知義遷廟在練時者(三十一左九行)
案ずるに、「知義」二字恐らくは誤倒ならん。然らざれば文竟通じ難し。
同。以朱帶落。腹三禮圖作以朱絡腹(三十二右九行)
案ずるに、落は絡の誤、當に據りて正すべし。
雞人注。夜夜漏未盡(巻二十、一右七行)
案ずるに、賈疏に注を引き「漏未盡者」に作る。賈據る所の本、疑ふらくは夜字を疊ねざりしならん。其の趣說を標するに、夜を疊ねたるは、後人注によりて增す所ならん。
司尊彝注。故禮記郊特牲云祭齊。加明水 殿本牲下增注孫本承之(五右三行)
案ずるに、郊特牲に「祭齊加明水」とあり。注に「齊五齊也。五齊加明水、則三酒加玄酒也」とあり。此文は注を引きたるなれば「祭齊」は「五齊」に改むるを可とす。
同。鄭既未解春夏再獻 正本未作其(六右一行)
案ずるに、既字疑ふらくは衍ならん。
同。案尚書鳴鳥之。不聞 原文無之字三國志引作鳴鳥弗聞裴注引君奭作鳴鳥不聞(七右六行)
案ずるに、之字當に衍なるべし。
司几筵注。次席桃枝席 儀禮疏作次席者桃枝席玉篇零本作次席桃支竹席也　儀禮校勘記

云蒲鐘云席誤席(十三右五行)
案ずるに、席は竹席の二字、合譌せる者ならん。されば儀禮疏及び玉篇零本竝に竹席に作れば此もと竹字ありしを、轉寫脱せしならん。
天府疏。此師卦象辭(二十二右八行)
案ずるに、象は當に彖に作るべし。大卜の疏に引いて、彖辭となす、誤らず。
同。此案石氏星傳。云(二十三右三行)
案ずるに、傳は恐らくは經の誤ならん。隋志に石氏星簿經讚一巻。星經二巻を載せ、舊唐志に石氏星經簿讚一巻を收め、新唐志讚を讚に作り、大司樂疏、月令疏、御覧天部、史記天官書三家注の引、竝に石氏星經に作り、傳に作れる者なし。
典瑞疏。無桓信躬與蒲璧。之文 畫一元韜璧作穀(二十六右八行)
案ずるに、是れ五爵の命圭を擧ぐ。「蒲璧」は當に「穀蒲」に作るべし。
同。角即桓。矣 十行閩人韓本同元閩監毛本通解通考桓作短殿本作郎阮云作短誤　孫云貫疏謂即桓圭之桓(二十七右七行)
案ずるに、短は疑ふらくは、もと矩に作りしを、形似て「短」「桓」に誤りしならん。
典命疏。書無逸。傳云(巻二十一、二左六行)
案ずるに、多士傳の誤ならん。禮記王制の注に、此文を引けるを、孔疏釋して伏生多士傳の文となす、誤らず。

24

二〇三

同、引大行人之職者（三右七行）
案ずるに、之字疑ふらくは衍ならん。
司服疏、案爾雅。云（十右六行）
案ずるに、「爾雅注。云」に作るべし。
同、釋曰。君爲臣服弔服也者通解君上有云字（十六左六行）
案ずるに、當に據りて云。字を補ふべし。
大司樂注春秋傳。曰壬午猶繹（巻二十二、三十二右二行）
案ずるに、宣公八年經。にみゆ。傳。字誤りて衍す。
樂師疏、按禮樂記。閩監毛本記誤器
案ずるに、下に注。字を補ふべし。
鍾師疏、讀從左。氏傳莊王親鼓之鼓（巻二十四、五右六行）
案ずるに、左氏は公羊の誤。
簭人疏、若。筮不吉而。又卜正聞人闓本若作筮韓本空闕（三十四右六行）
案ずるに、曲禮鄭注に「筮不吉則。又卜」とあり。則。而。互に通ずること、經傳の通則なり。されば、此文は曲禮の注を引けること疑なし。若。は注。の誤なり。
大祝疏、又曰乃立引以相副十行元聞人韓閩殿本通解同監毛本立改竝殿本考證云監本訛竝今依爾雅注文改正（巻二十五、十左四行）

25

案ずるに、疑ふらくは此處譌誤あらん。
同、故大誓云（三十右五行）
案ずるに、今本尚書見る所なし。
同、非時而祭曰禜殿本下增故云反行舍禜也七字（三十六右五行）
案ずるに、通解に據りて補へるなり。從ふべし。
小祝疏、小祝至疾（三十七左三行）
案ずるに、疾上當に皐。を補ふべし。
同注、故書湮爲攝（三十八左七行）
案ずるに、此條當に注あるべくして而もなし。疑ふらくは今本之を脱せるならん。
同疏、案士喪禮注殿本改喪大記注考證云監本訛作士喪禮今考所引注文正之（三十九左七行）
案ずるに、士喪禮、喪大記竝に此注なし。
內史疏、按遂。人注有夫有婦乃成家（巻二十六、三十五左五行）
案ずるに、遂人注に見えず。孫氏小司徒注に改む、是なり。
大司馬注、擇取不孕任者治要作簡取禽獸不孕任（巻二十九、十六左三行）
案ずるに、賈疏に因るに、此句蒐田を釋せるなり。因って思ふ、此六字はもと上注「春田爲蒐」の下に在りしならん。疏中注を述ぶる、此句なきこと其證なり。諸家の注解も、多く此を以て春田の義を釋せり。

二〇四

同經、虞人萊所。田之野（音經音辨萊作釐云音萊　孫云獸人先鄭注約此經萊作釐音近字通疑故書或本有作釐者注偏失校也（三十左五行）
案ずるに、獸人の注引く所の者は、山虞職の文なり。孫疏是に非ず。又此經注及び獸人の注は、竝に「所田之野」に作り、山虞の經は「山田之野」に作る。疏中經を述ぶるも亦同じ。「山田」に作る者は傳寫の誤なるらん。而も其の誤、唐以前に在り、賈氏辨ずる能はざるなり。諸家の之を疑はざるは異とすべし。

司士疏、約鄕常。而知（十行元正閩人韓閩本同監毛本常改黨　殿本考證云臣紱按鄕黨無此文考大射禮公降一等揖賓賓辟注云逡遁不敢當盛疑鄕黨是大射之訛　孫云鄕射禮主人作階上北面拜賓少退注云少退少逡遁也蓋羣士既發在其位見王揖則少退辟位以示敬也鄭注三禮凡退辟並爲逡遁（巻三十一、五右二行）
案ずるに、孫説確當不易なり。「鄕常」は「鄕射」に改むべし。

隸僕疏、以祭隸僕職卑位小。故使之復於小寢也（殿本删祭及下小　孫本於下增小廟（三十六右六行）
案ずるに此疏明暢を缺く。殿本は隸僕は大小寢に復し、祭僕は小廟に復するを以て隸僕の職位卑小なるを見さんと欲す。故に「祭小」二字を刪る。孫氏は祭僕隸僕を併せ釋すとせんとす。故に「小廟」を補ひたるなり。然れども、なほ「大寢」を失す。二説を比するに、文理に於ては、殿本差優れり。然れども賈疏の舊にはあらざらん。

大馭疏、亦人之行由堂始故。發堂至門皆謂之爲行（許本人之合作令誤也殿本作發故發句絕（巻三十二、二十三左一行）
案ずるに、樂師の疏に云く、「不言堂下步者。人之行必由堂下始。與行小異大同。故畧步而言

26

其行也」と。此疏簡に失し、文意明晳を缺く。發字殿本に從ひて始發とするも妥ならず。樂師疏用例徵すべし。發堂とするも亦妥ならず。堂至門にて文義全ければなり。竊に疑ふ、發は衍字にあらざるかと。

校人疏、以此五。者（正閩人韓閩孫本同十行元本者作言監毛殿本五者作而言　阮云監毛本改而言非疏除駑馬計之故五者（巻三十三、一左五行）
案ずるに、上皆「六者」といひ、此に至りて俄に「五者」といふは、唐突を免れず。且つ戎道田の三者に據りて、種駑二者を推論するを以て、故に「以此而言」といふ。思ふに、もと「而言」に作りしを、「而」「五」二字形似、又下に「五路」といふを以て、而先づ五に誤る。「五言」は意を成さざるを以て、遂に「五者」に誤るに非ざるか。十行元本「言」に作るは、未だ改竄を經ざる者。監本校改必ず據る所ありて、肊斷に非ざらん。

同天子有十二閑。六種（四右四行）
案ずるに毛詩の疏に引いて、「天子十有二閑馬六種」に作る。孫本據りて改む。下文竝に馬字あり。毛詩疏に從ふを可とす。

同釋曰知先牧是。養馬者（諸本釋上有圜十行元正阮校本脱閩本剜擠（五左四行）
案ずるに、「養」上當に始を脱すべし。始なくば先の字解を得ざればなり。

職方氏疏、按禹貢云九江今在廬江尋陽南（十五右六行）
案ずるに、史記集解に據るに是れ鄭注に係る。「貢」下宜しく注字を補ふべし。

秋官序官、柞氏疏、讀從春。秋行毫嗜嗜之嗜（巻三十四、十左一行）

二〇五

案ずるに、「春秋」は當に「爾雅」に改むべし。左傳昭十七年九扈の杜注に云く、「行扈唶唶」と。是れ爾雅釋鳥の文に據る。蓋し記憶の誤ならん。

薙氏疏、月令者仲夏令（十一右三行）

案ずるに、「仲夏」は「季夏」に改むべし。

司儀疏、注云急歸大禮（卷三十八、八左二行）

案ずるに、鄭注に所見なし。恐らくは脱逸せるならん。

考工記總説疏、注云櫝梓二木名（卷三十九、十一右六行）

案ずるに、郭注所見なし。亦脱逸ならん。

同注官至尊輿（十一左九行）

案ずるに、當に「官名至尊輿」に作るべし。他所文例に違ふ者多く字を衍す、此は字を脱す。故に一例として舉ぐ。

丙　餘説

校勘の困難

一　取材の難

典籍の校勘をなすには先づ其資料を選擇蒐集せざるべからず。選擇とは其質の善美なるものを甄別するに在り。蒐集とは普く異本を搜羅するに在り。質の善美とは、徒に古版舊鈔を謂ふに非ず。其の書の源流を正し傳來を明にし、其の由緒正しき者を取らざるべからず。同一系統の書に在りては、其原刊を求め、同板の書に在りては、初刻を採るべきは通則なり。然れども再刻以下の書にして、他の善本を對校して原刊の誤を訂せる者あり。（元刊十行本の宋刻十行本に於ける、士禮居本周禮鄭注の嘉靖本に於けるが如き）後印の書にして、初刻の譌を正せる者あり。（重校監本の後印に往往改訂の處あり、又近刊の諸書は版を重ぬるに隨ひ、誤脱を訂補するが如き）此等出藍の書に對しては、其鑒別を愼重にし、時ありては、原刊初印よりも重んぜざるべからず。書籍の善惡につきては、學人の間に自ら定評あれども、時に或は眞を失ひ、名下往往虚士を出して購讀者を失望せしむることあり。葉氏が岳本周禮を推賞して、嘉靖本の上に在りとしたるため、世人は今なほ之を信ずる者あるが如き其一例なり。故に嚴密に言へば書物の眞價は校勘を經たる後にて定まる者なり。然るを其前に於て辨別せんとす。是れ困難なる所以なり。而して課讀の善本必ずしも校書の善本ならず。可ありて不可なき書は善の善なり。已むを得ずして次善を求むれば課讀に在りては寧

27

二〇六

ろ可もなく不可もなき者を取り、校書に至りては、可もあり不可もある者を擇ぶ。其故何ぞや、課讀の書は唯一書によるを以て、誤多くば讀了する能はず。校書に至りては、他書と對讎するを以て、不可なる者は直に他の書によりて正すを得れば甚しき害をなさず。而して可なる者の他書に得難き者は之を取るを得ればなり。善本の取るべき者既に定ると雖、之を備羅博搜することは極めて難事なり。或は重價にして資力の之に堪へざるあり、或は遠地に在りて對校の術なきあり、或は秘府に藏して人の窺ふを許さざるあり、或は輾轉して其の所在を明にせざるあり。即ち轉運司本周禮注疏の、故宮博物院に藏せられて、人の對校するを許さず、余仁仲本周禮鄭注の、康乾の間に存して今所在を知らざるが如き是れなり。即ち校書の材料を得るには質と量との兩方面に於て大なる困難を感ずるなり。

二　得人の難

書を校するは落葉を掃ふが如し、随つて掃へば随つて墜つ。乃ち失校を少からしめんには、明目張耳些の間隙あるを許さず。漢志に讎校の義を釋して一人書を讀めば一人本を持して其謬誤を校すること、怨家相對して讎をなすが如しといへる者能く其實を得たり。予の眞軒先生と尚書論語等を校するや、（前掲）先づ先生の音讀によりて一校し、次に先生の訓讀によりて一校し、音訓並び了して始めて次章に及べり。此の如くにして失校差寡きを得。此の方法によれば對校者の學力甚しき懸隔なきを要す。若し劣るとも其書を讀破するに堪ふるの素養なかるべからず。而して校書の事は一氣呵成に行ふを得ず。長時間に亙りて心力を集中すべし。是れ堅忍不抜の資にあらざれば堪ふる能はず。且つ其事たる質實にして華文ならず、世の稱賛を博すること難し。是れ樸學自ら樂むの人に非ざれば從ふ能はず。この三事を具する者は極めて尠し。是れ人を得るの難き所以なり。予獨り周禮の校勘に當ること五年にして助手河住玄氏を得、共に業に從ふこと又五年、纔に稿を脱するを得たり。而して予が參校の書は引據書目に擧げたるが如く、周禮專書以外の者頗る多きを以て、涉獵に時日を要し、殊に專書の大部分は予一人にて校了したるを以て二人對讀の法を用ゐず。兩人各部署を定めて事に當れり。其の兩書を取りて左右同時に校するは、心力を消耗すること甚しく、目暈し氣屈するに至りて乃ち輟む。失校の鮮からんことを期したれども、墜葉の或は多からんことを恐る。阮氏校勘の如く、多數の學者を用ゐる時は、相互の間に統一を保つこと困難なれど、予の校勘にはその虞は少かりき。

三　擇善の難

校勘の業は沙を披いて金を拾ふが如し。予の校勘せる書百六十餘部、其の各書仔細に檢すれば孰れも瑕瑜を掩はず。之を沙礫徒に多くして、鏤金極めて寡きに比する、何ぞ妨げん。淘汰洗煉宜しきを得ざれば、片金も得ること難し。是故に取材宜を得、對讎人を得とも、其の善を擇ぶこと明かならざれば、ただ金沙を雜糅せるのみにて用をなさず。其の善を擇ぶの

二〇七

人は博覧多識にして、審思明辨ならざるべからず。顔氏家訓に曰く、

校定書籍、亦何容易。自揚雄劉向、方稱此職耳。觀天下書未徧、不得妄下雌黄。或彼以爲非、此以爲是。或本同末異、或兩文皆欠、不可偏信一隅也。（巻三勉學第八）

と。天下の書を観ること未だ徧からざれば、妄に雌黄を下すを得ずとは、千古の識案なり。是故に鄭樵は校書久任の説を立つ。（通志校讎略）章學誠亦曰く、

古者校讎、終身守官、父子傳業、故能討論精詳、有功墳典。而其校讎之法、則心領神會、無可傳也。（校讎通義巻二）

と。即ち終身官を守り、父子業を傳へて、始めて討論精詳なるを得るなり。一校語を定め、一斷案を下す、輕輕にすべからず。而して此以て非となすに、彼以て是となすあり。故に最も慎むべきは、自ら是とする者のみを取りて其の非とする者を捨て去るにあり。校書の餘、其正否を斷定するは當然なれど、其否とする所も併せ錄することを要す。明かに誤と斷ぜらるる者にても、其の誤によりて正を認むるの端緒を得ること少しとせず。即ち音通の誤あり、神を臣に誤り、文を云に誤る、是れなり。（前掲、以下諸例並に同じ）半體の缺損せる者あり、百人無主の一日人無主となれる、是れなり。二字の合して一字となれるあり、者羽の翥となり、人之の令となれる、是れなり。字の位置を轉ずるあり、句の上下を錯するあり。此の如きの類は、原形のままに存置すれば、後賢之に據りて誤を發見するを得ん。若し私意を以て妄に選擇し、其の否とする所のものを一併に捨てば、其誤遂に發見せられざるなり。校語の當否は、之れを辨別することは人にあり。假令正を得ずとも其の人を誤ることなほ小なり。己の意に合せざる材を捨つるは、正を得るの源を塞ぐ者なり。校勘に從ふの士此の過を敢てして怪まざるは予の解せざる所なり。殊に宋元の古書に臨んでは、一二の金玉を稱揚して、百千の瓦礫を遺れ、明清の近刻に對しては、筆者匠工の謬を酷論して、獨見創説の美を没却す。繆楊二氏巾箱重言本周禮を推賞する甚だ至れり。予詳に之を檢するに、往往金玉を藏すれども、俗字略體譌誤衍奪相繼ぎ、大に望を失へり。是れ一隅の論を過信せしためなり。此書をして明清の刻たらしめば、恐らくは、其惡を成して其美を闇却せん。予の校勘に從ふ、古に阿らず、今を輕んぜず、瑕瑜を併陳し、美惡を具載す。三萬五千の異同、正否雜糅す。甚だ繁蕪の嫌あれど、後賢のために其材を供する者なり。而して每條概ね案語を下せるは、自ら是とする所を錄して、大方の是正を仰がんとするに在り。

二〇八

魏邢子才云、讀書思之、恒是一適、若思而不得、則亦不勞讀書矣、此一時興到語、不可以訓。必如子才之博學殊資、始有思而得之之理。若淺學讀古書、不誤尚不能盡解、況既誤而能億知耶。と。淺學の古書を讀む、誤らざるもの尚ほ能く解すべからず、況や既に誤れるものをや、而るを能く億知せられんやと、張文襄の言之を得たり。

上述の如く、校勘は何れの國、何れの書に在りても必要なる者なるが、殊に漢土の典籍に於て、其の然るを見る。其故何ぞや。儒教の經典は、二千數百年前に集大成せられし者なり。仲尼の後、七十子の徒四方に分散して、各其の學得せし所を以て徒に授く。當時竹簡木札を用ゐて文字を記す。これを得る容易に非ず。故に極めて緊要なる事にあらざれば簡札に載せず。其の轉諷誦口授せし間、豈に獨り伏生のみならんや。秦越聲音を異にし、齊楚語言を殊にす、其の轉相授受の際、方言譌音の溷入すべきは理の當然なり。而して其據とすべき簡札は、秦火・楚炬に阨せられ、書亦文を異にして、蝌斗篆隷相變革す。漢氏出でて經典を尊奉すと雖、經傳今古を異にし、訓詁門戸を專にす。是に於て孝武の世、校勘の業起り、漢末に至りて大に具る。夫れ經籍は修齊治平の寶典にして、歷朝の尊崇する所たり。而も革命相繼ぎ、戰亂絶えず、典籍常に兵火の災を免るる能はず。五季宋初幾多の板本も、南渡の後には散逸して得難かりしこと、尤延之、岳倦翁の記によりて知るを得。(遂初堂書目、九經三傳沿革例)傳播の廣き板本にして、三百年の壽を保つを得ずとせば、傳鈔筆錄の世、簡編の湮滅せしこと怪むに足らず。況や蠻夷夏を猾り、戎狄制を稱し、語言を奪り聲音を變ずるをや。墳典の阨亦極まれりと謂ふべし。

二

故に車書混同するに當りては、或は遺籍を兵燹の餘に求め、或は經義を陸沈の前に繹ね、異本を對校し、音韻を是正し、治平の皇猷をして正に歸せしめんことを期す。是れ漢土に於て、典籍校勘の、特に重んぜられし所以なるか。

三、校勘の歷史

校書の事何の世に昉まるを知らず。孔子は集大成の聖なり。夏殷の二禮、文獻の徵するに足らざるを嘆ずれば、(論語・爲政)其の徵すべき者は、盡力を遺さざりしを知るべし。其の詩書を敍し、禮樂を正せるもの、博搜旁羅の餘に成れる、亦以て類推するを得ん。

仲尼沒して微言絶え、七十子喪して大義乖き、學は家を分ち、師は門を專にし、加之諸子の言紛然殽亂す。嬴政一たび出でて、書を焚き儒を坑す。炎漢興りて獻書の路を開き、大に遺籍を收む。武帝藏書の策を建て、寫書の官を置く。(漢書藝文志)然れども當時今古文を異にし、師儒詁に殊にす。故に孔安國の尚書を定むる、今文を以て古文を校し、參するに伏生の誦する所を以てす。(隋書經籍志)宣帝(甘露三年皇紀六一〇)諸儒に詔し、五經の異同を石渠閣に雜論せしめ、親ら臨決す。(漢書宣帝紀、儒林傳)成帝謁者をして、遺書を天下に求めしめ、劉向に詔して經傳諸子詩賦を校理せしむ。任宏は兵書を校し、尹咸は數術を校し、李柱國は方技を校し、一書已る毎に、向其篇目を條し、其指意を撮し、錄して之を奏す。別錄是れなり。其讎校の法、一人書を讀めば、一人本を持して其謬誤を校すること、怨家相對して讎をなすが如し。(漢志是

解　題

野間　文史

解題

本書は、加藤虎之亮氏（一八七九～一九五八）が昭和八年（一九三三）六月に脱稿した『周禮經注疏音義校勘記』を元に、その「總説」を作成し、昭和九年一月、これを以て広島文理科大学に学位を申請し、昭和十年六月に文学博士を授与された「周禮經注疏音義校勘記總説」一冊の影印本である。

この「總説」はその一年後、東洋文化学会（無窮会）の月刊誌『東洋文化』第百四十三号（一九三六）から始まり、その第百九十五号（一九四一）に至るまでの三七回に亘り断続的に連載されたが、いかなる理由によるものか、未完のうちに中断された。具体的には、後掲の目次に明らかなように、「甲　序説」の後の「乙　本論」の最終近く、「二（三）疏本　チ　乾隆殿本」の中途まで、「三　十三經注疏校勘記を論ず」、「四　注疏の誤脱に對する私見」を残して唐突に終了し、この部分と併せて「丙　餘説　校勘の困難」とは未発表のままとなったのである。現在ではその連載された全文を入手するのも甚だ困難となっており、本書の刊行によって、「總説」の全容が公開されることになったのは、まことに慶賀に堪えない。

ただ未刊の「周禮經注疏音義校勘記」とともに、これまた後述のごとく、この「總説」を改訂した「序説」を冠して、『周禮經注疏音義校勘記』上・下二巻（無窮会）が昭和三十二年・三十三年に公刊された。この両巻は著者加藤氏が自ら浄書した原稿を縮印したものであるが、その印刷は極めて鮮明である。その「序」に「昭和三十二年八月駿陽加藤虎之亮」、またその「跋」に「昭和三十三年四月日本後學加藤虎之亮」とある。なおこの『校勘記』を以て学位論文と見なす記述も見受けられるが、それが誤りであることは上述したところに明らかであろう。

さて最初の脱稿より八十有余年、そして『周禮經注疏音義校勘記』の刊行より六十年、この「總説」について、筆者（野間）が今なおその学術的価値をいささかも減じていないものだと評価する所以について、本解題で述べてみよう。

○

先ず重複を厭わず、以下に「總説」の目次を、少し詳細に掲げてみる。ただし『周禮經注疏音義校勘記』序説の部分から補った部分もあること、さらにその評価もまた「總説」と『校勘記』との両者を併せたものであることを申し添えておきたい。

甲　序説

一　校勘記撰述の由來　二　校勘の必要　三　校勘の歴史　四　引據書目

經文　三千九百六十二條　注文　一萬二百四十九條

疏文　一萬七千三百五十六條　釋文　三千三百八十四條

經文　唐石經　宋八經本　靖江王府本　仿秦刻九經本　林道春跋本

經注合刻本　蜀石經殘本　蜀大字本殘卷　嘉靖本（所謂徐氏本）

經注音義合刻本　建本　岳珂本殘卷　巾箱重言本　重言重意本殘卷　纂圖互注重言重意本　董本（據黃氏所校）余仁仲本（據阮黃所校　以上宋刊）京本點校附音重言重意互注本　仿宋岳珂本　陳鳳梧鄭注本　金蟠葛鼒訂本（以上明刊）韓本纂圖互注周禮（明代刊本）士禮居刻本　福禮堂本　清芬閣本　成都仿岳本

音義本　通志堂經解本　盧文弨本附考證　臧庸堂本　明本排字九經直音本

經注疏音義疏合刻本　浙東轉運司本（不附音義、所謂五十卷本）附釋音周禮注疏（所謂十行本）同元刊本　同正德本　聞人詮本　韓本附釋音周禮注疏　李元陽本（閩本）萬曆重校監本　同後刻本　崇禎重修監本　毛晉刻本（汲古閣本　以上明刊）乾隆殿本　阮刻附釋音周禮注疏本　何義門校宋本　黃堯圃校宋本

元以前周禮注釋書　杜牧考工記解　周禮新義　鈔本周禮詳解　周禮訂義　鬳齋考工記解　周禮句解　周禮集説　三禮考註

通禮に關する書　三禮圖集注　禮書　樂書　儀禮經傳通解同續（寶誥堂刊本）同（凌萬方本）通典（宋刊）同（嘉靖刊本）同（乾隆殿本）通志　文獻通考（元刊）同（內府本）

十二經注疏

周禮注疏に引用せる書の現存せる書

宋以前の類書隨筆類　白虎通義　獨斷　風俗通義　金樓子　三圃黃圖　藝文類聚　北堂書鈔　群書治要　初學記（宋刊本）同（嘉靖刊本）白孔六帖　蘇氏演義　酉陽雜俎　兼明書　事類賦　太平御覽（慶元刊本）同（喜多邨氏刊本）同（合鈔本）冊府元龜　事物紀原　書言故事　事文類聚　記纂淵海　山堂考索　古今合璧事類備要　黃氏日抄　容齋隨筆　玉海　六經天文編　漢制考　困學紀聞　古今考　畫一元龜（宋刊不全本）

字書韻書類　説文解字　廣雅音　玉篇　一切經音義　匡謬正俗　廣韵　干祿字書　五經文字　九經字樣　集韵　類篇　禮部韵略

唐以前の注釋書　史記集解　世説新語注　水經注　論語義疏　大戴禮記　史記索隱　史記正義　漢書顏師古注　後漢書李賢注　三國志裴松之注　文選李善注　荀子楊倞注

周禮校勘に關する諸儒の説　公是先生七經小傳　經義雜記　禮説　周禮疑義擧要　九經古義　周官記・周官説・周官説補　十三經注疏正字　讀書脞錄・續編　周禮漢讀考　禮學卮言　拜經日記　經義述聞　讀書叢錄　周官故書攷　周禮學　周禮注疏小箋　經義叢鈔　羣經平義　周官析義

乙　本論

一　周禮經注疏音義傳本の解説

（一）經文

イ　漢石經　周禮を刻せず

ロ　魏石經　附晉石經・北魏石經

ハ　五經定本　ニ　開成石經　ホ　開封府石經

ヘ　宋高宗御書石經　ト　宋刊巾箱八經本　チ　靖江本九經
リ　仿秦刻九經本　ヌ　林道春跋本　ル　乾隆石經

（二）經注合刻本
イ　乾祐國子監本　ロ　蜀石經　ハ　蜀大字本
ニ　宋監本　ホ　婺州本　ヘ　嘉靖本（所謂徐氏本）

（三）音義本
イ　葉林宗本　ロ　通志堂本　ハ　盧抱經本附考證
ニ　臧庸堂本　ホ　明本排字九經直音

（四）經注音義合刻本
イ　董本　ロ　建本　ハ　余仁仲本
ニ　岳珂本　ホ　點校京本　ヘ　巾箱重言本
ト　重言重意本　チ　纂圖互注周禮本
リ　京本點校附音重言重意互注本　ヌ　仿宋岳珂本
ル　陳鳳梧序本　ヲ　金蟠葛鼒訂本
ワ　韓本纂圖互注周禮　カ　士禮居本
ヨ　福禮堂本　タ　清芬閣本　レ　成都仿岳本
ソ　孔氏敦本堂本

（五）經注疏合刻本
イ　單疏本
ロ　浙東轉運司本（或云茶鹽司本）附注疏合刻年代考

（六）經注疏音義合刻本
イ　十行本　附釋音周禮注疏本
ロ　内閣本　ハ　田中本　ニ　正德本
ホ　聞人詮本　ヘ　韓本附釋音周禮注疏本
ト　李元陽本（閩本）　チ　萬曆重校監本　リ　重修監本
ヌ　重校修監本　ル　毛晉刻本（汲古閣本）
ヲ　乾隆殿本【連載はこの半ばで終了】
ワ　重栞宋本周禮註疏附校勘記本　カ　湖南本
ヨ　孫氏正義本　タ　十三經注疏正字
レ　何義門校宋本　ソ　黄堯圃校宋本

二　上揭各本の異同優劣及び源流考

（一）經文
イ　唐石經
い　字體　ろ　新古字混用　は　提行の當否

に　磨改正誤　　ほ　諸本との同異

ロ　蜀石經　　ハ　開封府石經

ニ　八經本（宋刊小字本）　　へ　仿秦刻九經本

ホ　靖江九經本

ト　乾隆石經　　チ　注本及び注疏本所載の經文

（二）注文

イ　蜀石經　　ロ　宋刊以下の鄭注本

（三）疏本

イ　浙東轉運司本　　ロ　十行本　　ハ　内閣本

ニ　正德本　　ホ　聞人本　韓本　閩本

へ　監本　　ト　毛晉刻本　　チ　乾隆殿本

リ　十三經注疏正字

（四）音義

三　十三經注疏挍勘記を論ず

（一）材料論　　（二）挍勘の粗鹵

（三）挍勘の不統一　　（四）挍語の當否

四　注疏の誤脱に對する私見

（一）諸家の説を批判す　　（二）注疏誤脱に對する補訂私見

丙　餘説

挍勘の困難

（一）取材の難　　（二）得人の難　　（三）擇善の難

○

以下、目次の順序に従って、加藤氏の業績の特長を述べることとしよう。先ず冒頭に「一　挍勘記撰述の由來」・「二　挍勘の必要」・「三　挍勘の歴史」が配されており、これに最終部分の「丙　餘説　挍勘の困難」を併せると、その全体はまさに加藤氏の「挍勘学概論」とでも言うべきものである。我が国には中国哲学・中国思想の概説書の中に、「挍勘」に関する章・節を設けているものも間々見られるが、管見の及ぶところ、中国人の著作の翻訳書を除けば、日本人による専著は無いようである。その点からしても、これは「校勘学」の専著に匹敵する内容を持っているものとして、評価したい。

この「序説」の三節は一般論と言えるが、加藤校勘学の特長は、最後の「餘説　挍勘の困難」に見られるので、ここから引用してみる。最初に「取材の難」から。

典籍の挍勘をなすには、先づ其資料を選擇蒐集せざるべからず。選擇とは其質の善美なるものを甄別するに在り。蒐集とは普く異本を搜羅するに在り。質の善美とは、徒に古版舊鈔を謂ふに非ず。其の書の源流を正し、傳來を明にし、其の由緒正しき者を取らざるべからず。同一系統の書に在りては、其原刊を求め、同板の書に在りては、初刻を採るべきは通則なり。然れども再刻以下の書にして、他の善本を對挍して原刊の誤を訂せる者あり。後印の書にして、初刻の譌を正せる者あり。

此等出藍の書に對しては、其鑒別を愼重にし、時ありては、原刻初印よりも重んぜざるべからず。

資料の源流・伝来を明らかにするのは当然のこととして、特に後半部分に、加藤氏の特長が示されているかと愚考する。すなわち同じ版本であっても再刻・後印の書も併せて重んずべきことを主張するものである。しかしその結果、参考とすべき版本の数は勢い多くならざるを得ない。そして校勘の資料が多くなれば多くなるほど、その校勘作業に多大な時間を要するであろう。したがって次の「得人の難」を嘆かざるを得ないことにもなる。

而して挍書の事は一氣呵成に行ふを得ず。長時間に亘りて心力を集中すべし。是れ堅忍不抜の資にあらざれば、堪ふる能はず。其事たる、質實にして華文ならず。世の稱賛を博すること難し。是れ樸學自ら樂む人に非ざれば從ふ能はず。この二事を具する者は極めて尠し。是れ人を得るの難き所以なり。

この言葉からすると、加藤氏の当時からして、地道な校勘の作業は敬遠されていたのであろう。いわんや当節の我が国の中国学研究の状況下に於いてをや。それゆえにこそ加藤氏の業績は今もって貴重と言わねばならない。

もう一つの加藤校勘学の特長は、次の言葉に示されている。

挍勘の業は沙を披いて金を拾ふが如し。（中略）一挍語を定め、一斷案を下す、輕輕にすべからず。而して此以て非となすに、彼以て是となすあり。故に最も愼むべきは、則ち自ら是とする者のみを取りて、其の非とする者を捨て去るにあり。挍書の餘、其の正否を斷定するは、當然なれど、其否とする所も併せ錄するを要す。明かに誤と斷ぜらるる者にても、其の誤によりて正を認むるの端緒を得ること少しとせず。（具体例は省略）此の如きの類は、原形のままに存置すれば、後賢之に據りて誤を發見するを得ん。若し私意を以て妄に選擇し、其の否とする所のものを一併に捨てば、其誤遂に發見せられざるなり。挍語の當否は、これを辨別すること人にあり。假令正を得ずとも、其の人を誤ることなほ小なり。己の意に合せざる材を捨つるは、正を得るの源を塞ぐ者なり。挍勘に從ふの士此の過を敢てして怪しまざるは予の解せざる所なり。（中略）予の挍勘に從ふ、古に阿らず、今を輕んぜず、瑕瑜を併陳し、美惡を具載す。三萬五千の異同、正否雜糅す。甚だ繁蕪の嫌あれど、後賢のために其材を供する者なり。而して毎條概ね案語を下せるは、自ら是とする所を錄して、大方の是正を仰がんとするに在り。

これによれば、明らかに誤りと判断できるものでも捨て去るのではなく、それを併記することによって、誤りの由って来たるところを考え、新たな誤りの発見に資するというのである。「甚だ繁蕪の嫌あれど、後賢のために其材を供する者なり」という言葉に、加藤校勘学の特長が窺えるであろう。もっとも、これを短所とする見解が無きにしもあらず。しかしそれを承知のうえでの加藤氏の立場であった。後の『周禮經注疏音義挍勘記』に於いても、その「凡例」で以下のように記している。

此挍勘記以重栞宋本周禮注疏附挍勘記本爲底本、挍之以上所揭諸書。玉石同架、瑕瑜併陳。人則厭其繁蕪、余則寧流于煩、無失于簡是期。（玉石 架を同じくし、瑕瑜 併びに陳ぶ。人は則ち其の繁蕪を厭ふも、余は則ち寧ろ煩に流るるも、簡に失ふこと無きを是れ期せんとす。）

加藤氏の挙げた材料と、加藤氏の下した「案語」をも含めて、我々後人は本書の恩恵を被りつつ、ここからこそ出発することができるのである。

○

次に挙げるべき加藤校勘学の特長は、「引據書目」の多さである。上記の「經文」から「經注疏音義合刻本」に至るまでの諸版本の多さは、これを阮元『周禮校勘記』と比べるとき、驚異的ですらある。ちなみに阮元「引據各本目録」は以下の通りである。

單經本　唐石經・石經考文提要周禮一巻

經注本　經典釋文周禮音義二巻・銭孫保所藏宋本周禮注一二巻・嘉靖本周禮注一二巻

注疏本　惠校本周禮注疏四十二巻・附釋音周禮注疏四十二巻・閩本周禮注疏四十二巻・監本周禮注疏四十二巻・毛本周禮注疏四十二巻

引用諸家　周禮注疏正誤十巻嘉善浦鏜撰・禮説十四巻東呉惠士奇撰天官二巻地官三巻春官四巻夏官二巻秋官二巻考工記一巻・周禮漢讀考六巻金壇段玉裁撰毎官爲一巻

後述するように、加藤氏自身が若干の不備を認識しつつも、当時としては『周禮』版本の蒐集に最善を尽くされたものであった。そして「本論」の「一　周禮經注疏音義傳本の解説」は、管見の及ぶ限り、個々の伝本の解説・提要として、今なおこれを超えるものは極めて少ないのではなかろうか。(『經典釋文』と『十三經注疏正字』については、その後の研究成果を踏まえる必要がある。)続く「上掲各本の異同優劣及び源流考」のうち、特に「唐石經」・「蜀石經」・「乾隆石經」等の節に示されたそれぞれの経・注文の異同表には圧倒されるであろう。

そして最も評価すべきは、以上の綿密な対校を経たうえで、諸伝本の系統を解明したことである。実に加藤氏にして始めて達成された成果と言えよう。望蜀の思いを述べることを許されるとするなら、全体の系統を俯瞰できる「系統図」を示していただきたかったということである。

もとより本書は『周禮』を対象としてはいるけれども、事は『周禮』一書に止まらず、広く経書全般、さらには古典文献一般にまで応用可能である。

なお付言すべきは、「引據書目」の後半部分である。「元以前の周禮注釋書」を挙げるのは当然のこととしても、「宋以前の類書随筆類」等は、理想的には必要であろうが、なかなかここまで目を通すことはできないというのが正直な感想である。「樸學自ら樂むの人に非ざれば」困難なことであろうと思う次第である。

さらに「引據書目」について付言しておく。加藤氏は「周禮挍勘に関する諸儒の説」の項目を立て、『公是先生七經小傳』(宋・劉敞) 以下一九種を掲げているが、実は『挍勘記』本文中には、この一九種以外の諸儒の説も散見している。例えば汪文臺『十三經挍勘記識語』がそれである。筆者(野間)が瞥見するところ、汪氏の説は数カ所に引用されているが、しかし「引據書目」には挙がっていない。このように一九種以外にも参考にした文献が多数有り、これによっても加藤氏の博捜ぶりが窺えるのである。

○

上述したように、加藤校勘学は『周禮經注疏音義挍勘記』上・下二巻によって集大成されたが、参考までに本書「總説」と『周禮經注疏音義挍勘記』に冠せられた「序説」との両者を比較してみよう。「序説」の目次は以下の通りである。

一　敍本書撰述之由來　　二　論挍勘必要　　三　敍挍書沿革　　四　論挍勘之難　　五　論十三經注疏挍勘記

ほぼ「總説」を踏襲しているが、その内容はかなり簡略化ないし集約化されたものとなっている。そして最も大きな違いは、「總説」が和文であるのに対して、「序説」（本文をも併せて）は漢文だということである。一例として冒頭文を引用してみよう。

一　挍勘記撰述の由來（「總説」）

我が師眞軒三宅先生は、嚴に精讀・看書の二科を分立し、精讀に在りては、必ず異本を對挍す。予の始めて從學するや、尚書・論語・資治通鑑・太平廣記・歷朝詩約選の對讀を課とす。尚書は細川板の正義を底本とし、毛本・殿本を對挍し、考文・阮挍を參し、論語は根遜志本に據り、足利末期の鈔本を對讀し、又知不足齋本を參看し、通鑑は看書を主とし、藤堂板を通讀し、唯少微通鑑を對挍す。太平廣記は許自昌本に據り、黃曉峯挍刊本を參す。詩約選は各朝に於ける諸種の選本、及び別集本を參せり。是に依りて尚書は考文・阮挍なほ失挍あるを認め、論語は足利本に勝るの古鈔本あるを知り、且つ知不足齋本は、偶然の譌誤あるのみならず、夷狄之有君章の如きは、滿清を憚りて全文を改竄せるを見る。通鑑は藤堂板の考異なほ挂漏の失あるを知る。後年百衲通鑑を得たるに、其異同少微本に符する所多し。若し夫れ廣記に至りては、二本共に誤脱多く、更に廣く諸叢書采輯の書を幷せ考へて、始めて讀過する得たり。是に於て挍勘の、讀書に欽くべからざるを體驗せり。清儒挍勘の書、其の後學を惠する、阮文達十三經注疏挍勘記に若くはなし。凡そ儒學に志す者、十三經注疏を藏せざるなく、注疏を讀む者、必ず挍勘記を幷せ看る。是れ學者一日も無かるべからざるの書なり。予大正十二年周禮の研究に志し、先づ注疏を精讀せんとし、原刊初印の毛本に據り、萬曆重校監本初刻を對挍し、學海堂收むる所の挍勘記を幷せ觀る。然るに阮氏の異同を校する、監本に於て多く相符せず。乃ち朱を執つて行間欄外に其補訂を試みるに、毎紙爛然たり。是に於て筆を投じて歎じて曰く、紕繆此の如くんば、何ぞ據となすに足らん。周禮を讀む、先づ挍勘記の補正より始めざるべからずと。是れ自ら揣らずして、此の事に從へる所以なり。（後年重修監本を得て、始めて阮氏の所謂監本は、此の惡本なるを知れり。）

一　敍本書撰述之由來（「序説」）

先師眞軒三宅先生授徒、嚴立精讀・看書二科、在精讀、廣對挍諸本、擇善就正、在看書、主多讀、亦必幷看異本、余始從學、課讀尚書・論語・資治通鑑・太平廣記・歷朝詩約選、尚書正義據細川本、挍毛本・殿本、參山井攷文・阮氏挍勘記、論語義疏據根遜志本、對挍足利末期鈔本、又參鮑廷博本、此二書屬精讀、通鑑讀藤堂本、幷看少微通鑑、廣記參許自昌本、以黃曉峯挍刊本、詩約選對讀諸種選本、及別集本、此三書屬看書、由是尚書認攷文・阮挍尚有失、論語知古鈔本優於根本、而鮑本以意添竄、如夷狄之有君章、憚滿清改竄全文、通鑑知藤堂本考異、尚有挂漏之失、（後年得百衲本挍之、其異同多符少微本通鑑、）若夫廣記、許・黃二本共多誤脱、更廣幷考、諸叢書采輯本、始得通讀、於是知挍勘之不可欽、清儒挍勘之書頗多、然其惠後學、無若阮元十三經注疏挍勘記、凡志儒學者、無不藏十三經、讀注疏者、必幷看挍勘記、是學者不可一日無之書也、余大正十三（ママ）年、立精讀周禮注疏之課、據原刊初印毛本、對挍萬曆重校監本、幷觀學海堂所收挍勘記、而阮校於監本、多不相符、試執

朱筆、補訂行間欄外、毎紙爛然、乃投筆歎曰、紕繆如此、何足據、讀周禮注疏、不須不始於校勘記、
是所以不自揣而敢從此事也、

そして「序説」の「引據各本書目解説」は、「總説」を凝縮してさらに簡略である。その意味からも、本書『總説』刊行の意義は大きいものである。

○

さて最初の脱稿より八十有余年、『周禮經注疏音義挍勘記』の刊行より六十年、この間に中国学の研究環境に大きな変化が起こっている。それは多くの秘蔵の稀覯本が影印本によって公開されたこと、さらにはインターネットによるデジタル画像の公開が一般化してきたことである。その結果、加藤氏畢生の大作にも不備が存在することが明らかとなった。しかしこのことは、加藤氏の業績の価値を低めるものでは決してない。我々後人は加藤氏の業績、即ちこの確乎たる出発点を踏まえたうえで、その不足を補い、できれば訂正すればよいのである。

そこで以下、「引據書目」に經文・經注合刻本・經注音義合刻本・音義本・經注疏音義合刻本に分類して挙げた諸版本のうち、

Ⅰ　「總説」でも「序説」でも言及しないもの。

Ⅱ　「總説」で項目を立ててはいるが、それが現存するか否かには言及せず、「序説」に於いて始めてその存在に言及し、校勘に利用し得たもの。

Ⅲ　「總説」でも「序説」でも言及するが、充分には利用できなかったもの。

の三類に分けて、加藤氏の不備について略述し、今後の参考に供したい。

Ⅰの、「總説」でも「序説」でも言及しないものとは、つまり加藤氏がその存在を知らなかった版本である。これに該当するのが天禄琳琅旧蔵、現在北京図書館所蔵の經注合刻「金刊本」である。我が国で始めてこの版本に言及したのは『阿部隆一遺稿集 第一巻宋元刊篇』（四一八頁）であった。近時「再造善本」に収められているという。

また「總説」ではその存在に言及はするものの、加藤氏が実見していないものとして、同じく經注合刻の「婺州本」が有る。海源閣旧蔵で、やはり現在北京図書館所蔵にかかり、一九九二年に「古逸叢書三編」に収められ、「再造善本」にも採られているが、すでに『中國版刻圖録』（初版　一九六〇）に解説が見える。ただ筆者（野間）は両書ともに未見である。

Ⅱの、「序説」で始めてその存在に言及し、校勘に利用し得たものとして、単疏本（鈔本）が挙げられる。加藤氏曰わく、

船橋家所藏、宇宙間孤行之珍籍、爲武内義雄博士所發見、編國寶、題周禮疏、分巻五十、首載咸平六年（一六六三）中書門下牒、及賈公彦序・周禮廢興序、經注唯標出某某至某某五字、不掲全文、書中殷・敬・匡・胤・恒・徵・玄・貞闕末筆、則知據英宗以後刻本、但闕巻第四・五・六・九・十・十一・十五・十六・十七、及四十一至五十、計十九巻、爲可惜耳、省作疏本、（船橋家の藏する所、宇宙間孤行の珍籍なり。武内義雄博士の發見する所と爲り、國寶に編せらる。「周禮疏」と題し、巻を分かつこと五十。首に「咸平六年中書門下牒」、及び「賈公彦序」・「周禮廢興序」を載す。經・注は唯だ「某某至某某」五字を標出するのみにて、全文を掲げず。書中の殷・敬・匡・胤・恒・徵・玄・貞 末筆を闕けば、則ち英宗以後の刻本に據るを知る。但だ巻第四・五・六・九・十・

十一・十五・十六・十七、及び四十一より五十に至る、計十九巻を闕くを、惜むべしと爲すのみ。省きて「疏本」と作す。〕

この鈔本は京都大学附属図書館の所蔵で、現在では「京都大学貴重資料デジタルアーカイブ」で容易に見ることができる。加藤氏にとって「多年渇望之書」であった。ただ、この単疏本については、加藤氏がその誤字・脱字を指摘する場合もかなり多いようである。

Ⅲの、「總説」でも「序説」でも言及するが、充分には利用できなかったものとして、經注疏合刻本の「浙東轉運司本」(「茶鹽司本」・「八行本」)が挙げられる。加藤氏は「總説」で、

此書北平故宮博物院に藏す。天津の李氏盛鐸亦不全本を藏す。予昭和三年三月故宮博物院に於て之を觀、多年の渇望を醫せり、其後對校せんとし、百方すれども望を達するを得ず、深く遺憾とせり。此書今は南方に輸し去らると聞く、影印となりて世に出づる、蓋し遠きに非ざるべし。六年七月重ねて燕に遊び、巻四十七・八の零本を琉璃廠に獲たり。九經三傳沿革例に越中注疏舊本とあるは此書を指せるなるべく、(前掲)此外建音釋注疏本(所謂十行本ならん)蜀注疏本等見ゆれど、開雕の年月を詳にせず。

と述べ、「序説」でも、

昭和二(ママ)年、余於故宮博物館觀之、刻板鮮明、墨色如漆、眞稀世之珍矣、蔣軍離燕京時攜去、不知今安在、李盛鐸藏不全本、昭和十四年付影印、補刻處、似據聞人詮本、余對挍二書、然後知之、余藏宋刊修補本殘巻、第四十七、第四十八、計三十三葉、與影印本互有異同、經文單行大字、注疏雙行小字、每半葉八行、行大字十六乃至二十字、小字二十二乃至二十五字、首載賈序及周禮廢興序、每半葉十二行、行二十字、其題周禮疏、載兩序、及分巻五十、皆與單疏本同、且文字異同多相符、其據單疏本可知、其總釋疏在經下、注之疏在注下、亦單疏之式、與十行本以下異、近有董康刻本、余未對挍、省作浙本、余藏本作浙本、〔昭和二年、余は故宮博物館に於て之を觀る。刻板は鮮明にして、墨色は漆の如く、眞に稀世の珍なり。蔣(介石)軍の燕京を離れし時に攜去し、今は安くに在るやを知らず。李盛鐸の藏する不全本をば、昭和十四年に影印に付するに、補刻の處は、聞人詮本に據るに似たり。余 二書を對挍し、然る後に之を知れり。余は宋刊修補本の殘巻、第四十七、第四十八の、計三十三葉を藏す。影印本と互ひに異同有り。(中略)其の「周禮疏」と題し、兩序を載する、及び分巻五十は、皆な單疏本と同じ。且つ文字の異同も多く相符すれば、其の單疏本に據りしこと知るべし。其の「總釋」の疏は經の下に在り、注の疏は注の下に在るも、亦た單疏の式にして、十行本以下とは異り。近ごろ董康の刻本有るも、余は未だ對挍せず。省きて「浙本」と作し、余の藏本も「浙本」と作す。〕

と述べるように、この「浙東轉運司本」(以下「八行本」と略称)を全書に亘っては利用していない。なお加藤氏が北平故宮博物院蔵と言うのは、かつての北京故宮博物院であって、現在では台湾台北の故宮博物院所蔵本となっている(「故宮本」と略称)。「影印となりて世に出づる、蓋し遠きに非ざるべし」と期待されたものの、それが実現したのは、実に民国六十五年(一九七六)のことであった。

ところでこの「八行本」には、最も原刻の面貌を伝えるものとして、北京大学図書館所蔵本(「北京大学本」と略称)二十七巻が現存するが、加藤氏はその存在を知らなかったようである。

また上記の故宮本は全五十巻を存しているが、第一次(宋)・第二次(元)・第三次(明)の修補が加わるという。加藤氏の「刻板鮮明、墨色如漆、眞稀世之珍矣」と言うものである。さらに中国国家図書館(北京図書館)にも『周禮疏』全五十巻を所蔵するが、故宮本と同様、やはり宋・元・明の補修本である

という（「北京図書館本」と略称）。これまた加藤氏はその存在を知らなかったものである。

ところで故宮本の影印に先立ち、民国二十九年（一九四〇）に武進の董康が、北京大学本と故宮本とを合わせた五十巻本を「誦芬室刊本」として影印出版している。加藤氏は後になってその存在を知り、これを入手されているが、遺憾ながらこれを利用するには至っていないのである。

というわけで加藤氏は上引「總說」・「序說」で述べるように、李盛鐸所蔵の不全本の影印本と加藤氏所蔵の残巻を利用するのみであった。加藤氏はこれを「浙本」と略称し、「浙本之功、眞一字千金矣。浦（鏜）・阮（元）・孫（詒讓）不見浙本、所以有千慮一失矣」（『校勘記』巻二・三十葉）と高く評価している。なお『校勘記』序で「越（昭和）十五年、得浙東轉運司本、請小澤文四郎君校勘」と述べているが、その実態は不明である。

たとえば加藤氏が「浙本某漫漶」と述べる部分に当たってみると、故宮本が補修している場合が多いものの、補修ではなくて刷りが鮮明な部分もある。また「浙本補筆作某」とあるものも、故宮本では補筆ではない例も見られる。さらに加藤氏の言及していない箇所も間々存在するようである。したがって北京大学本・故宮本・北京図書館本の全書に亘る対校が必要であることは言を俟たない。

以上の補足すべき諸版本についての校勘作業は、加藤氏の「案語」に対する是非をも含めて、今後に残された問題であって、加藤氏の業績が不朽であることに何ら変わりはないものと信ずる次第である。

ところで近時、上海師範大学の石立善教授の主編による「日本十三經注疏文獻集成」（中西書局）の企画がなされ、その最初のものとして二〇一六年に『周禮經注疏音義校勘記』が影印再版されたのは、中国における加藤校勘学に対する評価の高さを如実に示すものであろう。

平成三十年八月

広島大学名誉教授
元二松學舍大学特別招聘教授
野間文史

加藤虎之亮の事蹟

川邊雄大
町泉寿郎

加藤虎之亮の事蹟

はじめに

加藤虎之亮（号天淵、一八七七〜一九五八）は、研究面では『周禮經注疏音義挍勘記』を著したことで知られ、教育面では広島陸軍地方幼年学校・広島高師・青山師範・武蔵高校・東洋大学などで漢文を教え、のちに東洋大学学長や財団法人無窮会理事長などをつとめた。その一方、香淳皇后への進講（漢文学）や宮内省御用掛、秩父宮・北白川宮家の進講に従事するなど、皇室との関わりが深かったが、加藤に関する先行研究は少ない。

近年、加藤家より二松学舎大学へ寄託された加藤虎之亮旧蔵資料には、加藤の経歴を反映したさまざまな文書・写真・書画・器物・書籍等が含まれ、加藤の事蹟を知るに恰好である[1]。

ここに加藤の学位論文『周禮經注疏音義挍勘總說』の影印刊行にあたり、加藤の事蹟を概観し、野間教授による解題を補おうとするものである。

加藤虎之亮の生い立ちとその師三宅真軒

加藤虎之亮は、明治十二年（一八七九）十月二十一日、加藤作衛の長男として静岡県富士郡大淵村（現富士市大淵）に生まれた[2]。卯年生まれだが、生後体が弱かったため、親が虎之亮と名付けたという。

加藤は地元の小学校を卒業後、静岡師範学校に学び、明治三十六年（一九〇三）に同校を卒業して富士郡内の鷹岡尋常高等小学校訓導となったが、翌年休職して明治三十五年に新設されたばかりの広島高等師範学校[3]に進学した。校長は第四高等学校長から転任した北條時敬である。

広島高師に入学した加藤は、当初地歴科を志望したが、国語漢文科に進み三宅少太郎教授（号真軒[4]）に漢文を学んだ。真軒は金沢の第四高等中学校の漢文教師であったが、いわゆる四高騒動に巻き込まれて四高を辞任し、北條校長に招かれて明治三十六年から広島高師に在職していた。加藤は当時の様子を以下のように述べている[5]。

私が始めて先生の教を受けたのは、広島高師の豫科の時であつた。教科書は孟子であつたが、序説の「史記列伝曰」から始めた。生徒を順番に呼び出して答へさす。先づ「史記とは何ぞ」と問はれた。史記とは「司馬遷の作つた歴史で云云」と答へた。すると「問ひに合はぬ答をしてはいけない。」唯「書物の名である」と答へるのが正解である。次に「何が書いてあるか」と尋ねられ、「支那の歴史である」と答へさせ「何時代の事実か」と問はれて、そろそろ答に窮する。更に進んで内容の吟味に入り、巻数から本紀、世家以下を明かにし、然る後撰者の司馬遷に及び、其の年代閲歴の概略を述べさせ、注釈書の重要な者を挙げさせ、始めて史記の解が終る。生徒は図書館に入つて史記に就て色色と調べなければ、散散の目に逢はされるから、已むを得ず勉強する。かくして半頁位のあの短文が殆んど一学期かかつた。

加藤は、明治四十一年（一九〇八）に同校を卒業して、更に同校研究科に進学するとともに、同校附属中学校の助教諭となった。次いで明治四十三年（一九一〇）から大正六年（一九一七）まで陸軍教授として広島陸軍地方幼年学校で教えた。

研究科進学後の加藤は、真軒の自宅で真軒からみっちりと「対読」を仕込まれた。真軒が漢音で棒読みしたあと、すぐに同じ文を加藤が訓読で読むのである。真軒の「対読」は、「看書」と呼ばれる通読と、善本によってテキストを校勘しながら読み進める「精読」を併用した点に特色があった。(6)

先生の読書法は精読と看読との二科に分ち、精読に在つては筆と共にして其の出典や関聯あることは必ず筆録する。かくては正確に読める様にはなるが、寡薄に陥る弊害がある。よつて看書の必要が起る。看書とは博く書物を読むことである。これは極端に言へば字書も引かずに読み行き、主として記憶に存する様に努める。この朗朗と読み行く所に読書の真の妙味がある。自分は若い時左伝の校本の注も釈文も併せて一日一夜で読了したことがある。劔道で申せば精読は型であり、看書は打込みの練習である。一般には両者の中間を行くので進歩が遅いと申された。私は学校を卒業して研究科に籍を置き、傍ら附属中学校に教鞭を執つた。倫理教育国語は教場で受けたが、漢文は教場で出来ぬとて御宅へ伺つた。毎週四晩午後六時から十一時まで時間励行である。精読として細川板の尚書正義、論語義疏及び太平広記の校勘対読。看書として劉海峰の歴朝詩約選及び伊勢板の通鑑である。通鑑は注も残らず読み一回に一巻と定め興に乗ると二巻読まれる。その時は三時間位かかるので声が嗄れる。お茶を呼んで喉を潤しながら続けられる。私は終頃になると追随するのが関の山で、記憶に存することなど思ひも寄らぬ程であつた。

真軒は蔵書家であり、無窮会寄贈後に編纂された『真軒先生旧蔵書目録』には四万一千冊餘が収録されている。(7)目録の編纂に当たった加藤は、その蔵書の特徴について「先生は非常に博学であられたから、九流百家万遍なく蒐集されたが、宋槧元版などの骨董的なものではなく、学問上に必要なる書物を主とせられた。随つて原刊初印を珍重せられた」と述べている。書籍購入にあたって、真軒は後に叢書に刻入された版ではなく、原刊の初印本を重視した。そのため、真軒は毎年春夏冬の休暇ごとに京阪の書肆に書物の買い付けに行き、その同行を命じられる加藤はなかなか骨が折れたと述懐している。(8)

加藤は広島高師の附属中学校や陸軍幼年学校のような近代的な教育機関で教員生活を営みながら、同時に真軒の下で伝統的な漢学者流の対読に厖大な時間を割くことに次第に矛盾を感じるようになった。『天淵文』中の「上鄭堂北條先生書」には、以下のような記述がある。

卒業、奉職于附属中学校、于幼年学校、欲仕学並優。然而虎之所志、与真軒先生之所導、枘鑿不相容、乃就閣下請裁之。閣下曰、真翁博学精義、研鑽之方、冥合欧人。可師可法。因歴数當世碩学曰、此数子者、雖専攻異業、共是学界不可少之人也。汝之専業、従其所安亦可也。雖然必不可不為学界不可少之人矣。虎感激曰、不以虎之駑駘、猥見嘱望如此。雖知力不足、豈不夙夜是勉。遂折節従真軒先生之提命。

加藤は「金沢、広島で教を受けた人は皆その学問の深博なのに賛嘆してをるが、先生は弟子を導くのに身を降して弟子の側に来るのではなく、必ず自分の方に引き付け、自分と同型の者にせねば已まぬ風があられたから、その卓爾たる所多くの学生には歯が立たず、ただ鑚仰するのみで追随することが出来なかった」[9]とも述べている。真軒が旧来の学問のやり方を改めず、弟子にもそれを強いることに加藤は反撥を覚え、広島高師校長であった北條時敬に仲介を請うたのである。しかし北條は真軒の校勘学は西欧の文献学と期せずして一致していると加藤を諭し、ふたたび両者は師弟関係を続けていくこととなった。

加藤虎之亮の漢学者としての歩み

大正五年（一九一六）、広島高師を定年退職した真軒は、東京の前田育徳会尊経閣文庫で漢籍の整理にあたる一方、大正四年（一九一五）に平沼騏一郎（のち首相）が西大久保の平沼邸の隣に開設した無窮会において林泰輔と共に夜間に社会人向けの講義を行うこととなった。これに従うように、加藤は大正六年（一九一七）に上京し、青山師範学校に嘱託として教鞭を執る傍ら、無窮会の調査員を大正十一年（一九二二）まで勤めている。無窮会関係者には、織田小覚（確斎）や土岐僙など加賀藩出身者が多く、この人脈によって同郷の真軒が東京に呼び寄せられ、その高弟である加藤が上京することになったわけである。

無窮会設立の翌年、大正五年（一九一六）に帝室制度審議会が発足し、平沼は森林太郎（鷗外）らとともにそのメンバーになっている。国学者井上頼圀の蔵書「神習文庫」が核となって発足した無窮会は、帝室制度審議会の設置目的である皇位継承や朝鮮王族の扱いなどに関する法的な問題の審議に資するための組織であった。

したがって、無窮会では同審議会における審議案件の下調べをすることとなり、調査項目を立て調査員を委嘱して研究が行われたのである。発足当時、加藤のほかに、清水正健・堀維孝が調査員となっており、加藤の調査項目は「支那歴代ニ於ケル皇族教育ノ制度」であり、清水は日本の歴代の皇室制度、堀は神習文庫分類目録の編纂や当時の社会思潮を調査している。

無窮会設立にあたって作成された調査項目の中にも、「漢土周孔の教を資つて益々我邦惟神の道を明にせんとする諸家の議論を調査し其建立する所の皇道の趣旨を審にする事」あるいは「三礼（周禮・儀禮・禮記）より始め少くも隋唐以前漢土歴代正史の諸志及三通（通典・通志・文献通考）の類に拠り制度の沿革を調査し本邦諸制度の淵源を明らかにする事」が明記されており、加藤は礼や制度史などの中国文献に依拠して、皇室制度の整備を手助けすることとなった。

加藤はその成果として、大正七年（一九一八）に『支那の貴族教育』を刊行したほか、『支那の爵制』・『書経二典講義』・『春秋内外伝に見はれたる節義及事例』・『帝王学』などを執筆している[10]。加藤はのちに『周禮』研究によって一家をなし、また宮内省御用掛となって皇室で進講することとなるが、無窮会から委嘱された調査項目がこれらのひとつの契機になったと思われる。

ついで大正十一年（一九二二）には武蔵高等学校教授となったが、その後も非常勤として大東文化学院・二松学舎専門学校・立正大学などで教えている。

当時、貞明皇后は子供たちに漢学を身につけさせたいとの意向を持っており、加藤は皇族に対して漢学を進講することとなった。大正十二年（一九二三）から同十四年（一九二五）三月まで秩父宮雍仁親王に、『弘道館記述義』をテキストとして漢文学を進講している[11]。これと併行して、加藤は大正十三年（一九二四）から本格的に『周禮』校勘に着手し、秩父宮家から関係書籍を借用している。

大正十五年（一九二六）からは嘱託[12]として皇太子妃（のちの香淳皇后）に漢文学を進講した。この進講は、原則として金曜の午前中に行われ、当日は早朝に沐浴ののちモーニングを着用して宮中に参内した。現在、「皇后陛下進講日録」と記された大学ノート四冊のほか、草稿や手書きの資料などが残されている[13]。

北白川宮家との関係も深く、北白川宮道久王（一九三七〜現在）の誕生に際して「御命名草案」（昭和十二年五月五日）を起草し、名前の候補として道久・博久・徳久・親久・安久・信久・威久の七案を挙げるとともに、その典拠（『周易』・『禮記』）を明示している。また、加藤は昭和十五年（一九四〇）に薨去した北白川宮永久王の碑文・尊像記・墓誌銘も起草している。

『周禮』研究については、昭和八年（一九三三）六月に「周禮經注疏音義校勘記」を脱稿した。ついで昭和九年一月に広島文理科大学に学位請求論文『周禮經注疏音義校勘總說』を提出して学位を申請し、翌昭和十年六月に博士号が授与された。この博士論文は、翌昭和十一年に『東洋文化』第一四三号から第一九五号まで断続的に連載されたものの、完結することなく終わった。

昭和十六年（一九四一）十二月十九日、詔勅等の起草に与っていた宮内省御用掛の吉田増蔵（号学軒）が死去し、加藤はその後任となって、皇后の進講を継続するとともに[14]、誄・御沙汰書などの起草等を担当した。加藤は、清浦奎吾（一八五〇〜一九四二）・金子堅太郎（一八五三〜一九四二）・林銑十郎（一八七六〜一九四三）・山本五十六（一八八四〜一九四三）・古賀峯一（一八八五〜一九四四）らが歿した際の誄・御沙汰書を起草している。とくに、山本五十六については、誄（初稿・再稿）・墓誌（初稿・再稿・定稿・拓本）が残されており、数度の添削を経て完成し、内閣から潤筆料として金百円が支払われるなど、一連の製作過程が分かる。

一方、木下彪が草稿整理の嘱託となり昭和十年（一九三五）から大正天皇漢詩集の編纂が開始されていたが、加藤は昭和十九年（一九四四）から同編纂事業の参与もつとめ、昭和二十年（一九四五）十月にこれを完成した。昭和二十一年（一九四六）十二月十八日には「大正天皇ノ御詩ニ就テ」という題目で、昭和天皇・香淳皇后に進講している。

戦後も引き続き加藤は皇后への進講とともに、誄・御沙汰書および詔勅などを起草している。終戦直後に作成したものに、「陸海軍人ニ賜リタル勅諭（案）」（昭和二十年八月二十四日）・「軍職ヲ解カルルニ方リ皇族陸海軍武漢ニ賜ル勅語案」（昭和二十年十一月二十九日）や、戦後初めて開かれた第八十八回帝国議会「開院式勅語案」（極秘、昭和二十年八月三十一日・九月一日）などがあり、「戦後復興ニ力ヲ致サムコトヲ期セヨ」（「陸海軍人ニ賜リタル勅諭（案）」）などといった、「終戦の詔勅」を想起させる文言が使われている。

昭和二十六年（一九五一）には、進講二十五年を記念して、皇后から朝鮮平壌産石材を用いた「鳳凰硯」が下賜された。同年には、五月十七日に薨去した貞明皇后の諡号を起草した。諡号起草にあたって加藤は中国歴代皇后の諡号を調べ上げて「漢土歴朝皇后追諡」を作成し、十分な準備を以て臨んだ。「貞明」の典拠は『易経』の「日月之道貞明者也」である。なお、加藤が起草した「追号私議」の添削者の中に山田準・上田喜太郎らの名が見え、皇室関係のこうした重要な撰文の際にも親交のあった漢学者に意見を求めて成稿していることが分かる。

翌二十七年（一九五二）には皇太子（今上天皇）の成年式および立太子礼にあたって、吉田茂が奏上する寿詞と、立太子礼における皇太子の御詞を起草している。草稿には「内閣閣僚会議ニテ朱書ノ如ク改ム」との文言があり、定稿に至るまでの改訂の痕が分かる。

そして、昭和三十三年（一九五八）には大正十三年以来、三十年余にわたって続けてきた『周禮』校勘の集大成として、『周禮經注疏音義校勘記』を文部省の出版助成金を得て出版し、同年十一月にその功績が認められ紫綬褒章が授与された。十二月二日、加藤はその返礼として文部省を訪れた際、その玄関先で狭心症で倒れて亡くなった。享年八十一歳。歿後、蔵書は無窮会に寄贈され、昭和三十九年（一九六四）に『天淵文庫蔵書目録』が刊行された。

第二次世界大戦後の加藤虎之亮

近年、加藤家から二松学舎大学に寄託された資料や、二松学舎大学に所蔵する山田準資料には、戦後（昭和二十年代）の加藤の思想や、日本占領政策に対する意見などを窺わせるものが含まれている。

昭和二十六年（一九五一）三月四日、加藤は静岡師範学校の創立七十五年記念式典において記念講演「復興の第一義」を行っている。加藤は『書経』や『左伝』などの漢籍を引用する一方、身近な具体例あるいは自身の経験を交えつつ、国家を復興するためには政治・教育を盛んにしなければならず、科学技術の振興や生活水準の向上よりも、精神の復興こそが重要であると述べている。この中で、加藤は道徳教育の必要性を説いているが、戦前の修身のように、ただ先哲の嘉言・善行を説き聞かせることはほとんど効果がなく、場合によっては逆効果になると述べている点は興味深い。

この講演会の三ヶ月後に書かれた「山田準宛書翰」（昭和二十六年六月三日）[15]では、「（前略）地方選挙後の感想は、先生の御主張と違背致し、誠に残念ニ御坐候。憲法の御趣意ニ遵ふべしとの高見は佩服の至ニ奉存候へ共、卑見には欽定憲法ニ無之、且つ外部の圧迫ニよるものにて一時的のものニ有之、憲法即聖意とは乍恐存申居らず。不遜の考方かとも奉存候が、愚存を率直ニ申上候へば、右の如くニ之有、御諒察奉願上候」と、新憲法に積極的に賛成する山田準に対して意見の不一致を残念がり、新憲法への不満を述べている。

また、占領政策が終了し日本独立が果たされた後に、孫たちに向けて語った「我が家の歴史」（昭和二十九年八月十七日夜録音）では、加藤家の歴史を語るにあたってまず、「清朝三百年、その三百年を通じて第一等と言われた曾国藩という人が子孫を戒めた言葉に、私の子孫は大臣大将のような高位高官にのぼることを望まない、ただ郷党の善士になってもらいたい、すなわち村里における善人になることが希望である、とある。今日でも説く、いわゆる成功するということを望まない。善人になってもらいたい。これは誠に結構なことであり、うちの子孫にも郷党の進士善士になってもらいたいと思う」と、曾国藩の言葉を引用している。そして、日本人は忠孝の教えに基づき、国家は天皇を中心に、家族は家長を中心に団結し、世界との競争に勝たなければならないと説いている。米国は占領政策によって日本人の神仏に対する信仰心を破壊したが、その一方で彼らの信仰心は強いので米国は滅びない。神仏に対する敬虔さを保持している米国人が日本人の信仰心を破壊するのは日本を弱体化するためであったと述べ、忠孝と信仰を取り戻さなければ、日本の復興は到底できないと述べている。

このほか、加藤の漢文日記「戊戌日録坤」（昭和三十三年十一月二十三日）には、東宮妃候補内定に関する私見なども見られる。

戦後の加藤は、時と場所と相手に応じて言葉を選びながら自身の戦後復興と米国の占領政策に対する考えを述べているが、戦後日本の復興は精神の復興が行われない限りなし得ないという点については、終始一貫している。新憲法や米国の占領政策に対するこれらの批判は、それが儒教の説く人倫関係や国家の在りかたと相容れないという理由によるものであった。

おわりに

以上、加藤虎之亮の事蹟について概観した。加藤は近代教育を受けた世代であったが、三宅真軒という考証学を奉じるやや特異な漢学者に師事して、彼自身も漢学の道に進み、研究面では『周禮』の校勘という時間と労力と学力を必要とする地味な学業にその学者人生を捧げた。

その一方、加藤は中学・高校・大学などで漢文教育に従事し、『皇国漢文』という漢文教科書も編纂している。その教科書は皇国と銘打っているものの、収録作品は中国人の作品が大部分を占め日本人のものは少なく、そのタイトルから連想されるような時世迎合的な内容ではない。

また皇室との関係が深く、大正末期から三十年の長きに及んだ香淳皇后への進講、秩父宮や北白川宮家との関係、吉田学軒の後任として宮内省御用掛となり詔勅の起草にあたったことなど、皇室関係の事蹟に富んだ。

戦後は米国による日本占領政策を批判しているが、儒教を奉じる漢学者加藤にとって、欽定でない憲法、忠孝を尊重しない国家や家のありかたは、許容できないものであった。

これらの加藤の事蹟・学績は、近代の漢学の諸特徴を示すものであり、加藤は近代日本が生んだ漢学者のひとつの典型であるということができる。

［参考資料］加藤虎之亮履歴書（二松学舎大学保管）

履歴書

本籍　静岡県富士郡大淵村大淵三二二三番地　加藤虎之亮

住所　東京都杉並区新町三ノ一　明治十二年十月廿一日生

学歴

明治三十六年三月廿八日　静岡県師範学校卒業

明治四十一年三月三十日　広島高等師範学校国語漢文科卒業

明治四十二年五月十七日マデ　同校官費研究科在学

昭和十年六月廿六日　文学博士ノ学位ヲ授ク

職歴

明治三十六年四月一日　任静岡県富士郡鷹岡村立鷹岡尋常高等小学校訓導ニ任ズ　翌年四月十九日休職

明治四十一年四月一日ヨリ四十三年八月十七日マデ　広島高等師範学校附属中学校助教諭

明治四十三年八月十七日ヨリ大正六年四月五日マデ　陸軍教授トシテ広島陸軍地方幼年学校ニ勤務ス

大正六年四月ヨリ十一年三月マデ　男爵平沼騏一郎氏主宰ノ無窮会調査委員トシテ漢籍ヲ担当シ其ノ期間東京府青山師範学校漢文授業ヲ嘱託ス

大正十一年三月ヨリ昭和十八年十一月マデ　武蔵高等学校教授ヲ嘱託ス

大正十二年十一月ヨリ十五年四月マデ、又昭和三年一月ヨリ十一月マデ　大東文化学院教授ヲ嘱託（兼務）

昭和四年四月ヨリ九年三月マデ　二松学舎専門学校教授ヲ嘱託ス（兼務）

昭和九年一月　文部省国民精神文化研究所儒学研究ヲ嘱託ス（兼務）

昭和十八年十一月　教学錬成所ト改称シ教学嘱託トナリ同二十年教学錬成所官制廃止ニテ自然解職ス

昭和十二年四月　立正大学専門部講師ヲ嘱託ツイデ学部教授（兼務）

昭和十三年十月ヨリ二十三年二月マデ　東洋大学教授兼専門部長

昭和二十三年二月ヨリ二十四年十月マデ　東洋大学学長委嘱

昭和二十五年四月一日　玉川大学教授を依嘱せらる

昭和二十六年四月　東洋大学文学部名誉教授ニ推薦セラル

昭和二十七年十月三十一日　玉川大学教授を解嘱

大正十五年五月十五日　皇太子妃殿下漢文学御習学ニ関スルコトヲ嘱託ス

昭和元年十二月二十五日　皇后宮職ヨリ漢文学ニ関スルコトヲ嘱託ス

昭和五年十二月二十日　皇后宮職御用掛被仰付奏任待遇

昭和十六年十二月二十七日　右被免　宮内省御用掛被仰付勅任待遇

昭和二十二年五月三日　宮内府御用掛を命ずる一級官を以て待遇する　侍従職勤務廃官ニテ自然退職

昭和十七年一月十五日　叙正五位　二月十四日叙勲四等授瑞宝章

大正十二年四月ヨリ十四年三月マデ　秩父宮雍仁親王殿下ニ漢文学ヲ進講ス
昭和五年四月ヨリ七年十二月マデ　北白川宮講師トシテ美年子(第二)女王殿下ニ漢文学ヲ進講シ同十三年四月ヨリ十六年三月マデ第三女王多恵子(ママ)殿ニ漢文学ヲ進講ス
昭和十八年七月二十日　文部省ヨリ古典編修ニ関スル調査ヲ嘱託セラル　ツイデ古典編修会議員ヲ依嘱セラル（八月二十七日）
昭和十九年四月二十日　大正天皇御製集謹輯ニ付参与ヲ命ス　御漢詩ノ編纂ニ参与スヘシ

事歴

大正六年四月ヨリ財団法人無窮会ニ入リ東洋古典ノ研究ト闡明トニ努力シ東洋文化（雑誌）ヲ発行セシガ戦後中絶ス　目下無窮会代表理事タリ
昭和十五年一月ヨリ無窮会内ニ東洋文化研究所ヲ附設シ本科三年（専門学校卒業又ハ中等教員免許状所有者入科）高等科三年（大学卒業又ハ高等教員免許状所有者入科）計六年間東洋古典ヲ研究セシメ其ノ講師トナル
大正十年ヨリ財団法人斯文会々員トナリ引続キ常議員トナリ漢文学ノ宣揚ニ努ム
大正詩文、昭和詩文ニ関係シ漢詩漢文ノ復興ニ努力セリ
静岡育英会（財団法人）常務理事兼学務委員トシテ静岡県出身学生ニ貸費スルコトニ当ル
著書トシテハ
　支那ノ貴族教育　大正七年八月出版
　弘道館記述義小解　昭和三年十二月出版　十九年一月訂正再版
　詩経と皇道　昭和十年四月出版
　孔子とをしへ　昭和十一年十二月出版
　皇道より見たる書経　昭和十三年三月出版
　弘道館記と其の述義　昭和十五年九月出版
　支那の民族精神　昭和十二年十一月
　皇国漢文入門共五冊　昭和十二年出版
　皇国女子漢文　一冊　昭和十三年出版
　皇国漢文軌範一冊　昭和十七年出版
　内訓読本　一冊　昭和十一年出版
　周禮経注疏音義校勘　原稿二千餘枚
　周禮経注疏音義校勘概説　学位論文　其ノ一部分ハ嘗テ雑誌東洋文化ニ連載ス
　春秋内外伝ニ見ハレタル節義　嘗テ東洋文化ニ連載ス
　論文トシテハ斯文、東洋文化、国民精神文化、警察幹部講習会講話録、立正大学紀要、東洋大学紀要、外交時報等ニ掲載セリ
昭和十七年以後　皇族又ハ功臣薨去ニ際シ賜ハリタル誄御沙汰書ノ起艸ヲナシ又　貞明皇后ノ御追号

内撰ノ議ニ拝参セルハ深ク光栄トシテ感激ニ堪ヘザル所ナリ

右ノ通リ

昭和二十七年十一月三十日　加藤虎之亮

註

（1）本資料は『昭和天皇実録』編纂にあたって、宮内庁書陵部の調査・整理が行われている。

（2）加藤家は加藤清正の末裔を称し、清正と同じ「蛇の目」を家紋とする。代々、富士山麓の開拓を行っていた。この地は天領であり、宮内省御用掛であった加藤が、徳川家をどう見ていたかは興味深いところである。なお、「かわいい魚屋さん」・「みかんの咲く丘」・「怪傑ハリマオ」などの作詞者である加藤省吾（一九一四～二〇〇〇）は、加藤の親戚にあたる。

（3）加藤の同期に、沖縄出身で戦後、沖縄諮詢会委員長・沖縄民政府知事・初代琉球大学学長などをつとめた志喜屋孝信（一八八四～一九五五）がいる。

（4）三宅真軒（一八五〇～一九三五）は金沢の人、名は貞、通称は少太郎、字は子固、松軒のち真軒・大小廬と号した。学問を富川春塘・井口犀川・永山亥軒・金子松洞に習い、犀川歿後は独学を続け、前田家より流出した『四庫提要』を精読した。明治八年（一八七五）ごろから同十六年（一八八三）にかけて益智館という本屋で働いていたが、明治十六年（一八八三）以降、石川県専門学校・石川県尋常中学校・第四高等中学校の教員を歴任している。西田幾多郎（一八七〇～一九四五）は四高で真軒に学んでおり、真軒の広島高師赴任は西田が同校校長の北條時敬（一八五八～一九二九）に推薦したことによるという。明治三十六年（一九〇三）から大正五年（一九一六）まで広島高師で教鞭を執り、以後は東京に移った。

書誌学に精しい真軒は晩年、東京で前田家の蔵書を整理して、『尊経閣文庫漢籍分類目録』（昭和八・九年）を編輯したほか、金沢時代にも前田家や加賀の藩政時代の蔵書についての目録『石川県勧業博物館書目』巻一（明治十七年）を編輯している。

また明治十八年（一八八五）頃、本格的に書学を始めた北方心泉が書籍購入の参考にするために、『文字禅室必備書目』（金沢・常福寺蔵）や「文字禅室記」（同）を作成している。『文字禅室必備書目』は、『四庫提要』および『書目答問』（一八七六）をもとに作成されたもので、真軒が最新の清刊本の知識に富んだことを証する。

（5）加藤虎之亮「三宅真軒先生（一）」（『雅友』第一九号、昭和二十九年）。

（6）加藤虎之亮「三宅真軒先生（一）」（前掲書）。

（7）真軒の書籍購入については、反町茂雄編『紙魚の昔がたり』（臨川書店、一九七八）に記述がある。

（8）加藤虎之亮「三宅真軒先生（一）」（前掲書）。

（9）加藤虎之亮「三宅真軒先生（四）」（『雅友』第二三号、昭和三十年）。

（10）林正章『神習文庫図書目録』（無窮会、昭和十年）、「無窮会沿革誌」。

（11）加藤の他、一木喜徳郎（帝国憲法）・深草安文（倫理学）・姉崎正治（比較宗教）・筧克彦（神道）・ガバルダ（フランス語）が進講を行っている。

（12）昭和五年（一九三〇）に皇后宮職御用掛（奏任待遇）となっている。

（13）御進講関係のほか、宮中晩餐会の招待状をはじめ、宮内省関係の文書が残されている。

（14）加藤は昭和十六年十二月二十七日をもって「皇后宮職御用掛被免」となり、「宮内省御用掛被仰付但勅任待遇・年俸二千四百円」となっている。

（15）『三島中洲研究』第五号（二松学舎大学日本漢文教育研究プログラム、平成二十二年）に翻刻する。

謝辞

本稿執筆にあたり、故内山知也先生ならびに加藤忠正氏には、さまざまなご教示を頂くとともに、資料の閲覧等に御高配を賜りました。厚く御礼申し上げます。

近代日本漢学資料叢書3

加藤虎之亮『周禮經注疏音義校勘總說』

二〇一九年三月一五日第一版第一刷印刷
二〇一九年三月三〇日第一版第一刷発行

定価［本体八五〇〇円＋税］

編者　野間文史
川邉雄大
町泉寿郎

発行者　山本實

発行所　研文出版（山本書店出版部）
〒101-0051
東京都千代田区神田神保町二－七
TEL03（3261）9337
FAX03（3261）6276

印刷・製本　モリモト印刷

ISBN978-4-87636-455-9